CB128463

LITIGIOSIDADE REPETITIVA, PROCESSO E REGULAÇÃO

Interações entre o Judiciário e o órgão regulador no julgamento de casos repetitivos

abdr
ASSOCIAÇÃO BRASILEIRA DE DIREITOS REPROGRÁFICOS
Respeite o direito autoral

Bruna Braga da Silveira

LITIGIOSIDADE REPETITIVA, PROCESSO E REGULAÇÃO

Interações entre o Judiciário e o órgão regulador no julgamento de casos repetitivos

2021

EDITORA JusPODIVM
www.editorajuspodivm.com.br

EDITORA *Jus*PODIVM
www.editorajuspodivm.com.br

Rua Território Rio Branco, 87 – Pituba – CEP: 41830-530 – Salvador – Bahia
Tel: (71) 3045.9051
• Contato: https://www.editorajuspodivm.com.br/sac

Copyright: Edições *Jus*PODIVM

Conselho Editorial: Eduardo Viana Portela Neves, Dirley da Cunha Jr., Leonardo de Medeiros Garcia, Fredie Didier Jr., José Henrique Mouta, José Marcelo Vigliar, Marcos Ehrhardt Júnior, Nestor Távora, Robério Nunes Filho, Roberval Rocha Ferreira Filho, Rodolfo Pamplona Filho, Rodrigo Reis Mazzei e Rogério Sanches Cunha.

Diagramação: Futura *(rogerio@futuraeditoracao.com)*

Capa: Ana Caquetti

S587l Silveira, Bruna Braga da.
Litigiosidade Repetitiva, Processo e Regulação: Interações entre o Judiciário e o Regulador no Julgamento de Casos Repetitivos – Salvador: Editora JusPodivm, 2021.
320 p.

Inclui bibliografia.
ISBN 978-65-5680-128-5.

1. Direito Processual. I. Silveira, Bruna Guapindaia Braga da. II. Título.

CDD 341.4

Todos os direitos desta edição reservados a Edições *Jus*PODIVM.

É terminantemente proibida a reprodução total ou parcial desta obra, por qualquer meio ou processo, sem a expressa autorização do autor e das Edições *Jus*PODIVM. A violação dos direitos autorais caracteriza crime descrito na legislação em vigor, sem prejuízo das sanções civis cabíveis.

Para Alexandre, e também por ele, para Antônio.

AGRADECIMENTOS

Este livro é a versão comercial da tese de doutorado que apresentei à Faculdade de Direito da Universidade de São Paulo, e em razão de sua conclusão, devo agradecer muitas pessoas, certamente algumas não citadas aqui.

O primeiro agradecimento não poderia ser a outra pessoa que não ele, Alexandre, porque, acima de tudo, acreditou. Além de acreditar, acompanhou, cuidou, consolou e comemorou. Mas também permitiu que a tese fosse concluída sem tanto peso, ao dedicar todo seu tempo ao nosso menino Antônio, para que não sentisse tanto a ausência da mãe. Agradeço, também, ao Antônio, o melhor de mim, por me fazer quem hoje sou.

Aos meus pais e irmãs, sempre, e por tudo. É até difícil direcionar o agradecimento quando são tantos os motivos para agradecer.

A vivência que a Faculdade de Direito do Largo de São Francisco me proporcionou será para sempre lembrada, em especial pelo espaço frutífero de estudo e interlocução. Um especial agradecimento ao meu orientador, professor Carlos Alberto de Salles, pela orientação e disponibilidade, e acima de tudo, pelo exemplo de docência. Aos amigos de orientação, os "Sallesianos" Alex Zamboni, Amanda Guimarães, Bruno Megna, Bruno Takahashi, Ciça Asperti, Julio Oliveira, pela constante presença e trocas.

Às minhas queridas Danyelle Galvão, Marília Siqueira e Sarah Merçon-Vargas, pela presença constante, mesmo que distante, pela compreensão sobre as angústias de uma doutoranda e pela amizade sincera.

Um agradecimento especial ao Alexandre, Ciça, Sarah e Eli Eid, pelo tempo doado à leitura e contribuições sobre pontos relevantes do trabalho. À Daniela Gabbay e Cecília Asperti, pelos incansáveis diálogos construtivos e pela sempre presente inspiração.

Por fim, dois últimos e caros agradecimentos: ao prof. Salles e aos amigos Daniela Gabbay e Georges Abboud, pelas palavras que abrem este livro, cujos dizeres são frutos mais de suas generosidades do que de meu merecimento, e ao querido Fredie Didier, pela mão sempre estendida.

APRESENTAÇÃO

Tive enorme prazer em conhecer a autora no programa de pós-graduação da nossa amada PUC-SP. A poeta Hilda Hilst publicou um livro cujo título sempre me fez pensar sobre a construção pessoal da trajetória de um indivíduo: tu não te moves de ti. Esse título reflete Bruna, quem, desde o primeiro momento, apresentou-se como uma aluna estudiosa, interessada, perspicaz e inteligente.

Hoje, Bruna é uma pesquisadora, advogada e professora reconhecida no âmbito acadêmico. A obra ora apresentada é o coroamento da sua brilhante trajetória acadêmica. Trata-se da versão comercial de sua tese de doutoramento, produzida na Faculdade de Direito da USP.

O livro aqui apresentado ao público leitor é uma pesquisa complexa e multidisciplinar, responsável por renovar epistemologicamente a maneira como o processo civil deve enfrentar o tema da litigiosidade repetitiva.

Desde 2015, defendemos que o fato de o CPC 927 enumerar diversos provimentos vinculantes, ainda que sem previsão constitucional, não pode conduzir ao equívoco de imaginar que a súmula, o acórdão que julga o IRDR ou oriundo de recurso (especial ou extraordinário repetitivo) são equiparáveis à categoria do genuíno precedente do *common law*. A não equiparação entre CPC 927 e precedentes não é uma escolha no sentido de um ser melhor que o outro. O que de fato há é uma necessidade de entendimento de que eles não são a mesma coisa, compreensão que é o ponto de partida para se aplicar adequadamente cada um desses institutos.

Ou seja, nossos provimentos vinculantes surgem, primordialmente, para o enfrentamento da litigiosidade repetitiva que é um problema com contornos extremamente específicos da sociedade brasileira. Assim, a potencialização dos nossos provimentos vinculantes passa por saídas complexas, não vieses simplórios que invocam uma pura equiparação do nosso modelo ao *common law*.

Bruna, diante desse cenário, compreende perfeitamente tal complexidade e apresenta teses bastante sofisticadas e multidisciplinares para equacionar a litigiosidade repetitiva com áreas de regulação do Estado. Ou seja, o livro equaciona os múltiplos níveis de racionalidade a serem harmonizados entre dimensão estatal da regulação e a solução a ser criada na esfera judicial pelos Tribunais Superiores.

O propósito da dogmática civil deve ser de assegurar a melhora qualitativa na produção dos provimentos vinculantes brasileiros e superarmos a cantilena epistêmica de ode ao *common law*.

Por essa razão, na formação dos provimentos repetitivos é imprescindível que seja potencializado o uso das audiências públicas e da atuação dos *amici curiae* para garantir que mais parcelas da sociedade tenham o mínimo de representatividade adequada na formação do precedente que atingirá sua esfera jurídica.

Diante disso, as próximas reformas legislativas, deveriam se preocupar em assegurar que os casos afetados para repetitivo tivessem o mínimo de representatividade em todos os polos da relação processual, ou não sendo possível essa representatividade, assegurar o maior pluralismo possível na formação do provimento por meio de *amici curiae* e audiências públicas.

O livro ora apresentado é, seguramente, uma das maiores contribuições que a academia pode oferecer à esfera pública no que diz respeito ao enfrentamento da litigiosidade repetitiva nos temas concernentes às esferas regulatórias. Tu não te moves de ti. Bruna sempre mostrou a que veio.

Portanto, cumprimento a Editora Juspodivm por propiciar ao público leitor, preciosa obra para a compreensão e solução de um dos problemas mais complexos do direito brasileiro.

De São Paulo para Pará, com a amizade e a profunda admiração.

Georges Abboud.

PREFÁCIO

Qual a causa da litigância no Brasil? Os 78,7 milhões de processos que temos em curso hoje no Brasil, embora em ligeira tendência de queda,[1] não deixam dúvidas quanto à desproporção de seu tamanho e desafiam uma resposta para esse alto grau de litigiosidade. Afinal, identificada a causa, quiçá venha ser possível pensar uma solução para o problema.

Algumas das características dessa litigância têm-se mostrado evidentes. Uma delas é caráter repetitivo dessas demandas, contendo "controvérsia sobre a mesma questão unicamente de direito" (art. 976, I, CPC), para o qual o novel Código de Processo devotou especial atenção. Outra é a grande concentração de processos envolvendo um número relativamente pequeno de litigantes, os chamados *grandes litigantes*.[2] A começar pelo Estado, em todos seus níveis.

É verdade que engrossam essa estatística - e a participação do Estado, por consequência - um grande número de execuções fiscais,[3] certamente, circunscritas em problemas específicos que têm a ver com o gerenciamento e a forma de recuperação de créditos estatais. De todo modo, há também um grande número de outros tipos de processo envolvendo litígios estatais e, o que é sintomático, representantes de setores regulados são grandes litigantes, concentrando, igualmente, um grande número de processos. Esses setores, como o bancário, de telefonia, de energia, de seguros privados, de planos de saúde etc., em tese, poderiam estar envolvidos em pequeno número de demandas, pois as agências reguladoras deveriam servir como filtros, resolvendo, no âmbito administrativo, controvérsias que acabam chegando, em massa, ao Judiciário.

Não se trata aqui de eleger culpados ou apontar responsáveis, o que, por certo, não teria um resultado efetivo, mas de compreender as causas dessa maciça e repetitiva litigância. A esse respeito, pelos números referidos,

---

1. Cf. CNJ. *Justiça em Números* 2019 (ano base 2018), p. 79. Desse total, há 17,9% de processos suspensos, sobrestados e em arquivo provisório.
2. Nesse sentido, cf. AMB. O uso da Justiça e o litígio no Brasil, 2014.
3. Segundo o relatório do CNJ (citado, p. 126), aproximadamente 39% do total de casos pendentes no Brasil são execuções fiscais, com taxa de congestionamento superior a 90%, a maior taxa entre os tipos de processos constantes desse relatório.

impossível não ver no Estado a raiz desses problemas. Não se trata, todavia, de engrossar o coro daqueles que demonizam qualquer ação estatal como fonte de todos os males.

A solução aqui não está em *menos Estado*, mas, ao contrário, em *mais Estado*, com uma atuação mais condizente com seu papel de regulador. Se há uma grande quantidade de litígios surgidos de atividades reguladas, não adianta as agências empurrarem "esse lixo para debaixo de tapete", porque ele acaba emergindo, na forma de ações, no Judiciário. Ainda pior, acabam criando situações disfuncionais para a própria atividade regulada, a partir de um corpo de decisões, muitas com a vinculatividade própria dos julgamentos de casos repetitivos, contrárias às políticas pelas quais as agências deveriam zelar.

Este trabalho de doutorado, de *Bruna Guapindaia Braga da Silveira*, defendido com sucesso na Faculdade de Direito da Universidade de São Paulo - USP, insere-se nesse debate da litigância no Brasil. Mais precisamente, trata daquela *litigância repetitiva* ligada a setores regulados. Como se vê, trata-se de obra sobre um ponto fulcral no debate sobre a matéria e para a compreensão dos problemas envolvidos. Seu objetivo é, sobretudo, problematizar a relação entre judiciário e agências reguladoras, avaliando se a disciplina – muito pontual, deve-se dizer – do Código do Processo Civil contribui para melhoria do quadro discutido, bem como a necessidade de uma técnica processual mais adequada aos desafios desse campo de atuação judicial.

Para embasar seu trabalho a autora fez um levantamento empírico de todos os IRDRs e Recursos Especiais Repetitivos, até junho de 2018, buscando, primeiro, identificar quais deles tratavam de questões regulatórias. Segundo, naqueles casos que envolviam esse tipo de questão, saber se houve participação do órgão regulador. Terceiro, por fim, desvendar, nos casos em que houve essa participação, se os argumentos do regulador foram considerados na decisão do tribunal. Os dados levantados, que aqui não se pretende antecipar, são significativos, a começar pela constatação de que por volta de 15% dos IRDRs e Especiais Repetitivos analisados tratavam de situações envolvendo regulação estatal.

Contrasta, diante dos dados levantados, de um lado, a pontual participação das agências reguladoras prevista pelo Código do Processo Civil (art. 985, §2º, e 1.040, IV) e, de outro, o significativo aumento de consideração da matéria regulatória naqueles casos em que a agência participou do processo. Tal fato verificou-se em torno de 50% dos IRDRs e 88% dos Recursos Especiais Repetitivos que tiveram a participação dos entes reguladores. Daí a conclusão de que o Código não provê disciplina legal adequadas para propiciar a devida consideração da racionalidade regulatória. Segundo conclui a autora, seria necessária a intimação do regulador para participar dos processos afetados em julgamento de casos repetitivos.

Nesse sentido, a simples notificação da agência para promover a fiscalização do cumprimento da decisão judicial pelos setores regulados não seria suficiente. Por certo, incluí-la somente nessa etapa desperdiçaria a chance de obter seu maior envolvimento na formação da decisão judicial e, também, com a própria situação litigiosa e suas peculiaridades. De todo modo, para a autora deste trabalho, mesmo sem uma alteração *de lege ferenda*, a participação da agência em processos dessa natureza é possível e deve ser institucionalmente incentivada pelo Poder Judiciário.

Assim, por todos os aspectos, este livro, agora trazido a público, representa importante contribuição ao debate acerca da litigiosidade repetitiva no Brasil. Permite, mesmo ao leitor menos familiarizado com a matéria, uma compreensão crítica e abrangente da dinâmica processual dos casos repetitivos, propiciando elementos fundamentais para sua discussão em um contexto mais amplo, qual seja, da relação entre Judiciário e setores regulados. Há, portanto, razões de sobra para festejar e recomendar a presente publicação.

São Paulo, abril de 2020.

Carlos Alberto de Salles

Professor Associado da Faculdade de Direito da USP.

Desembargador do TJSP.

SUMÁRIO

Capítulo V

INTRODUÇÃO

O presente trabalho está inserido num contexto de compreensão e análise de fenômeno da litigiosidade que, apesar de não tão novo, segue instigando estudiosos em busca de respostas adequadas para o seu equacionamento. O referido fenômeno é, acima de tudo, social e pode ser observado por diversas lentes.

O volume de processos em trâmite no Judiciário e o quantitativo de ações novas ajuizadas anualmente são dados amplamente noticiados[1] e impactantes: segundo dados do Conselho Nacional de Justiça (CNJ), o Judiciário chegou ao final do ano de 2017 com um acervo de 80,1 milhões de processos aguardando solução.[2]

Por outro lado, se analisarmos os dados dos anos anteriores de forma conjunta, tem-se que o ano de 2017 foi o de menor crescimento do estoque de processos desde 2009, o que está ligado ao índice de produtividade dos magistrados (IPM), o maior desde 2009. Esse crescimento da produtividade pode estar relacionado às reformas institucionais, gerenciais e legais que têm sido feitas nos últimos anos,[3] visando a lidar com essa litigiosidade repetitiva.

É nesse cenário que estão inseridas as técnicas processuais para julgamento de casos repetitivos (art. 928 CPC), voltadas à uniformização de entendimentos jurisprudenciais para otimização do tratamento por aglutinação de questões consideradas semelhantes: o incidente de resolução de demandas repetitivas (IRDR) e os recursos especial e extraordinário repetitivos (REER).

1. POMPEU, Ana. Judiciário brasileiro tem 80,1 milhões de processos em tramitação. *Conjur*, 27 ago. 2018. Disponível em: <https://www.conjur.com.br/2018-ago-27/judiciario-brasileiro-801-milhoes-processos-tramitacao>. Acesso em: 30/09/2018; CANÁRIO, Pedro. *Quase 110 milhões de processos passaram pelo Judiciário em 2016, segundo CNJ*. Conjur, 4 set. 2017. Disponível em: <https://www.conjur.com.br/2017-set-04/110-milhoes-processos-passaram- judiciario-2016>. Acesso em: 30/08/2018.
2. CONSELHO NACIONAL DE JUSTIÇA. *Justiça em Números*. 2018. Justiça em números, ano-base 2017. Brasília, 2018.
3. Tema abordado no capítulo I.

Parte relevante dessas demandas repetitivas[4] é proveniente de setores regulados da economia e possui características próprias, que as individualizam e particularizam[5], especialmente a necessária presença de um Ente Regulador/fiscalizador e a tecnicidade das questões regulatórias que estão por trás das demandas consumeristas repetitivas ajuizadas.

Contudo, muitas vezes as relações entre consumidores e regulados são tratadas desconsiderando por completo o cenário em que inseridas, sem levar em conta os efeitos que as decisões nos casos concretos podem ter a nível regulatório, como, por exemplo, o efeito no equilíbrio econômico e financeiro do contrato de concessão, além de efeitos concorrenciais. São ainda tratadas unicamente pela ótica do direito consumerista, olhando cada conflito individualmente, e não em sua inserção dentro de um contexto maior.

Essa constatação nos levou à inquietação, transformada em **problema de pesquisa** a ser analisado pela lente do direito processual civil, *se a técnica de julgamento de casos repetitivos está apta a julgar adequadamente a litigiosidade repetitiva em setores regulados.*

Partiu-se, então, das **hipóteses** de que: (i) a técnica processual de julgamento de casos repetitivos não viabiliza a participação efetiva do órgão regulador na formação da tese jurídica; e (ii) essa tese tende a não considerar questões regulatórias.

Para investigar a inquietação central e as hipóteses traçadas, realizou-se tanto pesquisa teórica quanto empírica. Nesta, analisou-se inicialmente o quantitativo de IRDRs e de temas em recursos especiais repetitivos que tratam de matéria regulada desde a criação dos institutos até junho de 2018 e setembro de 2018,[6] respectivamente, para verificar em cada um dos casos repetitivos como se deu a participação do órgão regulador e o grau de consideração das questões reguladas na formação da tese jurídica.

A **divisão do trabalho** se deu em cinco capítulos. No primeiro, traçou-se as bases para a compreensão do objeto de estudo, partindo-se da análise da litigância repetitiva no Brasil, seus números e reflexos no Judiciário, bem como o contexto e as principais influências que culminaram em reformas processuais para tratamento de casos repetitivos. Tratou-se, ainda,

4. Números demonstrados no item I.2.
5. No item I.3 traçamos as caraterísticas das demandas repetitivas nos setores regulados da economia.
6. Em relação aos IRDRs, analisou-se os que tiveram o mérito julgado, excluindo-se os não admitidos e os ainda não julgados; em relação aos recursos especiais repetitivos, analisou-se os transitados em julgado.

de individualizar a litigiosidade em matéria regulada, relevando seus pontos caracterizadores.

No segundo capítulo, visitou-se a doutrina administrativista para delinear as características do Estado Regulador, colocando no foco da análise a Agência Reguladora, sua função eminentemente técnica e especializada e seu poder normativo. O objetivo central do capítulo é analisar a possibilidade e adequação de o Poder Judiciário intervir em matéria regulada, tendo como referencial teórico a análise institucional comparada, de Neil Komesar[7-8].

O terceiro capítulo se debruça sobre a técnica processual de julgamento de casos repetitivos de forma geral. Sem a pretensão de exaurir todas as discussões atinentes à aplicação da técnica processual, focou-se na análise da participação e da vinculação, dois pontos essenciais para verificação das hipóteses de pesquisa traçadas. Cuidou-se, também, de apresentar o objeto central de análise da tese: a técnica processual específica para a litigiosidade repetitiva em setores regulados, que determina a notificação do órgão regulador acerca da tese firmada em casos repetitivos (art. 985, § 2º e 1.040, IV, CPC), demonstrando a evolução legislativa até a sua positivação, bem como as percepções acerca da vinculatividade da tese jurídica ante a regulação e o regulador.

No quarto capítulo, descreve-se a metodologia da pesquisa empírica realizada e apresenta-se os resultados da análise acerca da participação e consideração de questões reguladas nas teses firmadas no julgamento dos IRDRs e dos recursos especiais repetitivos.

O quinto e último capítulo é destinado à, com base no arcabouço teórico construído nos primeiros capítulos e nos dados colhidos na pesquisa empírica, traçar críticas e reflexões sobre a técnica processual e as interações entre o Judiciário e o regulador no julgamento de casos repetitivos em matéria regulada, sempre com base nos pilares da participação e da vinculação, finalizando-se com algumas reflexões propositivas.

Por fim, algumas ressalvas são importantes.

---

7. KOMESAR, Neil K. *Imperfect alternatives:* choosing institutions in law, economics, and public policy. Chicago: The University of Chicago Press, 1994.

8. Utiliza-se a doutrina do controle judicial da atividade normativa das agências, pois, como será demonstrado, a técnica processual analisada neste trabalho acaba por permitir um controle judicial reflexo dos atos administrativos. Daí porque a compreensão do controle dos atos administrativos é essencial para a análise do controle reflexo para o qual ora se volta.

Para o presente estudo, quando nos referimos à litigiosidade repetitiva em setores regulados, estar-se-á a referir às demandas provenientes da prestação de serviços regulados, aos conflitos entre prestadores e usuários em decorrência dos serviços concedidos, permitidos ou autorizados.

É para essas ações que se volta a presente análise, e não para ações que visam a questionar a política regulatória em si, ajuizadas em face do Ente Regulador. Não se trata, portanto, de um trabalho sobre o controle judicial dos atos normativos das agências reguladoras, mas de um estudo que, pela lente do direito processual civil, busca alertar para os riscos de uma intromissão reflexa do Judiciário em questões regulatórias, por meio de técnica processual de tratamento de demandas repetitivas.

Capítulo I

LITIGIOSIDADE REPETITIVA E AS RESPOSTAS DO JUDICIÁRIO E DO PROCESSO

I.1. O JUDICIÁRIO E O PERFIL DA LITIGÂNCIA NO BRASIL

O debate acerca dos mecanismos processuais de tratamento das chamadas demandas repetitivas surge num cenário de aumento da litigiosidade e de congestionamento das instituições jurisdicionais, que vem impulsionando, já há algum tempo[1], a união de esforços para implementação de reformas judiciais e processuais em busca da racionalização e uniformização do julgamento de demandas judiciais.

Inicialmente, é importante ressaltar que o aumento da litigiosidade no país não deve ser considerado, por si mesmo, como algo negativo[2] – não, ao menos, na perspectiva do presente trabalho. Ele pode ser visto, também, como o sintoma de uma busca crescente por prestação jurisdicional. São múltiplas as causas que levaram ao crescimento numérico de processos, e muitas delas em alguma medida demonstram uma ampliação e democratização do acesso à justiça, aspecto sempre positivo e que foi perseguido pelo legislador. Assim, a perspectiva de análise, e que entendemos deva guiar as políticas legislativas e judiciárias, não se foca no "combate" à litigiosidade, como se ela devesse ser exterminada, mas em seu adequado tratamento – o que compreende uma prestação jurisdicional adequada às peculiaridades dessa litigiosidade.

Ressalta-se, também, que, quando neste trabalho se alude à "litigância" e à "litigiosidade", refere-se às demandas que chegam ao Judiciário para solução, ou seja, às disputas judicializadas. A ressalva é importante, pois essas

1. A preocupação em tratar essa litigiosidade não é novidade. Foram diversas técnicas novas, a iniciar pela súmula vinculante (art. 103-A CF) com a EC 45/04; julgamento liminar de improcedência (art. 285-A); súmula impeditiva de recursos (art. 518, § 1º); julgamento monocrático de recursos (art. 557); e recursos repetitivos (art. 543 B e C), todos do CPC/73, que tiveram a finalidade de racionalizar de alguma forma o julgamento de processos individuais repetitivos.
2. Cf. CUNHA, Luciana Gross; GABBAY, Daniela Monteiro (Coord.). *Litigiosidade, Morosidade e Litigância Repetitiva*: uma análise empírica. Série Direito e Desenvolvimento (DIREITO GV). Saraiva: São Paulo, 2013, p. 27.

disputas representam apenas uma parcela dos conflitos, dado que há um enorme percurso entre a violação de um direito até a sua judicialização, o que passa pela identificação da violação, pela sua compreensão e pela posterior responsabilização do responsável, formulando pretensão e ajuizando ação judicial. Em cada etapa desse percurso, muitos sujeitos cujos direitos foram violados ficam pelo caminho, seja por déficit informacional para reconhecer ao malferimento ao seu direito, seja por dificuldade de acesso aos meios necessários à solução do conflito, seja, ainda, por legitimamente decidirem pela não judicialização.[3] Essa compreensão fica clara ao analisarmos o "Sistema de informações sobre percepção social – Suplemento Justiça (2010)", do IPEA, que nos mostra que, dos brasileiros que acreditam ter tido um direito lesado em 2009, 63% não procuraram o Judiciário.[4]

Há muito se alude à "crise" do Judiciário[5] e à necessidade de o direito processual oferecer instrumentos para responder à problemática situação de um Estado que promove e persegue o amplo e efetivo acesso à justiça como objetivo, sem, contudo, ter condições de suportá-lo.[6]

O paradigma de um acesso à justiça com uma tendência à universalização remonta à onda de ampliação desse acesso[7] que teve início, no Brasil, na década de 80, impulsionada pela redemocratização do país e pela necessidade de ampliação e de concretização dos direitos e das garantias fundamentais. Com as reformas legislativas e, especialmente, com a promulgação da Constituição Federal de 1988, fortaleceu-se a independência e autonomia do Judiciário.[8]

---

3. Para um aprofundamento no tema da pirâmide de disputas e seus andares (violação do direito, compreensão e percepção da violação, responsabilização do violador, pretensão e judicialização), ver: FELSTINER, William L. F.; ABEL, Richard L.; SARAT, Austin. The emergence and transformation of disputes: naming, blaming, claiming... *Law & Society Review*, v. 15, No. ¾, Special Issue on Dispute Processsing and Civil Litigation, 1980-1981, p. 631-654.

4. SIPS – Sistema de Indicadores de Percepção Social: Justiça, 17 de novembro de 2010. *Instituto de Pesquisas Econômicas Aplicadas* (IPEA).

5. ZAFFARONI, Eugênio Raúl. *Poder Judiciário*: crises, acertos e desacertos. São Paulo: RT, 1995.

6. SILVA, Paulo Eduardo Alves. *Gerenciamento de processos judiciais*. São Paulo: Saraiva, 2010, p. 25.

7. Para uma evolução do acesso à justiça no Brasil, entre outros, ver: CARNEIRO, Paulo Cezar Pinheiro. *Acesso à justiça: juizados especiais cíveis e ação civil pública*: uma nova sistematização da teoria geral do processo. Rio de Janeiro: Forense, 2003; FALCÃO, Joaquim. Acesso à justiça: diagnóstico e tratamento. In: ASSOCIAÇÃO DOS MAGISTRADOS BRASILEIROS. *Justiça: promessa e realidade*: O acesso a justiça em países ibero-americanos. Rio de Janeiro: Nova Fronteira, 1996, p. 269-283.

8. SADEK, Maria Tereza. Judiciário: reformas e mudanças. Estudos avançados [online], v. 18, n. 51, p. 82, 2004. Disponível em: <http://dx.doi.org/10.1590/S0103-40142004000200005>. Acesso em: 10/06/2020.

O texto constitucional, além de aumentar o papel político do Judiciário, alargou a sua margem de atuação com a extensa positivação de direitos e garantias individuais e coletivas, colocando-o num patamar de protagonista da vida pública.[9-10] Juízes e tribunais exercem, cada vez mais, funções simbólicas e políticas de maior impacto na sociedade.[11]

A fórmula trazida pelo novo texto constitucional foi decisiva para a ampliação do acesso à justiça no Brasil: a constitucionalização de direitos civis, políticos e sociais num contexto de estabilidade democrática, juntamente com a consolidação de institutos anteriormente criados – como os Juizados de Pequenas Causas (1984), a Lei da Ação Civil Pública (1985) –, além do fortalecimento do Ministério Público e da institucionalização da Defensoria Pública e dos Juizados Especiais. Some-se a isso, ainda, o advento do Código de Defesa do Consumidor (1990) e a criação dos Juizados Especiais Cíveis e Criminais (1995).[12]

Esse positivo cenário de ampliação do acesso à justiça,[13] ainda que buscado e desejado pelos movimentos de reconstrução da cidadania, acarretou, em contrapartida, um aumento significativo da litigiosidade, juntamente com diversos outros fatores internos (facilitação e criação de novas portas de acesso à justiça, receptividade de teses jurídicas, impacto da judicialização

---

9. Idem.
10. Também tratando do aumento do protagonismo do Judiciário no Brasil, Boaventura de Sousa Santos relaciona esse crescimento com a mudança política do Brasil em duas vertentes: de um lado, porque no novo modelo de desenvolvimento, é necessário a observância das regras de mercado e dos contratos privados, que para serem cumpridos e darem estabilidade aos negócios, é indispensável um Judiciário eficaz; por outro lado, a precarização dos direitos econômicos e sociais causa uma procura pelo Judiciário, em busca da efetivação desses direitos (SANTOS, Boaventura de Sousa. *Para uma revolução democrática da justiça*. Coimbra: Almedina, 2015, p. 22).
11. SADEK, Maria Tereza. Judiciário e arena política: um olhar a partir da ciência política. In: GRINOVER, Ada P.; WATANABE, Kazuo (Coord.). *O controle jurisdicional de políticas públicas*. São Paulo: GEN, 2013, p. 2-3.
12. CUNHA, Luciana Gross; GABBAY, Daniela Monteiro (Coord.). *Litigiosidade, Morosidade e Litigância Repetitiva*: uma análise empírica. Série Direito e Desenvolvimento (DIREITO GV). Saraiva: São Paulo, 2013, p. 31.
13. No tocante à qualidade e efetividade do acesso à justiça proporcionado – ou seja, se esse aumento de litigiosidade (e de número de processos) se reflete diretamente num aumento quantitativo e qualitativo de acesso à justiça, há pesquisas demonstrando que vivemos um paradoxo: demandas de menos e demandas de mais, referindo-se ao grande acesso ao Judiciário para poucos, que se beneficiam de sua burocracia e lentidão, enquanto muitos encontram-se ainda marginalizados. Ver: SADEK, Maria Tereza. Judiciário: reformas e mudanças. Estudos avançados [online], v. 18, n. 51, p. 82, 2004. Disponível em: <http://dx.doi.org/10.1590/S0103-40142004000200005>. Acesso em: 10/09/2018.

do conflito, gerenciamento do volume de processos, falta de uniformização das decisões, gestão de recursos humanos, organização judiciária, conduta das partes etc.) e externos (conjuntura socioeconômica, expansão de direitos, massificação das relações de consumo, dinamização do fluxo de informações, proliferação de normas etc.)[14].

Como observa Boaventura de Sousa Santos, apesar de a intenção buscada ter sido a mitigação da desigualdade e da marginalização social com a concretização dos direitos reconhecidos pela nova ordem constitucional, a década de 90 foi marcada pelo fracasso do Estado Brasileiro em implementar políticas públicas necessárias à concretização desses novos direitos trazidos pela nova ordem constitucional.[15] Como consequência, a busca pela efetivação desses direitos sociais migrou da seara política para a arena do Judiciário, com o ajuizamento de ações individuais e coletivas em face do Estado.[16-17]

---

14. Para aprofundamento nas causas do aumento da litigiosidade e morosidade do Judiciário brasileiro, ver: CUNHA, Luciana Gross; GABBAY, Daniela Monteiro (Coord.). *Litigiosidade, Morosidade e Litigância Repetitiva*: uma análise empírica. Série Direito e Desenvolvimento (DIREITO GV). Saraiva: São Paulo, 2013. Como resultado de pesquisa empírica realizada, os autores mapearam diversos fatores internos e externos ao Judiciário.

15. Analisando as causas da litigiosidade, Boaventura de Sousa Santos atribui parte dela ao desmantelamento do Estado Social, afirmando que "a litigação tem a ver, não só com culturas jurídicas e políticas, mas também com o nível de efectividade da aplicação dos direitos e com a existência de estruturas administrativas que sustentem essa aplicação" (SANTOS, Boaventura de Sousa. *Para uma revolução democrática da justiça*. Coimbra: Almedina, 2015, p. 22).

16. Nesse sentido, afirma Antônio Adonias Bastos: "No âmbito do direito público, pode-se mencionar a adoção de políticas públicas direcionadas para a inclusão social e para o controle de certas atividades, atendendo aos anseios e ao bem-estar da coletividade. Surgem programas estatais voltados à saúde, à educação, à segurança, ao trabalho, à economia, à atuação do Estado no mercado, entre inúmeros outros, que devem se revestir de juridicidade tanto na sua concepção, como na sua execução. Com a concepção do Estado Social, que intervém na sociedade para ordená-la e, muitas vezes, para substituí-la, e com a projeção exponencial do número de administrados, percebeu-se um crescimento vertiginoso nas relações entre o Estado-Administração e os particulares" (BASTOS, Antônio Adonias Aguiar. Situações jurídicas homogêneas: um conceito necessário para o processamento de demandas de massa. *Revista de Processo*, São Paulo, v. 186, p. 87-107, versão digital, ago. 2010).

17. Ver: SILVA, Virgílio Afonso da. O Judiciário e as políticas públicas: entre transformação social e obstáculo à realização dos direitos sociais. In: SOUZA NETO, Claudio Pereira; SARMENTO, Daniel. *Direitos sociais:* fundamentação, judicialização e direitos sociais em espécies. Rio de Janeiro: Lumen Juris, 2008, p. 587-599.

Não apenas na seara pública. O protagonismo do Judiciário e o aumento do volume de demandas novas ajuizadas anualmente foi impulsionado, também, pela abertura econômica do país,[18] pelo processo de globalização, pela expansão do acesso à informação e do mercado de consumidores[19] e, especificamente no que toca ao objeto do presente trabalho, pelas privatizações e consequente regulação de setores privatizados, como abaixo se especificará.

Isso será visualizado com a análise de dados.

O conhecimento acerca do quantitativo genérico de processos em tramitação perante o Judiciário brasileiro não parece ser novidade. Os relatórios Justiça em Números, elaborados pelo CNJ desde 2004 (ano-base 2003)[20-21] demonstram o que já era percebido por aqueles que, de alguma forma, participam de um processo: a percepção de um Poder Judiciário com "uma estrutura pesada, sem agilidade, incapaz de fornecer soluções em tempo razoável, previsíveis e a custos acessíveis para todos", "uma imagem

---

18. FERRAZ JUNIOR, Tercio Sampaio; MARANHÃO, Juliano; AZEVEDO, Paulo Furquim. As inter-relações entre o processo administrativo e o judicial, sob a perspectiva da segurança jurídica do plano da concorrência econômica e da eficácia da regulação pública: relatório final da pesquisa. São Paulo: USP–Universidade de São Paulo, CNJ–Conselho Nacional de Justiça, 2009. Disponível em: <http://www.cnj.jus.br/images/pesquisas-judiciarias/Publicacoes/relat_pesquisa_usp_edital1_2009.pdf>. Acesso em: 01/05/2020.

19. Nesse particular, afirma Bastos: "A homogeneização também se percebe na seara do direito privado, a exemplo do que ocorre nas relações de consumo. A cultura difundida pelos meios de comunicação, com o seu alcance global, associada à tecnologia de produção de bens e de prestação de serviços em massa, provocou um aumento de relações instrumentalizadas pelos contratos por adesão, cuja utilização ganhou crescente espaço, ao lado dos contratos de gré à gré, mitigando o exercício da vontade na sua plena autonomia" (BASTOS, Antônio Adonias Aguiar. Situações jurídicas homogêneas: um conceito necessário para o processamento de demandas de massa. *Revista de Processo*, São Paulo, v. 186, p. 87-107, versão digital, ago. 2010).

20. Disponível em http://www.cnj.jus.br/programas-e-acoes/pj-justica-em-numeros/relatorios. Acesso em 01. mai. 2020.

21. Importante se ressaltar que a crise de eficiência do Judiciário, ao menos no que diz respeito ao tempo e à burocratização de seus serviços, vem sendo relatada desde a década de 80. Cf. CUNHA, Luciana Gross et al. *Relatório ICJ Brasil: 1º semestre 2013*. São Paulo: [s.n.], [2013?]. Disponível em: <http://bibliotecadigital.fgv.br/dspace/bitstream/handle/10438/11220/Relat%C3%B3rio%20ICJBrasil%20%201%C2%BA%20Semestre%20-%202013.pdf?sequence=1>. Acesso em: 10/05/2020.

de absoluta inoperância, com descompasso expressivo entre a procura e a prestação jurisdicional".[22]

A análise retrospectiva é bem ilustrativa da intensificação dos litígios: no ano de 1990 tivemos 5,1 milhões de processos novos no Judiciário brasileiro; em 2000, essa cifra chegou a 12,1 milhões e, em 2015, a 27,3 milhões.[23] É dizer, a cada década, o número de processos ingressados por ano mais do que dobrou.

O volume de novos processos por ano é grande e cresceu em todas as esferas do Judiciário, isoladamente consideradas. No ano de 2016: na Justiça Estadual, foram 19.787.004 (dezenove milhões, setecentos e oitenta e sete mil e quatro) novos processos – um aumento de 1,8% em relação ao ano anterior; na Justiça do Trabalho, foram 4.262.444 (quatro milhões, duzentos e sessenta e dois mil, quatrocentos e quarenta e quatro) novos processos, com um aumento de 5% em relação ao ano anterior; e na Justiça Federal, 3.801.911 (três milhões oitocentos e um mil novecentos e onze) novos processos, 3,8% a mais do que no ano precedente. A somatória desses três ramos da Justiça (excluindo-se a Justiça Eleitoral), nos dá um total de quase 28 (vinte e oito) milhões de novos processos no ano,[24] num país com um total de 206 (duzentos e seis) milhões de habitantes no mesmo ano.[25] No ano de 2017, ingressaram 29,1 milhões de novos processos.[26]

O aumento vertiginoso da judicialização de conflitos não foi acompanhado de planejamento e estruturação do Judiciário e trouxe à tona a inadequação[27] estrutural da justiça para lidar com um crescimento tão

---

22. SADEK, Maria Tereza. Judiciário: reformas e mudanças. *Estudos avançados* [online], v. 18, n. 51, p. 82, 2004. Disponível em: <http://dx.doi.org/10.1590/S0103-40142004000200005>. Acesso em: 10/06/2020.
23. Dados dos relatórios Justiça em Números, do Conselho Nacional de Justiça.
24. Dados do relatório Justiça em Números 2017 (CONSELHO NACIONAL DE JUSTIÇA. *Relatório Justiça em Números 2017, ano-base 2016*. Brasília: [s.n.], 2017).
25. Dado obtido em ftp://ftp.ibge.gov.br/Estimativas_de_Populacao/Estimativas_2016/estimativa_dou_2016_20160913.pdf. Acesso em 31. mai. 2020.
26. CONSELHO NACIONAL DE JUSTIÇA. *Relatório Justiça em Números 2018, ano-base 2017*. Brasília: [s.n.], 2020.
27. Pesquisas nos mostram que diversos outros fatores interferem negativamente na prestação jurisdicional pelo Estado brasileiro, como, por exemplo, a incapacidade dos órgãos jurisdicionais julgarem processos em tempo hábil, alto índice de não efetivação de decisões judiciais, desprestígio das decisões judicias e conflito de atribuições pelos/com os demais poderes do Estado, além da deficiência estrutural do Poder Judiciário, como o insuficiente número de juízes e funcionários, lentidão do processo, insegurança

expressivo, numérico e qualitativo da demanda social por soluções jurisdicionais, trazendo uma sobrecarga de trabalho.[28]

A análise conjunta de alguns dados, obtidos do Relatório Justiça em Números 2018, comprova isso: (i) apesar de cerca de 90% da despesa total do Judiciário ser com pessoal, em 2017 cada magistrado da Justiça Estadual em primeira instância respondia por 7.219 processos, e cada servidor judiciário por 611 processos – o que parece mostrar que o gasto com pessoal, apesar de sufocante, não se converte em mão de obra suficiente para lidar com o estoque de processos; a consequência dessa sobrecarga é (ii) a taxa de congestionamento de 73,7% em 2017[29], ou seja, a cada 100 processos, apenas 27 foram julgados – ainda que a produtividade dos magistrados tenha aumentado em todos os segmentos da Justiça, com exceção da Eleitoral; (iii) o tempo médio de duração dos processos, que na Justiça Estadual é de 37 meses na fase de conhecimento em primeiro grau.

Os números revelam, além da frágil condição do Judiciário para tratar desse quantitativo de processos, a intensificação da litigância no país. De cada cem mil habitantes, 12.519 ingressaram com uma ação judicial no ano de 2017.[30]

---

jurídica, mais processos entrados por ano do que julgados, etc.. (SADEK, Maria Teresa. Poder Judiciário: perspectivas de reforma. *Opin. Pública*, v. 10, n. 1, maio 2004).

28. WAMBIER, Teresa Arruda Alvim; WAMBIER, Luís Rodrigues. Anotações sobre o julgamento de processos repetitivos. *Revista Internacional de Estudios sobre Derecho Procesual e Arbitraje*, Madrid, n. 3, p. 1-11, 2009. Disponível em http://www.riedpa.com/COMU/documentos/RIEDPA3093.pdf. Acesso em 19 de ago. 2020.

29. A taxa de congestionamento mede a efetividade do tribunal em um período, levando-se em conta o total de casos novos que ingressaram, os casos baixados e o estoque pendente ao final do período anterior ao período base. Em outras palavras, é o número de ações que terminam o ano sem conclusão no Judiciário.

    "Este indicador é oriundo do Justiça em Números e já tem série histórica de apuração nos tribunais. Ele tem analogia direta com uma caixa d'água, que quando dá vazão ao volume que entra e mantém um nível baixo, resulta numa baixa taxa de congestionamento. Ao contrário, quando não dá vazão ao que entra e ainda mantém um estoque alto resulta numa alta taxa de congestionamento". Disponível em http://www.cnj.jus.br/gestao-e-planejamento/gestao-e-planejamento-do-judiciario/indicadores/486-gestao-planejamento-e-pesquisa/indicadores/13659-03-taxa-de-congestionamento. Acesso em 18 ago. 2018.

    De 100 processos que tramitaram no ano de 2017, aproximadamente apenas 27 foram baixados no período (CONSELHO NACIONAL DE JUSTIÇA. *Relatório Justiça em Números 2018, ano-base 2017*. Brasília: [s.n.], 2018).

30. CONSELHO NACIONAL DE JUSTIÇA. *Relatório Justiça em Números 2018, ano-base 2017*. Brasília: [s.n.], 2018, p. 78.

Uma análise mais detida dessas cifras, contudo, permite perceber que essa litigiosidade está em grande parte concentrada em um pequeno número de litigantes. Isto é, não é possível associar o aumento do quantitativo de processos a uma direta e proporcional ampliação do acesso à justiça[31-32]. Em aproximadamente 36% dos processos, existem em um dos polos o setor público[33], os bancos ou as empresas de telefonia.[34]

Além de concentrada em um pequeno número de litigantes, essa litigiosidade está aglutinada em alguns poucos setores da sociedade com características comuns, o que permite agrupá-los para analisá-los conjuntamente: trata-se dos setores regulados da economia.

---

31. "O acesso à justiça é medido não apenas pelo aumento no volume de demandas, mas também pela diversidade dos cidadãos que buscam o Judiciário. O volume de demandas pode ser crescente, mas limita-se apenas a uma parcela da população" (SILVA, Paulo Eduardo Alves. *Gerenciamento de processos judiciais*. São Paulo: Saraiva, 2010, p. 25). Para um aprofundamento no tema da litigiosidade e acesso à justiça, ver: ASPERTI, Maria Cecilia de Araújo. *Acesso à Justiça e técnicas de julgamentos de casos repetitivos*. Tese (Doutorado em Direito) – Faculdade de Direito da Universidade de São Paulo, São Paulo, 2018; SILVA, Paulo Eduardo Alves. *Acesso à justiça, litigiosidade e o modelo processual civil brasileiro*. Tese (Livre docência) – Faculdade de Direito de Ribeirão Preto da Universidade de São Paulo, Ribeirão Preto, 2018.
32. "O alto índice de litigância no Judiciário brasileiro aponta apenas que um número muito pequeno de pessoas ou instituições utilizam intensamente o sistema, ao passo que a maior parte da população não tem acesso a este meio formal de resolução de conflitos [...] Este é o foco, o ponto central da discussão. Há um excesso de demandas judiciais que não decorre da democratização do acesso à Justiça, mas de sua utilização exagerada por poucos atores, dentre os quais o Poder Público, as empresas concessionárias prestadoras de serviços e as instituições financeiras [...] A presença recorrente destes atores como réus ou autores na Justiça acarreta a multiplicação de feitos de igual teor, de conteúdo idêntico e repetido" (BOTTINI, Pierpaolo Cruz. A reforma do judiciário: aspectos relevantes. *Revista da Escola Nacional de Magistratura*, v. 2, n. 3, abr. 2007. Disponível em: <http://www.btadvogados.com.br/blog/a-reforma-do-judiciario-aspectos-relevantes/>. Acesso em: 01/09/2018).
33. As execuções fiscais são parte importante desses números. Segundo relatório Justiça em Números (CONSELHO NACIONAL DE JUSTIÇA. Relatório *Justiça em Números 2017, ano-base 2016*. Brasília: [s.n.], 2017), em 2016, elas eram responsáveis por mais de 40% do acervo dos processos pendentes em 1º grau, sendo que menos de 10% desse estoque foi baixado de 2015 para 2015, ou seja, 91% dele se acumula para o ano seguinte.
34. Segundo o relatório da pesquisa "Cem Maiores Litigantes" do Conselho Nacional de Justiça (CONSELHO NACIONAL DE JUSTIÇA. *100 Maiores Litigantes*. Brasília: [s.n.], 2012).

I.2. A LITIGIOSIDADE NOS SETORES REGULADOS, EM NÚMEROS

A litigiosidade nos setores regulados é fruto de uma série de fatores, e sua compreensão não pode fugir da análise do contexto da Reforma do Estado[35].

O movimento reformista se iniciou nas décadas de 80 e 90 do século XX, na América do Norte e na Europa,[36] com a modificação substancial da forma de atuação do Estado, que começou a deixar de intervir diretamente na economia, não apenas se afastando do provimento direto de bens e serviços, mas também implementando concorrência em setores anteriormente considerados exclusivamente como de serviços públicos, introduzindo critérios de eficiência econômica e maximizando benefícios ao consumidor. O Estado passou a se afastar da intervenção direta na economia, rompendo monopólios antes considerados naturais, permitindo a exploração de serviços públicos por agentes privados e privatizando um grande número de companhias estatais.[37]

Esse movimento se fez sentir no Brasil, a partir da abertura política ocorrida no final da década de 80, tendo seu ápice com o Programa Nacional de Desestatização implementado pela Lei n° 8.031/90 (posteriormente revogada pela Lei n° 9.491/97, que completou o sistema). O Programa alinhou as primeiras regras sobre o novo papel a ser desempenhado pelo Estado[38] e trouxe como um de seus objetivos "reordenar a posição estratégica do estado na economia" e "permitir que a Administração Pública concentre seus esforços nas atividades em que a presença do Estado seja fundamental para a consecução das prioridades nacionais".[39]

---

35. O tema será abordado com mais vagar no capítulo II. Ver, também, Uma reforma gerencial da Administração Pública no Brasil. In: PETRUCCI, Vera; SCHWARZ, Letícia (Org.). *Administração Pública gerencial*: a reforma de 1995 – ensaios sobre a reforma administrativa brasileira no limiar do século XXI. Brasília: Universidade de Brasília: 1999, p. 17-62.
36. Para aprofundamento nas diferenças do processo de privatização e desregulação entre Estados Unidos (que já possuía arcabouço jurídico estruturado para a atividade regulatória) e Europa (onde a discussão acerca da legislação para a privatização apenas nasceu com o processo de privatização), ver: MARQUES NETO, Floriano Azevedo. A nova regulação Estatal e as agências independentes. In. SUNDFELD, Carlos Ari. *Direito Administrativo Econômico*. São Paulo: Malheiros, 2000, p. 76.
37. COUTINHO, Diogo Rosenthal; MATTOS, Paulo Todescan Lessa. Os desafios da reforma regulatória brasileira. *Revista de Pós-Graduação da Faculdade de Direito da Universidade de São Paulo*, v. 1, 2001.
38. CARVALHO FILHO, José dos Santos. Agências reguladoras e poder normativo. In: ARAGÃO, Alexandre Santos (Coord.). *O poder normativo das agências reguladoras*. Rio de Janeiro: Forense, 2006, p. 75/89.
39. Art. 1º, I e V da Lei n° 9.491/97.

A partir desse marco ocorreu, na década de 90, uma reestruturação do modelo de Estado brasileiro no tocante à exploração de atividades econômicas e prestação de serviços públicos por meio da edição de diversos outros textos legais e reformas constitucionais.

Destacam-se as Emendas Constitucionais n°s 5[40], 6[41], 7[42], 8[43] e 9[44], editadas em meados de 1995, que (i) permitiram a concessão da exploração de serviços de gás canalizado por empresas privadas; (ii) eliminaram alguns privilégios a brasileiros e a empresas brasileiras de capital nacional, inclusive no aproveitamento de recursos minerais; (iii) acabaram com o monopólio estatal sobre os serviços de telecomunicações, prevendo a criação de um órgão regulador para o setor; e (iv) permitiram a exploração de atividades ligadas à pesquisa e à lavra de petróleo e gás natural por empresas privadas, criando também o órgão regulador do setor.[45]

Com as emendas acima citadas, e a legislação infraconstitucional que se seguiu, foram privatizadas todas as empresas federais de telefonia e diversas outras empresas estatais exploradoras de atividades econômicas e prestadoras de serviços públicos. Paulatinamente, o Estado brasileiro passou de um produtor e prestador de serviço para um Estado Regulador, "caracterizado pela criação de agências reguladoras independentes, pelas privatizações de empresas estatais, por terceirizações de funções administrativas do Estado e pela regulação da economia segundo técnicas administrativas de defesa da concorrência e correção de 'falhas de mercado', em substituição a políticas de planejamento industrial"[46].

Em diversos setores, substituiu-se a intervenção estatal direta pela fiscalização e pela regulação: "ele [o Estado] retira-se da produção direta de bens e serviços sem, todavia, perder espaço ou importância, passando a exercer uma atividade de controle, disciplina e indução das atividades dos particulares na prestação dos

---

40. Altera o § 2º do art. 25 da Constituição Federal.
41. Altera o inciso IX do art. 170, o art. 171 e o § 1º do art. 176, todos da Constituição Federal.
42. Altera o art. 178 da Constituição Federal e dispõe sobre a adoção de Medidas Provisórias.
43. Altera o inciso XI e a alínea "a" do inciso XII do art. 21 da Constituição Federal.
44. Dá nova redação ao art. 177 da Constituição Federal, alterando e inserindo parágrafos.
45. VERISSIMO, Marcos Paulo. *Aproximação sistemática ao controle judicial das agências de regulação econômica no Brasil*. Dissertação (Mestrado em Direito) – Universidade de São Paulo, São Paulo, 2002, p. 59-60.
46. MATTOS, Paulo Todescan Lessa. A formação do Estado Regulador no Brasil. *Novos estud. - CEBRAP*, São Paulo, n. 76, p. 139-156, nov. 2006. Disponível em <http://www.scielo.br/scielo.php?script=sci_arttext&pid=S0101-33002006000300007&lng=en&nrm=iso>. Acesso em: 22/05/2020.

serviços e realização de objetivos previamente definidos"[47] – os serviços seguem sendo públicos, mas prestados pelo setor privado.[48]

A fiscalização e a regulação foram entregues às agências de regulação econômica, órgãos técnicos e especializados[49] especialmente criados para esse fim,[50] visando à "edição de regras específicas, destinadas aos prestadores de serviço e aos consumidores", à "fiscalização do cumprimento dessas regras, dos contratos específicos e da lei, por parte dos prestadores" e à "repressão à violação das regras legais, das obrigações contratuais e das normas regulatórias pelos prestadores de serviços".[51]

Trazendo essas características do Estado Regulador para a litigância, o foco do presente estudo, é possível estabelecer uma relação entre a forma de atuação estatal pelos seus órgãos reguladores e fiscalizadores e o aumento da busca por prestação jurisdicional.

Para exercer a função regulatória e de fiscalização, concedeu-se às agências poder normativo que as autoriza a editar atos regulamentares,[52] especialmente para disciplinar o serviço concedido, permitido ou autorizado, expedindo normas sobre a prestação dos serviços e estabelecendo padrões a serem cumpridos pelas prestadoras de serviços.[53]

---

47. SALLES, Carlos Alberto de. *Arbitragem em contratos administrativos*. Rio de Janeiro: Forense; São Paulo: Método, 2011, p. 64.
48. CARVALHO FILHO, José dos Santos. Agências reguladoras e poder normativo. In: ARAGÃO, Alexandre Santos (Coord.). *O poder normativo das agências reguladoras*. Rio de Janeiro: Forense, 2006, p. 80.
49. Abordaremos a questão da especialização das agências reguladoras mais afundo, no capítulo seguinte, item II.3.
50. São elas: ANEEL, ANATEL, ANP, ANVISA, ANS, ANTT, ANAC, ANCINE, ANTAQQ, ANA. A fiscalização também é exercida pelo Banco Central, Conselho Monetário Nacional, Comissão de Valores Mobiliários e Conselho Administrativo de Direito Econômico, Susep, dentre outras.
51. SOUTO, Marcos Juruena Villela. *Desestatização, privatização, concessões e terceirizações*. Rio de Janeiro: Lumen Juris, 1997, p. 256-257.
52. Diferenciando o poder legiferante do poder regulamentar, Carvalho Filho ressalta que o ato regulamentar é inferior e subjacente à lei e deve pautar-se pelos limites dela, não podendo contrariá-la. Mas ressalta que, apesar de no plano teórico serem claros os traços caracterizadores da lei e do regulamento, na prática nem sempre é fácil distinguir o que deve ser matéria de cada um desses atos (CARVALHO FILHO, José dos Santos. Agências reguladoras e poder normativo. In: ARAGÃO, Alexandre Santos (Coord.). *O poder normativo das agências reguladoras*. Rio de Janeiro: Forense, 2006, p. 76-77).
53. Ver, especialmente, as leis nº 9.074/95 (art. 3º), nº 9.472/97 (art. 19), nº 9.478/97 (art. 8º).

No exercício de sua competência, as agências promulgam grande quantidade de atos regulatórios que podem estar relacionados, juntamente com outros fatores, ao aumento da litigiosidade nos setores regulados. A exemplo, no ano de 2007, o Congresso Nacional aprovou 198 leis, ao passo que apenas três das principais agências reguladoras produziram 1.965 resoluções: a Agência Nacional de Energia Elétrica editou 635, a Agência Nacional de Transportes Terrestres, 726, e a Agência Nacional de Águas, 604.[54] Mesmo ignorando as normas expedidas pelas demais agências, a produção normativa regulamentar supera em mais de dez vezes a produção legiferante.

Essa profusão de normas regulatórias, que deveriam apenas regulamentar[55] leis, mas, muitas vezes, vão além e até mesmo conflitam com estas, acaba por criar uma "zona cinzenta regulatória", caraterizada pela falta de clareza acerca dos direitos, deveres, vedações e procedimentos previstos, muitas vezes, causadora de conflitos judicializados.

O modelo das Agências Reguladoras, como diagnostica Falcão, não possui mecanismos internos de autocorreção. Com isso, diante de ineficiências e de insuficiências na oferta dos serviços regulados e considerando o abuso de poder ou o desvio de finalidade no âmbito da discricionariedade administrativa dos reguladores, surge a necessidade de um controle externo, na maioria das vezes buscado no Poder Judiciário.[56]

---

54. FALCÃO, Joaquim. *Agências reguladoras e o Poder Judiciário*. Disponível em: <http://www.cnj.jus.br/index.php?option=com_content&view=article&id=13329&Itemid=675>. Acesso em: 20/05/2020.

    Segundo o pesquisador, o cenário se repete nos Estados. No Rio Grande do Sul, por exemplo, a AGERGS produziu 580 resoluções enquanto a Assembleia Legislativa gaúcha elaborou apenas 188 leis estaduais.

55. Alguns especialistas, quanto à natureza da atividade desempenhada pelas agências, distinguem função regulamentar e função regulatória, como Marcos Juruena Villela Souto, que afirma: "Cumpre, pois, não confundir a regulação, que é um conceito econômico, com a regulamentação, que é um conceito jurídico (político)" (SOUTO, Marcos Juruena Villela. *Direito Administrativo Regulatório*. Rio de Janeiro: Lumen Juris, 2002, p. 233).

    Contudo, na compreensão de Carvalho Filho, apesar da distinção entre as expressões "regulamentar" (complementar, especificar) e "regular" (disciplinar, normatizar, sem necessariamente complementar outra norma), as agências reguladoras "exercem mesmo função regulamentadora, ou seja, estabelecem disciplina, de caráter complementar, com observância dos parâmetros existentes na lei que lhes transferiu aquela função" (CARVALHO FILHO, José dos Santos. Agências reguladoras e poder normativo. In: ARAGÃO, Alexandre Santos (Coord.). *O poder normativo das agências reguladoras*. Rio de Janeiro: Forense, 2006, p. 85).

56. "Mas quando ocorrem ineficiências e insuficiências na oferta dos serviços demandados, esta independência política é questionada. Diante de abuso de poder ou de desvio de

Importante ressaltar, como já apontado, que há outras causas diversas que explicam o aumento da litigiosidade, somadas à proliferação de atos regulatórios pelas Agências.[57]

A implementação do Plano Real e consequentes estabilização da moeda e controle da inflação propiciaram avanço no contexto socioeconômico brasileiro e inclusão de milhares de brasileiros no mercado de consumo. A título de exemplo, de 2005 para 2010, o número de brasileiros na classe média (meio da pirâmide social, ou Classe C) cresceu de 34% para 53%, ou, em números, quase 40 milhões de novos brasileiros na Classe C.[58] Com isso, houve uma massificação e uma universalização dos serviços e dos produtos ofertados que, aliadas à má gestão dos negócios, expuseram os consumidores a uma grande quantidade de problemas nessa relação consumerista.

Além da mudança econômica do perfil populacional, outros tantos elementos corroboraram para a criação de um terreno fértil, justificadores do aumento da litigiosidade, tais como: o crescente número de advogados no país, o nascimento de uma advocacia com um custo menor e especializada em conflitos massificados, a massificação da informação e do consumo, a atuação da mídia, a democratização do acesso à justiça e a criação de novas portas de acesso ao Judiciário, como os Juizados Especiais.

Ainda, e mais especificamente, viu-se o aumento, em número considerável, de uma litigiosidade repetitiva originadas pelos consumidores e usuários

finalidade da discricionariedade administrativa, o modelo não tem mecanismos internos de auto correção que previna este questionamento. Busca-se o controle externo do modelo, justamente em seu maior concorrente, o Poder Executivo, na vertente da Administração direta, e também no Ministério Público, Procons, mídia, no próprio Congresso e, sobretudo, no Poder Judiciário. Ocorre então um efeito reverso. O modelo de regulação único transmuda-se em múltiplos e conflitantes reguladores, gerando insegurança jurídica, imprevisibilidade econômica, ineficiência gerencial e deslegitimidade política. Em suma, a rigidez da captura das decisões internas de diminuta representatividade política das decisões, acaba por intensificar um crescente controle externo e fragmentado e muitas vezes conflitantes entre si e com estas decisões. (FALCÃO, Joaquim. O futuro das agências reguladoras. *Revista Conjuntura Econômica*, v. 64, n. 10, p. 53-55, 2010, p. 53-55).

57. CUNHA, Luciana Gross; GABBAY, Daniela Monteiro (Coord.). *Litigiosidade, Morosidade e Litigância Repetitiva*: uma análise empírica. Série Direito e Desenvolvimento (DIREITO GV). Saraiva: São Paulo, 2013, p. 116 e ss.

58. OLIVEIRA, Fabiana Luci de; WADA, Ricardo Moroshita. O comportamento da nova classe média brasileira nas relações de consumo. In: OLIVEIRA, Fabiana Luci de; WADA, Ricardo Moroshita (Coord.) *Direito do Consumidor: os 22 anos de vigência do CDC*. Rio de Janeiro: Ed. Campus/Elsevier, 2012.

de serviços públicos, em face dos respectivos fornecedores, prestadores de serviços e agências reguladoras.[59]

Problematiza-se, então, se a forma como se relacionam (ou deixam de se relacionar) Judiciário, agências reguladoras, agentes econômicos regulados e consumidores partícipes desse mercado regulado, também, não seria um fator de incremento da litigiosidade, em especial daquela que no direito processual civil é considerada *repetitiva*. Olhando especificamente para o direito processual, é necessário compreender como se dá (e como deveria se dar) a participação das agências nos processos judiciais que tratam de matérias reguladas, tanto na formação da tese jurídica quanto na fiscalização de sua aplicação no âmbito do mercado regulado.

Se analisarmos os números consolidados das Justiças Estadual, Federal e do Trabalho, de acordo com o Relatório *Cem Maiores Litigantes* de 2012, temos que o setor bancário participa de 10,88% dos processos e o setor de telefonia de 1,84%. Isolando apenas a Justiça Estadual, essas taxas sobem para 12,95% de bancos em um dos polos da demanda, e 2,38% de empresas de telefonia. Ainda mais revelador é analisar os números dos Juizados Especiais[60]: bancos são parte em 12,8% e operadoras de telefonia em 6% dos processos.

Outro relatório que corrobora e amplia a dimensão da litigiosidade nos setores regulados é o Relatório *Uso da Justiça e o Litígio no Brasil*, da Associação dos Magistrados Brasileiros (AMB)[61]. Esse estudo, coordenado cientificamente por Maria Tereza Sadek, analisou a Justiça Estadual (incluídos Juizados Especiais) em primeiro e segundo graus de jurisdição, em 11 unidades da Federação. No Tribunal de Justiça da Bahia em 2013, por exemplo, o setor financeiro, os serviços de telefonia e planos de saúde esta-

---

59. Acerca da compreensão do termo regulação, Diogo Coutinho nos ensina: "Regulação é, nesse contexto, um termo que tem designado entre nós uma forma de atuação do Estado identificada com o período neoliberal de abertura e privatização de atividades econômicas. Assim, no Brasil, regulação remete ao modo como passou o Estado a comportar-se perante o âmbito privado, quando, a partir de 1995, começaram a ser privatizadas as empresas estatais prestadoras de serviços públicos. Regular passou a ser um verbo cujo emprego se disseminou em detrimento de outros: produzir ou prestar serviços diretamente. É nesse sentido frequente que se emprega a formulação vaga de que o Estado passou de uma posição de produtor (ou prestador de bens e serviços) para outra: a de regulador de atividades econômicas" (COUTINHO, Diogo Rosenthal. *Direito e economia política na regulação de serviços públicos*. São Paulo: Saraiva, 2014, p. 39).

60. CONSELHO NACIONAL DE JUSTIÇA. *100 Maiores Litigantes*. Brasília: [s.n.], 2012.

61. ASSOCIAÇÃO DE MAGISTRADOS BRASILEIROS. *O uso da Justiça e o litígio no Brasil*. Brasília: [s.n.], 2015.

vam juntos no polo passivo em 77% dos processos das Turmas Recursais. No Espírito Santo, os mesmos três setores se somaram, no polo ativo, em 89,9% dos processos:

Gráfico 1: principais litigantes nas turmas recursais como parte ativa no TJES, em 2013

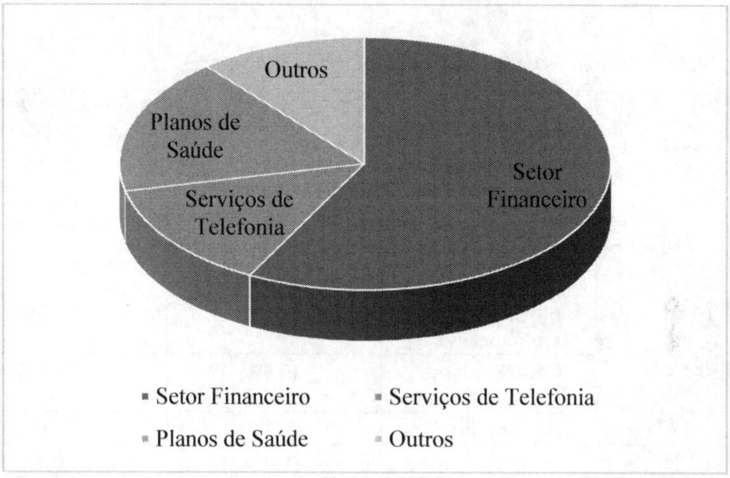

Elaboração: autora. Fonte: dados do Relatório da pesquisa "O uso da Justiça e o litígio no Brasil", p. 38[62].

Mais recentemente, o relatório publicado em 2018, da pesquisa *Os maiores litigantes em ações consumeristas: mapeamento e proposições*, da Associação Brasileira de Jurimetria (ABJ)[63], tendo em mira as ações consumeristas, confirmou que a litigância de poucos atores, e nos setores regulados, é a numericamente mais relevante nos tribunais brasileiros. Além de demonstrar que os trinta maiores litigantes concentram pelo menos 50% do total de processos, o mapeamento evidenciou que em todos os tribunais pesquisados

62. Para confecção do gráfico, utilizou-se dados do Relatório Uso da Justiça e o Litígio no Brasil (ASSOCIAÇÃO DE MAGISTRADOS BRASILEIROS. *O uso da Justiça e o litígio no Brasil*. Brasília: [s.n.], 2015).

63. Pesquisa contratada pelo CNJ, publicada na série Justiça Pesquisa do Departamento de Pesquisas Judiciárias (DPJ/CNJ) realizada pela Associação Brasileira de Jurimetria. ASSOCIAÇÃO BRASILEIRA DE JURIMETRIA. *Os maiores litigantes em ações consumeristas: mapeamento e proposições*. 2018. Disponível em http://www.cnj.jus.br/files/conteudo/arquivo/2018/04/28383cca082cb68ac79144e7b40f5568.pdf. Acesso em 01. jul. 2020.

os litigantes que acumularam o maior número de processos são do setor regulado: instituições financeiras e telecomunicações.

A pesquisa também documentou que, em todos os tribunais pesquisados, os setores regulados estão, mais de uma vez, entre os três setores com maior litigância:

Tabela 1: Maiores litigantes em ações consumeristas, por setores

TRIBUNAL	ÁREA	PERCENTUAL	PERCENTUAL ACUMULADO
TJAM	Instituições Financeiras	28,1%	28,1%
	Concessionárias de serviços básicos	19,9%	48,0%
	Telecomunicações	13,5%	61,5%
TJBA	Instituições Financeiras	51,5%	51,5%
	Companhias de seguro	15,9%	67,3%
	Telecomunicações	3,7%	71,0%
TJDFT	Telecomunicações	20,4%	20,4%
	Instituições Financeiras	14,7%	35,2%
	Transporte Aéreo	5,2%	40,3%
TJMT	Instituições Financeiras	24,9%	24,9%
	Telecomunicações	24,1%	49,0%
	Companhias de seguro	9,2%	58,2%
TJRJ	Telecomunicações	32,7%	32,7%
	Instituições Financeiras	24,3%	57,0%
	Concessionárias de serviços básicos	8,8%	65,8%
TJRS	Instituições Financeiras	28,0%	28,0%
	Telecomunicações	22,4%	50,4%
	Administradoras de Cadastro de Inadimplentes	16,7%	67,0%
TJSP	Instituições Financeiras	40,3%	40,3%
	Telecomunicações	15,0%	55,3%
	Companhias de seguro	3,2%	58,5%

Elaboração: autora. Fonte: Pesquisa "Os maiores litigantes em ações consumeristas" (ABJ, 2018).

Até mesmo no Supremo Tribunal Federal, os setores regulados estão entre os campeões da litigiosidade. Os casos de telefonia ocupam o terceiro lugar da maior quantidade de demandas que chegam com preliminar de repercussão geral.[64] Também no âmbito extrajudicial de resolução de conflitos, os setores regulados estão entre os mais reclamados: os dados do Boletim de 2017 do Sistema Nacional de Informações de Defesa do Consumidor (SINDEC) demonstram isso. Veja-se:

Tabela 2: Assuntos mais demandados em 2017

Posição	Assunto	Quantidade	%
1º	Telefonia Celular	309.150	14,0%
2º	Telefonia Fixa	187.027	8,5%
3º	Cartão de Crédito	163.277	7,4%
4º	Banco comercial	141.562	6,4%
5º	Energia Elétrica	108.354	4,9%
6º	Aparelho Celular	107.883	4,9%
7º	TV por Assinatura	95.411	4,3%
8º	Financeira	73.588	3,3%
9º	Água / Esgoto	54.645	2,5%
10º	Móveis	43.027	1,9%
11º	Seguros (exceto Saúde)	42.821	1,9%
12º	Eletrodomésticos Linha Branca	39.588	1,8%
13º	Cartão de Loja	36.645	1,7%
14º	Internet (Serviços e Produtos)	31.364	1,4%
15º	Escola (Pré, 1º, 2º Graus e Superior)	29.465	1,3%
16º	Plano de Saúde (Médico / Odontológico)	29.376	1,3%
17º	Vestuário (Calçados / Roupas / Acessórios)	27.158	1,2%
18º	Carros	22.585	1,0%
19º	Televisão / Aparelho DVD / Filmadora	22.185	1,0%
20º	Cursos Livres Outros	20.948	0,9%
	Demais Assuntos	623.893	28,2%
	Total	**2.209.952[1]**	**100,0%**

Elaboração: autora. Fonte: Boletim Sindec 2017[65]

Tratando-se, especificamente, das ações em matéria de saúde suplementar, que, dentre os setores regulados, têm a litigância significativamente menor do que a dos setores bancário e de telefonia, os dados demonstram

64. FALCÃO, Joaquim. *Agências reguladoras e o Poder Judiciário*. Disponível em: <http://www.cnj.jus.br/index.php?option=com_content&view=article&id=13329&Itemid=675>. Acesso em: 20/05/2020.

65. Disponível em http://www.justica.gov.br/seus-direitos/consumidor/sindec/boletim-sindec-2017.pdf. Acesso em 01. set. 2020.

que, em junho de 2014, havia mais de 390 mil demandas versando sobre saúde no Judiciário brasileiro, sendo mais de 62 mil nos Tribunais Federais e mais de 330 mil nos Estaduais.[66]

No Tribunal de Justiça do Estado de São Paulo, dos 26.838 processos em matéria de saúde julgados em segunda instância, entre janeiro de 2011 e dezembro de 2012, aproximadamente 50% deles eram de saúde suplementar,[67] o que demonstra a relevância da litigiosidade nesse setor regulado.

Outra observação relevante e que pode ser extraída de duas diferentes pesquisas, é a de que a maioria esmagadora das ações ajuizadas em matéria de saúde são individuais, e não coletivas.[68]Essa constatação reforça a ideia de que a "microlitigância" é um dado em saúde e o acúmulo de ações individuais gera desafios às partes, ao Judiciário, à Agência Nacional de Saúde Suplementar (ANS) e à Agência Nacional de Vigilância Sanitária (ANVISA) e à própria gestão em saúde.[69] Esse perfil de litigância se repete em relação aos demais setores regulados.

Esses números nos mostram, conforme o cenário acima delineado, que a conjuntura econômica, social e política do Brasil nas décadas que se seguiram à mudança constitucional favoreceu a multiplicação de demandas com causas de pedir e pedidos similares envolvendo grandes litigantes[70], perfil esse de litigância que se concentra nos setores regulados da economia.

I.3. CARACTERIZAÇÃO DAS DEMANDAS REPETITIVAS NOS SETORES REGULADOS

Analisando o perfil acima demonstrado da litigância no Brasil, é possível perceber que relevante parte dela pode ser qualificada como "litigância

66. Disponível em <http://www.cnj.jus.br/images/programas/forumdasaude/demandasnostribunais.forumSaude.pdf>. Acesso em 04. mai. 2020.
67. CONSELHO NACIONAL DE JUSTIÇA. *Judicialização da saúde no Brasil*: dados e experiência. Brasília: [s.n.], 2015.
68. GRINOVER, Ada Pellegrini et al. Avaliação da prestação jurisdicional coletiva e individual a partir da judicialização da saúde. Centro de Pesquisa Jurídica Aplicada (CPJA), 2014, p. 2.
69. CONSELHO NACIONAL DE JUSTIÇA. *Judicialização da saúde no Brasil*: dados e experiência. Brasília: [s.n.], 2015, p. 43.
70. Grande litigante, ou litigante habitual, é nomenclatura que faz referência aos "repeat player", do famoso texto de Galanter, é aquele que "já teve e consegue antecipar sua participação em litigância de massa, que não sofre significativas perdas com o desfecho desfavorável das demandas em que se vê envolvido e que possui recursos para perseguir seus interesses a longo prazo" (GALANTER, Marc. Why the "haves" come out ahead: Speculations on the limits of legal change. *Law & Society Review*, v. 9, n. 1, p. 95-160, 1974, p. 98. Tradução livre).

repetitiva". Esse enquadramento decorre de alguns elementos comuns e característicos, bem delineados pela doutrina.

Cumpre ressaltar, inicialmente, que a litigiosidade repetitiva não se confunde com as chamadas "demandas repetitivas", mencionadas pela legislação[71]. Estas são parcelas daquela. É dizer, a litigiosidade repetitiva é fenômeno mais amplo, que não se resume aos processos judiciais já ajuizados, e muito menos àqueles que podem ser tratados por mecanismos processuais já previstos pelo Código de Processo Civil. Neste trabalho, porém, que tem por objeto o tratamento processual da litigiosidade repetitiva, nos ateremos à parcela judicial dessa litigiosidade, tais como: demandas, causas ou processos repetitivos, termos aqui utilizados como sinônimos.[72-73]

Assim, nesta tese, adota-se como premissa que, para que causas sejam classificadas como repetitivas, é necessário haver: (i) similitude de questões fáticas e/ou jurídicas; (ii) volume considerável de demandas versando sobre a mesma questão; e (iii) envolvimento de litigantes repetitivos e ocasionais.[74-75]

---

71. A legislação processual utiliza a expressão "demandas repetitivas" quando trata do IRDR, nos art. 976 e seguintes, CPC.

72. Não se desconhece que os termos "demanda", "causa" e "processo", no rigor da técnica processual, não são sinônimos, e possuem conceitos próprios. Contudo, são utilizados rotineiramente, e sabe-se, atecnicamente, nos mais diversos contextos, e ao tratar de litigância repetitiva, referem-se aos conflitos judicializados.

73. Especialmente o termo "demanda", merece observação, ao ser utilizado ao lado do adjetivo "repetitivas". Isso porque demanda "é ato de postulação que encerra uma pretensão processual, informada por seus três elementos: partes, pedido e causa de pedir, tendo como objetivo um bem da vida disputado entre as partes no plano material" (SICA, Heitor Vitor Mendonça. *O direito de defesa no processo civil brasileiro*. São Paulo: Atlas, 2011, p. 85). Demandas repetitivas, então, seriam demandas que possuem similaridade no pedido e causa de pedir, seriam pretensões homogêneas. Contudo, não é esse o conteúdo do termo "demandas repetitivas" utilizado em nossa legislação, pois para esta, as demandas repetitivas não são apenas aquelas que possuem pedido e causa de pedir similares, mas é mais amplo, abarcando demandas que, apesar de não possuírem pedido e causa de pedir similares, possuem "áreas de homogeneidade" em algumas questões objetos do processo. Nesse sentido, ver: TEMER, Sofia. *Incidente de resolução de demandas repetitivas*. Salvador: Ed. Juspodivm, 2016, p. 58-64; CAVALCANTI, Marcos. *Incidente de resolução de demandas repetitivas*. São Paulo: RT, 2016.

74. ASPERTI, Maria Cecilia de Araújo. *Meios consensuais de resolução de disputas repetitivas*: a conciliação, a mediação e os grandes litigantes do Judiciário. Dissertação (Mestrado em Direito) – Faculdade de Direito da Universidade de São Paulo, São Paulo, 2014, p. 16; GUIMARAES, Amanda de Araújo. *Incidente de resolução de demandas repetitivas*: soluções e limites. Dissertação (Mestrado) – Faculdade de Direito da Universidade de São Paulo, 2017, p. 89.

75. Tratando da "demanda de massa ou de alta intensidade", Sergio Menchini a conceitua como "embasadas prioritariamente em direitos individuais homogêneos que dão mar-

A primeira observação que precisa ser feita é quanto à **similitude de questões fáticas**. A repetição de processos com semelhante contexto fático é elemento caracterizador da litigiosidade repetitiva, apesar de existirem dispositivos legais que somente consideram a repetitividade quando há questões jurídicas que podem ser tratadas conjuntamente,[76] ou seja, que relacionam a repetitividade com a veiculação de questões de direito análogas.[77-78] Para o presente estudo, no entanto, tratamos de litígios repetitivos oriundos de uma mesma "macrolide", ou seja, nos quais haja a similitude de elementos fáticos, e não somente de questões jurídicas, ou que haja a correspondência de ambos. Importante pontuar que tal limitação aos aspectos jurídicos é atinente ao uso da técnica processual em si,[79] mas não à compreensão da litigiosidade repetitiva, suas causas e particularidades.

---

gem à propositura de ações individuais repetitivas ou seriais, que possuem como base pretensões isomórficas, com especificidades, mas que apresentam questões (jurídicas e/ou fáticas) comuns para a resolução da causa. (MENCHINI, Sergio. Azioni seriali e tutela giurisdizionale: aspetti critici e prospettive ricostruttive. Em: Atti del Incontro di Studi: leazioni Seriali do Centro Interuniversitario di Studi e Ricerche sulla Giustiza Civile Giovani Fabbrini, junto da Università di Pisa, 04 e 05.05.2007. Apud: NUNES, Dierle. Novo enfoque para as tutelas diferenciadas no Brasil? Diferenciação procedimental a partir da diversidade de litigiosidades. *Revista de Processo*, v. 184/2010, jun. 2010).

76. Amanda Guimarães utiliza como exemplo o desastre ambiental ocorrido da cidade de Mariana, MG, em 2015: "Os lesados possuem interesses homogêneos, os quais decorrem de um mesmo fato. Se ajuizarem demandas visando a reparação dos danos materiais, é provável que discutam questões predominantemente fáticas, o que, sem dúvida, não retira das demandas a similaridade, e, por via de consequência, a repetitividade. Mesmo havendo distinções quanto ao dano sofrido, a caracterização da responsabilidade e o dever de indenizar são questões comuns a todos os lesados"(GUIMARAES, Amanda de Araújo. *Incidente de resolução de demandas repetitivas*: soluções e limites. Dissertação (Mestrado) – Faculdade de Direito da Universidade de São Paulo, 2017, p. 82).

77. É o caso das técnicas de incidente de resolução de demandas repetitivas (art. 976, CPC) e recurso especial e extraordinário repetitivos (art. 1036, CPC)

78. Apesar da legislação utilizar o termo "questões unicamente de direito", não se pode deixar de considerar que o problema da distinção das questões de fato e direito é antiga, pois fato e norma são dois aspectos do mesmo fenômeno. Ante tal realidade, no presente trabalho será levado em conta a utilização pela lei do termo "unicamente de direito" como "questões predominantemente de direito". Nos termo da lição de Teresa Arruda Alvim, "pode-se falar em questões que sejam predominantemente de fato e predominantemente de direito, ou seja, o fenômeno jurídico é de fato e é de direito, mas o aspecto problemático deste fenômeno pode estar girando em torno de fatos ou em torno do direito" (WAMBIER, Teresa Arruda Alvim. Distinção entre questão de fato e questão de direito para fins de cabimento de recurso especial. *Revista de Processo*, São Paulo, v. 92, versão digital, out.-dez. 1998).

79. É o que ocorre com as técnicas objeto do presente estudo: apenas são aplicáveis a questões de direito, como será abordado adiante.

Isso porque, no que tange à técnica processual, a similitude jurídica necessária para que as demandas judiciais sejam consideradas repetitivas não requer necessariamente a similitude de pedido e causa de pedir, mas se satisfaz com a existência de "questões" de fato ou de direito homogêneas. Não é necessário que se trate de *demandas homogêneas*, bastando haver *questões jurídicas homogêneas* em demandas heterogêneas. Em outras palavras, pode haver repetitividade mesmo em demandas com causa de pedir e pedido distintos, desde de que haja zonas de homogeneidade representadas por questões jurídicas homogêneas.[80-81] Nas palavras de Marcos Cavalcanti, "a similitude de causas de pedir e pedidos não é o fator determinante para a caracterização de um processo como repetitivo. Esses processos identificam-se no plano abstrato por discutirem, em larga escala, questões jurídicas de origem comum e homogêneas, que podem surgir ainda que não exista qualquer similaridade entre os elementos das demandas"[82].

---

80. "Cuida-se de demandas-tipo, decorrentes de uma relação-modelo, que ensejam soluções-padrão. Os processos que versam sobre os conflitos massificados lidam com conflitos cujos elementos objetivos (causa de pedir e pedido) se assemelham, mas não chegam a se identificar. Cuida-se de questões afins, cujos liames jurídicos materiais concretos são similares, entre si, embora não consistam num só e mesmo vínculo. (...) As demandas homogêneas se identificam no plano abstrato, no que diz respeito à questão fática ou jurídica em tese, mas não no âmbito de cada situação concreta. Em que pese sejam contratos semelhantes (até porque podem consistir em inúmeros contratos por adesão, contendo obrigações análogas), não se trata do mesmo contrato, isto é, de um só vínculo. A identidade está em determinada relação-modelo. Do ponto de vista de cada relação concreta, comparando-a com as outras do mesmo tipo, não há mais do que mera afinidade" (BASTOS, Antônio Adonias Aguiar. Situações jurídicas homogêneas: um conceito necessário para o processamento de demandas de massa. *Revista de Processo*, São Paulo, v. 186, p. 87-107, versão digital, ago. 2010).

    Não há duvidas de que as demandas homogêneas são repetitivas, mas não as são apenas elas. Em nosso sistema processual, as demandas heterogêneas com questões jurídicas (de direito material ou processual) homogêneas também são repetitivas.

81. Nesse ponto reside a distinção entre as demandas repetitivas e os "direitos individuais homogêneos", pois estes exigem a uniformidade da demanda, e aquelas apenas de questões. Nesse sentido, TEMER, Sofia. *Incidente de resolução de demandas repetitivas*. Salvador: Ed. Juspodivm, 2016, p. 63.

    Tratando os direitos individuais homogêneos como ensejadores da propositura de demandas repetitivas: MENDES, Aluísio Gonçalves de Castro; RODRIGUES, Roberto de Aragão Ribeiro. Reflexões sobre o incidente de resolução de disputas repetitivas previsto no projeto do novo Código de Processo Civil. *Revista de Processo*, São Paulo, v. 37, n. 211, p. 191-207, versão digital, set. 2012.

82. CAVALCANTI, Marcos. *Incidente de resolução de demandas repetitivas*. São Paulo: RT, 2016, p. 199.

No entanto, há estudos[83] que demonstram que a maior parte das demandas repetitivas são provenientes de pretensões homogêneas ou isomórficas[84], fundadas em direito material comum e com similaridade de pedido e causa de pedir.[85] Acredita-se até que os instrumentos processuais criados as tenham como foco principal, mas não se fecham nelas.

Como bem enfatizou Cecilia Asperti, ainda que o direito autorize a utilização de técnicas de trato da litigiosidade repetitiva em questões jurídicas heterogêneas, o fato é que a utilização dessas técnicas se dá em larga escala em demandas que discutem questões jurídicas comuns decorrentes de substratos fáticos também comuns.[86]

Outro requisito necessário para que as demandas sejam qualificadas como repetitivas é a **representatividade do volume**. O próprio termo re-

83. Ver especificamente:GUIMARAES, Amanda de Araújo. *Incidente de resolução de demandas repetitivas*: soluções e limites. Dissertação (Mestrado) – Faculdade de Direito da Universidade de São Paulo, 2017.

84. Antônio Cabral define as pretensões isomórficas como "aquelas pretensões de direito material que possuem elementos de fato ou de direito" (CABRAL, António do Passo. Comentários aos arts. 976 a 987. In: CABRAL, António do Passo; CRAMER, Ronaldo. *Comentários ao novo Código de Processo Civil*. 2. ed. Rio de Janeiro: Forense, 2016, p. 1420).

85. Nesse sentido: "o incidente de resolução de demandas repetitivas é aplicável às chamadas pretensões isomórficas, aquelas pretensões de direito material que possuem elementos de fato ou de direito comuns. São estes os casos mais frequentes de litigância seriada. Não obstante, embora seja termo comum para definir as questões que são debatidas nos processos de litigância repetitiva, deve-se frisar que o IRDR não se aplica apenas às 'pretensões isomórficas' porque a expressão parece remetera hipóteses em que o traço comum diga respeito ao direito material, enquanto no IRDR cabe também em relação a questões de natureza processual" (CABRAL, António do Passo. Comentários aos arts. 976 a 987. In: CABRAL, António do Passo; CRAMER, Ronaldo. *Comentários ao novo Código de Processo Civil*. 2. ed. Rio de Janeiro: Forense, 2016, p. 1420).

86. Para tanto, a autora refere-se à pesquisa feita por Amanda de Araújo Guimaraes (*Incidente de resolução de demandas repetitivas*. Dissertação (Mestrado) – Faculdade de Direito da Universidade de São Paulo, 2017), que levantou que 88% dos requerimentos de instauração de IRDR em São Paulo (113, até final de 2016) tratavam-se de contextos fáticos semelhantes, e 68% de direitos individuais homogêneos.

Também demonstra isso por seu estudo empírico-jurisprudencial, afirmando que no caso dos recursos especiais repetitivos julgados pelo STJ até março de 2017, "os temas decididos são, essencialmente, veiculados em casos envolvendo litigantes repetitivos e ocasionais em disputas em que se discutem questões jurídicas comuns decorrentes de substratos fáticos também similares" (ASPERTI, Maria Cecilia de Araújo. *Acesso à Justiça e técnicas de julgamentos de casos repetitivos*. Tese (Doutorado em Direito) – Faculdade de Direito da Universidade de São Paulo, São Paulo, 2018, p. 138).

petitividade já nos traz essa noção de exigência de grande volume. Não há uma definição exata da quantidade de processos necessários para que determinada demanda seja considerada repetitiva, mas a quantidade deve ser tal a justificar a adoção de instrumentos específicos para seu julgamento.[87]

Por fim, **a existência de litigantes repetitivos em um polo da demanda e ocasionais do outro** é considerado um elemento caracterizador dessa litigiosidade. Isso decorre da própria gênese social dessas demandas. Como já mencionado, a litigiosidade repetitiva é uma característica da nossa atual sociedade, assim delineada por Barbosa Moreira:

> as características da vida contemporânea produzem a emersão de uma série de situações em que, longe de achar-se em jogo o direito ou o interesse de uma única pessoa, ou de algumas pessoas individualmente consideradas, o que sobreleva, o que assume proporções mais imponentes, é precisamente o fato de que se formam conflitos nos quais grandes massas estão envolvidas, e um dos aspectos pelos quais o processo recebe o impacto desta propensão do mundo contemporâneo para os fenómenos de massa: produção de massa, distribuição de massa, cultura de massa, comunicação de massa, e porque não, processo de massa?[88]

A consequência óbvia dessa sociedade massificada é a repetição de relações em que, de um lado, tem-se uma parte envolvida repetidamente em demandas de mesma natureza, como decorrência do seu papel na sociedade por meio de relações jurídicas padronizadas, muitas vezes oficializadas por contratos por adesão; e, de outro lado, uma parte que se envolve em demandas judiciais apenas ocasionalmente. Como exemplo desse fenômeno, temos o Estado, que presta serviços públicos para toda a população; a operadora de telefonia que presta serviço para milhares de consumidores; a instituição bancária, que firma o mesmo contrato com uma diversidade de cidadãos etc.[89]

---

87. ASPERTI, Maria Cecilia de Araújo. *Meios consensuais de resolução de disputas repetitivas*: a conciliação, a mediação e os grandes litigantes do Judiciário. Dissertação (Mestrado em Direito) – Faculdade de Direito da Universidade de São Paulo, São Paulo, 2014, p. 47-48.

88. MOREIRA, José Carlos Barbosa.Ações Coletivas na Constituição Federal de 1988. *Revista de Processo*, v. 61, jan. 1991, p. 187.

89. No mesmo sentido: CUNHA, Leonardo José Carneiro. As causas repetitivas e a necessidade de um regime que lhe seja próprio. *Rev. Fac. Dir. Sul de Minas*, Pouso Alegre, v. 25, n. 2, jul.-dez. 2009.

Esses perfis de litigantes foram pioneiramente traçados por Marc Galanter, no seu célebre texto *Why the haves come out ahead?: speculations on limits of legal change*[90]*, na década de 1970, no qual demonstra que algumas partes, denominadas por ele como repeat players*, ou litigantes repetitivos/habituais, possuem uma série de vantagens estratégicas se comparados aos *one-shotters*, ou litigantes eventuais.[91-92]

Os litigantes habituais conseguem antecipar o resultado da litigância, por já terem participado de diversos outros processos com o mesmo objeto, possuindo menor risco em cada caso e maiores recursos para perseguir seus interesses a longo prazo. Não precisam concentrar todas as suas forças em um único processo, mas podem pensar na litigância como um fenômeno mais amplo. Enquanto isso, os litigantes ocasionais não possuem, usualmente, recursos para barganhar uma solução em curto prazo, ou no prazo do seu litígio, e não possuem recursos para perseguir seus interesses em longo prazo. Suas demandas ou são muito grandes, se comparadas ao seu tamanho na qualidade de litigante, ou muito pequenas, se comparadas ao custo da tutela perseguida.

Em breve síntese, podemos listar como vantagens estratégicas do litigante habitual, que não se limitam às atuações dentro do processo: (i) a maior experiência com o Direito lhes possibilita um melhor planejamento do litígio; (ii) o litigante habitual tem economia de escala, porque tem mais casos; (iii) o litigante habitual tem oportunidades de desenvolver relações informais com os membros da instância decisória; (iv) ele pode diluir os riscos da demanda por um maior número de casos; e (v) pode testar estratégias

90. GALANTER, Marc. Why the "haves" come out ahead: Speculations on the limits of legal change. *Law & Society Review*, v. 9, n. 1, p. 95-160, 1974.

91. No mesmo sentido Boaventura de Sousa Santos, acerca dos litigantes eventuais, afirma que na maioria dos litígios não é comum que a mesma pessoa recorra ao Tribunal duas vezes na vida pelo mesmo motivo e por isso não está dotada dos recursos necessários para o fazer, sendo mais cara a litigação, maior o risco e o empenho que coloca na resolução do problema. (SANTOS, Boaventura de Souza; MARQUES, Maria Manuel Leitão. PEDROSO, Joao; FERREIRA, Pedro Lopes. *Os tribunais nas sociedades contemporâneas*: o caso português. Porto: Edições Afrontamento, 1996, p. 71.

92. Tratando das vantagens estratégicas dos litigantes habituais, ver, além do pioneiro Marc Galanter: CAPPELLETTI, Mauro; GARTH, Bryant. *Acesso à justiça*. Tradução de Ellen Gracie Northfleet. Porto Alegre: Sergio Antonio Fabris Editor, 1988; SANTOS, Boaventura de Souza; MARQUES, Maria Manuel Leitão; PEDROSO, Joao; FERREIRA, Pedro Lopes. *Os tribunais nas sociedades contemporâneas*: o caso português. Op. cit.

com determinados casos, de modo a garantir expectativa mais favorável em relação a casos futuros.[93]

Fica claro, portanto, que a litigiosidade repetitiva possui um perfil próprio, que a difere das litigiosidades individual e coletiva, devendo, portanto, ser tratada por mecanismos processuais construídos considerando essas especificidades, sob pena de inadequação da tutela jurisdicional.

A litigiosidade específica dos setores regulados é parte dessa litigiosidade repetitiva. Acumulam-se processos que versam repetidamente sobre questões comuns, em número proporcional à importância e à universalidade dos serviços prestados, em sua maioria considerados como indispensáveis ao atual modelo de vida da nossa sociedade (saúde, telefonia, internet, serviços bancários etc.). Tais demandas têm como partes, de um lado, o ente regulado fornecedor de produto ou serviço que habitualmente demanda ou é demandado e, de outro, o consumidor, litigante que recorre aos órgãos jurisdicionais esporadicamente.

Somam-se a essas características, ainda, algumas peculiaridades desses setores da economia que impactam na litigiosidade específica, como a existência: (i) de um Ente Regulador/fiscalizador (Agência Reguladora, Banco Central etc.); (ii) de um aparato administrativo próprio; (iii) de uma profusão de normas regulatórias que se somam às leis; e (iv) de uma tecnicidade das questões discutidas.

A **existência de um Ente Regulador e fiscalizador** é uma característica relevantíssima à análise e à compreensão dessa litigância e que parece ter sido esquecida pelo legislador, pois demonstra a existência de uma outra relação a ser considerada, aquela existente entre regulador e prestador de serviço, ponto que será analisado mais adiante.

Também deve ser considerada enquanto característica do setor regulado a existência de **aparatos administrativos** que visam a solucionar conflitos.[94]

---

93. CAPPELLETTI, Mauro; GARTH, Bryant. *Acesso à justiça*. Tradução de Ellen Gracie Northfleet. Porto Alegre: Sergio Antonio Fabris Editor, 1988, p. 25.

94. Sobre a solução administrativa de conflitos no âmbito das agências reguladoras, ver a interessante pesquisa elaborada em parceria estabelecida entre a Secretaria de Reforma do Judiciário, o Programa das Nações Unidas para o Desenvolvimento e a Fundação Getúlio Vargas do Estado do Rio de Janeiro, coordenada por Fabiana Luci de Oliveira e Leandro Molhano Ribeiro: OLIVEIRA, Fabiana Luci de; RIBEIRO, Leandro Molhano (Coord.). *Utilização de meios de resolução extrajudicial de conflitos no âmbito de serviços regulados por agências governamentais*. Brasília: Ministério da Justiça, Secretaria da Reforma do Judiciário, 2013. Disponível em: <http://www.justica.gov.br/seus-direitos/

As leis criadoras dos agentes reguladores trouxeram em seu bojo a previsão da atuação das agências na resolução extrajudicial de conflitos.[95-96] No mais, a falta de definição nítida de relação (ou falta dela) entre a resolução administrativa e judicial de conflitos é apontada como fator potencializador da litigiosidade.[97]

A já mencionada **profusão de leis e atos normativos próprios** é um elemento característico dessa litigiosidade, propulsando conflitos interpretativos e a necessidade de uniformização de significados construídos a partir de fontes diversas, que se sobrepõem e se contradizem em situações concretas.

Finalmente, impende destacar elemento relevante nas ações que versam sobre questões de setores regulados, especialmente quando se fala de técnica de julgamento de casos repetitivos, que é a especialização e **tecnicidade das matérias decididas**, bem exemplificadas por Floriano de Azevedo Marques Neto:

> Esse equilíbrio, sobremodo complexo, envolve dimensões regulatórias antes impensadas como, por exemplo, a calibração entre as taxas de retorno expectadas em uma concessão e obrigações do prestador; a adequada relação entre a política tarifária e os critérios de precificação dos serviços pelos competidores em regime de mercado; os custos de ampliação de infraestruturas

---

politicas-de-justica/publicacoes/Biblioteca/dialogossobrejustica_resolucao-extrajudicial-de-conflitos.pdf>. Acesso em: 01/09/2019.

Ver também: MIRANDA, Lara Caxico Martina; KEMPFER, Marlene. Administração Pública gerencial e as possibilidades para a solução extrajudicial de conflitos em agências reguladoras no Brasil. *Revista Formas Consensuais de Solução de Conflitos*, Maranhão, v. 3, n. 2, p. 37-55, jul.-dez. 2017, p. 37-55.

95. Exemplificativamente, a ANATEL, conforme art. 19, XVII da Lei nº 9.471/97, que prevê entre as competências da agência "compor administrativamente conflitos de interesses entre prestadoras de serviços de telecomunicações".

96. Para maior profundidade no tema, ver SALLES, Carlos Alberto de. *Arbitragem nos contratos administrativos*. Rio de Janeiro: Forense; São Paulo: Método, 2011.

97. Nesse sentido: "a relação entre a resolução administrativa e a judicial de conflitos também não é nitidamente definida, o que pode potencializar a litigiosidade. Foram identificados espaços em que é sensível a falta de um arranjo institucional entre a resolução administrativa e a judicial, ou mesmo a necessidade de parcerias do Judiciário com entidades públicas e privadas. Os arranjos já existentes, normalmente através de convênios com órgãos privados de regulação de setores específicos (como o PROCON), podem ser uma alternativa eficaz de filtragem de demandas judiciais" (CUNHA, Luciana Gross; GABBAY, Daniela Monteiro (Coord.). *Litigiosidade, Morosidade e Litigância Repetitiva*: uma análise empírica. Série Direito e Desenvolvimento (DIREITO GV). Saraiva: São Paulo, 2013, p. 153).

> com os valores cobrados pelo compartilhamento entre redes; a introdução de mecanismos aptos a coibir a concentração econômica tanto num mesmo setor (na exploração de uma mesma modalidade de serviço) como entre elos comunicantes da cadeia econômica (como ocorre na cadeia de produção de energia pelas termoelétricas, onde se deve evitar concentração entre os grupos detentores da concessão de transporte de gás natural e aqueles detentores de licença para geração de energia com utilização deste insumo)[98].

Essa litigiosidade repetitiva específica requer, em consequência de suas especificidades, um tratamento processual próprio, que seja construído levando em conta suas caraterísticas.

I.4. A NECESSIDADE DE CRIAÇÃO DE TÉCNICAS PROCESSUAIS ESPECÍFICAS PARA UMA LITIGIOSIDADE PECULIAR

Não é novidade na doutrina a necessidade de que a técnica processual seja adequada às especificidades da tutela jurisdicional a ser prestada.[99] Diversos são os estudos que abordam a imperiosa adequação do processo ante a necessidade da prestação de uma tutela jurisdicional efetiva, especialmente sob a ótica da adaptabilidade do processo ao direito material objeto do litígio.[100-101-102]

---

98. MARQUES NETO, Floriano de Azevedo. A nova regulação dos serviços públicos. *Revista de Direito Administrativo*, n. 228, abr.-jun. 2002, p. 25-26.

99. Pioneiramente, ver: PROTO PISANI, Andrea. Tutela giurisdizionale differenziata e nuovo processo del lavoro (*) (premesse alla legge 11 agosto 1973 n. 533). *Il Foro Italiano*, v. 96, n. 9, p. 205/206-249/250, set. 1973, p. 205, 206-250; PROTO PISANI, Andrea. Sulla tutela giurisdizionale differenziata. *Rivista di diritto processuale*, n. 4, Padova: Cedam, 1979, p. 538; MONTESANO, Luigi. Luce ed ombre in leggi e proposte di 'tutele differenziate' nei processi civili. *Rivista di diritto processuale*, vol. XXXIV (II serie), Padova: Cedam, 1979, p. 592-603.

100. Abordamos essa temática, sob o aspecto da possibilidade de adequação das regras de ônus da prova às especificidades do direito material em:SILVEIRA, Bruna Braga da. *Dinamização do ônus da prova nas ações ambientais*. Curitiba: Juruá, 2016.

101. MARINONI, Luiz Guilherme. *Tutela específica*. 2. ed. rev. ampl. São Paulo: Editora Revista dos Tribunais, 2001; GAJARDONI, Fernando da Fonseca. *Flexibilização procedimental*. São Paulo: Atlas, 2008; DIDIER JR, Fredie. Sobre dois importantes, e esquecidos, princípios do processo: adequação e adaptabilidade do procedimento. *Jus Navigandi*, Teresina, ano, v. 6, 2001; entre outros.

102. Abordando a diferenciação da tutela para tratar a litigiosidade de massa, ver: NUNES, Dierle. Novo enfoque para as tutelas diferenciadas no Brasil? Diferenciação procedimental a partir da diversidade de litigiosidades. *Revista de Processo*, v. 184/2010, jun. 2010.

Nesse contexto das relações massificadas, do qual a litigiosidade repetitiva é fruto relativamente recente, o processo civil tradicional, de natureza individual, mostrou-se inadequado e insuficiente para tratar esse novo padrão de conflitos e de litigância, pois suas normas "foram inspiradas no paradigma liberal da litigiosidade, estruturadas de forma a considerar única cada ação, retratando um litígio específico entre duas pessoas. Em outras palavras, o processo civil é, tradicionalmente, individual, caracterizando-se pela rigidez formalista".[103]

É dizer, o processo civil clássico foi estruturado para julgar as causas com ampla e exauriente cognição, debruçando-se especialmente sobre questões fáticas específicas de cada uma delas visando a prolação de uma decisão judicial particular para cada caso concreto. Trata-se de um procedimento voltado mais para a individualização da tutela do que para a aplicação uniforme do direito.[104] O devido processo legal dos processos individuais, em resumo, não atendia aos processos repetitivos.[105]

De outra parte, assim como a legislação processual passou a não responder adequadamente a essa realidade social, também a própria estrutura do sistema judiciário não suportava lidar com essa litigiosidade volumosa, seja quantitativamente, seja qualitativamente, isto é, considerando a faceta da uniformidade do tratamento isonômico de casos iguais.

Poderia se cogitar, como de fato ocorreu, que a tutela coletiva seria um instrumento de tratamento da litigiosidade repetitiva.[106] Contudo, o regime da tutela coletiva, por várias razões, não se mostrou adequado para equacionamento dos processos seriados. Em primeiro lugar, isso ocorreu porque nem todos os casos repetitivos podem ser julgados com fundamento no microssistema de processos coletivos (como, por exemplo, as questões repetitivas em matéria exclusivamente processual em demandas não decorrentes de "origem comum"). Em segundo, aponta-se o que poderia ser

---

103. CUNHA, Leonardo José Carneiro. As causas repetitivas e a necessidade de um regime que lhe seja próprio. *Rev. Fac. Dir. Sul de Minas*, Pouso Alegre, v. 25, n. 2, jul.-dez. 2009.

104. TEMER, Sofia. *Incidente de resolução de demandas repetitivas*. Salvador: Ed. Juspodivm, 2016, p. 33.

105. Visando construir um devido processo legal das demandas repetitivas: BASTOS, Antônio Adonias Aguiar. *O devido processo legal nas demandas repetitivas*. Tese (Doutorado em Direito) – Universidade Federal da Bahia, Salvador, 2012.

106. Para uma cronologia da criação do microssistema de processos coletivos, ver: SICA, Heitor Vitor Mendonça. Brevíssimas reflexões sobre a evolução do tratamento da litigiosidade repetitiva no ordenamento brasileiro, do CPC de 1973 ao CPC de 2015. *Revista de Processo*, v. 41, n. 257, p. 269-281, jul. 2016.

considerado como uma fragilidade do sistema coletivo,[107] a restrição de matérias que podem ser objeto ou também a restrição à legitimação ativa da pessoa natural. Ao final, e em conjunto, tais elementos passam a ideia de que tutela coletiva, especialmente para esses conflitos provenientes de direitos individuais homogêneos, não "pegou".[108-109]

Nessa esteira e com um Judiciário abarrotado de demandas repetitivas, o processo civil tornou a voltar sua atenção ao processo individual, passando a implementar uma série de reformas processuais visando a equacionar o estoque de processos, sob o signo da efetividade da prestação jurisdicional. Foram diversas as técnicas novas, a iniciar pela súmula vinculante (art. 103-A CF)[110] com a EC 45/04; o julgamento liminar de improcedência (art.

107. Sofia Temer, sintetizando boa parte da doutrina processual, lista vários dos problemas da tutela coletiva: "restrição em relação a algumas matérias que poderiam ser objeto de tais ações, como as de natureza tributária; a restrição da legitimação ativa da pessoa natural; a falta de critérios para aferir e controlar concretamente a adequação da representatividade; a inadequada restrição da atuação de associações; o ineficiente sistema de comunicação da propositura da ação coletiva aos interessados; a condenação genérica e necessidade de execução individual; o sistema de extensão dos efeitos da coisa julgada; a falta de uma cultura de associatividade e a tendência à propositura de processos individuais; a ausência de formas adequadas para flexibilização do procedimento e adequação ao conflito." (*Incidente de resolução de demandas repetitivas*. Salvador: Ed. Juspodivm, 2016, p. 35/36).

108. Heitor Sica faz menção ao pacote de leis que teriam o "declarado propósito de enfraquecer o microssistema de processo coletivo" (SICA, Heitor Vitor Mendonça. Brevíssimas reflexões sobre a evolução do tratamento da litigiosidade repetitiva no ordenamento brasileiro, do CPC de 1973 ao CPC de 2015. *Revista de Processo*, v. 41, n. 257, p. 269-281, jul. 2016).

109. Há, inclusive, quem documente as investidas políticas contra o processo coletivo quando da tramitação do projeto do novo CPC – especialmente quando da análise do "incidente de coletivização de demandas individuais". Nesse sentido a pesquisa de Andrea Pimentel de Miranda, apresentada na mesa de Pesquisa Empírica das XII Jornadas de Processo Civil, ocorridas em Belo Horizonte, agosto de 2018, que obteve dos registros da 1ª Reunião da Comissão de Juristas do Senado Federal, em 30 de novembro de 2009, a seguinte fala de "orador não identificado": – "se vaza aqui...[...] que a Comissão está pensando em alguma coisa de coletivização...Se vazar essa notícia lá, você já vai ter resistência." (...) – *"Não, mas eu digo, nós não aprovamos aqui na pauta nada que diga coletivo. Coletivo. Nada de coletivo"*. Mimeo.

110. Art. 103-A. O Supremo Tribunal Federal poderá, de ofício ou por provocação, mediante decisão de dois terços dos seus membros, após reiteradas decisões sobre matéria constitucional, aprovar súmula que, a partir de sua publicação na imprensa oficial, terá efeito vinculante em relação aos demais órgãos do Poder Judiciário e à Administração Pública direta e indireta, nas esferas federal, estadual e municipal, bem como proceder à sua revisão ou cancelamento, na forma estabelecida em lei.

285-A)[111]; a súmula impeditiva de recursos (art. 518, § 1º)[112]; o julgamento monocrático de recursos (art. 557[113]); e a sistemática de recursos repetitivos (art. 543-[114]B e C[115]), todos do CPC/73, que tiveram a finalidade de racionalizar de alguma forma o julgamento de processos individuais de natureza repetitiva.[116]

Como bem demonstra Maria Cecilia Asperti[117], essas reformas estão inseridas no contexto dos I e II Pactos Republicanos, que, sob influência de organismos internacionais, como o Banco Mundial e o Fundo Monetário Internacional (FMI), colocaram a litigiosidade repetitiva como uma das principais causas do congestionamento judicial e pactuaram a implementação de mudanças que buscam imprimir maior eficiência e segurança jurídica ao sistema judicial brasileiro, com o estabelecimento de metas de produtividade. Visou-se essencialmente à credibilidade, à eficiência, à transparência, à independência do Judiciário, à previsibilidade e à proteção à propriedade privada com o intuito de mostrar ao investidor estrangeiro a confiabilidade das instâncias judiciárias brasileiras. Substitui-se a tônica do acesso à justiça,

---

§ 1º A súmula terá por objetivo a validade, a interpretação e a eficácia de normas determinadas, acerca das quais haja controvérsia atual entre órgãos judiciários ou entre esses e a Administração Pública que acarrete grave insegurança jurídica e relevante multiplicação de processos sobre questão idêntica.

111. Art. 285-A. Quando a matéria controvertida for unicamente de direito e no juízo já houver sido proferida sentença de total improcedência em outros casos idênticos, poderá ser dispensada a citação e proferida sentença, reproduzindo-se o teor da anteriormente prolatada.

112. Art. 518. Interposta a apelação, o juiz, declarando os efeitos em que a recebe, mandará dar vistas ao apelado para responder. §1º O juiz não receberá o recurso de apelação quando a sentença estiver em conformidade com súmula do Superior Tribunal de Justiça ou do Supremo Tribunal Federal.

113. Art. 557. O relator negará seguimento a recurso manifestamente inadmissível, improcedente, prejudicado ou em confronto com súmula ou com jurisprudência dominante do respectivo tribunal, do Supremo Tribunal Federal, ou de Tribunal Superior.

114. Art. 543-B. Quando houver multiplicidade de recursos com fundamento em idêntica controvérsia, a análise da repercussão geral será processada nos termos do Regimento Interno do Supremo Tribunal Federal, observado o disposto neste artigo.

115. Art. 543-C. Quando houver multiplicidade de recursos com fundamento em idêntica questão de direito, o recurso especial será processado nos termos deste artigo.

116. SICA, Heitor Vitor Mendonça. Brevíssimas reflexões sobre a evolução do tratamento da litigiosidade repetitiva no ordenamento brasileiro, do CPC de 1973 ao CPC de 2015. *Revista de Processo*, v. 41, n. 257, p. 269-281, jul. 2016.

117. ASPERTI, Maria Cecilia de Araújo. *Acesso à Justiça e técnicas de julgamentos de casos repetitivos*. Tese (Doutorado em Direito) - Faculdade de Direito da Universidade de São Paulo, São Paulo, 2018, p. 41-47.

previsto pelo constituinte originário, pela eficiência e segurança jurídica do constituinte reformador da EC n° 45/04.

A busca pelo contingenciamento de demandas marcadas pela repetitividade se seguiu com o Código de Processo Civil de 2015, que trouxe desde seus anteprojetos a clara intenção de conferir racionalidade aos julgamentos jurisdicionais, especialmente com a uniformização do entendimento dos Tribunais e aplicação da decisão aos demais casos seriados. A nova legislação processual tratou de aperfeiçoar e ampliar as técnicas de aceleração e aglutinação de processos individuais repetitivos introduzidas com as reformas do CPC/73, valorizando-se a eficácia normativa de precedentes judiciais.[118]

Sintetizando as técnicas processuais hoje existentes, voltadas para as demandas de massa, temos: i) a *súmula vinculante*, que visa à formulação de enunciados normativos de efeito vinculante sobre matéria constitucional (art. 103-A, CF)[119]; ii) a *tutela da evidência em casos repetitivos*, que pode ser concedida mesmo sem urgência, desde que haja prova documental e tese firmada em sede de julgamentos repetitivos (art. 311, II, CPC); iii) a *improcedência liminar do pedido*, quando houver posicionamento jurisprudencial consolidado sobre questão unicamente de direito e a instrução probatória for dispensável (art. 332, CPC); iv) a possibilidade de *julgamento liminar e monocrático de recursos* pelo relator quando houver entendimento firmado em julgamento de casos repetitivos, assunção de competência, súmula de tribunais superiores ou do próprio tribunal (art. 932, IV e V CPC); v) o *julgamento de casos repetitivos* de questão unicamente de direito, por meio da aplicação de tese jurídica fixada no julgamento do processo selecionado (IRDR, art. 976; recursos repetitivos, art. 1.036, CPC).

Assim, temos que as técnicas acima listadas foram criadas para lidar especificamente com a litigiosidade seriada,[120] que é diferente, em sua essência, da litigiosidade individual e que, apesar de possuir similaridades com parte da litigiosidade coletiva (violação à direito individual homogêneo), não

---

118. SICA, Heitor Vitor Mendonça. Brevíssimas reflexões sobre a evolução do tratamento da litigiosidade repetitiva no ordenamento brasileiro, do CPC de 1973 ao CPC de 2015. *Revista de Processo*, v. 41, n. 257, p. 269-281, jul. 2016.

119. Visa evitar que divergências interpretativas acarretem "grave insegurança jurídica e relevante multiplicação de processos sobre ´questão idêntica´".

120. Defendendo a necessidade de criação de técnicas especificas, não levando por base as peculiaridades de cada situação litigiosa, mas sim os tipos de litigiosidade (individual, coletiva e serial/repetitiva), ver: NUNES, Dierle. Novo enfoque para as tutelas diferenciadas no Brasil? Diferenciação procedimental a partir da diversidade de litigiosidades. *Revista de Processo*, v. 184/2010, jun. 2010.

pôde ser adequadamente tratada pelo microssistema de processos coletivos e com ela não se confunde.

Dentre essas técnicas, o art. 928, CPC, aponta os instrumentos definidores do próprio conceito de "caso repetitivo", particularmente relevantes no tratamento de litigiosidade dos setores regulados: o Incidente de Resolução de Demandas Repetitivas (IRDR) e os recursos especiais e extraordinário repetitivos (REERs). Para esses instrumentos se prevê, inclusive, que seja oficiado o órgão regulador a fim de fiscalizar a efetiva aplicação, por parte dos entes regulados, da tese definida no julgamento (art. 985, § 2º e art. 1.040, IV, CPC).[121]

Dessa forma, pretende-se, nessa ocasião, perquirir se as referidas técnicas são adequadas a tratar a litigiosidade específica do setor regulado e se consideraram em seu desenho as particularidades dessa litigiosidade setorizada: além da similaridade de questões fáticas e jurídicas, do grande volume de ações e do envolvimento de um grande litigante - características gerais da litigiosidade repetitiva -, a importância do Ente Regulador nessa relação, com seu papel regulatório e fiscalizatório, bem como dos agentes regulados e dos usuários. A adequação da técnica processual depende da consideração da participação do Ente Regulador no processo e do respeito, por parte do Judiciário, da normatização exarada pelas agências para resolução do conflito interpretativo.

Isso porque, como releva Carlos Alberto de Salles, "não obstante seja 'muito difícil desenhar uma linha entre a falta de justiça em seu sentido processual e a falta de justiça em seu sentido substantivo', é preciso compreender como, algumas vezes, o conceito de justiça dirige-se a situações que se resolvem pelas próprias regras de direito material, mas em muitos casos a denegação de justiça tem um sentido unicamente processual, referindo-se a situações geradas pela deficiente consideração das partes e seus reais interesses no processo"[122].

---

121. Art. 985, § 2º: Se o incidente tiver por objeto questão relativa a prestação de serviço concedido, permitido ou autorizado, o resultado do julgamento será comunicado ao órgão, ao ente ou à Agência Reguladora competente para fiscalização da efetiva aplicação, por parte dos entes sujeitos a regulação, da tese adotada.

Art. 1.040, IV: Se os recursos versarem sobre questão relativa a prestação de serviço público objeto de concessão, permissão ou autorização, o resultado do julgamento será comunicado ao órgão, ao ente ou à Agência Reguladora competente para fiscalização da efetiva aplicação, por parte dos entes sujeitos a regulação, da tese adotada.

122. SALLES, Carlos Alberto de. *Execução judicial em matéria ambiental*. São Paulo: Editora Revista dos Tribunais, 1998, p. 49.

Capítulo II

ESTADO REGULADOR E SUAS INTERAÇÕES COM O JUDICIÁRIO

II.1. O ADVENTO DO ESTADO REGULADOR

Tendo o capítulo anterior abordado a alta litigiosidade que se vê presente no Brasil, especialmente nos setores regulados, e visando seguir adiante na investigação do problema central desta tese, impõe-se colocar algumas noções sobre o papel do Estado nesta quadra histórica, especialmente quando busca a um só tempo (1) afastar-se do papel de promotor do desenvolvimento mas também (2) se afastar do papel de mero espectador ("guarda-noturno"). Nesse sentido, o Estado assume o papel de Regulador.

"Regulador"[1], como coloca Marçal Justen Filho, refere-se a uma função estatal que não se confunde com a função normativa; não se confunde com a função jurisdicional; nem, tampouco, com a função administrativa em sentido estrito.[2] Para Marques Neto, *regulação* é "a atividade estatal mediante a qual o Estado, por meio de intervenção direta ou indireta, condiciona, restringe, normatiza ou incentiva a atividade econômica de modo a preservar a sua existência, assegurar o seu equilíbrio interno ou atingir determinados objetivos públicos como a proteção da hipossuficiência ou a consagração de políticas públicas"[3].

A concepção liberal clássica de Estado, prevalecente no século XIX, privilegiava a vetusta máxima do *laissez-faire*: um Estado em concepção omissiva, abstendo-se de intervir no domínio econômico, área reservada

1. Desde já convém registrar que os vocábulos "Regulação" e "Regulamentação" não devem ser confundidos. "Regulamentação" é exercício de poder normativo pelo Poder Executivo, vinculado à lei, que explicita e operacionaliza o seu conteúdo, sem alterar ou inovar. Já "Regulação" envolve funções econômicas mais amplas, conforme delineado nas linhas adiante. Sobre o tema: MENEZES DE ALMEIDA, Fernando Dias. Considerações sobre a "Regulação" no Direito positivo brasileiro. *Revista de Direito Público da Economia*, ano 3, n. 12, out.-des. 2005.
2. JUSTEN FILHO, Marçal. *O direito das agências reguladoras independentes*. São Paulo: Dialética, 2002, p. 16.
3. MARQUES NETO, Floriano de Azevedo. A nova regulação dos serviços públicos. *Revista de Direito Administrativo*, n. 228, abr.-jun. 2002, p. 14.

à iniciativa privada, regulada pela "mão invisível" (ênfase nos direitos de liberdade e propriedade, que alguns chamam de prestações estatais "negativas"). Ao Estado cabia tão somente resguardar as liberdades fundamentais. Qualquer atuação além disso era considerada opressora sobre a sociedade.

A virada ao século XX, no entanto, trouxe grandes alterações. Já desde suas primeiras décadas, identificam-se movimentos mundo afora de rejeição do modelo anterior, com exigências de maior participação do Estado para assegurar o bem-estar dos cidadãos – são frequentemente lembrados como exemplos não apenas os eventos russos de 1917, mas especialmente as Constituições Mexicana de 1917 e Alemã (Weimar) de 1919. Uma participação mais ativa do Estado se faz necessária, especial, mas não unicamente para promover a redução das desigualdades regionais e sociais.[4]

Em relação especificamente ao Brasil, Mattos coloca, por exemplo, que, a partir de 1930, o processo de industrialização foi marcado pela "coordenação dos investimentos no setor produtivo estatal", de maneira que "o setor produtivo privado passou a se desenvolver estreitamente enlaçado com o setor produtivo estatal"; "o desenvolvimento ocorreu centrado, essencialmente, no Estado, ou melhor, com base na forma pela qual o Estado planejou o desenvolvimento econômico através de empresas estatais e, principalmente, por meio da articulação entre capital estatal e capital

4. "O Estado, de alguma maneira, sempre interferiu nas relações econômicas. Inicialmente, o fazia editando leis para disciplinar genericamente a ação dos agentes privados, manejava o poder de polícia ou, eventualmente, incumbia-se de algumas atividades de relevância social, elevadas à condição de serviços públicos. Posteriormente, essa intervenção se avulta e a interferência estatal no domínio econômico passa a envolver a própria exploração de atividade econômica por ente estatal (empresas estatais, sociedades de economia mista, etc.). Estas hipóteses de intervenção sempre se fizeram a partir de decisões políticas estratégicas e envolviam a subtração do setor específico sujeito à incidência da ação estatal da regra de liberdade de inciativa econômica" (MARQUES NETO, Floriano Azevedo. Finalidades e fundamentos da moderna regulação econômica. *Revista Fórum Administrativo de Direito Público*, ano 9, n. 100, jun. 2009,p. 85). Sobre as Constituições Alemã e Mexicana, ver: COMPARATO, Fábio Konder.*A Constituição Mexicana de 1917*. Disponível em: <http://www.dhnet.org.br/educar/redeedh/anthist/mex1917.htm>. Acesso em: 27/10/2018; COMPARATO, Fábio Konder. *A Constituição Alemã de 1919*. Disponível em: <http://www.dhnet.org.br/educar/redeedh/anthist/alema1919.htm>. Acesso em: 27/10/2018; PINHEIRO, Maria Cláudia Bucchianeri. A constituição de Weimar e os direitos fundamentais sociais: a preponderância da Constituição da República Alemã de 1919 na inauguração do constitucionalismo social à luz da Constituição mexicana de 1917. *Revista de Informação Legislativa*, v. 43, n. 169, jan.-mar. 2006.

privado"[5]. Trata-se do regime desenvolvimentista, aplicando uma espécie de "ativismo socioeconômico"[6], também chamado de "dirigismo". Eis que, "ao longo do século XX, a ideologia do Estado de Bem-Estar significou a assunção pelo Estado de funções de modelação da vida social. O Estado transformou-se em prestador de serviços e em empresário. Invadiu searas antes reputadas próprias da iniciativa privada, desbravou novos setores comerciais e industriais, remodelou o mercado e comandou a renovação das estruturas sociais e econômicas"[7].

Contudo, apesar dos resultados positivos, oriundos dessa atuação intervencionista, pode-se arguir que os benefícios trazidos acarretaram também sua ruína. O crescimento populacional, a maior expectativa de vida, além da garantia de direitos custosos a todos os cidadãos, passaram a demandar um Estado cada vez maior. A percepção crescente de inviabilização ou de insolvência dos Estados (dívidas crescentes, déficits recorrentes, serviços públicos prestados de forma inadequada) demandava mudanças[8] – fincadas especialmente na ideia de sustentabilidade dos serviços públicos.[9]

---

5. MATTOS, Paulo Todescan Lessa. A formação do Estado Regulador no Brasil. *Novos estud. - CEBRAP*, São Paulo, n. 76, p. 139-156, nov. 2006, p. 141. Disponível em <http://www.scielo.br/scielo.php?script=sci_arttext&pid=S0101-33002006000300007&lng=en&nrm=iso>. Acesso em: 22/05/2020.
6. JUSTEN FILHO, Marçal. *O direito das agências reguladoras independentes*. São Paulo: Dialética, 2002, p. 20.
7. Idem, p. 17.
8. Idem, p. 18-19.

   Ainda: "As alterações sociais ocorridas geraram novas e crescentes necessidades dos cidadãos, desafios para o Estado diante de um modelo complexo de sociedade. O aparato estatal necessitou ser reformulado para enfrentar este dinamismo social. Era necessário reorganizar a função estratégica do Estado, transferindo à iniciativa privada atividades indevidamente exploradas pelo setor público. Tem-se o fenômeno da 'desestatização', processo no qual há uma crescente diminuição das estruturas públicas de intervenção do Estado" (MELO, Thiago Dellazari. Do Estado Social ao Estado Regulador. *Nomos*, v. 30, n. 1, 2010, p. 226).
9. VITALIS, Aline. Estado prestador versus Estado Regulador: um diagnóstico do direito social à saúde no Brasil. *Revista de Informação Legislativa – RIL*, v. 53, n. 210, p. 267-290, abr./jun. 2016. Disponível em: <http://www12.senado.leg.br/ril/edicoes/53/210/ril_v53_n210_p267>. Acesso em 03/11/2018.

Então, aproximando-se do final do século XX, especialmente com o fim do regime autoritário de 1964-1985, tem-se que aquelas ideias de desenvolvimento a partir do setor produtivo estatal se tornaram inadequadas.[10]

Respondendo à tendência mundial, especialmente a partir do Consenso de Washington e da grande influência das políticas de Thatcher e Reagan[11], bem como atendendo às recomendações de organismos multilaterais como FMI, OCDE e Banco Mundial[12], a orientação econômico-política indicava

---

10. Já em 1985, escrevia Bresser-Pereira: "O caráter liberal do pacto democrático deverá expressar-se na redução do papel do Estado Produtor. A burguesia, por motivos ideológicos óbvios, teme o avanço tecnoburocrático representado pelas empresas estatais, ainda que estas tenham sido criadas e desenvolvidas principalmente para apoiar a acumulação privada. Por isso coloca como prioridade número um a desestatização da economia. Será necessária, portanto, uma mudança no próprio caráter da intervenção do Estado na economia. O Estado Subsidiador desaparece para dar espaço – recursos – ao Estado do Bem-estar, enquanto Estado Produtor reduz sua esfera de ação para tranquilizar a burguesia (...) No plano econômico, a crise do endividamento externo aponta, nos anos oitenta, na direção de um modelo econômico baseado na especialização industrial, em setores trabalho-intensivos e cada vez mais tecnologicamente sofisticados. No plano social, as pressões sociais decorrentes dos altos índices de concentração de renda indicam um aumento significativo do papel do Estado do Bem-estar. Os problemas de inflação, desequilíbrio externo e desemprego, por outro lado, indicam que, se o Estado Subsidiador e Produtor devem entrar em recesso, o Estado Regulador estrito senso, formulador de política macroeconômica complementar à regulação pelo mercado será cada vez mais importante" (BRESSER-PEREIRA, Luiz Carlos. Estado Regulador e pacto democrático na América Latina. In: ESTADO Y CRISIS DE REGULACIÓN: DILEMAS DE POLÍTICA EN AMÉRICA LATINA Y EUROPA. *Anais eletrônicos*. Buenos Aires: [s.n.], 14 a 16 out. 1985. Disponível em: <http://www.bresserpereira.org.br/view.asp?cod=1494>. Acesso em 30/09/2019).
11. Reconhecendo na superveniência do Estado Regulador uma realidade político-ideológica, e não apenas jurídica: "o fenômeno regulatório é fundamentalmente um fenômeno político, resultado de uma opção ideológica. Tal olhar sobre o fenômeno regulatório é inovador, pois o retira dos domínios quase exclusivos do Direito econômico" (DASSO JÚNIOR, Aragon Érico. Estado Regulador, regulação e agências reguladoras: uma contribuição teórica a partir do caso brasileiro. *Revista Derecho y Economía*, La Molina, Peru, v. 1, p. 1-23, 2012. Disponível em: <http://www.derecho.usmp.edu.pe/centro_derecho_economia/revista/febrero_2012/Estado_regulador_Aragon_Dasso_Junior.pdf>. Acesso em: 03/10/2019). O mesmo autor, em outra passagem, observa que a adoção da ideia regulatória no Brasil não esteve relacionada à necessidade de superar falhas de mercado, mas sim "num contexto de políticas ultraliberais", "para justificar a privatização das empresas públicas".
12. "Além do entusiasmo pelo 'novo', observado no discurso de lideranças políticas daquele momento, o apoio de organismos internacionais como o Banco Mundial – Bird, o Fundo Monetário Internacional – FMI e a Organização para Cooperação e Desenvolvimento Econômico – OCDE foi essencial para a consolidação e a difusão da crença na qual os

medidas mais liberalizantes[13] (pode-se mesmo compreender que esta nova tendência era, antes, uma *exigência* dos agentes de mercado como requisito para o aportede capitais no Brasil, buscando especialmente estabilidade e previsibilidade das regras do jogo econômico – a adoção do "compromisso regulatório"[14]), com papel menos ativo do Estado[15]. Assim:

> O novo Estado Regulador — caracterizado pela criação de Agências reguladoras independentes, pelas privatizações de empresas estatais, por terceirizações de funções administrativas do Estado e pela regulação da economia segundo técnicas administrativas de defesa da concorrência e correção de "falhas de mercado", em substituição a políticas de planejamento industrial — representou uma clara descentralização do poder do presidente da República e de seus ministros, ao mesmo tempo em que se tentaram criar novos mecanismos jurídico-institucionais de participação de diferentes setores da sociedade civil no controle democrático do processo de formulação do conteúdo da regulação de setores da economia brasileira[16].

---

esforços como a privatização, associados a outros fatores, levariam ao desenvolvimento. Nesse sentido, era claro que a estrutura regulatória de cada país seria determinante crucial do sucesso ou do fracasso desses esforços. O instrumental utilizado por esses atores internacionais também variou amplamente, indo de restrições a incentivos àqueles países que se adequassem ou não aos padrões econômicos indicados, sendo comum, por exemplo, a utilização da exigência de reformas em direção ao mercado como condição para a concessão de empréstimos" (CRUZ, Verônica. Estado e regulação: fundamentos teóricos. In: RAMALHO, Pedro Ivo Sebba (Org.). *Regulação e Agências Reguladoras:* governança e análise de impacto regulatório. Brasília: Anvisa, 2009, p. 56-57).

13. "Inserida no contexto do padrão neoliberal, houve, no Brasil, a opção pela participação no amplo processo econômico globalizante, e, em seu bojo, a adoção de um programa de redução do papel do Estado na exploração de atividades econômicas e prestação direta dos serviços" (GUERRA, Sérgio. Regulação estatal sob a ótica da organização administrativa brasileira. *Revista de Direito Público da Economia*, ano 11, n. 44, out.-dez. 2013, p. 229-230).

14. BINENBOJM, Gustavo. Agências reguladoras independentes e democracia no Brasil. *Revista de Direito Administrativo*, n. 240, abr.-jun. 2005, p. 152.

15. "Esses programas sociais se revelaram muito populares entre os eleitores, mas também excessivamente caros, sobretudo em razão da explosão da taxa de natalidade no período pós-guerra. Na década de 70, os governos da Europa passaram a sentir os efeitos do auge da explosão demográfica, tornando-se nítido que a manutenção dos programas sociais implementados no pós-guerra exigiria o aumento da arrecadação tributária. Na década de 80, as pressões da globalização aumentaram, fazendo com que os governos liberassem e abrissem as suas economias" (AVI-YONAH, Reuven S. Os três objetivos da tributação. Tradução de Luís Flávio Neto. *Revista Direito Tributário Atual*, São Paulo, n. 22, 2008, p. 12).

16. MATTOS, Paulo Todescan Lessa. A formação do Estado Regulador no Brasil. *Novos estud. - CEBRAP*, São Paulo, n. 76, p. 139-156, nov. 2006, p. 151. Disponível em <http://www.scie-

Desta feita, ao mesmo tempo em que essa nova orientação, no Brasil, buscava incluir mais e mais a sociedade civil na definição das políticas (afastando-se do conteúdo autoritário anterior), também promovia privatizações[17] e maior afastamento do papel de planejador econômico.[18-19]

lo.br/scielo.php?script=sci_arttext&pid=S0101=33002006000300007-&lng=en&nrm-iso>. Acesso em: 22/05/2020.

17. "Esta revolução teórica culminou em uma reforma prática da regulação nos anos 1980, quando o laissez-faire ressurge revigorado como ideário renovado e poderoso diante de um setor público estatal submetido a problemas (antigos e novos) de toda ordem, fortemente criticado pelos ideólogos liberais e questionado pela opinião pública. Nos países periféricos, endividado e enfraquecido, o setor público passa a ser alvo fácil de soluções pró-mercado, onde os resultados econômicos seriam otimizados por políticas de liberalização combinadas com privatizações e desregulações. O ideário neoliberal, acompanhado da intensificação da globalização, não apenas reforçou convicções ideológicas dos partidos da direita, mas influenciou fortemente segmentos tradicionalmente adeptos do capitalismo administrado. A reificação do mercado atinge seu ápice nos governos Reagan e Thatcher, gerando idéias e práticas com enorme força de difusão. Assim, as décadas de 1980 e 90 foram tipicamente caracterizadas como anos de "abertura de mercado", em maior ou menor grau, em setores distintos, em grande parte do mundo (...) As discussões polarizadas do tipo "mais Estado" ou "Estado mínimo", embotadas de um forte conteúdo ideológico, passam, gradativamente, a dar lugar à premência da construção de um "Estado necessário" para corrigir as distorções do mercado. Embora com tendência à reificação neoliberal, o mercado, per se, não é capaz de assegurar garantias de bem-estar social, ou seja, pode ser eficiente na alocação dos recursos mas, sem regulação, é um instrumento potencial de geração de desigualdades e portanto, de acirramento das tensões sociais. Nesta perspectiva, a economia deixaria de ser um fim em si mesmo para se tornar um instrumento efetivo de bem-estar social. E para que esse desafio seja enfrentado, a regulação do Estado se apresenta como elemento indispensável" (HEBER, Florence; FISCHER, Tânia. Regulação do Estado e reformas nas telecomunicações. *Revista de Administração Pública*, v. 34, n. 5, 2000, p. 147 e 148).

18. MATTOS, Paulo Todescan Lessa. A formação do Estado Regulador no Brasil. Novos estud. - CEBRAP, São Paulo, n. 76, p. 139-156, nov. 2006, p. 141. Disponível em <http://www.scielo.br/scielo.php?script=sci_arttext&pid=S0101-33002006000300007&lng=en&nrm=iso>. Acesso em: 22/05/2020: "Em se tratando do modelo implementado por Fernando Henrique Cardoso, na década de 1990, parece ter prevalecido uma interpretação do Brasil marcada por uma noção negativa do Estado, sempre entendido como um órgão 'capturado' por 'lobbies' incrustados nas burocracias ministeriais".

Como coloca Majone: "a privatização dos serviços públicos é normalmente seguida de regulação de preços, enquanto que empresas recentemente privatizadas perdem sua imunidade preexistente em relação às leis de concorrência nacional e europeia. Realmente, o poder dos operadores titulares (e antigos monopolistas) para expulsar rivais em potencial do mercado é tão grande em indústrias desse tipo, que os governos têm de intervir a fim de limitá-lo. Neste caso, como em outros, os concorrentes devem sua existência às limitações reguladoras impostas sobre seus maiores rivais" (MAJONE, Giandomenico. Do Estado Positivo ao Estado Regulador: causas e consequências de mudanças no modo de governança. *Revista do Serviço Público*, ano 50, n. 01, jan.-mar. 1999, p. 9).

19. "É claro que esta agenda liberal extremada não serve, politicamente, aos socialdemocratas, mesmo quando aliados aos liberais em torno de um consenso liberalizante, como estão em muitos países, inclusive no Brasil. É certo, também, que o velho modelo

O Estado deixava o primeiro plano da promoção de desenvolvimento,[20] passando a agir de maneira tão somente subsidiária; o seu âmbito de atuação reduz notadamente, com os particulares sendo chamados a assumir funções crescentes, em regime de concorrência (deve-se assegurar a existência de "disputa suficiente e equilibrada no mercado"[21]; essa que é, portanto, como elemento assegurador de eficiência e de bons resultados, a chave para um funcionamento adequado do modelo de regulação[22]). Nesse sentido, também, é chave para a função regulatória o combate ao abuso do poder econômico,[23]um mal que distorce o bom funcionamento dos mercados, con-

---

regulatório, estatista e burocratizante, já não responde mais aos ideais social-democráticos, nem respondem aquele consenso pela liberalização, mais coerente com a agenda social democrática contemporânea. Para ela, o Estado deve regular diretamente, via restrições à ação privada, apenas quando não for capaz de eliminar as disfunções no mercado, estimulando práticas de mercado ou utilizando mecanismos que se aproximem ao máximo da ação do mercado. A regulação deve ter um custo de administração mínimo, o máximo incentivo à autorregularão, reduzir os custos de transação, por meio de esforços iniciais de resolução de conflitos manifestos e da transparência de procedimentos e informações" (ABRANCHES, Sérgio Henrique Hudson de. Reforma regulatória: conceitos, experiências e recomendações. *Revista do Serviço Público*, ano 50, n. 2, abr.-jun. 1999, p. 20).

20. Embora não abandonando completamente sua ação direta, que permaneceu em alguns setores, como bem lembra Marques Neto (MARQUES NETO, Floriano de Azevedo. *Agências reguladoras independentes:fundamentos e seu regime jurídico*. Belo Horizonte: Editora Fórum, 2009, p. 30).
21. JUSTEN FILHO, Marçal. *O direito das agências reguladoras independentes*. São Paulo: Dialética, 2002, p. 33.
22. O que é obviamente reconhecido pela Constituição Federal de 1988, especialmente no art. 170, IV: Art. 170. A ordem econômica, fundada na valorização do trabalho humano e na livre iniciativa, tem por fim assegurar a todos existência digna, conforme os ditames da justiça social, observados os seguintes princípios: (...) IV - livre concorrência;
23. O art. 173, §4º, do texto constitucional, dirige-se diretamente a isto, quando coloca:

    Art. 173. Ressalvados os casos previstos nesta Constituição, a exploração direta de atividade econômica pelo Estado só será permitida quando necessária aos imperativos da segurança nacional ou a relevante interesse coletivo, conforme definidos em lei. (...) § 4º - lei reprimirá o abuso do poder econômico que vise à dominação dos mercados, à eliminação da concorrência e ao aumento arbitrário dos lucros.

    Recorde-se, ainda, que o art. 146-A da CF/88 também remete ao combate aos desequilíbrios concorrenciais:

    Art. 146-A. Lei complementar poderá estabelecer critérios especiais de tributação, com o objetivo de prevenir desequilíbrios da concorrência, sem prejuízo da competência de a União, por lei, estabelecer normas de igual objetivo.

sequentemente trazendo resultados indesejados também à função estatal.[24] Assim é que Marques Neto coloca que o mais relevante, para compreender essa nova forma de atuação estatal, é:

> [...] i) a separação entre o poder estatal e o ente encarregado da regulação do respectivo setor e ii) a admissão do setor regulado da existência de operadores privados competindo com o operador público (introdução do conceito de competição em setores sujeitos à intervenção estatal direta) o que leva alguns autores a caracterizar essa nova regulação como "regulação para a competição"[25].

A intervenção estatal deixa de ser direta e passa a ser principalmente indireta,[26] de modo que o Estado exerce seu poder impondo diretrizes,

---

24. "Todavia, atualmente a regulação econômica apresenta um novo sentido, consequência da assunção da função de estimular e proteger a livre concorrência em benefício dos consumidores, o que leva a uma política de segmentação dos diversos mercados, na medida do possível, junto com a desregulação das atividades comerciais e industriais. Do contrário, o âmbito em que se encontram a oferta e a procura receberia sinais falsos ou artificiais, alterando-se o sistema natural de formação dos preços e as condições de transação que atuam sobre elas. Sabe-se, pela experiência dos sistemas interventores, que, ao incidir artificialmente, o custo dos mecanismos estatais acaba sendo pago pela própria comunidade, sobre cujos membros recaem os efeitos nocivos de uma economia ineficiente. Existe, assim, certo consenso relativamente à eficiência de alguns mecanismos e atributos de mercado, passando-se pela conveniência de introduzi-los em setores que estavam submetidos ao monopólio estatal, especialmente no tocante à criação de um ambiente de concorrência. A busca da eficiência social nessas atividades depende da criação de estruturas de mercado favoráveis, o que somente pode acontecer mediante a reorganização da forma de sua exploração" (COELHO, André Felipe Canuto. Regulação às avessas: um estudo de caso no setor de telefonia brasileiro. *Revista de Informação Legislativa*, ano 53, n. 210, abr.-jun. 2016, p. 44).
25. MARQUES NETO, Floriano de Azevedo. Agências reguladoras independentes. op. cit.p. 30-31.
26. "O Estado vem, na atualidade, abdicando à função de prestador direto dos serviços públicos para assumir a função de regulador de tais atividades. Todavia, não o faz com o abandono do interesse público, assume, concomitantemente, a responsabilidade de garantia dessas prestações. Tem-se o Estado Regulador e Garantidor dos serviços públicos (...) O Estado Regulador e Garantidor surge, assim, como um modelo estatal intermediário, alternativo aos dois modelos anteriormente vivenciados – Liberal (Minimalstaat) e Social (Maximalstaat). Uma espécie de 'terceira via', em que não atua, via de regra, diretamente na atividade econômica, mas também não se abstém por total desse cenário. Porta-se, assim, como garantidor de certos fins de interesse público. Nesse mister, reduziu seu papel no exercício direto da atividade econômica (rollingback), o que seu, sobretudo, por intermédio da liberalização dos setores anteriormente sujeitos aos regimes de monopólios, das privatizações de empresas públicas, do fortalecimento

estabelecendo exigências essenciais na atividade prestada pelo particular, padronizando essa atividade privada.[27]

---

dos poderes regulatórios (privatization brings regulation) e do fomento da concorrência (...) Sendo assim, ante um mercado aberto e concorrencial, o novo papel que cabe ao Estado é o de estabelecer uma regulação econômica e social, a qual deverá assegurar a continuidade e disponibilidade, em termos efetivos, dos serviços públicos essenciais à universalidade dos utentes consumidores. Uma regulação adequada, que vise a eficiência dos mercados, o fomento da concorrência e a garantia do cumprimento das obrigações de serviço universal" (OLIVEIRA, Paulo Augusto de. O Estado Regulador e garantidor em tempos de crise e o direito administrativo da regulação. *Revista Digital de Direito Administrativo*, v. 03, n. 01, 2016, p. 164-166). Ainda, com Majone, são interessantes os exemplos a partir da análise europeia: "Num sistema de governo indireto, a gestão, cada vez mais, tende a ser identificada mais com a regulação de terceiros, que proporcionam os bens e serviços, do que com a responsabilidade e a responsabilização pela prestação de serviços. Como assinalam Hood e Scott, a terceirização, a delegação a entidades não-ministeriais e a contratualização (na qual compradores e prestadores operam através de contratos formais ou, pelo menos, através de quase-contratos, mesmo ambos sendo organizações públicas) levaram entidades internas de regulação a ter uma ação mais penetrante. Assim, os Comissários do Serviço Público, originalmente criados para organizar o recrutamento 'por mérito' de funcionários públicos, têm constantemente aberto mão do lado operacional do recrutamento, e seu papel principal, nos termos de uma 'Ordem de Conselho' de 1995, tornou-se o de um regulador que estabelece normas e verificações de controle de qualidade (Hood e Scott, 1996: 13-14). Também nos termos do programa 'Próximos Passos', a regulamentação da prestação do serviço público está surgindo como uma das funções-chave dos ministérios centrais. A Comunidade Europeia proporciona um exemplo interessante de governança indireta na área da padronização técnica. A partir do novo enfoque delineado no White Paper de 1985 sobre a conformação do mercado interno (Comissão das Comunidades Europeias, 1985), as diretrizes europeias agora se restringem a estabelecer as exigências essenciais que os produtos devem satisfazer. Essas exigências essenciais compreendem, sobretudo, a proteção da saúde, da segurança, do meio-ambiente e do consumidor. A especificação de normas pormenorizadas é delegada a entidades normativas europeias: Comité Européen de RSP Normalisation (CEN), Comité Européen de Normalisation Électrotechnique (CENELEC), e European Telecomunications Standards Institute (ETSI). Essas são associações de direito privado das organizações de padronização dos Estados-membros" (MAJONE, Giandomenico. Do Estado Positivo ao Estado Regulador: causas e consequências de mudanças no modo de governança. *Revista do Serviço Público*, ano 50, n. 01, jan.-mar. 1999,p. 13-14).

27. "As agências reguladoras prestam-se — ordinariamente — para fomentar a regulamentação do mercado, com vistas a impedir o abuso das empresas, com o objetivo de garantir excelência e padrões de qualidade" (GODOY, Arnaldo Sampaio de Moraes. Agências reguladoras: origens, fundamentos, direito comparado, poder de regulação e futuro. In: FÓRUM DE CONTRATAÇÃO E GESTÃO PÚBLICA - FCGP. *Anais*, Belo Horizonte, ano 13, n. 150, jun. 2014, p. 16).

O novo modelo, chamado de Regulador, "se caracteriza preponderantemente pela utilização de competência normativa para disciplinar a atuação dos particulares"[28]. Embora essa função normativa seja diversa daquela tradicional, configurando um "instrumento político fundamental", de maneira a atingir uma "intervenção estatal indireta" do Estado na economia, não somente repressiva, mas também promocional,[29] isto é, "mais pautada pelo caráter de *mediação* do que pela imposição de objetivos e comportamentos ditada pela autoridade"[30]. Assim, o Estado vale-se de regras jurídicas dis-

---

28. Nas palavras de Majone: "A falha da propriedade pública como um modo de regulação favoreceu a difusão de um modo alternativo pelo qual indústrias consideradas impactantes ao interesse público (como as empresas de serviços públicos) são abandonadas ou devolvidas para mãos privadas, porém estão sujeitas a regras desenvolvidas e aplicadas por agências ou comissões especializadas sobre o fundamento de um mandato legislativo específico: regulação legislativa. Tais órgãos são geralmente estabelecidos por lei como autoridades independentes, no sentido de que são autorizados a operar fora da linha de controle hierárquico ou supervisão pelos departamentos de governo central (...) A rejeição da nacionalização como uma opção política e economicamente viável (embora o domínio público não fosse desconhecido nos níveis estadual e municipal) refletiu na crença geralmente aceita de que mercados funcionam bem em circunstâncias normais, de forma que a interferência do governo deveria estar limitada a casos claros de falha de mercado" (MAJONE, Giandomenico. As transformações do Estado Regulador. *Revista de Direito Administrativo*, v. 262, jan.-abr. 2013, p. 14-15). Também: JUSTEN FILHO, Marçal. *O direito das agências reguladoras independentes*. São Paulo: Dialética, 2002, p. 20. Ainda: "A regulação pública da economia, em sentido amplo, consiste num conjunto de medidas convencionadas de natureza legislativa e administrativa, por meio das quais os poderes públicos, diretamente ou mediante delegação, determinam, controlam ou influenciam o comportamento dos agentes econômicos, com o objetivo de evitar que tais comportamentos gerem efeitos danosos aos interesses socialmente legítimos, bem como de orientá-los no sentido de serem socialmente desejáveis (...) Geralmente, a regulação é realizada com a intervenção estatal, por meio de regras, leis e normas, no mercado de prestação de serviços ou no sistema de saúde. Uma grande variedade de instrumentos, incluindo incentivos positivos ou negativos, integra a atividade de regulação. Há também diversas formas de exercício da função regulatória, abrangendo a definição do arcabouço legal, a regulação da competitividade, o estabelecimento de parâmetros mínimos de excelência e, ainda, as várias formas de incentivos financeiros" (VITALIS, Aline. Estado prestador versus Estado Regulador: um diagnóstico do direito social à saúde no Brasil. *Revista de Informação Legislativa – RIL*, v. 53, n. 210, p. 267-290, abr./jun. 2016, p. 277. Disponível em: <http://www12.senado.leg.br/ril/edicoes/53/210/ril_v53_n210_p267>. Acesso em 03/11/219).
29. JUSTEN FILHO, Marçal. *O direito das agências reguladoras independentes*. São Paulo: Dialética, 2002, p. 27-28.
30. MARQUES NETO, Floriano de Azevedo. Agências reguladoras independentes. Op. cit., p. 31. Em outro escrito, o mesmo Autor traz a ideia de que o papel regulatório corresponde a uma "regulação reflexiva", "na qual o Estado deixa de ser um adjudicador

ciplinando a atividade privada, de forma a promover, por diversos meios e técnicas, o atingimento de resultados que estejam de acordo com o interesse público.[31] Impõe-se que o Estado proveja e fiscalize o que é comumente chamado de *estatuto jurídico do mercado*[32].

Nesse sentido, não há "integral rejeição da concepção intervencionista", mas sim "diferenciação acerca dos limites" dessa intervenção e dos "instrumentos adequados"[33] para isso.

O Estado, então, deixa seu papel anterior de agente econômico e passa a agir primordialmente como "árbitro das atividades privadas"[34]; como "ges-

---

de direitos e passa a ser um mediador de interesses, sem perder a função de tutor das hipossuficiências sociais" (MARQUES NETO, Floriano de Azevedo. A nova regulação dos serviços públicos. Op. cit., p. 16). Considere-se que: "Regulação é controle: controle de relações transacionais. Neste tipo de relação, não existe a possibilidade de efeitos puramente unilaterais. A interferência nunca se dá, realmente, sobre o agente; ela incide sobre as transações que o agente tem com outros agentes. Logo, controle de um lado da relação representa controle também do outro lado da relação" (ABRANCHES, Sérgio Henrique Hudson de. Reforma regulatória: conceitos, experiências e recomendações. *Revista do Serviço Público*, ano 50, n. 2, abr.-jun. 1999, p. 24). Ainda: "pode-se dizer que se cuida da substituição, nas práticas da Administração, mecanismos de império, por mecanismos de consenso" (MENEZES DE ALMEIDA, Fernando Dias. Considerações sobre a "Regulação" no Direito positivo brasileiro. *Revista de Direito Público da Economia*, ano 3, n. 12, out.-des. 2005, p. 88).

31. Guerra apresenta essa ideia suscitando que a livre iniciativa fica assegurada como um "pilar" mas, ao mesmo tempo, observando a dignidade humana como "eixo principal" (GUERRA, Sérgio. Regulação estatal sob a ótica da organização administrativa brasileira. *Revista de Direito Público da Economia*, ano 11, n. 44, out.-dez. 2013, p. 230).
32. AVELÃS NUNES, António José. O Estado Regulador e o 'Modelo Social Europeu'. *Revista Brasileira de Direito Comparado*, Ano 1, n. 1, 1982, p. 26.
33. JUSTEN FILHO, Marçal. O direito das agências reguladoras independentes. Op. cit., p. 21.
34. "Entendemos que estamos diante de uma nova categoria das escolhas administrativas: a *escolha regulatória*. Na regulação de atividades econômicas pelo Estado, a estrutura estatal necessária para equilibrar os subsistemas regulados, ajustando as falhas do mercado, ponderando-se diversos interesses ambivalentes, tudo com vistas à dignidade da pessoa humana, não se enquadra no modelo positivsta clássico e moderno, haja vista sua patente singularidade. A regulação se distingue dos modos clássicos de intervenção do Estado na economia, pois consiste em supervisionar o jogo econômico, estabelecendo certas regras e intervindo de maneira permanente para amortecer as tensões, compor os conflitos e assegurar a manutenção de um equilíbrio do conjunto. Ou seja, por meio da regulação o Estado não se põe mais como ator, mas como árbitro do processo econômico, limitando-se a enquadrar a atuação dos operadores e se esforçando para harmonizar suas ações" (GUERRA, Sérgio. Regulação estatal sob a ótica da organização administrativa brasileira. *Revista de Direito Público da Economia*, ano 11, n. 44, out.-dez. 2013, p. 233). Ainda: JUSTEN FILHO, Marçal. *O direito das agências reguladoras independentes*. São Paulo: Dialética, 2002, p. 21.

tor"[35]; como "relojoeiro"[36]. A ideia é que, por meio da regulação, seja possível atingir os resultados eficientes[37] geralmente associados à iniciativa privada, com a autonomia privada e a liberdade que lhes são asseguradas.[38] Mas também se busca garantir, por meio da supervisão estatal, que o funcionamento das instituições de mercado se dê de uma forma socialmente proveitosa, vale dizer, não apenas superando falhas de mercado,[39] mas fomentando,

35. BLANCHET, Luiz Alberto; BACELLAR, Roberto Ramos. Desafios do direito administrativo no Estado Regulador. *Revista Eletrônica Direito e Política*, Programa de Pós-Graduação Stricto Sensu em Ciência Jurídica da UNIVALI, Itajaí, v.12, n.3, 3º quadrimestre de 2017, p. 1126. Seguem: "Por um lado, o estado se abstém de exercer essas atividades que o particular tem condições de prestar, por outro, assume o papel de coordenar, fiscalizar e fomentar a iniciativa privada, especialmente quando isso for de interesse público" (p. 1131).
36. "Toda e qualquer prática regulatória estatal é inerente ao conceito de Estado, mas o surgimento do conceito de 'Estado Regulador' está inserido num outro contexto, com uma alteração qualitativa do mesmo, conforme aponta Eros Roberto GRAU (1995, p.61). É o que Sabino CASSESE (2003, p.69) denominou de 'Estado relojoeiro', pois é 'aquele que controla que os diversos organismos sigam o ritmo, atuando segundo mecanismos predeterminados'" (DASSO JÚNIOR, Aragon Érico. Estado Regulador, regulação e agências reguladoras: uma contribuição teórica a partir do caso brasileiro. *Revista Derecho y Economía*, La Molina, Peru, v. 1, p. 1-23, 2012. Disponível em: <http://www.derecho.usmp.edu.pe/centro_derecho_economia/revista/febrero_2012/Estado_regulador_Aragon_Dasso_Junior.pdf>. Acesso em: 03/10/2019).
37. "A partir da priorização de um modelo voltado à maior eficiência e eficácia, o grande desafio passa a ser o incremento da gestão dos recursos públicos, de modo a potencializar a obtenção de resultados. Nesse contexto, o surgimento de um mercado regulado, no qual os agentes privados produzam bens e serviços, inclusive de natureza social, sob a regulação estatal, em esferas outrora de atribuição exclusiva do Estado, torna-se uma das opções propugnadas" (VITALIS, Aline. Estado prestador versus Estado Regulador: um diagnóstico do direito social à saúde no Brasil. *Revista de Informação Legislativa – RIL*, v. 53, n. 210, p. 267-290, abr./jun. 2016, p. 273. Disponível em: <http://www12.senado.leg.br/ril/edicoes/53/210/ril_v53_n210_p267>. Acesso em 03/11/2019).
38. "As experiências de privatização e abertura de mercado no setor de telecomunicações, popularmente associadas a políticas de 'desregulação' que, do ponto de vista do papel do Estado, implicariam sua renúncia às atribuições de controle e coordenação de atividades tradicionalmente sob sua responsabilidade têm mostrado que, apesar do lobby fortíssimo da desregulação das últimas décadas, os governos continuam tendo uma importância vital no funcionamento do setor. A visão reducionista e fundamentalista do mercado — o Graal do mercado perfeito —, para a qual devem ser abolidas todas as distorções ilegítimas e ineficientes provocadas pela intervenção do Estado, é uma abstração, sem confirmação histórica concreta" (HEBER, Florence; FISCHER, Tânia. Regulação do Estado e reformas nas telecomunicações. *Revista de Administração Pública*, v. 34, n. 5, 2000, p. 158).
39. "Por detrás da noção de falha de mercado, há um teorema fundamental da economia do bem-estar, segundo o qual, em determinadas condições, os mercados competitivos

na atividade privada, resultados políticos e sociais previstos e previamente desejados,[40] contribuindo para a realização dos objetivos constitucionais fundamentais (fins de interesse público).[41-42]

---

levam a uma alocação ideal de recursos, segundo os termos de Pareto (Stiglitz, 1988). As falhas de mercado ocorrem quando uma ou mais condições da validade do teorema não são satisfeitas. Daí a regulação, se conseguir eliminar essas falhas a um custo razoável, poderá melhorar a eficiência do mercado, ou mesmo assegurar a viabilidade dos mercados, tais como a daqueles de serviços financeiros, onde a confiança, a transparência e a clareza de informações são de extrema importância" (MAJONE, Giandomenico. Do Estado Positivo ao Estado Regulador: causas e consequências de mudanças no modo de governança. *Revista do Serviço Público*, ano 50, n. 01, jan.-mar. 1999, p. 6-7). Nas críticas palavras de Avelãs Nunes (AVELÃS NUNES, António José. O Estado Regulador e o 'Modelo Social Europeu'. *Revista Brasileira de Direito Comparado*, Ano 1, n. 1, 1982, p. 34), "não falta quem entenda que, nestas novas condições, a *regulação da economia* (ou a *economia de mercado regulada*) não significa mais do que a tentativa de tapar o sol com a peneira. Porque a *mão invisível* do mercado deu o lugar à *mãovisível* dos grandes conglomerados transacionais. São eles que 'mandam' nos mercados e nas entidades independentes que se propõem regular os mercados. Os 'mercados' são eles".

40. "Cremos que (particularmente no Brasil) a função regulatória há de ser mais ampla. Se um dos fundamentos da regulação é manter o equilíbrio de um dado mercado (setor da economia), isso não he de impedir que pela atividade regulatória sejam introduzidos objetivos de ordem geral (consentâneos inclusive com os princípios reitores da ordem econômica constitucional do artigo 170 da Constituição Federal – CF) que não seriam alcançados exclusivamente pea ação da livre iniciativa dos agentes econômicos" (MARQUES NETO, Floriano de Azevedo. Agências reguladoras independentes. Op. cit., p. 35-36).

41. "Ao Estado, portanto, é defeso se comportar de maneira imparcial ou descompromissada, este deve atuar, por vezes, como uma espécie de player e não somente como market referee, de modo a atender o interesse público em jogo (...) Efetivamente, o processo de privatização e de liberalização não significou uma ruptura abrupta com o anterior sistema de serviços públicos. A ideia essencial continua presente: as necessidades básicas / essenciais dos cidadãos devem continuar a ser garantidas. E esse dever é público. Todavia, as tarefas e incumbências de caráter executivo e operacional migram para a esfera do mercado e das empresas, ocupando-se o Estado, hodiernamente, da função de assegurar ou de garantir que o funcionamento do Mercado e a atuação das empresas se desenvolvam em conformidade com determinados objetivos e finalidades (de interesse público) previamente definidas. Há aqui uma incumbência pública traduzida em garantir resultados (assuring results) e já não em produzir resultados (production of results)" (OLIVEIRA, Paulo Augusto de. O Estado Regulador e garantidor em tempos de crise e o direito administrativo da regulação. *Revista Digital de Direito Administrativo*, v. 03, n. 01, 2016, p. 168-169).

42. Convém notar que a OCDE vem trazendo a *qualidade* da regulação como uma de suas principais bandeiras, rotineiramente produzindo material sobre o tema e sugerindo medidas que impliquem em melhora das instituições regulatórias mundo afora. Para identificar o que seria uma boa regulação, afirmam: "Regulations are the rules that govern

Destaca-se, nessa empreitada, o combate às assimetrias informacionais que tanto distanciam os diversos atores envolvidos nos mercados regulados. É certo que a mais eficiente disputa concorrencial demanda equilíbrio informacional, seja do ponto de vista dos consumidores sobre o funcionamento dos produtos, seja do ponto de vista do Estado Regulador em relação aos agentes econômicos e às minúcias técnicas do mercado.[43]

---

the everyday life of businesses and citizens. They are essential for economic growth, social welfare and environmental protection. But they can also be costly in both economic and social terms. In that context, "regulatory quality" is about enhancing the performance, cost-effectiveness, and legal quality of regulation and administrative formalities. The notion of regulatory quality covers process, i.e. the way regulations are developed and enforced, which should follow the key principles of consultation, transparency, accountability and evidence-base. Beyond process, the notion of regulatory quality also covers outcomes, i.e. regulations that are effective at achieving their objectives, efficient (do not impose unnecessary costs), coherent (when considered within the full regulatory regime) and simple (regulations themselves and the rules for their implementation are clear and easy to understand for users). Building and expanding on the 1995 'OECD Recommendation on Improving the Quality of Government Regulation' (OECD, 1995), it is possible to define regulatory quality by regulations that: 1. serve clearly identified policy goals, and are effective in achieving those goals; 2. are clear, simple, and practical for users; 3. have a sound legal and empirical basis, 4. are consistent with other regulations and policies; 5. produce benefits that justify costs, considering the distribution of effects across society and taking economic, environmental and social effects into account; 6. are implemented in a fair, transparent and proportionate way; 7. minimize costs and market distortions; 8. promote innovation through market incentives and goal-based approaches; and 9. are compatible as far as possible with competition, trade and investment-facilitating principles at domestic and international levels" (OECD. *OECD Regulatory Policy Outlook 2015*. Paris: OECD Publishing, 2015, p. 23-24).

43. "No mundo fático, porém, os fabricantes – e não os consumidores – detêm melhores informações sobre o funcionamento de produtos: são as assimetrias informacionais. O conceito de informação assimétrica é uma das justificativas de ordem normativa para os governos adotarem mecanismos de regulação. Mais que um simples argumento teórico, a tarefa de informar tornou-se essencial para a atuação estatal no presente contexto econômico de modo que, para viabilizar o equilíbrio de mercado, sobretudo no setor de infraestrutura, é imprescindível que o Estado exerça papel positivo na sinalização de qualidade e no estabelecimento dos padrões mínimos de segurança dos produtos e serviços ofertados aos consumidores (...) A assimetria de informação significa, então, que os diversos agentes que participam do processo econômico detêm diferentes graus de informação, podendo dispor de melhor condição de escolha do que outros. A titularidade da informação se transforma numa espécie de bem econômico de segundo grau, já que propicia grandes vantagens econômicas. Daí deriva que os titulares do conhecimento tentam evitar a difusão para a coletividade das informações mais fundamentais (...) Não há como o regulador conhecer todas as atividades de uma firma. Por isso, em algumas situações, ele pode estar recebendo informações especializadas sobre as quais não tem

Assim sendo, os vetores constitucionais primordiais serão também os vetores a serem observados no exercício da função estatal regulatória. Há destaque, mas não exclusividade,para a promoção do livre mercado em ambiente de adequada concorrência, porém deve ser harmonizado com a promoção dos demais valores constitucionais comumente desassociados do puro funcionamento dos mercados, como é o caso da função redistributiva da economia.[44]

Para tanto, a normatização estatal deve abandonar seu caráter estático, apresentando-se como necessariamente dinâmica para acompanhamento e controle próximos das atividades reguladas.[45] Assim, "as manifestações do Estado Regulatório se traduzem na assunção pelo Estado de grandes parcelas de poder de controle sobre as atividades privadas"[46], de maneira que "as decisões empresariais privadas, inclusive no âmbito tecnológico, dependem da aprovação estatal prévia ou de fiscalização permanente"[47]; conquanto a

---

pleno conhecimento e agindo de modo a beneficiar o agente. Esse caso é conhecido como seleção adversa, pois o principal não conhece alguns parâmetros denotativos de eficiência da firma regulada" (COELHO, André Felipe Canuto. Regulação às avessas: um estudo de caso no setor de telefonia brasileiro. *Revista de Informação Legislativa*, ano 53, n. 210, abr.-jun. 2016, p. 45-46 e 51).

44. Sobre a observância da função redistributiva da regulação, ver: MARQUES NETO, Floriano de Azevedo. Agências reguladoras independentes. Op. cit., p. 36-37. Para o Autor, "esse caráter redistributivo (ou, como prefiro, de consecução de objetivos públicos extrassistema econômico) coloca-se pela regulação a partir de uma perspectiva de mediação de interesses e de busca de equilíbrio interno ao sistema regulado". Ainda o mesmo Autor: "Tomemos um setor regulado no qual seja interesse do Estado brasileiro, buscando reduzir as desigualdades sociais, ensejar uma política de universalização de uma determinada utilidade pública. Definida essa política, caberá ao regulador manejar suas competências pata ver atingido este objetivo. Deverá fazê-lo arbitrando os ônus de forma viável e equilibrada entre os diferentes agentes atuantes no setor, sopesando obrigações e vantagens competitivas, criando incentivos ou restrições, ou seja, regulando o setor para, mantendo seu equilíbrio interno, consagrar o interesse público" (MARQUES NETO, Floriano Azevedo. Finalidades e fundamentos da moderna regulação econômica. *Revista Fórum Administrativo de Direito Público*, ano 9, n. 100, jun. 2009, p. 90). Segundo este exemplo, cabe recordar da afirmativa contundente de Heber e Fischer, referindo o mercado regulado das telecomunicações: "A universalidade não é um objetivo natural dos mercados, mas uma finalidade social que tem um ônus econômico" (HEBER, Florence; FISCHER, Tânia. Regulação do Estado e reformas nas telecomunicações. *Revista de Administração Pública*, v. 34, n. 5, 2000, p. 159).

45. JUSTEN FILHO, Marçal. *O direito das agências reguladoras independentes*. São Paulo: Dialética, 2002, p. 25.

46. Idem, p. 29.

47. Idem, p. 29.

atividade econômica esteja principalmente sendo desenvolvida pela iniciativa privada (abstendo-se o Estado de atuação direta), restringindo a "autonomia privada das escolhas acerca dos fins e dos meios". Os particulares têm "maior amplitude *quantitativa*, mas commenor amplitude *qualitativa*"[48].

Vale ponderar, no mais, que a atuação estatal estará não apenas na normatização da atividade privada, visando a fins de interesse público,[49] mas demandará certamente um firme trabalho de fiscalização e controle das atividades empresariais reguladas. Almeja-se sempre observar se os entes privados atentam para as margens de liberdade restringidas pela atuação regulatória estatal,[50] o que, é claro, tem por efeito colateral (ainda que necessário) a elevação de custos de conformidade,[51] para as empresas, e de aparato de acompanhamento, peloórgão estatal (e, por quê não?, por entidades da sociedade civil organizada interessadas).[52] Mesmo porque, no

48. JUSTEN FILHO, Marçal. *O direito das agências reguladoras independentes*. São Paulo: Dialética, 2002, p. 30.

49. "Há uma contradição insolúvel no discurso a favor da regulação dos serviços públicos, pois as empresas privadas não são movidas pelo interesse público, elas são sempre movidas pelo lucro. Portanto, não ocorre conflito 'com frequência', o conflito é inerente à própria regulação de serviços públicos que são explorados pelo setor privado. Vale recordar, por exemplo, que o 'mercado' é o centro de toda atividade econômica no sistema capitalista e que a Economia classifica os mercados em 6 formas, quais sejam: concorrência perfeita; monopólio; oligopólio; monopsônio; oligopsônio; e concorrência monopolística (mercado concorrencial). A primeira não existe, nunca existiu e nunca existirá, enquanto as outras são imperfeitas, conforme as suas próprias definições" (DASSO JÚNIOR, Aragon Érico. Estado Regulador, regulação e agências reguladoras: uma contribuição teórica a partir do caso brasileiro. *Revista Derecho y Economía*, La Molina, Peru, v. 1, p. 1-23, 2012. Disponível em: <http://www.derecho.usmp.edu.pe/centro_derecho_economia/revista/febrero_2012/Estado_regulador_Aragon_Dasso_Junior.pdf>. Acesso em: 03/10/2019).

50. JUSTEN FILHO, Marçal. O direito das agências reguladoras independentes. Op. cit., p. 30.

51. Idem, p. 44, tratando de "custo regulatório".

52. Dasso Júnior lembra que "os custos da regulação podem ser maiores que os custos da execução direta por parte do Estado na prestação de serviços públicos" (DASSO JÚNIOR, Aragon Érico. Estado Regulador, regulação e agências reguladoras: uma contribuição teórica a partir do caso brasileiro. *Revista Derecho y Economía*, La Molina, Peru, v. 1, p. 1-23, 2012. Disponível em: <http://www.derecho.usmp.edu.pe/centro_derecho_economia/revista/febrero_2012/Estado_regulador_Aragon_Dasso_Junior.pdf>. Acesso em: 03/10/2019). Interessante ainda: "A Fiscalização Social é um direito indisponível da sociedade contemporânea no resguardo dos seus interesses e direitos. Estamos num Estado Democrático de Direito; democrático pela forma de obtenção do poder político e de direito porque se limita aos balizamentos da lei. Como tal não pode prescindir da

âmbito da regulação, o Estado é não apenas partícipe e ator subsidiário, mas garantidor do regular funcionamento das forças de mercado e de que essas atingirão os resultados socialmente perseguidos.[53]

Essa é, então, a "segunda onda regulatória"[54], que demanda uma "regulação social"[55], como dito, visando a obter do mercado resultados condizentes com o interesse público.[56]

E essa atividade estatal se dá utilizando o arsenal normativo do Estado, não somente em seu padrão clássico (ordem de conduta, imposição de comportamentos, sob sanção), mas também pelo uso de *soft law*, induzindo comportamentos, com vasto uso de sanções premiais.[57] São restringidas,

---

participação popular em nenhuma das suas funções, sob pena de macular-se a democracia" (COSTA, Maria D'Assunção. Regimentos internos das agências reguladoras e a transparência administrativa. In: ARAGÃO, Alexandre Santos de (Coord.). *O poder normativo das agências reguladoras*. Rio de Janeiro: Forense, 2006, p. 373).

53. "Cabe ao Estado, por intermédio de uma regulação econômica e social, assegurar a continuidade e disponibilidade, em termos efetivos, dos serviços públicos à universalidade dos utentes. Isso conduz, no contexto europeu, ao chamado serviço universal e os encargos obrigacionais que lhe acompanham – as obrigações de serviço universal, ou, obrigações de serviço público" (OLIVEIRA, Paulo Augusto de. O Estado Regulador e garantidor em tempos de crise e o direito administrativo da regulação. *Revista Digital de Direito Administrativo*, v. 03, n. 01, 2016, p. 170).

54. JUSTEN FILHO, Marçal. *O direito das agências reguladoras independentes*. São Paulo: Dialética, 2002, p. 38.

55. Idem, p. 38.

56. "O Estado Regulador também ganha força como alternativa de concretização do princípio constitucional da eficiência, objetivando garantir à sociedade a universalização de serviços públicos de qualidade, além do bom funcionamento do mercado e segurança jurídica para os entes regulados" (MELO, Thiago Dellazari. Do Estado Social ao Estado Regulador. *Nomos*, v. 30, n. 1, 2010, p. 228). Cabe observar que o "interesse público" aqui referido não se limita à temática econômica, mas envolve um sem-número de outros assuntos no campo de interesse do Estado, como é o caso dos reflexos ambientais da atividade empresarial (GUERRA, Sérgio. Regulação estatal sob a ótica da organização administrativa brasileira. *Revista de Direito Público da Economia*, ano 11, n. 44, out.-dez. 2013, p. 233).

57. JUSTEN FILHO, Marçal. *O direito das agências reguladoras independentes*. São Paulo: Dialética, 2002, p. 46-47. Também: "Nesse contexto, a atuação do Estado como agente indutor ou incentivador de comportamentos dos privados mostra-se relevante em face dos resultados alcançados, sem olvidar o considerável volume de instrumentos legislativos e regulatórios utilizados para essa finalidade. Em síntese, o Estado busca a realização dos objetivos mediante um complexo conjunto de determinações ou obrigações impostas aos destinatários das normas (sticks), ou mediante induções de comportamentos com incentivos ou recompensas (carrots). Esse conjunto de obrigações

assim, as opções dos agentes econômicos[58] para que correspondam não tão somente ao que lhe for mais lucrativo, mas introduzindo necessariamente a variável do que for mais proveitoso socialmente.

Em termos positivos, a adoção da concepção reguladora pela CF/88 deu-se especialmente pelo art. 174, que estabelece:

> Art. 174. Como agente normativo e regulador da atividade econômica, o Estado exercerá, na forma da lei, as funções de fiscalização, incentivo e planejamento, sendo este determinante para o setor público e indicativo para o setor privado.

O papel "normativo e regulador" importa a revisão da atuação do Estado na economia, trazendo grandes impactos não apenas em termos econômicos e políticos, mas também jurídicos, condicionando naturalmente o Direito pátrio à observação das novas diretrizes de atuação.[59] A nova realidade

---

e incentivos pode ser direto ou indireto, intencional ou não intencional, e é o equilíbrio de tais medidas que constitui o grande desafio da atuação do Estado incentivador no âmbito da saúde" (VITALIS, Aline. Estado prestador versus Estado Regulador: um diagnóstico do direito social à saúde no Brasil. *Revista de Informação Legislativa – RIL*, v. 53, n. 210, p. 267-290, abr./jun. 2016, p. 283. Disponível em: <http://www12.senado.leg.br/ril/edicoes/53/210/ril_v53_n210_p267>. Acesso em 03/11/2019). Ainda: "as medidas que podem ser impostas por um sistema de regulação são basicamente de dois tipos: estruturais e de conduta. Medidas estruturais são aquelas dirigidas a criar condições que evitem condutas indesejáveis. Já as medidas de conduta são aquelas que incidem na forma de realizar a atividade regulada" (DASSO JÚNIOR, Aragon Érico. Estado Regulador, regulação e agências reguladoras: uma contribuição teórica a partir do caso brasileiro. *Revista Derecho y Economía*, La Molina, Peru, v. 1, p. 1-23, 2012. Disponível em: <http://www.derecho.usmp.edu.pe/centro_derecho_economia/revista/febrero_2012/Estado_regulador_Aragon_Dasso_Junior.pdf>. Acesso em: 03/10/2019).

58. Como coloca Coelho: "Ao falarmos da regulação estatal da economia, defrontamo-nos com normas impostas para reduzir as alternativas de ação dos agentes econômicos, buscando imprimir determinada disposição a um setor específico ou a todo o sistema. Por meio da regulação, o Estado procura impor limites às opções econômicas inerentes à ação livre no mercado, buscando alcançar fins que não dizem respeito inerentemente ao interesse privado daqueles que têm suas alternativas restringidas (...) Essa regulação setorial tenderá a limitar as escolhas referentes às variáveis econômicas que constituem as opções fundamentais a serem controladas pelos agentes privados que atuam em dado mercado" (COELHO, André Felipe Canuto. Regulação às avessas: um estudo de caso no setor de telefonia brasileiro. *Revista de Informação Legislativa*, ano 53, n. 210, abr.-jun. 2016, p. 46-47).

59. "O que se verifica é a transformação dos modelos de administração pública, que passam a se situar no desenho organizativo e na gestão de recursos em função da natureza das tarefas, levando à fragmentação harmônica do aparato administrativo, à necessidade de novos instrumentos de integração e coordenação, e ao reconhecimento de novos graus do

tampouco é menos complexa.Basta lembrar que nos setores regulados coexistirão permanentemente, ao menos, três interesses distintos,[60] quais sejam, os interesses (1) dos consumidores, usuários dos serviços públicos; (2) das empresas privadas, reguladas; e (3) do órgão regulador, interessado nos fins socialmente mais proveitosos.[61-62]

---

exercício autônomo da discricionariedade, com a emergência de mecanismos de controle mais finalísticos que hierárquicos" (ARAGÃO, Alexandre Santos de. *Agências reguladoras e a evolução do direito administrativo econômico*. Rio de Janeiro: Forense, 2005, p. 208).

60. "O padrão regulatório brasileiro, como estruturado, tem elementos para perseguir o equilíbrio entre o Estado, o cidadão e o agente regulado, de modo que o regulador possa se manter equidistante dessas três figuras" (GUERRA, Sérgio. Regulação estatal sob a ótica da organização administrativa brasileira. *Revista de Direito Público da Economia*, ano 11, n. 44, out.-dez. 2013, p. 248). Também: "A ação estatal passa a depender do equilíbrio entre os interesses privados (competição, respeito aos direitos dos usuários, admissão da exploração lucrativa de atividade econômica) com as metas e objetivos de interesse público (universalização, redução de desigualdades, modicidade de preços e tarifas, maiores investimentos, etc..)". MARQUES NETO, Floriano de Azevedo. Agências reguladoras independentes. Op. cit., p. 34. Ainda o mesmo Autor, em outra obra, destaca que o novo paradigma econômico regulatório introduz "uma outra gama de interesses entre o poder público (titular do serviço e seu regulador) e os usuários (consumidores deste). A delegação da exploração coloca em cena o operador privado com seus interesses econômicos e seu plexo de direitos adquiridos, rompendo a facilidade da regulação vertical-hierárquica interna ao aparelho estatal" – MARQUES NETO, Floriano de Azevedo. A nova regulação dos serviços públicos. Op. cit., p. 25. Finalmente, em ainda outra obra (MARQUES NETO, Floriano Azevedo. A nova regulação Estatal e as agências independentes. In. SUNDFELD, Carlos Ari. *Direito Administrativo Econômico*. São Paulo: Malheiros, 2000, p. 85), o Autor reconhece que "teremos sempre uma relação tripartida. Há i) o produtor da utilidade pública; ii) o seu consumidor; e iii) o Poder Público (que será titular último ou da rede necessária a essa produção ou do monopólio de sua exploração)".

61. Não são poucas as críticas ao Estado Regulador, oriundas de ambos os polos ideológicos. Novamente fique-se com Avelãs Nunes Nas críticas palavras de Avelãs Nunes (AVELÃS NUNES, António José. O Estado Regulador e o 'Modelo Social Europeu'. *Revista Brasileira de Direito Comparado*, Ano 1, n. 1, 1982, p. 45): "É por demais sabido que dura pouco tempo a glória efêmera dos falsos heróis. É o que está a acontecer com o *Estado Regulador*, criticado hoje por alguns dos seus defensores de ontem, que o acusam de 'excessiva ingerência na vida das empresas e no mercado' e sustentam que as necessidades da hora presente exigem *mais desregulação*". É de se considerar que o Autor não compartilha com as ideias de um "Estado Garantidor", que representaria esta maior desregulação – considera ser "um regresso festivo ao *laisser faire*" (p. 56).

62. Interessante, sobre o tema, a reflexão de Marques Neto. Abordando o modelo passado de participação do Estado na economia (maior presença; presença direta), coloca: "Tal raciocínio servia também para sustentar a importância menor que se dava à proteção do administrado, enquanto consumidor ou usuário de bens e serviços produzidos ou

Essa noção é ressaltada pela figura criada por Dasso Júnior:

Figura 1: Triângulo de Prestação, Consumo e Regulação[63]

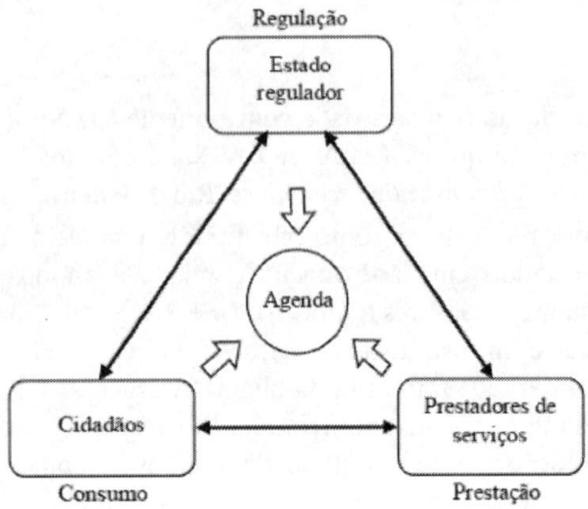

Por sua clareza e didática, vale transcrever o quadro formulado por Majone:

---

comercializados pelas empresas estatais. Assim como não faria sentido invocar regras de proteção ao consumidor quando o Estado exerce sua autoridade (por exemplo, mediante sujeições de ordem geral ou exercício do poder de polícia), também não caberia exigir tal proteção enquanto usuário de um serviço público explorado por uma estatal ou enquanto adquirente de um bem produzido ou comercializado em regime de monopólio estatal (...) O interesse do cidadão, do administrado, do consumidor, da sociedade em suma, somente seria consagrado como parte-beneficiária do interesse nacional. Razão pela qual não havia muita razão tomar estes interesses (interpretados não como difusos, mas como interesses privados contrapostos ao interesse público, estatal) como parâmetro modelador da intervenção estatal. Da mesma forma, os interesses dos demais agentes econômicos privados que travassem contato com os entes de intervenção estatal (seja estabelecendo com eles relações comerciais, seja se relacionando na cadeia econômica) tampouco haveriam de ser considerados. O ente estatal poderia praticar condutas teoricamente contrárias às regras de direito concorrencial, abusar no preço dos insumos necessários a outras indústrias, exorbitar no exercício de sua dominância de mercado. Afinal, sendo mero vetor de consecução do interesse geral da coletividade, sua conduta não poderia ser refreada por interesses menores (porque privados) de natureza empresarial" (MARQUES NETO, Floriano de Azevedo. *Agências reguladoras independentes:* fundamentos e seu regime jurídico. Belo Horizonte: Editora Fórum, 2009, p. 25-26).

63. DASSO JÚNIOR, Aragon Érico. Estado Regulador, regulação e agências reguladoras: uma contribuição teórica a partir do caso brasileiro. *Revista Derecho y Economía*, La Molina, Peru, v. 1, p. 1-23, 2012. Disponível em: <http://www.derecho.usmp.edu.pe/centro_derecho_economia/revista/febrero_2012/Estado_regulador_Aragon_Dasso_Junior.pdf>. Acesso em: 03/10/2019.

Tabela 3: Comparação entre os Modelos de Estado positivo e Estado Regulador de Majone[64]

Itens comparados \ Modelos	Estado positivo	Estado regulador
Funções principais	Redistribuição, estabilização macroeconômica.	Corrigir falhas de mercado.
Instrumentos	Tributação (ou tomar fundos emprestados) e dispêndio.	Formulação de regras.
Arena principal de conflito político	Alocações orçamentárias.	Revisão e controle da formulação de regras.
Instituições características	Parlamento, departamentos ministeriais, empresas nacionalizadas, serviços de bem-estar social.	Comissões parlamentares, agências e comissões independentes, tribunais.
Atores-chave	Partios políticos, funcionários públicos, grupos corporativos.	Movimentos em prol de questões singulares, reguladoras, peritos, juízes.
Estilo de políticas	Discricionário.	Limitado por regras, legalista.
Cultura de políticas	Corporativista.	Pluralista.
Responsabilização política	Direta	Indireta

Então, "a regulação pode ser definida como a imposição de regras que disciplinam a atuação dos agentes econômicos em um dado mercado"[65]. Nessa senda, "o Estado é o único que possui legitimidade para regular serviços públicos, a partir de uma legitimidade política que lhe é conferida em nome do interesse público"[66].

Encerram-se essas breves considerações observando, a partir de estudo da OCDE, que, após análises empíricas de vários países, essa instituição supranacional vislumbra, atualmente, que há "desafios" à superação de "déficits" regulatórios. São quatro: (1) *déficit* de supervisão (falta de consistência e de continuidade da regulação, além de execução inadequada, gerando incertezas); (2) *déficit* de participação, de maneira que os diversos atores envolvidos efetivamente se empenhem no processo regulatório; (3) *déficit* de efetividade,

64. MAJONE, Giandomenico. Do Estado Positivo ao Estado Regulador. Op. cit., p. 15.

65. DASSO JÚNIOR, Aragon Érico. Estado Regulador, regulação e agências reguladoras: uma contribuição teórica a partir do caso brasileiro. *Revista Derecho y Economía*, La Molina, Peru, v. 1, p. 1-23, 2012. Disponível em: <http://www.derecho.usmp.edu.pe/centro_derecho_economia/revista/febrero_2012/Estado_regulador_Aragon_Dasso_Junior.pdf>. Acesso em: 03/10/2019.

66. Idem.

voltado à execução das normas pelos envolvidos, incluindo sociedade civil; (4) *déficit* de avaliação, relacionado à necessidade de os Estados garantirem que os instrumentos utilizados na regulação são adequados e atingem os objetivos perseguidos[67].

A análise da litigiosidade judicial claramente não se pode furtar de considerar tais circunstâncias, especialmente quando demonstrada a relevância dos setores regulados nos grandes números da litigiosidade brasileira.

II.2. AGÊNCIAS REGULADORAS: FUNÇÃO E PODER NORMATIVO

As Agências reguladoras nasceram no Brasil na década de 1990,[68] como parte de um projeto mais amplo de reforma no contexto da implantação do

67. OECD. *OECD Regulatory Policy Outlook 2015*. Paris: OECD Publishing, 2015, p. 42-43.

68. "A criação do modelo regulador nos anos FHC pode ser, grosso modo, dividida em três gerações (Santana, 2002; Martins, 2002). Na primeira, estabelecida entre 1996 e 1997, estão as agências reguladoras relacionadas com a privatização e a quebra do monopólio do Estado naqueles setores, englobando a Agência Nacional de Energia Elétrica (Aneel), a Agência Nacional de Telecomunicações (Anatel) e a Agência Nacional de Petróleo (ANP). O formato institucional, com diretores escolhidos pelo presidente, aprovados pelo Senado e gozando de mandato fixo eram elementos fundamentais para a credibilidade dos investidores em uma estabilidade das regras. A preocupação maior, nesses casos, era econômica: além da obtenção de recursos para pagamento da dívida pública, o argumento essencial relacionava-se à ausência de recursos governamentais para investimentos nesses setores. Nesse sentido, é interessante lembrar que o desenho da Anatel contou com a participação de consultorias internacionais. A segunda leva está mais relacionada à busca de melhor eficiência e modernização do aparelho de Estado, surgindo no período 1999/2000. Eram setores mais competitivos nos quais buscava-se resguardar o interesse dos cidadãos em relação a determinados setores de mercado já existentes — situação diferente da anterior, quando se estava repassando atividades estatais para a iniciativa privada. Duas agências fazem parte dessa geração: a Agência Nacional de Vigilância Sanitária (Anvisa) e a Agência Nacional de Saúde Suplementar (ANS), ambas ligadas ao Ministério da Saúde. Martins (2002) e Costa (2002) indicam que o modelo de agências reguladoras começou a ser utilizado devido às dificuldades para a implementação das agências executivas previstas no plano diretor. Já a terceira geração (2001/02) apresenta uma grande mistura de finalidades e áreas de atuação. Aqui, apenas a Agência Nacional dos Transportes Terrestres (ANTT) e a Agência Nacional dos Transportes Aquaviários (Antaq) podem ser consideradas de natureza reguladora, pelo tipo de atividades desenvolvidas. Outros casos, como a Agência Nacional de Águas (ANA) e a Agência Nacional do Cinema (Ancine), mostram a perda do referencial de regulação de mercados. Tais experiências aproximam-se daquilo que Pollitt (2002) classificou como mimetismo, fenômeno marcante nas reformas do Estado da década de 1990. Copiavam-se simplesmente instituições em contextos e problemas muito diferentes. Esse mimetismo pode ser verificado no Brasil, principalmente no que se refere às agências reguladoras estaduais". PÓ, Marcos Vinicius; PÓ, Marcos Vinicius; ABRANCHES, Fernando Luiz. Desenho e funcionamento dos mecanismos de controle

novo Estado Regulador, "caracterizado pela criação de Agências reguladoras independentes, pelas privatizações de empresas estatais, por terceirizações de funções administrativas do Estado e pela regulação da economia segundo técnicas administrativas de defesa da concorrência e correção de 'falhas de mercado', em substituição a políticas de planejamento industrial"[69]. Nesse cenário de busca pelo eficientismo, várias das leis criadoras das Agências previam formas alternativas de resolução de controvérsias, tentando retirar, de alguma maneira, do Estado-Judiciário a resolução de conflitos surgidos em sua esfera de competência.[70-71]

---

e accountability das agências reguladoras brasileiras: semelhanças e diferenças. *Revista de Administração Pública*, v. 40, n. 4, jul.-ago. 2006, p. 683-684.

69. MATTOS, Paulo Todescan Lessa. A formação do Estado Regulador no Brasil. *Novos estud. - CEBRAP*, São Paulo, n. 76, p. 139-156, nov. 2006. Disponível em <http://www.scielo.br/scielo.php?script=sci_arttext&pid=S0101-33002006000300007&lng=en&nrm=iso>. Acesso em: 22/05/2019.

70. O tema é muito bem exposto por Salles, que faz um memorial do surgimento da arbitragem no Brasil nesse contexto do Estado Regulador, "impulsionada por leis balizadoras de novos modos de atuação estatal, identificas com o debate designado por Reforma do Estado" (SALLES, Carlos Alberto de. *Arbitragem nos contratos administrativos*. Rio de Janeiro: Forense, 2011, p. 59-73).

71. É nesse mesmo contexto a análise de José Eduardo Faria, que ao tratar da crise do Direito (crise essa que, para o autor, se apresenta primordialmente em dois aspectos: temporal, pois o Judiciário não consegue dar a resposta aos conflitos no tempo que a sociedade informatizada e globalizada requer; e qualitativo: relativa à qualidade dos provimentos jurisdicionais em termos de tratamento do conflito em sua complexidade), relata tendências mundiais de desjuridificação e deslegalização, e identifica "duas estratégias interdependentes de recuo do formalismo legal e do positivismo jurídico a que os Estados recorreram, na transição da sociedade industrial para a sociedade pós-industrial, do modelo fordista-taylorista de produção para o modelo de especialização flexível, entre o final do século XX e o início do século XXI. (...) A primeira estratégia exigiu uma revisão das políticas legislativas tradicionais e uma redefinição das fontes formais de direito, pois implicou um drástico enxugamento do ordenamento jurídico e o subsequente estímulo à sociedade para que desenvolvesse nos espaços desregulamentados formas e mecanismos de autocomposição de interesses (...) Com isso, a linearidade do movimento causa/efeito decorrente da ação e determinação estatais deu lugar à circularidade de organizações autônomas e sistemas funcionais da sociedade e dos mercados. A segunda estratégia consistiu em propiciar aos diferentes atores sociais e econômicos condições para que possam discutir entre si e tentar definir, de modo consensual, o conteúdo das normas. **O pressuposto é de que muitos conflitos sociais e econômicos podem ser levados a bom termo pela utilização de técnicas que respeitam a divergência de valores e interesses**. (...) Valorizando o dissenso e convicto de que nem tudo pode ser resolvido pelo Direito, uma vez que em ambientes sociais e econômicos cada vez mais complexos os interesses encontrar-se-iam amplamente fragmentados e especializados,

A partir da alteração de paradigma da participação do Estado no desenvolvimento econômico, passando a privilegiar um outro tipo de atuação, a superveniência das Agências Reguladoras, no sistema brasileiro, significa nada mais do que a efetivação e instrumentalização deste novo paradigma.[72] Elas são "o principal sistema de organização estatal"[73] desse novel modelo.[74]

ele se limita a impor fórmulas de cooperação e regras de negociação. (...) Com isso, entre legisladores e legislados as tradicionais relações binárias vão sendo substituídas por relações multipolares. (...) Nesta e na estratégia anterior, o objetivo era desvincular o Estado de suas funções controladoras, reguladoras, diretoras e planejadoras no âmbito da economia, levando-o a se render à substituição da tradicional rigidez hierárquica dos códigos e leis pela diversidade e flexibilidade normativas e ao advento de diferentes ordens normativas nos mesmos espaços geopolíticos – ou seja, ao pluralismo jurídico" (FARIA, José Eduardo. *O Estado e o direito depois da crise*. São Paulo: Saraiva, 2011, p. 62-64).

72. "O modelo de agências reguladoras autônomas adotado no Brasil no contexto da reforma do Estado na década de 90 insere-se nesse cenário. Tal modelo teria estabelecido uma nova dinâmica política para a ação regulatória do Estado. A formulação de políticas setoriais que antes estava restrita aos gabinetes ministeriais, aos conselhos institucionalizados no interior da burocracia estatal da Administração Direta, subordinada às decisões políticas do presidente da República e ao jogo de barganhas políticas com o Congresso, passou a ser formulada de forma mais insulada por técnicos especializados, porém supostamente aberta ao público afetado pelas normas editadas pelas agências" (MATTOS, Paulo Todescan Lessa. Regulação econômica e social e participação pública no Brasil. In: IX CONGRESO INTERNACIONAL DEL CLAD SOBRE LA REFORMA DEL ESTADO Y DE LA ADMINISTRACIÓN PÚBLICA. *Anais eletrônicos*, Madrid, Nov. 2004. Disponível em: <http://www.ipea.gov.br/participacao/images/pdfs/participacao/mattos_regulacao%20economica%20.pdf>. Acesso em: 07/10/2019).

73. GUERRA, Sérgio. Regulação estatal sob a ótica da organização administrativa brasileira. *Revista de Direito Público da Economia*, ano 11, n. 44, out.-dez. 2013, p. 238.

74. Na perspectiva crítica de Avelãs: "A solução de substituir o estado por estas agências significa que o estado (o *estado democrático*), considerado incapaz de administrar o setor público da economia (incluindo a prestação de serviços públicos, com longa, profunda e positiva tradição na Europa), é também considerado incapaz de exercer bem esta *função reguladora*, que – dir-se-ia – não poderia deixar de constituir o 'conteúdo mínimo' do 'estado mínimo'. Esta é uma solução que respeita o dogma liberal da *separação entre o estado e a economia*: o estado deve manter-se afastado da economia, porque a economia é a *esferaprivativa dos privados* e o estado é uma *pura instância política*. O que se pretende é subtrair à esfera da política (i.e, à competência dos órgãos políticos democraticamente legitimados) a ação destas entidades ditas independentes alegando-se que só assim se consegue a sua *neutralidade* (...) Por isto, contesto a legitimidade deste *poder tecnocrático* e defendo que as suas funções deveriam ser confiadas a entidades legitimadas democraticamente e politicamente responsáveis. A *política* não pode ser substituída pelo *mercado*, nem o *estado democrático* pode ser substituído por um qualquer estado oligárquico-tecnocrático, em nome da velha ideia liberal de que a democracia se esgota na liberdade individual e de que a liberdade só é garantida pelo mercado e só se realiza no mercado". (AVELÃS NUNES, António José. O Estado

As Agências decorrem da necessidade de "constituição de *um tipo específico de órgãos públicos* (públicos tanto por serem dotados de autoridade como por serem abertos ao controle e participação da sociedade), que enfeixem *ampla gama de competências* associadas a uma *alta especialização técnica*, de modo a intervir[75] num determinado *setor da economia* (cuja relevância ou essencialidade da atividade econômica justifiquem essa intervenção)"[76].

São "instituições, dotadas do poder de formular regras, que disciplinam a conduta dos agentes econômicos, com vistas a aperfeiçoar o desempenho do setor regulado"[77]. As Agências "representam a construção de um novo *locus*

Regulador e o 'Modelo Social Europeu'. *Revista Brasileira de Direito Comparado*, Ano 1, n. 1, 1982, p. 28-29).

75. "A agência governamental deteria o know-how que o legislador geral não tem, o savoir-faire que falta a quem sobre todos os assuntos se pronuncia, por suposta falta de especialização e de conhecimento do problema" (GODOY, Arnaldo Sampaio de Moraes. Agências reguladoras: origens, fundamentos, direito comparado, poder de regulação e futuro. In: FÓRUM DE CONTRATAÇÃO E GESTÃO PÚBLICA – FCGP. *Anais*, Belo Horizonte, ano 13, n. 150, jun. 2014, p. 18).

76. MARQUES NETO, Floriano de Azevedo. Agências reguladoras independentes. Op. cit., p. 46. Ainda: "A crescente complexificação das matérias e a impossibilidade de o parlamento dar resposta pronta e conveniente a todas as exigências de um modelo de Estado de bem-estar conduziram a uma progressiva assunção de poderes normativos por parte do executivo, incluindo a permanente feitura de atos, com força de lei, cuja prática pelo executivo a Constituição configurava como tendo uma natureza excepcional, podendo falar-se, num primeiro momento, em tentativa de fraude à Constituição e hoje, atendendo à reiterada prática e à ausência de qualquer sancionamento judicial, será possível defender-se a formação de um costume constitucional *contra constitutionem*. Esse movimento parte da ideia de que devem existir normas expedidas pelo Poder Executivo para fazer face à necessidade de suprir, de modo célere e adequado, as lacunas que frustram, por ausência normativa, a consecução de interesses dos cidadãos" (GUERRA, Sérgio. Função normativa das agências reguladoras: uma nova categoria de direito administrativo? *Revista Direito GV*, v. 07, n. 01, jan.-jun. 2011, p. 134). Conclui (p. 145) que a "A regulação é uma função administrativa, que não decorre da prerrogativa do poder político, e, sim, da abertura da lei para que o agente Regulador pondere, de forma neutra, os interesses concorrentes em conflitos setoriais, sejam eles potenciais ou efetivos. A competência normativa exercida pelas entidades reguladoras, inserida no sistema de separação de poderes e considerando-se a proeminência da instituição legislativa para a positivação das regras jurídicas ('legalidade formal axiológica, legalidade material leve ou legalidade principiológica'), é inconfundível com o 'poder regulamentar' primário, de competência do chefe do Poder Executivo".

77. DASSO JÚNIOR, Aragon Érico. Estado Regulador, regulação e agências reguladoras: uma contribuição teórica a partir do caso brasileiro. *Revista Derecho y Economía*, La Molina, Peru, v. 1, p. 1-23, 2012. Disponível em: <http://www.derecho.usmp.edu.pe/centro_derecho_economia/revista/febrero_2012/Estado_regulador_Aragon_Dasso_Junior.pdf>. Acesso em: 03/10/2019, p. 17. Ainda: "As demandas administrativas

de poder decisório, e, portanto, de definição e implementação de políticas relevantes de natureza variada" e têm uma diferente "dinâmica decisória" "em razão da existência de mecanismos que permitem a participação do cidadão na definição normativa do *conteúdo da regulação*"[78]. A elas demarcou-se "um espaço de legítima discricionariedade, com predomínio de juízos técnicos sobre as variações políticas"[79].

Sendo assim, as Agências reguladoras não existem para prover serviços públicos nas áreas econômicas reguladas, mas especialmente para regular os mercados tidos por relevantes e necessários.Respeita-se o espaço dos particulares, mas se garanteque, da livre iniciativa (e, notadamente, da necessidade de um espaço concorrencial adequado e não viciado), os resultados sociais daquela atuação atendam ao interesse público.[80-81] Não obstante,existem

---

do exercício da normatividade, todavia, são bastante diferentes. Essas demandas são melhor atendidas por organizações flexíveis e altamente especializadas que gozem de autonomia considerável no processo de tomada de decisões: as agências reguladoras independentes" (MAJONE, Giandomenico. Do Estado Positivo ao Estado Regulador: causas e consequências de mudanças no modo de governança. *Revista do Serviço Público*, ano 50, n. 01, jan.-mar. 1999, p. 19).

78. MATTOS, Paulo Todescan Lessa. Agências reguladoras e democracia: participação pública e desenvolvimento. In: SALOMÃO FILHO, Calixto (Coord.). *Regulação e desenvolvimento*. São Paulo: Malheiros Editores, 2002, p. 183.

79. BARROSO, Luís Roberto. Agências reguladoras. Constituição e transformações do Estado e legitimidade democrática. *Revista de direito administrativo*, v. 229, p. 285-312, 2002, p. 296.

80. "A Agência Reguladora, do modo como foi concebida no direito brasileiro, é função do interesse público na busca da eficiência da administração. A busca do interesse público, em todas essas dimensões, é uma obrigação da Administração. Deveria orientar a produção normativa do Poder Legislativo. Deveria fixar os parâmetros da ação e dos projetos do Poder Executivo. É o referencial para toda a atuação do Poder Judiciário" (GODOY, Arnaldo Sampaio de Moraes. Agências reguladoras: origens, fundamentos, direito comparado, poder de regulação e futuro. In: FÓRUM DE CONTRATAÇÃO E GESTÃO PÚBLICA - FCGP. *Anais*, Belo Horizonte, ano 13, n. 150, jun. 2014, p. 18. Em reflexão sobre a possibilidade (ou não) e adequação (ou não) de reformas para que as Agências estejam mais integradas à Presidência da República e às políticas por ela desenvolvidas, ver: PRADO, Mariana Mota. O contrato e o plano de gestão no projeto de Lei nº 3.337/04: controle desejável e justificado ou influência política indevida? *Revista de Direito Público da Economia- RDPE*, ano 6, n. 22, abr.-jun. 2008.

81. Deveras interessante a colocação cética de Przeworski sobre a criação das Agências: "é um ato de fé nas autoridades que atuarão na função do melhor interesse público. Porém, não existe nada que garanta que isso será assim" (PRZEWORSKI, Adam. Política y administración. In: BRESSER, L. et al. *Política y gestión pública*. Buenos Aires: Fondo de Cultura Económica / CLAD, 2004, p. 211; apud DASSO JÚNIOR, Aragon Érico. Estado Regulador, regulação e agências reguladoras: uma contribuição teórica a partir

limitações notáveis ao que deve estar dentro das funções da Agência Reguladora, como indica Majone ao tratar da insuscetibilidade de lhes transferir o poder de levar adiante políticas de caráter redistributivo.[82]

Para que atinjam seus objetivos, as Agências devem ter algumas características, segundo Marques Neto: (1) devem ser órgãos públicos (seja

---

do caso brasileiro. *Revista Derecho y Economía*, La Molina, Peru, v. 1, p. 1-23, 2012. Disponível em: <http://www.derecho.usmp.edu.pe/centro_derecho_economia/revista/febrero_2012/Estado_regulador_Aragon_Dasso_Junior.pdf>. Acesso em: 03/10/2019, p. 17). Interessante o estudo de Coelho a respeito especificamente da ANATEL, que menciona resultado de Auditoria do TCU nesses termos: "Percebeu o TCU que, na prática, são as concessionárias que determinam o alcance da verificação das obrigações de universalização, uma vez que a lista, ou universo de localidades do SGOU, é obtida a partir do Sistema Área-Área, que por sua vez é alimentado pelas empresas. As localidades passíveis de fiscalização são as que constam deste universo, pois é a partir dele que a Anatel realiza o planejamento das fiscalizações (...) Constatou o tribunal, em breve síntese, o que já havíamos ressaltado em nosso modelo: diante das informações assimétricas, não há como o principal verificar o cumprimento de um contrato de prestação de serviços de telefonia, submetendo-se inteiramente às informações repassadas pelos agentes" (COELHO, André Felipe Canuto. Regulação às avessas: um estudo de caso no setor de telefonia brasileiro. *Revista de Informação Legislativa*, ano 53, n. 210, abr.-jun. 2016, p. 58-59).

82. "Os defensores do modelo de agências, por vezes, argumentam como se o modelo fosse incondicionalmente superior aos métodos tradicionais de elaborar e implementar políticas. Isto não é verdade, evidentemente. Por exemplo, as políticas redistributivas, ou políticas que tenham consequências expressivas em termos de redistribuição, deveriam permanecer sob o controle direto dos dirigentes políticos. O modelo de agências só é aplicável em áreas limitadas, mas importantes, como as da regulação econômica e social e outras atividades administrativas em que conhecimentos e experiência específicos e reputação sejam a chave para maior eficácia (...) As políticas reguladoras, como todas as políticas públicas, têm consequências redistributivas, mas, para os reguladores, essas consequências deveriam representar limitações potenciais em matéria de política, mais do que objetivos de política. Somente um comprometimento para com a eficiência, para com um estilo de tomada de decisões voltado para a solução de problemas, mais que para a negociação, e para com a responsabilização por resultados, pode substantivamente legitimar a independência política dos reguladores. Da mesma forma, decisões que envolvam redistribuição significativa de recursos de um grupo social para outro não podem ser legitimamente tomadas por peritos ou especialistas independentes, mas somente por funcionários eleitos ou por administradores diretamente responsáveis ante funcionários eleitos. Isto é verdadeiro em nível nacional e, a fortiori, em nível europeu" (MAJONE, Giandomenico. Do Estado Positivo ao Estado Regulador: causas e consequências de mudanças no modo de governança. *Revista do Serviço Público*, ano 50, n. 01, jan.-mar. 1999, p. 19 e 30).

por serem estatais, seja por serem abertos e responsivos[83] ao público); (2) devem concentrar funções e competência (de maneira que disponham de instrumentos para fazer valer a regulação firmada); (3) devem ser especializadas por setor econômico (com profundidade de conhecimento a respeito do setor e seu mercado, dominando a técnica envolvida); (4) devem equilibrar a multiplicidade de interesses envolvidos (seja na interlocução com os diversos atores, seja promovendo a "previsibilidade de expectativas");[84] (5)

---

83. O tema foi objeto de interessante pesquisa empírica (que se beneficiaria de atualização): "Ainda que isso não fosse um objetivo declarado, o formato das agências reguladoras acabou por proporcionar maior accountability dos órgãos em relação à burocracia que atuava anteriormente nos setores" (PÓ, Marcos Vinicius; PÓ, Marcos Vinicius; ABRANCHES, Fernando Luiz. Desenho e funcionamento dos mecanismos de controle e accountability das agências reguladoras brasileiras: semelhanças e diferenças. *Revista de Administração Pública*, v. 40, n. 4, jul.-ago. 2006, p. 696). Sobre instrumentos de controle social da regulação, ver: LEHFELD, Lucas de Souza. Instrumentos processuais de controle social da atuação reguladora do Estado contemporâneo brasileiro: limites à autonomia das agências reguladoras. *Revista de Direito Privado*, ano 07, n. 28, out.-dez. 2006. Ainda: "Nesse sentido encontram-se várias normas contemplando diferentes formas de participação do cidadão, com a instituição de ouvidores junto a diferentes órgãos públicos, audiências públicas, consulta pública, criação de conselhos, sistemas de 'disque-denúncia', coletas de opinião e tantas outras, devendo ser destacadas suas virtualidades no Estado Democrático de Direito como instrumentos de legitimidade do poder, aproximando o Estado e a sociedade. Assim é que as leis que disciplinam as atividades das agências reguladoras foram mais avançadas nos mecanismos de participação estabelecidos do que a Lei das Concessões, que contém regras relativas à fiscalização e controle (art. 3º, 7º, II, IV e V, 30, parágrafo único e 33, da Lei 9.074/1995) e à cooperação do usuário (art. 29, XII, da Lei 9.074/995) (...) Reconhece-se, porém, que a participação dos usuários é extremamente dificultosa, em vista da crescente complexidade dos serviços, eis que são leigos em assuntos eminentemente técnicos postos nas pautas decisórias adotadas em matéria de serviços públicos" (GROTTI, Dinorah. As agências reguladoras. In: *Doutrinas Essenciais de Direito Administrativo* (v. 6). São Paulo: RT, versão digital, nov. 2012). Jordão registra a *accountability* da administração como argumento para promover a deferência no controle judicial dos atos administrativos (JORDÃO, Eduardo. *Controle judicial de uma administração pública complexa*: a experiência estrangeira na adaptação da intensidade do controle. São Paulo: Malheiros, 2016, p. 104).
84. Nesse tema, são relevantes, embora desanimadoras, as conclusões empíricas de Paulo Mattos: "Da análise dos dados disponíveis, é possível concluir que, desde a criação da ANATEL em 1997 até o ano 2000 aumentou consideravelmente a participação pública por meio do mecanismo da consulta pública (...) conclui-se que a participação está essencialmente concentrada nos grupos representantes do segmento específico de telecomunicações. Essa participação pode ser considerada ainda maior, se assumirmos que grande parte do segmento de 'consultores e advogados' representa interesses de empresas do segmento específico de telecomunicações. Além disso, a maioria das contribuições

devem ser neutras em relação a tais interesses (significando equidistância, também permitindo que se desenvolvam as características de cada setor econômico regulado).[85] Em outra oportunidade, o mesmo Autor apresentou essas características como: (1) necessidade de grande permeabilidade da atividade regulatória (necessidade de interlocução com os atores, afastada a perspectiva anterior hermética, tecnocrática e distante ou impermeável); (2) necessidade de grande capacidade de arbitramento entre interesses (*expertise*, conhecimento técnico profundo da matéria que possibilite essa ação); (3)

---

constantes do segmento 'outros', são de organismos que também representam, conforme os nomes dos contribuintes identificados por consulta pública, interesses relacionados, direta ou indiretamente, às empresas que compõem o segmento de telecomunicações". Assim, os resultados "refletem o baixo grau de participação de segmentos da sociedade civil que não sejam representativos dos interesses das empresas de telecomunicações" (MATTOS, Paulo Todescan Lessa. Agências reguladoras e democracia. Op. cit., p. 227-228). Dasso Júnior, por sua vez, conclui sua tese afirmando: "Comprovou-se, então, a hipótese principal deste trabalho: as agências reguladoras não incluem, realmente, a cidadania no seu processo de tomada de decisões. A presença do cidadão, no máximo, se limita a processos consultivos. Portanto, há um impressionante déficit democrático nas agências reguladoras, que somado aos mandatos fixos dos seus dirigentes, exclui completamente o cidadão brasileiro (...) Enfim, a participação cidadã (e, portanto, a democracia) parece ainda estar muito distante da prática da gestão pública brasileira. O modelo das agências reguladoras apenas reforça essa constatação" (DASSO JÚNIOR, Aragon Érico. *Reforma do Estado com participação cidadã?* Déficit democrático das agências reguladoras brasileiras. Tese (Doutorado) – Universidade Federal de Santa Catarina, Florianópolis, 2006, p. 411-412). Mattos, contudo, em outra oportunidade, trouxe resultados mais animadores: "A análise dos índices de participação que fiz acima permite concluir que o mecanismo de consulta pública vem sendo efetivamente utilizado por outros atores que não apenas associações ou empresas de telecomunicações. Isso, por si só, comprova que esse tipo de mecanismo de participação tem um potencial democrático de ampliar a participação de outros atores da sociedade civil na deliberação sobre o conteúdo da regulação (...) os resultados da pesquisa demonstram que outros interesses que não apenas os empresariais privados são levados ao órgão regulador por atores. Uma gama bastante variada de interesses que classifiquei como difusos aparece nas sugestões de atores também variados. Contudo, apesar de não ser desprezível o índice de representação da categoria interesses difusos, é marcante a predominância de sugestões que representam a categoria interesse empresarial privado. (...) De qualquer forma, o simples fato de aparecerem sugestões com a defesa de interesses difusos – mesmo que de forma reduzida – trazidos por atores variados para o interior dos processos decisórios na Anatel é um fator que também comprova o potencial democrático dos mecanismos de participação pública adotados, tal como o mecanismo de consulta pública" (MATTOS, Paulo Todescan Lessa. Regulação econômica e social e participação pública no Brasil. Op. cit., p. 19).

85. MARQUES NETO, Floriano de Azevedo. Agências reguladoras independentes. Op. cit., p. 47-51.

novo tipo de autoridade estatal (exercício de uma autoridade não unilateral por sua supremacia e mais negociada, legitimada pela sua função relevante e seu exercício atento às necessidades do setor).[86]

Com essas características, cabe perquirir sobre o tipo de poder público exercido pelas Agências e pelos órgãos reguladores. Parece dominante na doutrina a compreensão de que seus poderes não se amoldam, facilmente, à tripartição tradicional, exercendo parcelas (adaptadas, é claro) de cada uma das funções clássicas: ao mesmo tempo, possui poderes normativos (com destaque), administrativos (inclusive e especialmente na atividade de fiscalização)[87] e de solução de conflitos.[88]

---

86. MARQUES NETO, Floriano Azevedo. A nova regulação Estatal e as agências independentes. In. SUNDFELD, Carlos Ari. *Direito Administrativo Econômico*. São Paulo: Malheiros, 2000, p. 90-92.

87. "As Agências Reguladoras se tornam o novo instrumento de atuação do Estado no domínio econômico. Nesse cenário, é importante destacar que as Agências Reguladoras atuam em setores complexos, organizados e poderosos da economia nacional (...) Nesse contexto econômico e social, a atuação das Agências Reguladoras reveste-se de suma importância no sentido de fiscalizar os mercados regulados e perseguir a satisfação dos usuários para os quais os serviços públicos são dirigidos." (MELO, Thiago Dellazari. Do Estado Social ao Estado Regulador. *Nomos*, v. 30, n. 1, 2010, p. 228-230).

88. MARQUES NETO, Floriano Azevedo. A nova regulação Estatal e as agências independentes. In. SUNDFELD, Carlos Ari. *Direito Administrativo Econômico*. São Paulo: Malheiros, 2000, p. 92 e ss. Ou, como coloca Dasso Junior, as Agências têm funções "quase judiciais; quase legislativas; administrativas e de gestão; e executivas, de investigação e de programação" (DASSO JÚNIOR, Aragon Érico. Estado Regulador, regulação e agências reguladoras: uma contribuição teórica a partir do caso brasileiro. *Revista Derecho y Economía*, La Molina, Peru, v. 1, p. 1-23, 2012. Disponível em: <http://www.derecho.usmp.edu.pe/centro_derecho_economia/revista/febrero_2012/Estado_regulador_Aragon_Dasso_Junior.pdf>. Acesso em: 03/10/2019, p. 18). Tratando em detalhes sobre cada uma dessas funções: NEVES, Sérgio Luiz Barbosa. Agências reguladoras: instrumentos de direito econômico e socioambiental em busca de uma identidade perante o direito brasileiro. Dissertação (Mestrado). PUC/PR, 2010. Interessante a síntese de André Ramos Tavares, para quem a função das Agências é "produção normativa sobre o desenvolvimento de determinada atividade econômica, fiscalizar a prestação de serviços (especialmente os serviços públicos), aplicar sanções em decorrência da fiscalização e, por fim, sinaliza-se com a possibilidade de que as agências assumam a tarefa de dirimir conflitos entre particulares" (TAVARES, André Ramos. *Direito Constitucional Econômico*. São Paulo: Editora Método, 2003, p. 351). Para Carvalho Filho, "é justo reconhecer que o sistema, nos moldes como foi introduzido, em decorrência da reforma administrativa do Estado, não se situa dentro dos padrões clássicos de atuação de órgãos administrativos o exercício do poder normativo. Mas - também é oportuno realçar – não traduz, em nosso entender, nenhuma revolução no sistema tradicional, mas, ao contrário, estampa mero resultado de uma evolução natural no processo come-

Dado a isso, é frequente a crítica de invasão, por tais órgãos, das funções dos Três Poderes, especialmente do Legislativo. Existe profundo debate sobre a legitimidade democrática das normas trazidas pela Agência Reguladora uma vez que seus diretores não são eleitos por voto popular e que existe dificuldade de simples atenção ao princípio da legalidade (o que se convencionou chamar de "crise da legalidade", representada pela necessidade de normas mais céleres e técnicas para fazer frente à velocidade e à complexidade da realidade econômica hodierna).[89]

---

tido ao Estado de gestão dos interesses coletivos (...) não nos parece ocorrer qualquer desvio de constitucionalidade no que toca ao poder normativo conferido às agências" (CARVALHO FILHO, José dos Santos. Agências reguladoras e poder normativo. *Revista Eletrônica de Direito Administrativo Econômico*, n. 9, fev.-abr. 2007, p. 7-8).

89. Para debate sobre a legitimidade democrática das Agências, ver: MAJONE, Giandomenico. Do Estado Positivo ao Estado Regulador: causas e consequências de mudanças no modo de governança. *Revista do Serviço Público*, ano 50, n. 01, jan.-mar. 1999, p. 27 e ss.; AVELÃS NUNES, António José. O Estado Regulador e o 'Modelo Social Europeu'. *Revista Brasileira de Direito Comparado*, Ano 1, n. 1, 1982; MATTOS, Paulo Todescan Lessa. Regulação econômica e social e participação pública no Brasil. Op. cit.; CALCIOLARI, Ricardo Pires. O poder regulamentar das agências em matéria sanitária. *Revista da Faculdade de Direito da Universidade de São Paulo*, v. 103, jan.-dez. 2008.; BANDEIRA DE MELLO, Celso Antônio. *Curso de direito administrativo*. São Paulo: Malheiros, 2008; FIGUEIREDO, Marcelo. *As agências reguladoras:* o Estado Democrático de Direito no Brasil e sua atividade normativa. São Paulo: Malheiros, 2005; ARAGÃO, Alexandre Santos de. A legitimação democrática das agências reguladoras. In: BINENBOJM, Gustavo. *Agências reguladoras e democracia*. Rio de Janeiro: Lumen Juris, 2006; MATTOS, Paulo Todescan Lessa. Agências reguladoras e democracia. Op. cit.; BACELLAR FILHO, Romeu Felipe. *Reflexões sobre direito administrativo*. Belo Horizonte: Editora Fórum, 2009; GUERRA, Sérgio. Função normativa das agências reguladoras. Op. Cit; LENNERTZ, Marcelo Rangel. *Agências reguladoras e democracia no Brasil*: entre facticidade e validade. Dissertação (Mestrado em Direito) – Pontifícia Universidade Católica do Rio de Janeiro, 2008; DASSO JÚNIOR, Aragon Érico. *Reforma do Estado com participação cidadã?* Déficit democrático das agências reguladoras brasileiras. Tese (Doutorado) – Universidade Federal de Santa Catarina, Florianópolis, 2006; SIQUEIRA CASTRO, Carlos Roberto. Função normativa regulatória e o novo princípio da legalidade. In: ARAGÃO, Alexandre Santos de (Coord.). *O poder normativo das agências reguladoras*. Rio de Janeiro: Forense, 2006; FERRAZ JUNIOR, Tercio Sampaio. O poder normativo das agências reguladoras à luz do princípio da eficiência. In: ARAGÃO, Alexandre Santos de (Coord.). *O poder normativo das agências reguladoras*. Rio de Janeiro: Forense, 2006; JUSTEN FILHO, Marçal. Agências reguladoras e democracia: existe um déficit democrático na "regulação independente"? In: ARAGÃO, Alexandre Santos de (Coord.). *O poder normativo das agências reguladoras*. Rio de Janeiro: Forense, 2006. Mister frisar a posição de Binenbojm, para quem num primeiro momento a ênfase das

No mais, observe-se que, por sua razão de ser, as Agências devem gozar de independência e autonomia,[90] especialmente diante da necessidade

---

Agências estava na garantia de sua autonomia, mas que posteriormente, após a garantia desta, foi direcionada para a "necessidade de *matizar* a autonomia técnica das agências com mecanismos de controle político e jurídico" (BINENBOJM, Gustavo. Agências reguladoras independentes e democracia no Brasil. *Revista de Direito Administrativo*, n. 240, abr.-jun. 2005, p. 154). O autor ainda narra as tensões havidas logo após a assunção à Presidência da República do Presidente Luís Inácio Lula da Silva, irresignado por ver-se atado às normas reguladoras postas por Agências que tiveram seus dirigentes nomeados no mandato anterior, sem compromisso com as novas premissas de políticas publicada desenhadas pela gestão que se iniciava (p. 154-155). Afinal, como observa Lennertz, "se a distância dos critérios político-partidários de decisão, assegurada, sobretudo, pela impossibilidade do chefe do Poder Executivo (eleito) exonerar livremente os seus dirigentes (não-eleitos), é vista, do ponto de vista da eficiência econômica, como uma das maiores vantagens do modelo institucional das agências reguladoras, do ponto de vista jurídico, ela tem sido tratada como um dos seus maiores problemas" (LENNERTZ, Marcelo Rangel. *A legitimidade democrática das agências reguladoras*: uma questão mal colocada. Col. FGV Direito Rio – Textos para discussão. 2009. Disponível em: <http://hdl.handle.net/10438/2604>. Acesso em: 12/10/2019). Além, desse tema decorre também a necessidade de que as próprias Agências sejam rigidamente fiscalizadas pelo Poder Legislativo ("A necessidade de potencialização do controle decorre do fato de as agências reguladoras não estarem submetidas ao poder hierárquico do Presidente da República e, adicionalmente, de serem conduzidas por dirigentes que exercem mandatos fixos e não submetidos ao escrutínio democrático (...) No Brasil, em sentido diverso, da parte do Congresso Nacional, o que se observa é a realização de controle assistemático, sem rito predefinido e sem cunho técnico. Diferentemente das experiências analisadas, a relevância do controle realizado pelo Poder Legislativo sobre a atividade das agências seria bastante reduzida, podendo ser enquadrado antes como pontual (*fire alarm*) do que contínuo e permanente (*police patrol*)"), como anota: ARAUJO, Luiz Eduardo Diniz. O controle das agências reguladoras pelo Poder Legislativo. *Revista de Informação Legislativa*, ano 55, n. 217, jan.-mar. 2018, p. 204 e 218.

90. "A autonomia financeira e orçamentária está assegurada nas leis instituidoras de cada Agência Reguladora, em que pese o contingenciamento de recursos (retardamento ou inexecução de parte da programação de despesa prevista na Lei Orçamentária) que essas autarquias vêm experimentando nos últimos anos" (GUERRA, Sérgio. Regulação estatal sob a ótica da organização administrativa brasileira. *Revista de Direito Público da Economia*, ano 11, n. 44, out.-dez. 2013, p. 238). Ferraz Junior coloca que a independência deve ser "quanto a *decisão*, *objetivos*, *instrumentos*, *financiamento* (...) A primeira lhes garante capacidade de resistir às pressões políticas e econômicas, por força de mandato. A segunda lhes dá autonomia na determinação de fins, tendo em vista o interesse do consumidor. A terceira, diz com os meios, por exemplo, quanto a tarifas. A última refere-se à existência de recursos próprios e disponibilidade sobre eles. Obviamente, esta independência e as correspondentes competências devem estar

de se manterem equidistante dos diversos interesses envolvidos, por vezes concorrentes. Para tanto, devem ser independentes em relação ao agente econômico regulado, sob pena de manifesto conflito de interesses.[91] Devem, também, ser independentes em relação às agremiações de consumidores, sob pena de incorrer em "populismo" regulatório, novamente falhando em atingir seu desiderato, por exemplo prejudicando o mercado regulado pela alteração inadequada do balanço econômico-financeiro da atividade. Devem, finalmente, ser independentes do poder político (embora atendam às Leis e aos programas concernentes à matéria regulada), para assegurar que a atuação regulatória seja pautada por critérios técnicos e específicos, não se prestando ao uso político convencional,[92] o que pode conduzir a decisões subótimas, seja por pressão dos agentes econômicos (como por meio de

---

fundadas em lei (legalidade)" (FERRAZ JUNIOR, Tercio Sampaio. *Agências reguladoras: legalidade e constitucionalidade*. 2000. Disponível em: <http://www.bresserpereira.org.br/documents/mare/agências/agênciasreguladoras.pdf>. Acesso em: 11/10/2019). Para Binenbojm, "a autonomia das agências deve sofrer mitigações parciais por via de controles ancilares pelo Executivo e Legislativo", passando a descrever como se dariam estes controles, especialmente visando que o Ente Regulador esteja afinado com as políticas públicas legítima e democraticamente deitadas (BINENBOJM, Gustavo. Agências reguladoras independentes e democracia no Brasil. *Revista de Direito Administrativo*, n. 240, abr.-jun. 2005, p. 157).

91. Dentre muitos outros, recomenda-se no tema a consulta à dissertação de Andreia Bagatin, orientada por Celso Campilongo: BAGATIN, Andreia Cristina. *O problema da captura das agências reguladoras independentes*. Dissertação (Mestrado) – Universidade de São Paulo, 2010. Conclui: "Se, no momento em que os primeiros estudos identificaram a ocorrência de captura ainda era possível diferir, com alguma precisão, interesse público e interesse privado, na atualizada essa distinção é extremamente difícil (quiçá, impossível) de ser levada a efeito. Nos dias atuais, a noção de interesse público é, em grande parte dos casos, construída casuisticamente, pela própria Administração ou pelo responsável pelo exercício da regulação, o que impede a sua identificação *ex ante*. Por isso, entende-se adequado que o problema da captura seja tomado como o comprometimento da imparcialidade da autoridade responsável pelo exercício da regulação econômica".

92. Sundfeld indica que "o fator fundamental para garantir a autonomia da agência parece estar na estabilidade dos dirigentes". SUNDFELD, Carlos Ari (Coord). *Direito Administrativo Econômico*. 1. ed. São Paulo: Malheiros, 2006, p. 24.

financiamento de campanha), seja por pressão eleitoral (como a tentação de beneficiar eleitores-consumidores).[93-94]

---

93. MARQUES NETO, Floriano Azevedo. A nova regulação Estatal e as agências independentes. In. SUNDFELD, Carlos Ari. *Direito Administrativo Econômico*. São Paulo: Malheiros, 2000, p. 85-88. Ainda: "A abordagem, então disciplinada democraticamente pelo Poder Legislativo, decorreu do reconhecimento de que as democracias contemporâneas (verdadeiras sociedades de riscos) carecem de entidades autônomas e independentes. Assim, estas novas entidades foram criadas para a regulação de atividades econômicas preponderantemente calcadas em aspectos científicos e, paralelamente, com certa proteção às pressões político-partidárias" (GUERRA, Sérgio. Regulação estatal sob a ótica da organização administrativa brasileira. *Revista de Direito Público da Economia*, ano 11, n. 44, out.-dez. 2013, p. 231). Também: "O fracasso da regulação através da propriedade estatal explica a mudança para um modo alternativo de controle, pelo qual os serviços públicos e outros setores, considerados importantes ao interesse público, são deixados em mãos privadas, mas sujeitos a regras desenvolvidas e aplicadas por agências especializadas. Essas entidades normalmente são criadas por estatuto, como autoridades administrativas independentes, no sentido de que lhes é permitido operar fora da linha de controle hierárquico pelos ministérios do governo central. Assim, o nexo causal entre a privatização e a regulação legal proporciona uma importante explicação, ainda que parcial, para o crescimento do Estado Regulador (...) A continuidade de políticas é notoriamente difícil de se conseguir numa democracia, que é uma forma de governo pro tempore. O limite de tempo imposto pela necessidade de eleições com intervalos regulares é um constrangimento forte que se impõe ao uso arbitrário, por parte dos vencedores das disputas eleitorais, dos poderes com que investem os eleitores. No entanto, a segmentação do processo democrático, em períodos de tempo relativamente curtos, tem sérias consequências sempre que o problema enfrentado pela sociedade exigir soluções de longo prazo. Na expectativa da alternância, os políticos têm poucos incentivos para desenvolverem políticas cujo sucesso, se houver, virá depois da próxima eleição. Assim, é difícil para os dirigentes políticos se comprometerem com credibilidade e com estratégias de longo prazo. O problema do comprometimento é ainda mais agravado pelo fato de, no processo de tomada coletiva de decisões, haver muitas maiorias possíveis cujas preferências respectivas não necessitam de ser consistentes. Novamente, uma vez que os 'direitos de propriedade política' são atenuados — uma legislatura não pode obrigar a sua subsequente, e um governo não pode comprometer outro governo — as políticas públicas sempre são vulneráveis e renegadas, e consequentemente lhes falta credibilidade. Uma solução importante para o problema do comprometimento consiste em delegar os poderes de elaboração de políticas a instituições, como os bancos centrais independentes e as agências reguladoras, ou mesmo a autoridades supranacionais, como a Comissão Europeia" (MAJONE, Giandomenico. Do Estado Positivo ao Estado Regulador: causas e consequências de mudanças no modo de governança. *Revista do Serviço Público*, ano 50, n. 01, jan.-mar. 1999, p. 10 e 20).

94. De outra banda, é sempre interessante observar o contraponto lembrado por Binenbojm: "a experiência regulatória norte-americana da segunda metade do século XX mostra que o contraponto da *autonomia reforçada* das agências reguladoras foi o incremento dos mecanismos de controle político, jurídico e social, realizados de diferentes formas pelos três poderes e por grupos econômicos e sociais organizados. Tais mecanismos são fundamentais, de um lado, para diminuir o risco de captura dos entes reguladores

II.3. INTERVENÇÃO JUDICIAL NA REGULAÇÃO E ALTERNATIVAS IMPERFEITAS

Tendo sido trabalhados alguns conceitos básicos necessários à compreensão do tema central desta tese, cabe dar um passo a mais em aproximação ao cerne da controvérsia proposta.

Considerando as características do Estado Reguladore das Agências que o instrumentalizam, faz-se necessário suscitar questões sobre a possibilidade e adequação de o Poder Judiciário intervir na matéria regulada, alterando materialmente as decisões do Ente Regulador.

Pergunta-se, aqui neste capítulo, se a natureza diferenciada dessa relação jurídica (econômica e administrativa), vinculada à ideia de regulação, ofertaria razões para se analisar a judicialização de forma diferente. A compreensão do controle judicial dos atos regulatórios e do papel institucional do Regulador é indispensável para a compreensão da necessidade de participação da Agência no julgamento de casos repetitivos em matéria regulada, ponto central desta tese.

Partimos do pressuposto, é claro, de que o novo paradigma de atuação estatal na economia, de que para um Estado Regulador que age por meio de Agências, como visto acima, já não basta, em matéria de controle judicial, a simples e tradicional dicotomia entre ato discricionário e ato vinculado, ainda que observada a forte redução do conteúdo da discricionariedade na evolução do instituto jurídico. Mesmo em decisão administrativa que seja oriunda de um juízo de legalidade, fundado em conhecimento técnico para desenhar situações futuras, as características eas razões de existência da regulação fazem com que o controle judicial ilimitado seja uma imprudência.[95]

---

por agentes ou grupos econômicos bem organizados e, por outro lado, para aumentar o grau de responsividade social e legitimidade democrática da função regulatória" (BINENBOJM, Gustavo. Agências reguladoras independentes e democracia no Brasil. *Revista de Direito Administrativo*, n. 240, abr.-jun. 2005,p. 152). O autor, posteriormente, delineia o que entende como controles Executivo e Legislativo adequados (Idem, p. 157-160). Esta posição é confirmada por Sunstein, que afirma: "Because they lack internal checks and balances, administrative agencies pose special risks from the standpoint of the traditional distribution of national powers. Dangers of factionalism and self-interested representation have been the foremost concern of modern administrative law. Most proposals for regulatory reform, whether judicial, executive, or legislative, stem from that preoccupation" (SUNSTEIN, Cass R. Constitutionalism after the New Deal. *Harvard Law Review*, v. 101, 1987, p. 509).

95. VERÍSSIMO, Marcos Paulo. Controle judicial da atividade normativa das agências de regulação brasileiras. In: ARAGÃO, Alexandre Santos de (Coord.). *O poder normativo*

Com Majone, devemos notar que a maior participação do Judiciário no Estado Regulador (em contraposição ao Estado Provedor) não deve surpreender: "Quando a administração direta é substituída por relações contratuais com prestadores de serviços mais ou menos independentes, já não é mais possível resolver disputas através dos canais hierárquicos"[96].

Como demonstra a doutrina do Direito Adminstrativo, a *regulação* objeto destas linhas representa novo paradigma de ação do Estado perante a economia. Assim, as ações reguladoras levadas a efeito pelas Agências não são meras regulamentações de decisões já anteriormente tomadas (e debatidas), mas sim verdadeira fixação de políticas públicas. Por meio, especialmente, de seu poder normativo (quase-legislativo), as Agências firmam a política pública do setor regulado (estipulando o papel do Estado), os limites da atuação dos agentes econômicos (incluindo as medidas visando preservar e promover adequada concorrência) e os reflexos nos direitos e interesses dos consumidores. Há, então, verdadeira atividade técnica, multifacetada, observando diversos interesses distintos e por vezes antagônicos, mas sempre buscando atingir, acima de tudo, o interesse público no equilíbrio entre todos os participantes.

Ora, considerando tratar-se, as ações reguladoras, de políticas públicas, quer-se inicialmente refutar a possibilidade de que haja uma atuação judicial invasiva. Ainda que tenhamos sempre em mente a inafastabilidade da tutela jurisdicional, o tema convida a reconhecer a necessidade de comedimento, de maneira que os interesses submetidos ao Judiciário (especialmente os direitos individuais de consumidores em face do agente econômico regulado) não sejam apreciados desconsiderando o panorama amplo, econômico e jurídico, em que está inserida a atividade regulatória.

Assim, impõe-se fixar, de pronto, que a multilateralidade da relação jurídica – agência, prestador e consumidor – em análise, convida a rejeitar

das agências reguladoras. Rio de Janeiro: Forense, 2006, p. 390-408. Assim: "A *legalidade*, tornando-se mais ampla, passa a ser simultaneamente mais complexa e passa a apontar cada vez mais soluções que são, em princípio, *justificáveis*" (p. 408). Ainda: BADIN, Arthur Sanchez. *Controle judicial das políticas públicas*: contribuição ao estudo do tema da judicialização da política pela abordagem da análise institucional comparada de Neil K. Komesar. São Paulo: Malheiros Editores, 2013, p. 69 e ss.

96. MAJONE, Giandomenico. Do Estado Positivo ao Estado Regulador: causas e consequências de mudanças no modo de governança. *Revista do Serviço Público*, ano 50, n. 01, jan.-mar. 1999, p. 23.

que políticas públicas sejam consideradas tão somente a partir de uma racionalidade bilateral.[97]

Não se permite ao Judiciário, então, que ceda ao impulso de exercer poderes *em substituição* àqueles outorgados aos formuladores e implementadores de políticas públicas.[98] É necessário controle a todo o tempo, evitando imiscuir-se nas áreas de discricionariedades[99] administrativa e

97. "O que geralmente ocorre é a simples transposição de uma racionalidade da tradição liberal, baseada quase que exclusivamente em relações bilaterais - normalmente entre um credor e um devedor - para a área dos direitos sociais. Como será demonstrado adiante, um grande número de operadores do direito encaram os desafios suscitados pelos direitos sociais a partir dessa transposição, da seguinte maneira: visto que a constituição garante, por exemplo, um direito à saúde, se uma pessoa não tem acesso a um determinado tratamento médico ou a um determinado medicamento, então é tarefa do Judiciário garantir que essa pessoa receba o tratamento e o medicamento necessários" (SILVA, Virgílio Afonso da. O Judiciário e as políticas públicas: entre transformação social e obstáculo à realização dos direitos sociais. In: SOUZA NETO, Claudio Pereira; SARMENTO, Daniel. *Direitos sociais:* fundamentação, judicialização e direitos sociais em espécies. Rio de Janeiro: Lumen Juris, 2008, p. 588).

98. "Controle de constitucionalidade é comparar normas e atos do poder público com o texto constitucional. Assim, por óbvio, se não há incompatibilidade entre normas e algum dispositivo constitucional, não cabe controle de constitucionalidade. Em casos assim, o silêncio do Supremo e a deferência ao legislativo são também expressões da tarefa de guardar a constituição. No fundo, a tarefa do controle de constitucionalidade é mais difícil pelas tentações que impõe ao julgador, do que pelas operações intelectuais que envolve: reescrever toda norma que aparece a partir do que se considera melhor é fácil. Saber até onde a Constituição de fato autoriza uma intervenção judicial é muito mais difícil" (JORDÃO, Eduardo. Um Supremo Tribunal Regimental? In: FALCÃO, Joaquim; ARGUELHES, Diego Werneck; RECONDO, Felipe (Org.). *Onze supremos*: o supremo em 2016. Belo Horizonte: Letramento, 2017, p. 248). Para Canotilho, impõe-se que o Judiciário negue "a justiciabilidade das questões políticas" (CANOTILHO, José Joaquim Gomes. *Direito Constitucional e Teoria da Constituição.* 3. ed. Coimbra: Almedina, 2000, p. 1224).

99. "As questões políticas, consideradas de um ponto de vista técnico, para efeito de excluí-las do controle de constitucionalidade, são entre outras as que se alojam na faculdade discricionária, reservada aos poderes políticos, para ditar, por exemplo, as medidas da política econômica, declarar a guerra, negociar a paz, estabelecer o regime tributário, decretar a intervenção nos preços e na moeda, regular as relações internacionais, promover o desenvolvimento, em suma, aquelas prerrogativas que, pela sua natureza mesma, podem compor o substrato de uma política ou de uma legislação, cujo teor controverso não será nunca objeto legítimo de apreciação judicial (...) Em suma: as questões políticas, expressas em atos legislativos e de governo, fogem à alçada judicial, não sendo objeto de exame de constitucionalidade, salvo se interferirem com a existência constitucional

legislativa.[100-101] O Judiciário deve necessariamente considerar as políticas públicas, julgando *com elas* e a partir delas, sem ignorá-las ou, muito menos, reescrevê-las.[102]

---

de direitos individuais" (BONAVIDES, Paulo. *Curso de direito constitucional.* 12. ed., rev. e atual. São Paulo: Malheiros Editores, 2002, p. 287 e 292).

100. "Visando acompanhar as rápidas transformações da atualidade e as especificidades de cada setor econômico, a Lei passa a conferir aos entes reguladores um largo campo de discricionariedade, definindo suas competências com base em princípios, em termos genéricos e conceitos jurídicos indeterminados. Assim, cada ente com competência regulatória acaba por adotar seus próprios princípios e parâmetros de atuação, agindo com uma larga escala de discricionariedade. Surge, com isso, a chamada escolha regulatória" (BLANCHET, Luiz Alberto; BACELLAR, Roberto Ramos. Desafios do direito administrativo no Estado Regulador. *Revista Eletrônica Direito e Política*, Programa de Pós-Graduação Stricto Sensu em Ciência Jurídica da UNIVALI, Itajaí, v.12, n.3, 3º quadrimestre de 2017, p. 1127).

101. Mario Schapiro afirma: "discricionariedade não é apenas o poder de escolher, entendendo escolha como uma opção sujeita ao capricho e ao desejo frívolo. É uma decisão assentada nos quadrantes da legalidade, que pode ser justificada por critérios racionais. Por outro lado, tal decisão também não resulta de um mero atendimento a regras previamente estabelecidas, mas de uma escolha efetiva, o que comporta alguma variedade de possibilidades, desde que sujeitas a motivação" (SCHAPIRO, Mario G. Discricionariedade desenvolvimentista e controles democráticos: uma tipologia dos desajustes. *Revista Direito GV*, v. 12, n. 02, mai.-ago. 2016, p. 314-315). Scaff sustenta que "o papel do Poder Judiciário não é o de substituir o Poder Legislativo, não é o de transformar 'discricionaridade legislativa' em 'discricionariedade judicial', mas o de dirimir conflitos nos termos da lei. Proferir sentenças aditivas sob o impacto da pressão dos fatos (...) não é papel do Judiciário. Este não cria dinheiro, ele redistribui o dinheiro que possuía outras destinações estabelecidas pelo Legislativo e cumpridas pelo Executivo". (SCAFF, Fernando Facury. Sentenças aditivas, direitos sociais e reserva do possível. In: SARLET, Ingo Wolfgang; TIMM, Luciano Benetti (Org.). *Direitos fundamentais, orçamento e "reserva do possível"*. 2. ed. rev. e ampl. Porto Alegre: Livraria do Advogado Editora, 2010, p. 152).

102. "Ao Judiciário, segundo entendo, não se haveria de atribuir o poder constitucional de criar políticas, mas tão-só o de impor a execução daquelas já estabelecidas na própria Constituição ou em lei, ou adotadas pelo governo dentro dos quadros legais" (COMPARATO, Fábio Konder. *Para viver a democracia*. São Paulo: Editora Brasiliense, 1989, p. 157-158). Ainda: "Na verdade, o fator que compatibiliza o Poder Judiciário com o espírito da democracia (no sentido que Montesquieu conferiu ao vocábulo) é um atributo eminente, o único capaz de suprir a ausência do sufrágio eleitoral: é aquele prestígio público, fundado no amplo respeito moral, que na civilização romana denominava-se *auctoritas*; é a legitimidade pelo respeito e a confiança que os juízes inspiram o povo. Ora, essa característica particular dos magistrados, numa democracia, funda-se essencialmente na independência e na responsabilidade com que o órgão estatal em seu conjunto, e os agentes públicos individualmente considerados, exercem as funções

São relevantes as ponderações de Veríssimo sobre o tema. O autor descrevesua "crítica instrumental", que se baseia "nas *características institucionais típicas* dos órgãos judiciários, relativas, umas, à própria *estruturação* desses órgãos, e, outras, ao arsenal de *instrumentos* de que eles podem lançar mão"[103]. Além disso, menciona em diversas passagens a "crítica de legitimidade", segundo a qual o Poder Judiciário carece de legitimidade democrática para agir em termos de políticas.

Veríssimo fixa com Füller que "problemas policêntricos geram efeitos imprevistos e multilocalizados, mesmo quando não afetam, como de costume acontece, uma multiplicidade de pessoas. Por tal razão, essa espécie de problema não se encaixaria no modelo próprio à adjudicação"[104] e, com Horowitz, que "as políticas públicas exigem, muitas vezes, especialização técnica para serem bem desenhadas. Os juízes são, no entanto, generalistas" e "os juízes não apenas se ressentem das informações necessárias à ação social eficiente, como também parecem não possuir a experiência e habilidades necessárias para *interpretar* a informação que, por acaso, receber"[105].

Daí que o autor, embora reconhecendo uma série de transformações estruturais no Poder Judiciário brasileiro, nota (especialmente referindo uma perspectiva distributiva) que ao Judiciário faltam "capacidade de planejamento, iniciativa própria e flexibilidade decisória, para dizer o mínimo"[106]. Pontua que a atuação judiciária em políticas públicas tende a ser regressiva, especialmente diante do *deficit* de informação daquele Poder[107]. O autor vê, contudo, benefícios da judicialização das políticas públicas em termos de

políticas que a Constituição, como manifestação original de vontade do povo soberano, lhes atribui" (COMPARATO, Fábio Konder. O Poder Judiciário no regime democrático. *Estudos Avançados*, v. 18, n. 51, de 2004, p. 151). Para Oscar Sarlo, deixar que as políticas públicas, que envolvem multiplicidade de interesses, sejam resolvidas pelos juízes seria um "caminho de irracionalidade" (SARLO, Oscar. Republicanismo, derechos humanos y deberes tributarios. *Revista Mestrado em Direito*, ano 12, n. 1, Osasco, jan.-jul. 2012).

103. VERÍSSIMO, Marcos Paulo. *A judicialização dos conflitos de justiça distributiva no Brasil:* o processo judicial no pós-1988. Tese (Doutorado em Direito) – Universidade de São Paulo, São Paulo, 2006, p. 86.

104. VERÍSSIMO, Marcos Paulo. *A judicialização dos conflitos de justiça distributiva no Brasil:* o processo judicial no pós-1988. Tese (Doutorado em Direito) – Universidade de São Paulo, São Paulo, 2006,p. 92.

105. Idem, p. 96-97.

106. Idem,p. 219.

107. Idem, p. 123-124.

divulgação, deliberação e interlocução com a sociedade[108]. Finaliza: "se a ação política do Judiciário parece ser a conseqüência necessária do Estado Regulador, ela deveria, em princípio, manter-se fiel à sua racionalidade de coordenação, não de direção e subordinação"[109].

Eis que "a *configuração institucional* de cada um dos órgãos do Estado (...) deve definir, em princípio, o grau de aptidão de cada um desses órgãos para a tomada, em definitivo, de certas decisões sobre determinadas matérias". Impõe-se observar a que tipo de função o órgão (no caso, o Judiciário), está "institucionalmente aparelhado" para exercer.[110] No mais, os conflitos a serem analisados nesta matéria "são, substancialmente, policêntricos, e desafiam a capacidade do aparelho judiciário para solucioná-los"[111]. O "desenho institucional" se traduz nas "regras, formais e informais (...), que condicionam seu *modus operandi*, a moldura de incentivos ou de constrições à ação de seus agentes e sua interação com demais agentes e/ou instituições"[112].

Desta feita, consideradas as claríssimas diferenças estruturais, estabelecer quem decidirá (Judiciário ou Regulador) implica diretamente em direcionar o quê será decidido, como recorda Mendes[113].

---

108. Idem, p. 224-229.

109. Idem,p. 233-234.

110. VERÍSSIMO, Marcos Paulo. Controle judicial da atividade normativa das agências de regulação brasileiras. In: ARAGÃO, Alexandre Santos de (Coord.). *O poder normativo das agências reguladoras*. Rio de Janeiro: Forense, 2006, p. 411.

111. VERÍSSIMO, Marcos Paulo. Controle judicial da atividade normativa das agências de regulação brasileiras. In: ARAGÃO, Alexandre Santos de (Coord.). *O poder normativo das agências reguladoras*. Rio de Janeiro: Forense, 2006, p. 417.

112. BADIN, Arthur Sanchez. *Controle judicial das políticas públicas*: contribuição ao estudo do tema da judicialização da política pela abordagem da análise institucional comparada de Neil K. Komesar. São Paulo: Malheiros Editores, 2013, p. 98. Segue: "O resultado institucional depende, portanto, da ação dessas pessoas, como são selecionadas, como são remuneradas, o que levam em consideração, a que informações têm acesso, como se relacionam entre si e com outras instituições, quantos e como decidem, quais recursos dispõem para decisão, a quais ritos e solenidades está submetido o processo de decisão etc.".

113. "When one discusses the prevalence of the Judiciary over the lawmaker and sees in that a problem worth examining, what is really being discussed is the procedural dimension of democracy. Therefore, before we think of legitimacy ex post, worried about the substance of political decisions, we have to face the problem of legitimacy ex ante, establishing who gets to decide and under what circumstances (...) An institutional arrangement cannot be built on the premise of leaving the responsibility of deciding to those reaching the right or best answer. Decisional sovereignty is to be established procedurally, not substantively" (MENDES, Conrado Hubner. Judicial Review of Cons-

Essa, em verdade, é a premissa central daquele que é considerado um dos pensadores mais influentes sobre o tema – Neil K. Komesar, com suas teorias de *escolhas institucionais* e *alternativas imperfeitas*. Ele sustenta que "a escolha do objetivo pode ser necessária para a determinação da lei e da política pública, mas está longe de ser suficiente. Falta um vínculo - uma suposição esquecida - em análises que supõem que determinada lei ou resultado de política pública decorre de um objetivo social de fundo. Esse elo perdido é uma escolha institucional (...) a decisão de quem decide determina como um objetivo molda a política pública. É a escolha institucional que conecta objetivos com seus resultados legais ou de políticas públicas"[114]. Dessa maneira, a estipulação de qual será o órgão responsável pela decisão já envolve, em grande medida, pelas características próprias do órgão eleito, em comparação com outros possíveis, o perfil de resultado que se espera de sua atuação.

Com Badin, podemos registrar que "o mais grave de tudo isso é o fato de que a própria existência da divergência frequentemente não é reconhecida, escamoteada pela retórica da dogmática jurídica"[115]. Daí porque sua intervenção, sem os elementos mínimos, pode ser desastrosa.

Contudo, ainda com Badin[116], o mais relevante de considerar essas questões não deve ser analisar independentemente a estrutura institucional do Judiciário para respondê-las. Reconhece-se que nenhum órgão atende perfeitamente às necessidades de elaboração e implementação de políticas públicas – as Agências também receberão muitas e justas críticas.

---

titutional Amendments in the Brazilian Supreme Court. *Florida Journal of International Law*, v. 17, n. 03, dez. 2005, p. 460).

114. Tradução livre pela autora. No original : « goal choice may be necessary to the determination of law and public policy, but it is far from sufficient. A link is missing – an assumption overlooked – in analyses that suppose that a given law or public policy result follows from a govern social goal. That missing link is institutional choice (...) the decision as to who decides determines how a goal shapes public policy. It is institutional choice that connects goals with their legal or public policy results"» (KOMESAR, Neil K. Imperfect alternatives: choosing institutions in law, economics, and public policy. Chicago: The University of Chicago Press, 1994, p. 5).

Ainda (p. 3): "Scratch the surface of any important issue of law and public policy, and important and controversial questions concerning the choice between decision-makers will appear".

115. BADIN, Arthur Sanchez. *Controle judicial das políticas públicas*: contribuição ao estudo do tema da judicialização da política pela abordagem da análise institucional comparada de Neil K. Komesar. São Paulo: Malheiros Editores, 2013, p. 55.

116. Idem,p. 100 e ss.

Não é muito distante, embora utilizando ferramental distinto, a posição apresentada na meticulosa tese de Jordão[117]. O autor, identificando que há *relações tendenciais* entre a decisão administrativa posta em julgamento e a intensidade do controle judicial. Aponta, especialmente, especialmente, que o controle judicial deverá ser mais intenso quando se tratar de questão juridicamente sensível e menos intenso quando se tratar de questão de natureza política ou que envolva complexidade técnica. [118] Rejeita, por isso, a possibilidade de fixação estática (abstrata, única, inexorável) de aptidões, nem mesmo quando se recomenda uma postura deferente.[119]

Apesar dessas relações tendenciais, há diversas variáveis e graus de análise que impõem nuances à apreciação concreta de cada ação administrativa, observando a complexidade material e institucional. Isso demanda que se busque sempre (embora sempre considerando os custos para tanto)[120] a *adaptação* do controle (especialmente conforme critérios de sofisticação, operacionalidade e legitimidade, além dos modelos de controle disponíveis no ordenamento) às circunstâncias do caso concreto. Assim como Komesar e

---

117. JORDÃO, Eduardo. *Controle judicial de uma administração pública complexa*: a experiência estrangeira na adaptação da intensidade do controle. São Paulo: Malheiros, 2016. Assim resume sua tese: "há uma pluralidade de formas e de graus em que a intensidade do controle judicial pode ser adaptada à complexidade da administração pública contemporânea, não sendo nenhuma solução abstratamente superior às demais" (p. 653).

118. Isto é: "costuma-se aplicar controle judicial não deferente sobre decisões administrativas juridicamente sensíveis; mas controle judicial deferente sobre decisões políticas ou tecnicamente complexas" (JORDÃO, Eduardo. *Controle judicial de uma administração pública complexa*: a experiência estrangeira na adaptação da intensidade do controle. São Paulo: Malheiros, 2016, p. 654).

119. "Sucede que estas relações tendenciais, apesar de bem fundamentadas, não são *impositivas* ou *necessariamente superiores às alternativas*. Na prática – como também demonstram as jurisdições estudadas – há razões de sobre para que se apliquem modelos de controle diferentes daqueles ali propugnados" (Idem, p. 655). Ou ainda: "a adoção de uma solução alternativa àquelas apontadas nas relações tendenciais pode resultar precisamente de um esforço de adaptação do controle às circunstâncias do caso concreto e à finalidade que se pretende realizar – e não de uma negligência a esta preocupação adaptativa" (p. 663).

120. Afinal, a "multiplicação de modelos de controle é contraprodutiva e desaconselhável" (Idem, p. 660). Também: "não se pode perder de vista que a adaptação não é sempre e necessariamente positiva, como fazem parecer os discursos ideológicos sobre o assunto. A adaptação tem seu custo, e a busca por promovê-la pode gerar o comprometimento de outras finalidades públicas relevantes (...) Mas estes ganhos de sofisticação produzem custos adicionais na operacionalidade do procedimento" (p. 663).

Badin, contudo, o autor preza pela constante *comparação* entre as instituições encarregadas de análise da decisão administrativa.[121]

Todas serão "alternativas imperfeitas", na expressão de Komesar.[122] Mas pode-se e deve-se, sim, promover uma *análise institucional comparada* (também na linguagem de Komesar)[123] para indicar que um órgão está *mais apto* que o outro, a partir de suas qualidades institucionais. No interior dessa análise, será primordial o elemento da *participação* (destaque à variável *quem*)[124], observando qual espaço institucional permite simultânea, efetiva e qualificada atuação dos atores interessados, promovendo sua interação sem, ao mesmo tempo, ofertar privilégios odiosos a uns ou a outros (como é o caso dos riscos de captura ou de subrepresentação ou sobrerreprestação). Então:

1) A instituição *política*, por meio das Agências, sofre críticas, especialmente a partir do maior poder de influência dos agentes econômicos atuantes no mercado regulado. Essa influência advém

---

121. "Dito de outro modo: a análise institucional que deve pautar a determinação da intensidade do controle judicial deve ser *concreta* e *comparativa*, levando em consideração as características reais das instituições envolvidas (...) De um lado, isto significa que a mera referência às relações tendenciais não consistirá *justificação suficiente* para a decisão relativa à intensidade do controle que será aplicado num caso concreto. Na prática, a 'correção' ou 'conveniência' de uma específica alternativa dependerá das circunstâncias mais variadas" (Idem, p. 656).

122. "The choice is always a choice among highly imperfect alternatives. The strengths and weaknesses of one institution versus another vary from one set of circumstances to another (...) In a world of institutional alternatives that are both complex and imperfect, institutional choice by implication, simple intuition, or even long lists of imperfections is deeply inadequate" (KOMESAR, Neil K. *Imperfect alternatives:* choosing institutions in law, economics, and public policy. Chicago: The University of Chicago Press, 1994, p. 5-6).

123. "There are no shortcuts around the issues of institutional choice. Every law and public policy choice involves institutional choice. That is unavoidable. The question is whether these institutional choices are made implicitly or explicitly; whether they are made thoughtfully or haphazardly. In other words, the issue is the quality of law and public policy analysis. As I will show, any attempt to sidestep comparative institutional analysis leaves the resulting analysis (whatever its genre) profoundly vulnerable" (Idem, p. 11).

124. "In this framework, variation in the performance of an institution is tied to the participation of important institutional actors common to all the institutions. As such, I emphasize the activities of consumers, producers, voters, lobbyists, and litigants. At least initially, official actors in the political process and the judiciary – legislators and judges – play a secondary role. The participation-centered approach identifies the actions of the mass of participants as the factor that in general best accounts for the variation in how institutions function" (Idem, p. 7).

do fato de suportar os custos de informação e participação, como os decorrentes de compreensão da complexidade e especificidade técnica dos temas, bem como de contratação de profissionais capazes de influir, tais como cientistas, escritórios de advocacia e lobistas. O retorno das competências regulatórias ao Poder Executivo, controlável pelos indivíduos através do voto, também sofreria, também, severas críticas do ponto de vista do ambiente de negócios pela ditadura da maioria;

2) A instituição *mercado* apresenta grandes deficiências do ponto de vista da desigualdade de custos de informação, possibilitando ainda falhas de mercado, de maneira a gerar resultados subótimos do ponto de vista do interesse público;

3) Na instituição *adjudicatória* (Judiciário), os custos de acesso são mais elevados pelas formalidades, ante os sguintes fatores: a) oferta restrita de serviços; b) necessidade de contratação de advogados; c) restrição de legitimidade; d) riscos financeiros e políticos da atuação; e) morosidade do serviço. E se revela ainda mais deficiente do ponto de vista dos custos de informação (i.e. para conseguir informações técnicas, políticas, de interesse de cada um dos atores envolvidos), considerando, por exemplo, a necessidade de escorar-se nas opiniões de *experts* estranhos à estrutura judicial.[125]

Especialmente, Komesar analisa a estruturação do Judiciário que promove a independência dos Juízes, explicando que tal característica, nada obstante muito virtuosa sob diversos aspectos, tem um custo sensível em termos de *custo da informação* e *da participação* que fragilizam a possibilidade de uso dessa instituição adjudicatória no papel de formulação e implementação de políticas públicas.[126] O fato de os magistrados estarem

125. KOMESAR, Neil K. *Imperfect alternatives:* choosing institutions in law, economics, and public policy. Chicago: The University of Chicago Press, 1994, p. 53-150;BADIN, Arthur Sanchez. *Controle judicial das políticas públicas*: contribuição ao estudo do tema da judicialização da política pela abordagem da análise institucional comparada de Neil K. Komesar. São Paulo: Malheiros Editores, 2013, p. 129-154.

126. KOMESAR, Neil K. *Imperfect alternatives:* choosing institutions in law, economics, and public policy. Chicago: The University of Chicago Press, 1994: "However, the same structural elements and safeguards that produce independence and evenhandedness produce systemic biases in adjudication and limitations on the competence and physical capacity of the adjucative process" (p. 125); "The tradeoff is between a political process that integrates far more information but with a more significant risk of bias

insulados (isolados, afastados) lhes permite maior imparcialidade mas também lhes custam em termos de conhecer as preferências e necessidades da população, assim como de capacidade de iniciar os processos de tomada de decisão, acessando toda a informação necessária.[127] A circunstância processual-judicial de que os feitos se iniciam apenas por provocação das partes, as regras processuais de participação (competência, legitimidade, interesse) e até mesmo a peculiaridade formalística, todos igualmente apontam no sentido de majorar o custo de participação.[128] O aprofundamento técnico também prejudica o protagonismo do Judiciário nesses setores.[129] Tampouco seria simples um aumento de tamanho do Judiciário para que novos profissionais dessem conta dessa demanda[130].

Eis, então, que a análise comparativa de Komesar indica que: "A independência judicial, que caracteriza o início e o fim de muitas análises institucionais dos tribunais, tem um preço alto"[131]. A busca pela independência torna os custos de participação tão altos que muitas questões importantes deixarão de ser apreciadas.[132]

---

and an adjucative process that suppresses information but decreases distortions in its presentation" (p. 141).

127. "insulation separates judges from a great deal of information about the desires and needs of the public" (KOMESAR, Neil K. *Imperfect alternatives:* choosing institutions in law, economics, and public policy. Chicago: The University of Chicago Press, 1994, p. 141).

128. "In effect, the market and the political processes invite anyone with a problem to stop by and let their interest be known (...). On the other hand, the standoffish courts, operating at remote locations, require anyone with a grievance to bring along someone who speaks the language of the judges and who knows how to meet all their difficult requirements"(Idem, p. 127-128).

129. "Juries and judges can easily be unfavorably contrasted with the technically more expert bureaucrats of administrative agencies" (Idem, p. 139).

130. "The judiciary, however, has been unable to expand to keep up with the increases elsewhere, and, more importantly, it is unlikely to do so in the future"(Idem, p. 144).

131. Idem, p. 149. Tradução pela autora. No original: "Judicial independence, which characterizes the beggining and end of many institucional analyses of the courts, comes at a high price".

132. A judicialização dos temas regulados se revela numa posição "estranha" ("difficult and extremely awkward position"). Há de se manter sobriedade para não superestimar a decisão judicial ("the instrumental potential of judicial review should not be over-estimated, particularly in the context of routine bureaucratic decision-making") (HERTOGH, Marc; HALLIDAY, Simon. Judicialreview and bureaucratic impact in future research. In: HERTOGH, Marc; HALLIDAY, Simon (Ed.). *Judicialreview and bureaucraticim-*

O Poder Judiciário, é dizer, não está equipado ou estruturado[133] para avaliar em profundidade as questões públicas regulatórias, carecendo especialmente de amparo técnico (no sentido de conhecer verticalmente os detalhes da matéria regulada) e informacional (conhecer e sopesar os diversos interesses envolvidos e suas consequências nos mais diversos âmbitos, dentre eles distributivo, regional, social e de custo-benefício).

Considere-se, também, o seguinte: se são verdades que a regulação tem função também distributiva[134] e que a atuação do Judiciário é mais frequentemente concentradora/regressiva,[135] então é certo que a judicialização da regulação vai no sentido inverso da proposta regulatória, tendencialmente privilegiando o grande litigante em detrimento do cidadão, que pode ter seus interesses subconsiderados.

Se a atividade reguladora é – e assim nos parece[136] – marcada pela necessária complexidade e tecnicidade do setor da economia a ser tratado,

---

*pact:*international and interdisciplinary perspectives. Cambridge: Cambridge Studies in Law and Society, 2004, p. 279).

133. O tema poderia também ser abordado a partir do viés do *ensino jurídico*, considerando a (muito) baixa formação dos profissionais do Direito no Brasil em termos de soluções de conflito não-litigiosas. Sobre o tema, por exemplo: "Os profissionais do direito deverão, no futuro, chegar a forjar as mentalidades de maneira a substituir a lógica 'vende/perde' pela busca de um projeto de ação para além do conflito, e na esperança de que cada uma das partes saia dele o menos mal possível, uma e outra com um sentimento 'vencedor' por não ter utilizado uma solução mais radical para a resolução do litígio que as opunha. Em outros termos, uma *ordem jurídica negociada* leva uma vantagem progressiva sobre a tradicional ordem jurídica imposta, tal como conhecem as nossas sociedades" (ARNAUD, André-Jean. O direito contemporâneo entre regulamentação e regulação: o exemplo do pluralismo jurídico. In: ARAGÃO, Alexandre Santos de (Coord.). *O poder normativo das agências reguladoras.* Rio de Janeiro: Forense, 2006, p. 19). Sobre a educação jurídica praticada no Brasil e na América Latina, bem como suas mudanças, ver: MALDONADO, Daniel Eduardo Bonilla. O formalismo jurídico, a educação jurídica e a prática profissional do Direito na América Latina. *Revista da Faculdade de Direito da UFG*, v. 36, n. 02, de jul-dez. 2012.

134. MARQUES NETO, Floriano de Azevedo. Agências reguladoras independentes. Op. cit., p. 36-37.

135. VERÍSSIMO, Marcos Paulo. *A judicialização dos conflitos de justiça distributiva no Brasil:* o processo judicial no pós-1988. Tese (Doutorado em Direito) – Universidade de São Paulo, São Paulo, 2006, p. 123-124.

136. Os agentes reguladores "devem considerar as especificidades de cada setor, devem possuir competência (legal, técnica e racional) para disciplinar os meios técnicos adequados à realização dos fins impostos à certo segmento econômico. A pluralidade jurídica, a tecnicidade, o dinamismo das relações sociais, políticas e econômicas atuais, somados à superação da ideia de perfeição da Lei - que já não pode antecipar, prevenir ou solucionar

todos os novos riscos que espreitam a modernidade - conduzem a desafios do Direito Administrativo moderno" (BLANCHET, Luiz Alberto; BACELLAR, Roberto Ramos. Desafios do direito administrativo no Estado Regulador. *Revista Eletrônica Direito e Política*, Programa de Pós-Graduação Stricto Sensu em Ciência Jurídica da UNIVALI, Itajaí, v.12, n.3, 3º quadrimestre de 2017, p. 1136-1137); "A regulação deve levar em conta fundamentos técnicos e científicos que visem atender ao interesse público substantivo sem, contudo, deixar de sopesar os efeitos dessas decisões no subsistema regulado com os interesses de segmentos da sociedade e, até mesmo, com o interesse individual no caso concreto" (GUERRA, Sérgio. Regulação estatal sob a ótica da organização administrativa brasileira. *Revista de Direito Público da Economia*, ano 11, n. 44, out.-dez. 2013, p. 233-234).

Por outro lado: "Não existe decisão altamente técnica que não possa ser imparcialmente avaliada em juízo, nem tampouco existe uma perícia exclusiva, sigilosa, desconhecida dos demais cientistas e expertos" (MOREIRA, Egon Bockmann. Os limites à competência normativa das agências reguladoras. In: ARAGÃO, Alexandre Santos de (Coord.). *O poder normativo das agências reguladoras*. Rio de Janeiro: Forense, 2006, p. 219); Shapiro está dentre os que não se deixam impressionar pelo argumento da legitimação das Agências pelo critério técnico: chama de "mito" que os experts são menos auto-interessados que os leigos e acredita que o excesso de técnica esconde tendências pouco transparentes. Afirma:"People learn that everyone with money can hire experts to be on their side" (SHAPIRO, Martin. Judicial review and bureaucratic impact: the future of European union administrative law. In: HERTOGH, Marc; HALLIDAY, Simon (Ed.). *Judicial review and bureaucratic impact*: international and interdisciplinary perspectives. Cambridge: Cambridge Studies in Law and Society, 2004, p. 251 e 262-264); Também: "O argumento da índole técnica da regulação econômica não afasta essa conclusão [de que a imparcialidade das agências é comprometida]. Esse discurso parte da premissa de que as decisões das agências reguladoras decorrem de aplicação de conhecimento técnico-científico, sem ingerências do poder político ou econômico. A tese não se sustenta, porque: (i) a aparência de tecnicidade não afasta o caráter discricionário das ações e omissões do Ente Regulador (com base em juízo de conveniência e oportunidade); e (ii) a produção científica pode ser instrumentalizada para dar suporte a determinado interesse em jogo" (BICUDO, Juliana Morais. A atividade regulatória e a concentração de demandas no poder judiciário. In: MORAES, Vânila Cardoso André de (Coord.). *As demandas repetitivas e os grandes litigantes*: possíveis caminhos para a efetividade do sistema de justiça brasileiro. Col. Selo Enfam. Brasília: Enfam, 2016, p. 253); finalmente, para Justen Filho, "é extremamente problemático afirmar que a regulação econômica se restrinja a um conjunto de decisões técnicas, sem influência de questões ditas 'políticas'. Mais precisamente, é impossível afirmar que as escolhas realizadas pelas agências se faça segundo avaliação de natureza exclusivamente cognitiva, derivada da aplicação automática do conhecimento técnico-científico. Ademais disso, a atividade regulatória, ainda quando envolva escolhas de natureza técnico-científica, envolve decisões políticas relacionadas à conveniência e oportunidade. Não se trata de uma atuação vinculada estritamente à Lei ou ao conhecimento técnico-científico" (JUSTEN FILHO, Marçal. *Agências Reguladoras e Democracia: existe um déficit democrático na "regulação independente"*? Disponível em: <http://justenfilho.com.br/wp-content/uploads/2008/12/mjf62.pdf>. Acesso em: 21/10/2019).

então parece claro que nem o juiz (por sua formação exclusivamente jurídica e sem quaisquer pré-requisitos para apreciar, por exemplo, minúcias regulatórias do setor elétrico) individualmente considerado, nem o Poder Judiciário (em sua estruturação, onde são marcadamente ausentes órgãos técnicos, científicos e/ou político-sociais auxiliares para subsidiar com informações e hipóteses, por exemplo, sobre o mercado da energia elétrica) estão equipados para analisar materialmente a competência regulatória.

Na breve e precisa síntese de Feeley: "a formulação de políticas judiciais fracassa porque os tribunais não têm capacidade para diagnosticar problemas sociais e supervisionar seu complexo processo de implementação".[137] O Autor, sustentando fortemente que o processo de implementação da política pública deve estar intimamente ligado à própria criação da referida política, sendo conduzido pelos mesmos atores, observa políticas prisionais dos EUA e conclui que os juízes, naquele país, efetivamente incorporaram a gestão da política pública em sua competência, para tanto tendo que ajuntar técnicas, funções e servidores antes ausentes da estrutura judiciária (como a elaboração de planejamento de longo prazo, contratação de assistentes com tempo e expertise no tema etc.), enfim, "desenvolveu arranjos estruturais há muito empregados por executivos de sucesso"[138].

Assim, no exemplo da regulação elétrica, o Judiciário não tem (ao menos não até o presente momento) condições estruturais e instrumentais mínimas de considerar uma série de questões necessárias ao Regulador, como:

a) Quais são os setores envolvidos?

b) Quem/quantos são os agentes econômicos?

c) Quais os pontos de equilíbrio dos contratos?

d) Quem são os consumidores? Onde estão?

---

137. FEELEY, Malcolm M. Implementing court orders in the United States: judges as executives. In: HERTOGH, Marc; HALLIDAY, Simon (Ed.). *Judicial review and bureaucratic impact*: international and interdisciplinary perspectives. Cambridge: Cambridge Studies in Law and Society, 2004, p. 222.Tradução pela autora. No original: "*judicial policy-making fails because courts lack the capacity to diagnose social problems and oversee the complex process of implementation*".

138. FEELEY, Malcolm M. Implementing court orders in the United States: judges as executives. In: HERTOGH, Marc; HALLIDAY, Simon (Ed.). *Judicial review and bureaucratic impact*: international and interdisciplinary perspectives. Cambridge: Cambridge Studies in Law and Society, 2004, p. 248.Tradução pela autora. No original : "*developed structural arrangements long employed by successful executives*".

e) Como garantir o fornecimento às regiões mais distantes e com menor mercado consumidor? É possível e desejável a existência de subsídios cruzados? Como? Quem deverá ser penalizado? Quem será beneficiado?

f) Quais os interesses públicos conflitantes e de que forma devem ser hierarquizados?

g) Como são mensurados os custos de geração?

h) Como são distribuídos esses custos?

i) Como são mensurados os custos de distribuição?

j) Como são distribuídos esses custos?

k) Quais as variáveis envolvidas na formação das tarifas?

l) Quais os cálculos necessários a atingir uma tarifa ao mesmo tempo (i) suficientemente módica ao consumidor, (ii) suficientemente lucrativa ao agente econômico e (iii) que promova adequada concorrência?

m) Quais os contratos preexistentes?

n) Qual o relacionamento com outros órgãos governamentais?

o) Como se dá a tributação da atividade?

p) Quais os impactos ambientais a considerar?

Dentre muitas outras, essas são questões necessárias à formulação de qualquer regulação. O Judiciário, contudo, não tem ferramentas para as considerar na plenitude necessária.

Uma vez mais, portanto, devem ser indicados problemas (não absolutos, mais que ainda assim demandam atenção) na atuação do Judiciário quanto à matéria regulada.[139]

---

139. Jordão igualmente os refere: "Os problemas das intervenções regulatórias operadas pelos tribunais via controle judicial está na inadaptabilidade destas instituições para cumprir esta tarefa. Além de não estarem habilitados a tratar de questões regulatórias típicas (aspecto *objetivo* – item 3.1.1), os tribunais não possuem características institucionais adequadas para fazê-lo (aspecto *subjetivo* – item 3.1.2)"; "O pouco hábito dos tribunais de tratar de problemas regulatórios é agravado pelo fato de que estas instituições tampouco foram criadas e desenhadas para tratar de temas deste tipo, que exigem grande especialização técnica e dinamismo. A inadaptabilidade institucional dos tribunais reside particularmente na ausência de expertise institucional (item 3.1.2.1) e na natureza formal

Daí que, para Badin, "as limitações institucionais do processo adjudicatório, decorrentes das elevadas restrições à participação, geralmente fazem dos demais processos melhores alternativas institucionais"[140].

O Poder Judiciário deve exercer a autorestrição ou autocontenção ou ainda a *deferência* à decisão administrativa,[141-142] como a Suprema Corte

de sua atuação (3.1.2.2)"; "São duas as principais formas principais por meio das quais o controle judicial poderá afetar a coerência regulatória. Na primeira delas, a intervenção judiciária desconsidera relevantes decisões preliminares que informam determinada política regulatória levada a efeito pela autoridade administrativa correspondente (item 3.2.1.1). Na segunda delas, a intervenção judiciária produz a *fragmentação* substancial ou geográfica de um programa regulatório específico (item 3.2.1.2)"; "Além dos riscos causados à *coerência*, o controle judicial não deferente pode, ainda, comprometer a *dinâmica* regulatória. Acima já se destacou que o ambiente regulatório exige soluções expeditas, quase imediatas. A dinâmica dos mercados faz com que soluções demoradas sejam frequentemente ineficazes. A incidência de um controle judicial não deferente pode prejudicar a dinâmica regulatória de duas formas: através da suspensão liminar de decisões administrativas (item 3.2.2.1); através da 'ossificação' do procedimento administrativo, em função de exigências judiciais (item 3.2.2.2)" (JORDÃO, Eduardo. *Controle judicial de uma administração pública complexa*: a experiência estrangeira na adaptação da intensidade do controle. São Paulo: Malheiros, 2016, p. 131, 140, 151 e 158).

140. BADIN, Arthur Sanchez. *Controle judicial das políticas públicas*: contribuição ao estudo do tema da judicialização da política pela abordagem da análise institucional comparada de Neil K. Komesar. São Paulo: Malheiros Editores, 2013, p. 154.

141. Sustenta Sarmento: "pode ser mais recomendável uma postura de autocontenção judicial, seja por respeito às deliberações majoritárias adotadas no espaço político, seja pelo reconhecimento da falta de expertise do Judiciário para tomar decisões que promovam eficientemente os valores constitucionais em jogo, em áreas que demandem profundos conhecimentos técnicos fora do Direito - como Economia, políticas públicas e regulação. Nestes casos, deve-se reconhecer que outros órgãos do Estado estão mais habilitados para assumirem uma posição de protagonismo na implementação da vontade constitucional. Nesta linha, vejo com reticências a sedimentação, na nossa cultura jurídica, da visão de que o grande - senão o único - intérprete da Constituição seria o Poder Judiciário. Esta leitura descarta a autocontenção judicial bem como tende a desprezar a possibilidade de que sejam travados construtivos diálogos interinstitucionais entre diversos órgãos estatais para a definição da melhor interpretação dos ditames constitucionais. Um bom exemplo deste desvio ocorreu no julgamento da constitucionalidade das pesquisas em células-tronco embrionárias realizada pelo STF (...) outros ministros, em votos vencidos, se sentiram confortáveis até para defender a imposição de novas normas pelo STF na área do Biodireito, arvorando-se à condição de legisladores num campo para o qual, evidentemente, lhes faltava qualquer expertise" (SARMENTO, Daniel. O neoconstitucionalismo no Brasil: riscos e possibilidades. In: LEITE, George Salomão; SARLET, Ingo Wolfgang (Coord.). *Direitos fundamentais e estado constitucional*: estudos em homenagem a J.J. Gomes Canotilho. São Paulo: RT, 2008).

142. A ideia de deferência não é estranha ao STF, como se vê, por exemplo: "Consectariamente, não há qualquer espaço para atuação do Poder Judiciário, superando a deferência legis-

dos EUA fixou na famosa "Doutrina Chevron"[143-144]. Para usar a boa síntese

lativa autêntica, alterando a disposição constitucional já existente sobre o tema, mercê da sua manifesta incapacidade institucional para esse fim. 9. À jurisdição constitucional interdita-se adotar entendimento *contra legem*, impossibilitando a alteração do índice de repasse do montante devido pela União, porquanto a isso equivaleria inovar no ordenamento jurídico contra o direito posto e sem prejuízo de intromissão do Judiciário em competência específica de outro Poder, violando assim a cláusula da separação dos poderes" (ACO 1044, Relator(a): Min. LUIZ FUX, Tribunal Pleno, julgado em 30/11/2016, ACÓRDÃO ELETRÔNICO DJe-018 DIVULG 31-01-2018 PUBLIC 01-02-2018); "Consectariamente, diante da ausência de abusividade, deve-se declarar que a função de definir receitas e despesas do aparato estatal é uma das mais tradicionais e relevantes do Poder Legislativo, impondo-se ao Poder Judiciário, no caso, uma postura de deferência institucional em relação ao debate parlamentar, sob pena de indevida e ilegítima tentativa de esvaziamento de típicas funções institucionais do Parlamento" (ADI 5468, Relator(a): Min. LUIZ FUX, Tribunal Pleno, julgado em 30/06/2016, PROCESSO ELETRÔNICO DJe-169 DIVULG 01-08-2017 PUBLIC 02-08-2017).

143. "A primeira etapa é determinar se o texto da lei a ser interpretado é ambíguo, ou se o significado da disposição é claro, utilizando-se ferramentas tradicionais de interpretação legal. Se o sentido da disposição é claro, esse é o fim da questão, e o tribunal declara o significado claro da lei. Se, no entanto, após o uso de ferramentas tradicionais de interpretação da lei, o significado da disposição não pode ser considerado claro, mas sim permanece ambíguo, em seguida, o tribunal vai para a segunda etapa. A segunda etapa é determinar se a interpretação da agência é razoável ou admissível, ou se a interpretação está fora do âmbito de ambiguidade da disposição legal. Se a interpretação que a agência faz é razoável ou admissível, o tribunal mantém a interpretação da agência, mesmo que ele (tribunal) entenda que não se trata da melhor interpretação" (SILVEIRA, André Bueno da. Doutrina Chevron no Brasil: uma alternativa à insegurança jurídica. *Revista de Direito Administrativo*, v. 275, mai.-ago. 2017, p. 132). Também: BIM, Eduardo Fortunato. A autocontenção judicial no direito administrativo participativo: o caso das audiências públicas ambientais. *Revista Digital de Direito Administrativo*, v. 02, n. 01, 2015; JORDÃO, Eduardo. *Controle judicial de uma administração pública complexa*: a experiência estrangeira na adaptação da intensidade do controle. São Paulo: Malheiros, 2016, p. 554 e ss.

144. Interessantes as ponderações de John Ferejohn e Larry Kramer: "Indeed, from our point of view, the remarkable fact is how reluctant the federal judiciary has historically been to take an expansive view of its jurisdiction or its authority. Even when the political branches might want courts to take a more active role in guiding social change, judges have established doctrinal barriers permitting them either to decline the invitation or to respond in a circumscribed and cautious manner. There have undeniably been periods when the federal courts were more aggressive-the Lochner Court is the most famous example, though the Rehnquist Court seems poised to overtake it-but such periods are rare, and their accomplishments often prove fragile and temporary. Not surprisingly, the Supreme Court generally has been at the center of this institutional conservatism. This is so because the Court is uniquely in a position to take the perspective of the whole federal judiciary into account and to seek the public good of imposing judicial

de Badin, "os órgãos públicos, e não as cortes, são o veículo preferencial para resolver conflitos entre políticas públicas decorrentes da aplicação de estatutos legais. Os órgãos administrativos e as Agências reguladoras têm maior *expertise* nas questões de sua competência"[145].

Nesse sentido parecem ser também as ponderações de Mattos:

> Ocorre que, quando o Judiciário é chamado a se manifestar sobre a constitucionalidade ou a legalidade das políticas públicas definidas pelo Poder Executivo, duas situações podem ocorrer: (*i*) ou o Judiciário não julga o mérito das políticas em questão, alegando que se trata de exercício de poder discricionário da Administração, (*ii*) ou o Judiciário julga o mérito e (*a*) declara, por meio de juízo de legalidade estritamente formal, a ilegalidade do conteúdo normativo em face dos princípios e normas programáticas previstos no texto constitucional ou em lei; ou (*b*) declara – ainda com base em juízo formal – a sua legalidade em face do princípio da supremacia do interesse público sobre o interesse privado.
>
> Em nenhum dos casos são discutidas, conforme já observado, as condições econômicas de cada mercado ou relação econômica a serem regulados e, de acordo com a dinâmica econômica em cada caso concreto, o conteúdo da regulação considerando os efeitos práticos que tal conteúdo terá sobre os atores afetados por tal política. Também não é discutido o processo decisório por meio do qual a Administração chegou à definição do conteúdo *x* e não do conteúdo *y* para determinada *norma de conjuntura*[146].

Como se vê, o autor dirige sua preocupação diretamente à aptidão de o Judiciário considerar os elementos centrais do mercado regulado, como o equilíbrio econômico. Especialmente, pugna para que a análise judicial observe com maior atenção o processo decisório (que levou à formação da norma reguladora), garantindo que contemple a multiplicidade de valores

---

restraint. So, while some judges or some lower courts might, at times, undertake a venturesome jurisprudence, the Supreme Court retains and employs its authority to limit or stop these experiments if they threaten to provoke a political retaliation that would affect the federal court system generally" (FEREJOHN, John A.; KRAMER, Larry D. Independent judges, dependent judiciary: institutionalizing judicial restraint. *New York University Law Review*, v. 77, n. 962, out. 2002, p. 1037).

145. BADIN, Arthur Sanchez. *Controle judicial das políticas públicas*: contribuição ao estudo do tema da judicialização da política pela abordagem da análise institucional comparada de Neil K. Komesar. São Paulo: Malheiros Editores, 2013, p. 80.

146. MATTOS, Paulo Todescan Lessa. Autonomia decisória, discricionariedade administrativa e legitimidade da função reguladora do Estado no debate jurídico brasileiro. In: ARAGÃO, Alexandre Santos de (Coord.). *O poder normativo das agências reguladoras*. Rio de Janeiro: Forense, 2006, p. 354.

a serem sopesados na busca de um resultado ótimo (ou ao menos equilibrado) do ponto de vista do interesse público, sempre demandando da Agência Reguladora uma explícita motivação de seus atos, considerando todos os envolvidos e os efeitos da regulação em cada grupo de interesse. Voltar-se-á ao tema.

Uma excessiva intervenção judicial pode conduzir à "queda de bem-estar social e, mais ainda, um incentivo à baixa atuação da correta regulação", sendo de todo indesejado.[147] Como recorda Sunkin, a intervenção indesejada do Judiciário pode conduzir até mesmo à fragilização dos reguladores, trazendo insegurança no exercício de seus trabalhos ou sentimento de abandono em relação ao panorama institucional.[148]

Interessantes, nessa linha, as colocações de Araújo, que estudando a interlocução entre Agências e Legislativo, coloca que mesmo ao Congresso Nacional falta "rotina institucional" para adequadamente analisar os atos regulatórios, em toda a sua tecnicidade e em toda a amplitude dos interesses equilibrados.

> Primeiramente, o Congresso Nacional ainda não tem rotina institucional de análise de atos regulatórios. Não existe obrigatoriedade de a Agência Regula-

---

147. MENEGUIN, Fernando; BUGARIN, Maurício S. *A regulação ótima e a atuação do Judiciário*: uma aplicação da teoria dos jogos. Texto para Discussão nº 160, de novembro/2014. Brasília: Senado Federal: Núcleo de Estudos e Pesquisas da Consultoria Legislativa, 2014, p. 36. Novamente com Badin (BADIN, Arthur Sanchez. *Controle judicial das políticas públicas*: contribuição ao estudo do tema da judicialização da política pela abordagem da análise institucional comparada de Neil K. Komesar. São Paulo: Malheiros Editores, 2013, p. 90): "a atividade de julgamento de processos administrativos implica diversas escolhas em cada uma das fases lógicas do processo de decisão que, por razões que serão analisadas adiante, como conhecimento especializado, maior permeabilidade ao político etc., foram confiadas pela lei ao administrador e não ao juiz. Assim sendo, permitir que essas escolhas sejam refeitas em juízo (por exemplo, realizando perícias), além de frustrar as razões de criação do órgão administrativo judicante, ensejaria uma redundância nas atividades administrativa e judicial".

148. "It is clear from this research that, while the original decision-makers will feel supported when the organization decides to defend a challenge, the decision to concede may provoke strong feelings, ranging from puzzlement to abandonment, amongst even experienced and case-hardened decision-makers. These feelings are likely to particularly strong if the decision-maker feels that an adequate explanation has not been given to him or her for the body's decision" (SUNKIN, Maurice. Conceptual issues in researching the impact of judicial review on government bureaucracies. In: HERTOGH, Marc; HALLIDAY, Simon (Ed.). *Judicial review and bureaucratic impact:* international and interdisciplinary perspectives. Cambridge: Cambridge Studies in Law and Society, 2004, p. 49).

> dora apresentar, antes ou depois de sua edição, o texto da norma acompanhado dos estudos que a fundamentam, análise de custo-benefício, manifestações das partes interessadas no curso do processo administrativo, etc. É certo que o Congresso Nacional pode requisitar à Agência a apresentação desses dados, mas há diferença entre obrigatoriamente apresentar tais elementos antes da edição da norma – ainda que não seja necessária a aprovação legislativa para que a norma entre em vigor – e apenas apresentá-los mediante solicitação.
>
> Em segundo lugar, diferentemente do Congresso dos EUA, o Congresso brasileiro não dispõe de aparato técnico permanente de suporte aos parlamentares na análise dessas normas. Ora, o Poder Legislativo tem ampliado a discricionariedade das Agências na expedição de normas exatamente em razão da incapacidade de realizar valorações técnicas das realidades extremamente mutáveis dos mercados regulados. Se assim é, também se deve pressupor que, de ordinário, os parlamentares não detêm o conhecimento necessário para supervisionar o exercício da discricionariedade das Agências. O Parlamento carece, assim, de estrutura técnica de apoio para a realização dessa atividade.[149]

Essas colocações, embora apenas lateralmente condizentes com o tema objeto de análise, são relevantes porque nelas é feita a mesma pergunta que ora apresentamos: o Judiciário tem condições estruturais de apreciar o mérito da regulação? Sendo essa resposta negativa ao Legislativo (que conta com muito maior apoio técnico, além de ampla representatividade popular e política), parece que é ainda mais fortemente negativa ao Judiciário.

Assim, enquanto, de um lado, a regulação deve privilegiar a função do Estado na qualidade de mediador-árbitro-gestor-relojoeiro,[150]considerando os sujeitos que participam da própria definição da política, a intervenção judicial é marcadamente invasiva, externa.[151]

---

149. ARAUJO, Luiz Eduardo Diniz. O controle das agências reguladoras pelo Poder Legislativo. *Revista de Informação Legislativa*, ano 55, n. 217, jan.-mar. 2018, p. 216-217.

150. "Fruto da própria dificuldade do Estado, hoje, de impor unilateralmente seus desideratos sobre a sociedade, mormente no domínio econômico, faz-se necessário que a atuação estatal seja pautada pela negociação, transparência e permeabilidade aos interesses e necessidades dos regulados. Portanto, o caráter de imposição da vontade da autoridade estatal (que impõe o interesse público selecionado pelo governante) dá lugar, na moderna regulação, à noção de mediação de interesses, no qual o Estado exerce sua autoridade não de forma impositiva, mas arbitrando interesses e tutelando hipossuficiências" (MARQUES NETO, Floriano de Azevedo. *Agências reguladoras independentes:* fundamentos e seu regime jurídico. Belo Horizonte: Editora Fórum, 2009, p. 32-33).

151. "A ampliação do raio de ação do Poder Judiciário não pode, no entanto, representar qualquer incompatibilidade com um regime político democrático, ainda que a incidência política da justiça possa variar segundo os países (...) quando os cidadãos vêem

Assim, o debate a respeito do controle judicial da regulação deve ser levado a efeito com moderação. Mesmo autores mais favoráveis à perspectiva ativista do Judiciário, como Luís Roberto Barroso, colocam:

> Sem embargo, no tocante às decisões das Agências reguladoras, a posição do Judiciário deve ser de relativa auto-contenção, somente devendo invalidá-las quando não possam resistir aos testes constitucionalmente qualificados, como os de razoabilidade ou moralidade, já mencionados, ou outros, como os da isonomia e mesmo o da dignidade da pessoa humana. Notadamente no que diz respeito a decisões informadas por critérios técnicos, deverá agir com parcimônia, sob pena de se cair no domínio da incerteza e dos subjetivismo.[152]

Quer-nos parecer que os termos colocados por Barroso são ainda demais abertos permitindo, mesmo, demasiada intervenção judicial. Nada obstante, o fato de ele reconhecer que a matéria regulada demanda obser-

---

a si próprios não apenas como os destinatários, mas também como os autores do seu direito, eles se reconhecem como membros livres e iguais de uma comunidade jurídica" (CITTADINO, Gisele. Judicialização da política, constitucionalismo democrático e separação de poderes. In: VIANNA, Luiz Werneck (Org.). *A democracia e os três poderes no Brasil.* Belo Horizonte: Editora UFMG, 2002, p. 34-35 e 38-39). Ver também: "Atribuir a juízes a decisão sobre questões moralmente controversas, retirando dos cidadãos a possibilidade de emitir seu juízo moral num procedimento majoritário, desrespeitaria o que a democracia teria de mais valioso: a inexistência de hierarquia entre os cidadãos, que decidem em igualdade de condições seus problemas coletivos. Como não há acordo possível sobre conteúdo, há que se fazer um acordo procedimental para decidir tal conteúdo: sua proposta é a maximização do direito de participação, o direito dos direitos, que permite a todos se realizarem igualitariamente como sujeitos autônomos em votação pública" (MENDES, Conrado Hubner. *Direitos fundamentais, separação de poderes e deliberação.* Tese (Doutorado em Direito) – Universidade de São Paulo, São Paulo, 2008, p. 08).

152. BARROSO, Luís Roberto. Agências reguladoras. Constituição e transformações do Estado e legitimidade democrática. *Revista de direito administrativo*, v. 229, p. 285-312, 2002, p. 306. Em outra oportunidade, o Autor registrou: "deve-se cuidar para que juízes e tribunais não se transformem em uma instância hegemônica, comprometendo a legitimidade democrática de sua atuação, exorbitando de suas capacidades institucionais e limitando impropriamente o debate público. Quando não estejam em jogo os direitos fundamentais ou a preservação dos procedimentos democráticos, juízes e tribunais devem acatar as escolhas legítimas feitas pelo legislador, assim como ser deferentes com o exercício razoável de discricionariedade pelo administrador, abstendo-se de sobrepor a eles sua própria valoração política" (BARROSO, Luís Roberto. Constituição, democracia e supremacia judicial: direito e política no Brasil contemporâneo. *Revista Jurídica da Presidência*, v. 12, n. 96, p. 05-43, 2010, p. 35).

vação especial em termos de judicialização, e que essa especialização aponta no sentido de maior deferência, devem ser registrados e sublinhados.

Não parece adequada, então, a amplitude semântica utilizada por Pereira Neto, Lancieri e Adami – para quem cabe ao Judiciário "exercer sua atividade de revisor das decisões proferidas" pelas Agências, embora "sempre tendo em vista a legalidade dos atos praticados"[153]. Tal posição ignora as limitações não apenas democráticas, mas especialmente de estruturação e de adequação competencial entre Judiciário e órgão regulador, levando a uma situação perniciosa de prevalência ampla do poder dos juízes.

Afinal, é necessário que se observe e considere atentamente o *choque de racionalidades* referido por Veríssimo, que indica a inadequação da estruturação judicial para apreciar a multiplicidade de interesses ínsita à matéria regulatória:

> Outro relevante ponto de contato que merece atenção são as perplexidades que podem advir desse tipo de intervenção na regulação. Isso porque, em se tratando de questões que envolvem de um lado a regulação e de outro o direito do consumidor, não raro há um choque de racionalidades entre o processo de aplicação contenciosa do direito privado pelo Judiciário (baseado em um discurso baseado em direitos individuais, com resultados também individuais e pulverizados, e organizado por uma racionalidade baseada na retribuição, na reparação de lesões a bens jurídicos individualmente tutelados) e o processo estatal de intervenção regulatória pelas Agências reguladoras (organizado a partir de uma racionalidade distributiva, de acomodação de

---

153. PEREIRA NETO, Caio Mario da Silva; LANCIERI, Filippo Maria; ADAMI, Mateus Piva. O diálogo institucional das agências reguladoras com os Poderes Executivo, Legislativo e Judiciário: uma proposta de sistematização. In: SUNDFELD, Carlos Ari; ROSILHO, André (Org.). *Direito da regulação e políticas públicas*. São Paulo: Malheiros, 2014, p. 171. Os Autores entendem que a *deferência* foi necessária durante o período inicial de transição ao Estado Regulador, mas que se vê questionada, especialmente, diante da possibilidade de o Judiciário promover "testes de razoabilidade e proporcionalidade" na revisão de atos normativos de regulação, o que é necessário sob risco de as Agências se tornarem arbitrárias. Colocam, contudo, que estes testes demandam "exame detido da motivação das agências no exercício de suas atividades". Assim, em sua opinião, "o Estado Regulador reserva ao Poder Judiciário um papel essencial de elevar o crivo de justificativas das agências para intervir nos setores regulados, sem, contudo, substituir seu julgamento" (p. 174-175). Vale lembrar, com Jordão, que "o exame de razoabilidade está muito longe de constituir um juízo objetivo, e é frequentemente influenciado pela ideologia do magistrado ou por seus juízos pessoais sobre a correção da decisão administrativa" (JORDÃO, Eduardo. *Controle judicial de uma administração pública complexa*: a experiência estrangeira na adaptação da intensidade do controle. São Paulo: Malheiros, 2016, p. 660).

interesses e, por isso mesmo, fundamentalmente coletiva, estruturada em bases necessariamente coletivas). E esse choque de racionalidades pode gerar problemas tanto no campo da regulação como no campo da litigiosidade e de seus instrumentos processuais de tratamento, o que se pretende investigar no presente trabalho[154].

Eis, então, que, para ser fiel à ideia de Komesar, essa tese não propõe a interdição, ao Judiciário, de participação na matéria regulada.

Ora, se o cerne da doutrina do referido autor diz respeito à *comparação institucional*, tem-se que é possível que a evolução do Judiciário brasileiro conduza a melhoras institucionais que aumentem seu grau de aptidão para apreciar as políticas públicas.

A tese ora desenvolvida, especialmente nos próximos capítulos, labora nesse sentido: de analisar a técnica processual utilizada no CPC/15 de forma a torná-la mais adequada (ou menos inadequada) aos conflitos institucionais que se fazem presentes sempre que se pensa no papel do Judiciário perante as lides decorrentes de setores regulados.

É dizer: a lei processual não está ajustada para enfrentar esses déficits, como se busca argumentar abaixo numa observação específica dos Recursos Repetitivos e do Incidente de Resolução de Demandas Repetitivas.

Seguindo essa trilha, não se quer negar a relevância do Poder Judiciário no Estado Regulador. Esperamos que já tenha ficado claro que esse Poder pode e deve exercer funções relevantes, mas se quer as reforçar. A uma, ao Judiciário caberá sempre exercer os juízos de legalidade e constitucionalidade, defendendo os direitos e garantias fundamentais eventualmente maculados pelos diversos agentes envolvidos, inclusive pela Agência Reguladora em seu exercício normativo. Mas não apenas.

O Judiciário, nessa perspectiva regulatória, tem relevantes funções no sentido de aproximar os grupos de interesse, tornando o Estado-Regulador mais responsivo, transparente, inclusivo, deliberativo.[155]

---

154. VERÍSSIMO, Marcos Paulo. Defesa do Consumidor, processo coletivo e judicialização da regulação tarifária das telecomunicações no Brasil. In: Carlos Alberto de Salles (Org.). *As grandes transformações do processo civil brasileiro*: homenagem ao Prof. Kazuo Watanabe. São Paulo: Quartier Latin, 2009, p. 847.

155. Mostra-se, então, de grande relevância a comunicação entre Judiciário e Agência, não apenas para a participação ampla e efetiva da Agência na decisão judicial (o que, espera-se, já tratamos em demasia), mas igualmente na comunicação do Judiciário à Agência quanto ao teor da decisão judicial que venha a interferir na matéria regulada. Dessa forma Hertogh e Halliday salientam tal comunicação, colocando que "an agency's normal first

É nesse sentido a narrativa de Majone, quanto aos benefícios de inclusão, nos EUA, de grupos não-econômicos de interesse[156]e quanto ao sucesso das Cortes de exigir, dos Reguladores, que apresentem publicamente dados da regulação que a tornem mais transparente e racional.[157-158]

---

step in the process of implementing a court's decision is to interpret what the decision means and how it applies to its own actions (...) It turns out that the dissemination of court decision needs special atention". Assim, narra uma experiência canadense, onde a comunicação formal ordinária, através de diretrizes e memorandos, foi substituída com sucesso por eventos às Autoridades administrativas, com workshops e palestras, a respeito do tema e das modificações promovidas por meio da decisão judicial. O tema, vale lembrar, também pode ser relacionado à questão jurídico-processual objeto desta tese, que prevê a comunicação do Judiciário ao órgão regulador por meio de simples ofício, sem qualificar esta comunicação de qualquer maneira. Embora não seja o cerne destas razões, convém ter atenção ao tema, especialmente para futuras pesquisas empíricas a respeito da interação entre estes dois entes (HERTOGH, Marc; HALLIDAY, Simon. Judicialreview and bureaucratic impact in future research. In: HERTOGH, Marc; HALLIDAY, Simon (Ed.). *Judicialreview and bureaucraticimpact:*international and interdisciplinary perspectives. Cambridge: Cambridge Studies in Law and Society, 2004, p. 280-281).

156. "No entanto, embora os grupos de interesse empresariais tenham sido consideravelmente mais fracos nos Estados Unidos do que na Europa, os grupos não-econômicos defensores de questões únicas têm tido um impacto extraordinário sobre as políticas de regulação norte-americanas. Os tribunais foram muito importantes no processo de tornar possível essa influência — outra indicação da posição central que ocupa o Poder Judiciário no Estado Regulador. Por exemplo, ao relaxar as exigências para o início de ação judicial nos anos 60 e 70, os tribunais norte-americanos tornaram mais fácil, para uma variedade de grupos de interesse público, o questionamento judicial de políticas, uma evolução especialmente importante na política de regulação" (MAJONE, Giandomenico. Do Estado Positivo ao Estado Regulador: causas e consequências de mudanças no modo de governança. *Revista do Serviço Público*, ano 50, n. 01, jan.-mar. 1999, p. 26).

157. Idem, p. 28: "Partindo de exigências tão gerais e aparentemente inócuas, os juízes federais têm conseguido formular novos princípios para melhorar a transparência e a racionalidade da formulação de regras. Por exemplo, eles exigiram que tanto os dados fatuais essenciais, em que se baseia uma regra, quanto a metodologia utilizada no raciocínio a partir dos dados até chegar-se à norma proposta, devem ser revelados para fins de comentários no momento em que a regra é proposta".

158. Para uma análise sobre a forma de recepção, pelas Agências, da decisão judicial intrusiva, inclusive debatendo as hipóteses em que a Agência reaja negativamente (ou de forma até hostil) a tal decisão, ver: CANON, Bradley C. Studying bureaucratic implementation of judicial policies on the United States: conceptual and methodological approaches. In: HERTOGH, Marc; HALLIDAY, Simon (Ed.). *Judicial review and bureaucratic impact*: international and interdisciplinary perspectives. Cambridge: Cambridge Studies in Law and Society, 2004, p. 49.

Nessa linha parece ser também a posição de Binenbojm, que apresenta a atuação do Judiciário segundo a chamada *hard-look doctrine*, que "tem servido ora para exigir das Agências a demonstração de que as vantagens da regulação justificam as suas desvantagens, ora para invalidar ou devolver para a Agência medidas regulatórias que não atendam aos objetivos da lei, ora para exigir melhores explicações da Agência acerca de críticas ou comentários feitos por partícipes do processo de consulta pública", pelo que o autor afirma ser o juiz, nessa realidade um "curador da racionalidade dos processos regulatórios"[159].

Então, uma vez mais a chave de compreensão da melhor participação judicial está não na substituição do Regulador, mas na atuação judicial no sentido de exigir mais e melhor interlocução, transparência e responsividade do Regulador face à sociedade em geral.[160]

---

159. BINENBOJM, Gustavo. Agências reguladoras independentes e democracia no Brasil. *Revista de Direito Administrativo*, n. 240, abr.-jun. 2005, p. 151. Conforme demonstram Pereira Neto *et alii*, a ideia da doutrina *hard-look* é de averiguar se a regulação foi "(i) arbitrária; (ii) caprichosa; (iii) um abuso de discricionariedade; ou, ainda, (iv) desrespeitosa ao Direito" – dever-se-ia analisar judicial se o Agente Regulador "havia de fato avaliado a existência de alternativas viáveis"; tudo visando expor exaustivamente sua motivação, sob pena de "criar um 'monstro' que não conhece limites no exercício de sua discricionariedade" (PEREIRA NETO, Caio Mario da Silva; LANCIERI, Filippo Maria; ADAMI, Mateus Piva. O diálogo institucional das agências reguladoras com os Poderes Executivo, Legislativo e Judiciário: uma proposta de sistematização. In: SUNDFELD, Carlos Ari; ROSILHO, André (Org.). *Direito da regulação e políticas públicas*. São Paulo: Malheiros, 2014, p. 180-182).

160. Afinal, como lembra Veríssimo (VERÍSSIMO, Marcos Paulo. Controle judicial da atividade normativa das agências de regulação brasileiras. In: ARAGÃO, Alexandre Santos de (Coord.). *O poder normativo das agências reguladoras*. Rio de Janeiro: Forense, 2006, p. 413-418), "a subtração de mecanismos de legitimação como consultas e audiências públicas ao processo de produção de uma dada norma regulatória compromete muito de deferência de que ela, de outro modo, poderia desfrutar". E ainda: "Cuidando-se de decisões que possuem muitas vezes conteúdo econômico marcante, é importante que a decisão considere, sempre e de forma declarada, a medida em que uma determinada distribuição de custos e benefícios é, por ela, empreendida entre a sociedade, determinados grupos de interesse e determinados agentes em especial, inclusive para fins de controle". Para Sunkin (SUNKIN, Maurice. Conceptual issues in researching the impact of judicial review on government bureaucracies. In: HERTOGH, Marc; HALLIDAY, Simon (Ed.). *Judicial review and bureaucratic impact:* international and interdisciplinary perspectives. Cambridge: Cambridge Studies in Law and Society, 2004, p. 53), "the publicity associated with controversial decisions, for instance, may appear to be as important as (or even more important than) the decision itself, especially when the

Daí porque se entende poder advogar a ideia de que o Poder Judiciário não só pode como deve, embora se contendo de rever o mérito da regulação ou de substituir o regulador (i.e. agindo com deferência à regulação técnica), agir como um "catalisador deliberativo" (conforme apresenta Mendes[161]) ou como "desbloqueador" institucional, nos termos de doutrina sobre o Estado de Coisas Inconstitucional[162]: não pode o juiz substituir a discricionariedade regulatória, mas cabe a ele, sim, atuar no sentido de exigir que o Estado Regulador, especialmente por suas Agências, exerça adequadamente seu dever constitucional-econômico de regular; apreciando, efetiva e racionalmente, os elementos e interesses envolvidos, apresentando de forma transparente e responsiva as razões pelas quais elegeu uma norma regulatória em detrimento das demais; deitando com clareza sua análise de custo-benefício; explicitando exaustivamente os efeitos perseguidos (e mesmo os efeitos deletérios não perseguidos, mas aceitos), discriminadamente a cada um dos atores envolvidos; apresentando os pressupostos técnicos das decisões e seu amparo científico; enfim, integrando a sociedade, por meio do processo judicial (se necessário for, é claro), à plenitude informacional da atuação regulatória.[163]

---

judgment concerns high-level executive policy or issues that are socially or ethically controversial".

161. MENDES, Conrado Hubner. *Direitos fundamentais, separação de poderes e deliberação*. Tese (Doutorado em Direito) – Universidade de São Paulo, São Paulo, 2008.

162. RODRIGUEZ-GARAVITO, Cesar. Beyond the Courtroom: The Impact of Judicial Activism on Socioeconomic Rights in Latin America. *Texas Law Review*, v. 89, 2011.

163. Shapiro vê exagero nas demandas de transparência e deliberação, trazendo dificuldades à fixação das normas e privilégios aos agentes que conseguem melhor navegar no processo judicial de questionamento, especialmente os agentes econômicos do setor: "Just as our talk of governance largely arises out of American pluralism, our current infatuation with 'deliberation' is a response to American hyper-pluralism (...) The US rules require repeated public notification by the rule-making agency of what rule it proposes to make, first of the general area in wich it is contemplating a rule, then of a draft rule, and the of its revised version. The agency must provide for full public comment at each of these stages and engage in exhaustive dialogue responding to every relevant comment made and even to significant points not raised in the comments. The agency must compile a 'rule-making record' that documents that it has granted maximum transparency and participation to everybody interested, and has taken reasonable account of all this input in arriving at its final rule. This rule-making record enables a reviewing court to fully enforce the transparency and participation requirements. And, in spite of recent Supreme Court efforts to cut back on the extremes of standing, a very, very wide range of individuals and organizations are able to trigger such judicial review. One result is that anyone who wishes to delay or block the enactment of a rule will raise every imaginable argument and alleged fact during the rule-making process compelling the rule-making agency to make exhaustive and exhausting replies". Assim, o autor entende que a forma

É essa também a perspectiva trazida por Mattos, já acima mencionada, que entende relevante a participação do Judiciário de forma a "realizar análise substantiva de adequação de justificativas sobre a motivação do ato administrativo", de maneira a exigir que o Regulador traga ao controle público e social todos os elementos necessários à decisão regulatória. Então, o Judiciário não estaria substituindo a decisão do regulador, mas atuando no sentido de torná-la mais clara, acessível, deliberada, racional – quanto ao interesse perseguido e aos efeitos dessa regulação em cada ator envolvido[164].

Pretendeu-se nesse capítulo ressaltar a relevância do papel da Agência Reguladorae compreender os limites à intervenção direta do Judiciário na regulação, focando na relação Judiciário-Regulador. É que tratar dessa relação é importante para bem compreender os contornos e limites da atuação do Judiciário na intervenção indireta na regulação, quando atua julgando conflitos decorrentes da relação prestador-consumidor, berço da litigiosidade repetitiva objeto de análise.

---

estadunidense de revisão da regulação é "extremely intrusive and agressive", tendendo a majorar grandemente os custos em tempo e esforço de atingir uma agregação de interesses que seja satisfatória e pluralista (Judicial review and bureaucratic impact: the future of European union administrative law. In: HERTOGH, Marc; HALLIDAY, Simon (Ed.). *Judicial review and bureaucratic impact*: international and interdisciplinary perspectives. Cambridge: Cambridge Studies in Law and Society, 2004, p. 251, 259-260, 264-265).

164. MATTOS, Paulo Todescan Lessa. Autonomia decisória, discricionariedade administrativa e legitimidade da função reguladora do Estado no debate jurídico brasileiro. In: ARAGÃO, Alexandre Santos de (Coord.). *O poder normativo das agências reguladoras*. Rio de Janeiro: Forense, 2006, p. 363.

Capítulo III

TÉCNICA PROCESSUAL PARA TRATAMENTO DA LITIGIOSIDADE REPETITIVA NO ÂMBITO DOS MERCADOS REGULADOS

Conforme introduzido na primeira parte deste trabalho, principalmente[1] após a promulgação da Emenda Constitucional n° 45/04, uma série de técnicas processuais com propósitos gerenciais do estoque de processos foram inseridas em nosso ordenamento, visando à racionalização da tramitação e do julgamento e à concretização da isonomia entre as chamadas demandas repetitivas, essencialmente por dois caminhos: aceleração e/ou aglutinação de processos repetitivos.[2]

As primeiras reformas do CPC/73 trouxeram técnicas essencialmente aceleratórias: substituíram julgamentos colegiados por julgamentos monocráticos no segundo grau de jurisdição e nos tribunais superiores,[3] autorizaram o julgamento liminar de improcedência quando o juízo tivesse entendimento consolidado sobre a questão de direito objeto de processo repetitivo[4] e limitaram o cabimento de recursos quando já houvesse entendimento pacificado no tribunal competente sobre a questão recorrida.[5]

Um segundo grupo de reformas se voltou para os tribunais superiores, buscando a agregação de processos para julgamento, com a criação de mecanismo para selecionar um ou mais "casos pilotos" para serem julgados,

---

1. Diz-se principalmente, pois já havia, ainda que em menor número, procedimentos esparsos direcionados ao trato da litigiosidade repetitiva. É o caso do pedido de uniformização da interpretação da lei federal nos juizados especais federais (Lei n° 10.259/01, art. 14, §§ 5º ao 9º) e a ampliação da suspensão de liminares em casos repetitivos (art. 4, § 8º, da Lei n° 8.437/92, com a redação dada pela MP 2.180-35/2001).

   No âmbito do próprio STF, a Emenda Regimental n° 12, de 17.12.2003, que disciplinou o julgamento dos recursos extraordinários provenientes dos Juizados Especiais Federais.
2. SICA, Heitor Vitor Mendonça. Brevíssimas reflexões sobre a evolução do tratamento da litigiosidade repetitiva no ordenamento brasileiro, do CPC de 1973 ao CPC de 2015. *Revista de Processo*, v. 41, n. 257, p. 269-281, jul. 2016.
3. Exemplificativamente, Leis n° 8.038/90, n° 9.756/98, n° 10.352/01.
4. Art. 285-A do CPC de 1973, com redação dada pela Lei nº 11.277 de 2006.
5. Art. 518, §1º, do CPC de 1973, inserido pela Lei nº 11.276/2006.

aplicando-se a tese definida aos demais casos repetitivos sobrestados.[6] Pode-se dizer que essa foi a gênese dos mecanismos de julgamento de casos repetitivos.

O CPC/15, por sua vez, seguiu acreditando na valorização dos precedentes ena agregação como mecanismo gerencial e buscou aprofundare aperfeiçoar,[7] ampliando seu alcance aos processos em tramitação em primeira instância. O julgamento dos recursos especial e extraordinário repetitivos (REERs) agora autoriza a suspensão dos processos em tramitação no primeiro grau,[8] e o incidente de resolução de demandas repetitivas IRDR, criado

6. Técnica introduzida pelas Leis nº 11.418/07 e nº 11.672/08.

7. Fala-se aqui em aprimoramento e aperfeiçoamento, pois o CPC/15 insistiu e ampliou as técnicas de aglutinação de julgamento de processos repetitivos.

   Mas releva ressaltar que parte da doutrina entende que esse modelo já era fracassado desde o CPC/73, quando a técnica era aplicável aos tribunais de vértice, pois não teria conseguido lidar com o estoque de processos de forma satisfatória.

   Com demostra Sica: "Em 2007, o número anual de processos que chegaram ao STF atingiu seu ápice histórico (112.938), a demonstrar que não vinham surtindo efeito as reformas processuais calcadas na *aceleração* realizadas entre 1990 e 2006. Apenas a partir de 2008 é que constata queda substancial no número de processos recebidos pelo STF, sendo inevitável relacionar tal redução à técnica de *aglutinação* acolhida a partir de 2007. Contudo, a partir de 2012 o número de processos dirigidos ao STF voltou a subir, sinalizando que essas últimas reformas tiveram efeito meramente paliativo. Situação similar se verifica no âmbito do segundo mais importante tribunal de vértice do sistema judiciário brasileiro, o Superior Tribunal de Justiça (STJ). Criado pela Constituição Federal de 1988 para absorver parte das competências do STF, o STJ (integrado por 33 magistrados) recebeu 23.368 processos em 1991. Após série ininterrupta de aumentos no número de processos, chegou-se a um recorde histórico (até então) de 347.426 processos recebidos (em 2009), reforçando-se o entendimento de que os meios *aceleratórios* implantados nas reformas de 1990 a 2006 não implicaram diminuição do volume de trabalho daquela Corte. Acresça-se que também no STJ se pode reconhecer, a partir do início da vigência da técnica de *aglutinação*, queda apenas transitória do número de processos (entre 2009 e 2011) pois, ao final de 2014, já se havia atingido um número de processos superior ao do recorde histórico anteriormente verificado (386.42323)" (SICA, Heitor Vitor Mendonça. Brevíssimas reflexões sobre a evolução do tratamento da litigiosidade repetitiva no ordenamento brasileiro, do CPC de 1973 ao CPC de 2015. *Revista de Processo*, v. 41, n. 257, p. 269-281, jul. 2016).

8. Nesse sentido, dispõe a exposição de motivos: "Dentre esses instrumentos, está a complementação e o reforço da eficiência do regime de julgamento de recursos repetitivos, que agora abrange a possibilidade de suspensão do procedimento das demais ações, tanto no juízo de primeiro grau, quanto dos demais recursos extraordinários ou especiais, que estejam tramitando nos tribunais superiores, aguardando julgamento, desatreladamente dos afetados". Disponível em https://www2.senado.leg.br/bdsf/bitstream/handle/id/512422/001041135.pdf. Acesso em 30/07/2020.

pela nova legislação, determina a suspensão dos processos pendentes, englobando também os da primeira instância.

Doravante, analisaremos esses dois institutos, não com a finalidade de exaurir todas as questões interpretativas, mas para compreender os desafios de sua aplicação às demandas repetitivas dos setores regulados. Para tanto, focaremos em dois aspectos, que entendemos necessários, tendo em vista o objeto de pesquisa: a **participação** nos julgamentos de casos repetitivos e o alcance da **vinculação** das decisões neles proferidas.

III.1.JULGAMENTO DE CASOS REPETIVIVOS: PARTICIPAÇÃO E VINCULAÇÃO

Ambas as técnicas de julgamento de casos repetitivos, recursos especial e extraordinário repetitivos e IRDR, foram criadas para lidar com a litigiosidade repetitiva e voltadas especificamente para as questões jurídicas, ou seja, tanto no dispositivo que trata do IRDR como no que trata dos recursos especial e extraordinário repetitivos requer-se que haja "repetitividade" de processo que contenha controvérsia sobre *questões jurídicas homogêneas*[9].

Presentes os requisitos autorizadores da aplicação datécnica de julgamento de casos repetitivos, pretende-se julgar questões de direito, fixando tese jurídica a ser aplicada aos demais processos que versem sobre a mesma controvérsia jurídica.

A ideia é que, ao aplicar a tese jurídica construída quando do julgamento dos casos repetitivos, busca-se isonomia – dando à mesma questão jurídica igual interpretação e aplicação –, previsibilidade e estabilidade, corolários da segurança jurídica.

Para analisar o ponto pretendido no presente trabalho, é necessário verificar de que forma o procedimento de julgamento dos casos repetitivos considera a Agência Reguladora nos julgamentos e definição da tese, a ser aplicada a todos os casos que versem sobre a questão de direito decidida, bem como quais os efeitos dessa decisão para a Agência.

---

9. O dispositivo que trata dos requisitos do IRDR fala em "efetiva repetição de processos que contenham controvérsia sobre a mesma questão unicamente de direito" (art. 976, I, CPC); e o que trata dos recursos especial e extraordinário repetitivos fala em "multiplicidade de recursos extraordinários ou especiais com fundamento em idêntica questão de direito" (art. 1.036, CPC).

a) O microssistema de julgamento de "casos repetitivos": gestão de casos repetitivos e formação de precedentes.

Como mencionado, o Código de Processo Civil de 2015 considera como "julgamento de casos repetitivos a decisão proferida em: (i) incidente de resolução de demandas repetitivas; e (ii) recursos especial e extraordinário repetitivos" (art. 928).Tratam-se de duas técnicas que, apesar de não totalmente coincidentes, foram criadas com o mesmo objetivo, qual seja, o de conferir tratamento adequado e racional às demandas repetitivas, e que por isso possuem inúmeros pontos de contato.

Em razão disso, pode-se afirmar haver "um microssistema de solução de casos repetitivos, cujas normas de regência se complementam reciprocamente e devem ser interpretadas conjuntamente"[10], em um sistema de vasos comunicantes, garantindo a unidade e coerência buscadas pelo legislador reformador.

Esse microssistema, além de visar à *gestão do julgamento de "casos repetitivos"*[11] *(art. 985, I, c/c art. 1.039 e art. 1.040, III, CPC – complementado pelas normas que regulam o julgamento dos recursos de revista repetitivos, arts. 896-B e 896-C, CLT, inseridos pela Lei n°* 13.105/2015), também visa à *formação concentrada de precedentes* (art. 985, II,c/c art. 1.040, I, CPC, complementado pelo incidente de assunção de competência).[12-13-14]

---

10. Enunciado n° 345 do Fórum Permanente de Processualistas Civis.

11. "Casos repetitivos" é a nomenclatura usada pela lei, no art. 928, CPC.

12. DIDIER JR, Fredie. CUNHA, Leonardo Carneiro. Recursos contra decisão proferida em incidente de resolução de demandas repetitivas que apenas fixa a tese jurídica. In: DIDIER JR, Fredie (Coord.). *Julgamento de casos repetitivos*. Col. Grandes temas do novo CPC. Salvador: Juspodivm, 2017, p. 312/314.

13. Há autores que afirmam não existir formação de precedente no julgamento do IRDR. Nesse sentido, ver MARINONI, Luiz Guilherme. O "problema" do incidente de resolução de demandas repetitivas e dos recursos extraordinário e especial repetitivos. *Revista de Processo*. São Paulo, ano 40, v. 249, 2015, p. 399-419.

14. Tratando do precedente formado pelas técnicas decisórias com efeito vinculante no CPC/15, Carlos Alberto de Salles explicita que "a natureza do precedente em nosso sistema jurídico é diversa daquela dos países do *common law*. Lá o precedente é normativo, constituído como fonte primária do direito. Em sistemas de direito codificado, como o nosso, o precedente é apenas jurisprudencial. A identidade dos casos permite a sua utilização no caso sucessivo, com vantagem da uniformidade das decisões e da facilidade de julgamento". Ressalte-se que o autor não nega a formação de "precedente", mas diferencia o sentido do termo em nosso ordenamento, adequando-o ao sistema existente, onde o precedente teria função de dotar uma norma legislada de unidade de sentido. (SALLES, Carlos Alberto de. Precedentes e jurisprudência no novo CPC: novas

Apesar de se tratarem de técnicas não totalmente coincidentes e de existirem algumas regras específicas para cada uma delas, muitos dos regramentos de uns são aplicáveis aos outros, algumas vezes por analogia (como é o caso da necessidade de seleção de ao menos dois casos representativos da controvérsia, prevista nos recursos repetitivos)[15] enquanto, outras vezes, a própria lei trata de fazer essa ressalva (como no caso da necessidade de registro eletrônico no CNJ, constante dentro do capítulo que trata do IRDR).[16]

É o caso, também, do tratamento da litigiosidade proveniente dos setores regulados. A norma prevista nos art. 985, §2º e art. 1.040, IV, CPC, que ora estará no centro de nossas análises, e que determina a notificação do órgão governamental ou da Agência Reguladora para fiscalização da aplicação da tese definida em repetitivos pelo ente regulado, é parte integrante deste microssistema e está prevista nos capítulos que tratam de ambas as técnicas.

Por tudo isso – e especialmente por não ser objeto do presente trabalho a análise exaustiva das técnicas processuais em toda a sua amplitude, mas sim no que toca o tratamento da litigiosidade repetitiva no âmbito dos mercados regulados –trataremos os regramentos dos casos repetitivos de forma conjunta, ressaltando as diferenças quando necessário.

b)Natureza jurídica: técnica processual objetiva ("fixa tese") ou julgamento por amostragem ("fixa a tese" e "julga a causa")?

Podemos extrair do direito estrangeiro dois modelos padrãode tratamento de casos repetitivos, úteis para a categorização da nossa realidade: um

técnicas decisórias? In: GRINOVER, Ada Pellegrini et al. *O novo código de processo civil*: questões controvertidas. São Paulo: Atlas, 2015, p. 87).

15. CPC. Art. 1.036. Sempre que houver multiplicidade de recursos extraordinários ou especiais com fundamento em idêntica questão de direito, haverá afetação para julgamento de acordo com as disposições desta Subseção, observado o disposto no Regimento Interno do Supremo Tribunal Federal e no do Superior Tribunal de Justiça.

§ 1º O presidente ou o vice-presidente de tribunal de justiça ou de tribunal regional federal selecionará 2 (dois) ou mais recursos representativos da controvérsia, que serão encaminhados ao Supremo Tribunal Federal ou ao Superior Tribunal de Justiça para fins de afetação, determinando a suspensão do trâmite de todos os processos pendentes, individuais ou coletivos, que tramitem no Estado ou na região, conforme o caso.

16. CPC. Art. 979. A instauração e o julgamento do incidente serão sucedidos da mais ampla e específica divulgação e publicidade, por meio de registro eletrônico no Conselho Nacional de Justiça. (...) § 3º Aplica-se o disposto neste artigo ao julgamento de recursos repetitivos e da repercussão geral em recurso extraordinário.

procedimento objetivo, no qual se fixa uma tese em abstrato, com a resolução pontual de uma questão; e outro *subjetivo*, pelo qual se julga uma (ou umas) causa(s) por amostragem e nesse julgamento fixa a tese a ser aplicada aos demais, ambos já apresentados pela doutrina brasileira.[17]

No procedimento objetivo, identificado como "procedimento-modelo" (ou que julga "processo-modelo", "causa-modelo"), instaura-se um incidente com a finalidade de fixar uma tese jurídica a ser adotada, não havendo a escolha de uma causa específica a ser julgada. Instaura-se um incidente com o objetivo de apreciar questões comuns aos diversos casos similares e definir uma tese, deixando o julgamento do caso concreto para o juízo do processo originário no qual consta a questão comum decidida no incidente.

Há, nesse modelo, uma cisão cognitiva e decisória, ou uma divisão de competências, pois um órgão julga apenas a questão comum objeto do incidente, enquanto outro incorpora a tese definida no incidente no julgamento do conflito subjetivo, aplicando-a e decidindo as demais questões porventura existentes no processo. Julga-se o caso concreto considerando a tese definida enquanto questão prévia, e não apenas a reproduz.

À exemplo desse modelo objetivo de fixação de tese, tem-se o instituído no Procedimento-Modelo ou Procedimento-Padrão alemão (Musterverfahren), introduzido em 2005 pela Lei de Introdução do Procedimento-Modelo para os investidores em mercado de capitais (KapMug), especificamente para proteção desses investidores e com prazo certo.[18-19]

---

17. Diversos são os trabalhos que tratam de apresentar essas técnicas de julgamento de processos repetitivos no direito estrangeiro. Para uma abordagem aprofundada, ver:- CAVALCANTI, Marcos de Araújo. *Mecanismos de resolução de litígios de massa*: um estudo comparativo entre as ações coletivas e o incidente de resolução de demandas repetitivas. Dissertação (Mestrado em Direito) – Pontifícia Universidade Católica de São Paulo, São Paulo, 2014,p. 249-295.Ver também: CABRAL, Antônio do Passo. O novo procedimento-modelo (musterverfahren) alemão: uma alternativa às ações coletivas. *Revista de Processo*, São Paulo, v. 147, mai. 2007, p. 123; MANCUSO, Rodolfo de Camargo. *Incidente de Resolução de Demandas Repetitivas*. São Paulo: RT, 2016, p. 168-178; MENDES, Aluísio Gonçalves de Castro. *Ações coletivas e meios de resolução de conflito no direito comparado e nacional*. 3. ed. São Paulo: RT, 2012, p. 279-281.

18. CABRAL, Antônio do Passo. O novo procedimento-modelo (musterverfahren) alemão: uma alternativa às ações coletivas. *Revista de Processo*, São Paulo, v. 147, mai. 2007, p. 123.

19. O prazo inicial era até 01.11.2010, prorrogado até 31.10.2012, quando entrou em vigor uma nova KapMug que além de prorrogar por mais oito anos, até 01.11.2020, aumentou a incidência da utilização da técnica para controvérsias provenientes de atividade bancária e de investimentos, e de previdência social (CAVALCANTI, Marcos de Araújo.

Já no procedimento subjetivo, de julgamento por amostragem ("causa-piloto" ou "processo-teste"), uma ou algumas causas são selecionadas e julgadas, e nesse julgamento se define uma solução para a questão de direito comum a todas elas, possibilitando a resolução rápida de todas as demais pela multiplicação da decisão.[20]

Aqui, diferentemente da técnica processual objetiva há uma unidade cognitiva, na medida em que o mesmo órgão que aprecia a questão comum repetitiva também julga a lide do processo originário selecionado. Posteriormente, a *ratio decidendi* do julgamento da questão comum ou repetitiva (acórdão paradigma) é replicada para todos os processos em que essa questão esteja sendo debatida.

Esse procedimento da causa-piloto é adotado pelas ordens de litígio em grupo (*Group Litigation Order - GLO*)[21] do direito inglês, previsto na *Part* das *Civil Procedure Rules*[22] de 1998 (com a redação dada pela *Amendment Rules* n. 221, datada do ano de 2000)[23], que determina quando o Tribunal identificar a real ou a potencial multiplicidade de demandas sobre determinado assunto, deve conceder – por iniciativa própria ou por requerimento das partes[24] – uma ordem de litígio em grupo (*GLO*), determinando o processamento e

---

Mecanismos de resolução de demandas repetitivas no direito brasileiro: um estudo sobre o procedimento-modelo alemão e as ordens de litígios em grupo inglesas. *Revista de Processo*, São Paulo, n. 238, dez. 2014, p. 349.

20. CABRAL, Antônio do Passo. A escolha da causa-piloto nos incidentes de resolução de processos repetitivos. In: DIDIER JR, Fredie (Coord.). *Julgamento de casos repetitivos*. Col. Grandes temas do novo CPC. Salvador: Juspodivm, 2017, p. 38-39.
21. Fredie Didier e Leonardo Carneiro da Cunha, citando Mag. Manfred Kantner, afirmam que esse modelo é também adotado pela causa piloto (Testprozess) na Áustria, previsto no art. 29 do KSchG (DIDIER JR, Fredie CUNHA, Leonardo Carneiro. Recursos contra decisão proferida em incidente de resolução de demandas repetitivas que apenas fixa a tese jurídica. In: DIDIER JR, Fredie (Coord.). *Julgamento de casos repetitivos*. Col. Grandes temas do novo CPC. Salvador: Juspodivm, 2017, p. 315).
22. Civil Procedure Rules Part 19, Section III. A definição está prevista no item 19.10: "A Group Litigation Order ('GLO') means an order made under rule 19.11 to provide for the case management of claims which give rise to common or related issues of fact or law (the 'GLO issues')". Disponível em https://www.justice.gov.uk/courts/procedure-rules/civil/rules/part19#19.10. Acesso em 15. ago. 2020.
23. CAVALCANTI, Marcos de Araújo. *Mecanismos de resolução de litígios de massa*: um estudo comparativo entre as ações coletivas e o incidente de resolução de demandas repetitivas. Dissertação (Mestrado em Direito) – Pontifícia Universidade Católica de São Paulo, São Paulo, 2014, p. 285.
24. ANDREWS, Neil. Multi-Party Proceedings ins England: Representative and Group Actions. *Duke Journal of Comparative & International Law*, v. 11, n. 2, 2001, p. 249-267.

gerenciamento coletivo das ações individuais que versem sobre "questões de ordem de litígio em grupo" (*GLO issues*), determinando, ainda, a seleção de uma ou mais *test claim* ("demandas teste")[25], para que as decisões tomadas no julgamento destas sejam vinculadas às demais ações homogêneas integrantes do grupo.[26-27]

Quando tratamos de casos repetitivos no sistema brasileiro, compreende-se que ojulgamento dos recursos especial e extraordinário repetitivos é uma técnica de julgamento de "causa-piloto". Isto é: julgamento por amostragem, com a prolação de um acórdão paradigma nos moldes acima especificados – compreensão pacífica na doutrina.[28] Esse enquadramento, contudo, é mais problemático no tocante ao IRDR.

Com a promulgação do CPC/15, passou-se a discutir qual seria a natureza jurídica do IRDR, se julgamento por amostragem (causa-piloto, fixando a tese e decidindoo conflito subjetivo que levou a sua instauração) ou se técnica objetiva (causa-modelo, apenas com resolução de questões jurídicas em abstrato, definindo a tese jurídica). Um dos pontos centrais dessa divergência é se o IRDR é um incidente que visa a deslocar a competência

25. Previsão de seleção da demanda teste pelo juízo no item 19.13, (b): "providing for one or more claims on the group register to proceed as test claims;". Disponível em https://www.justice.gov.uk/courts/procedure-rules/civil/rules/part19#19.10. Acesso em 15/08/2020.

26. Afirmando que as *test claim* da GLO se enquadram em um modelo de "causa piloto", CABRAL, Antônio do Passo. A escolha da causa-piloto nos incidentes de resolução de processos repetitivos. In: DIDIER JR, Fredie (Coord.). *Julgamento de casos repetitivos*. Col. Grandes temas do novo CPC. Salvador: Juspodivm, 2017, p. 39.

27. Utiliza-se, aqui, o exemplo da GLO apenas para se referir ao modelo de julgamento de causa-piloto, pois em vários outros aspectos ela se diferencia do modelo brasileiro que passaremos a apresentar, como por exemplo: i) ela só pode ser usada subsidiariamente, caso não haja outra solução de resolução coletiva de demandas (LEVY, Daniel de Andrade. O incidente de resolução de demandas repetitivas no anteprojeto do novo Código de Processo Civil: exame à luz da Group Litigation Order britânica. *Revista de Processo*, São Paulo, v. 196, jun. 2011); ii) os processos repetitivos são gerenciados por um mesmo juízo; iii) a questão a ser decidida pode ser de fato ou de direito.

28. CABRAL, Antônio do Passo. A escolha da causa-piloto nos incidentes de resolução de processos repetitivos. In: DIDIER JR, Fredie (Coord.). *Julgamento de casos repetitivos*. Col. Grandes temas do novo CPC. Salvador: Juspodivm, 2017; DIDIER JR, Fredie CUNHA, Leonardo Carneiro. Recursos contra decisão proferida em incidente de resolução de demandas repetitivas que apenas fixa a tese jurídica. In: DIDIER JR, Fredie (Coord.). *Julgamento de casos repetitivos*. Col. Grandes temas do novo CPC. Salvador: Juspodivm, 2017; ROQUE, André Vasconcelos. Ações coletivas e procedimentos para a resolução de casos repetitivos. In: DIDIER JR, Fredie (Coord.). *Julgamento de casos repetitivos*. Col. Grandes temas do novo CPC (v. 10). Salvador: Juspodivm, 2017.

do julgamento do pedido especificamente deduzido no processo no qual foi suscitado ou se é um incidente autônomo que visa apenas a fixar uma tese jurídica a ser considerada como fundamento inafastável no julgamento do processo principal pelo órgão de competência originária.[29]

Ao que parece, essa divergência nasceu de uma "mudança de rota" no processo legislativo.

Quando a Comissão de Juristas elaborou o Anteprojeto do novo Código de Processo Civil, declarou na exposição de motivos que estava criando o incidente com inspiração no direito alemão,[30] tratando-se, assim, de um "procedimento-modelo". No entanto, durante a tramitação do projeto de lei, houve a inserção e a aprovação definitivado parágrafo único do art. 978, que determina expressamente que "o órgão colegiado incumbido de julgar o incidente e de fixar a tese jurídica julgará igualmente o recurso, a remessa necessária ou o processo de competência originária de onde se originou o incidente", o que levaria a crer que também no IRDR haveria uma unicidade decisória. Surgiram, assim, entendimentos diversos a esse respeito, passíveis de serem analisados em duas correntes principais.

A primeira, da qual fazem parte Fredie Didier Jr, Leonardo Carneiro da Cunha, Antonio do Passo Cabral, dentre outros[31], entende que a técnica de

29. OLIVEIRA, Guilherme Peres de. Incidente de resolução de demandas repetitivas – uma proposta de interpretação de seu procedimento. In: FREIRE, Alexandre et al. (Org.). *Novas tendências do processo civil* (v. 2). Salvador: Juspodivm, 2014, p. 669.

30. "Com os mesmos objetivos [evitar a dispersão excessiva da jurisprudência, atenuar o assoberbamento de trabalho no Poder Judiciário, sem comprometer a qualidade da prestação jurisdicional], criou-se, com inspiração no direito alemão, o já referido incidente de Resolução de Demandas Repetitivas, que consiste na identificação de processos que contenham a mesma questão de direito, que estejam ainda no primeiro grau de jurisdição, para decisão conjunta". Exposição de motivos do anteprojeto do novo CPC. Disponível em http://www2.senado.leg.br/bdsf/item/id/496296. Acesso em 01/04/2020.

31. Entendendo que o IRDR é espécie de "causa-piloto": CABRAL, Antônio do Passo. Comentários aos arts. 976 a 987. In: CABRAL, António do Passo; CRAMER, Ronaldo. *Comentários ao novo Código de Processo Civil*. 2. ed. Rio de Janeiro: Forense, 2016; DIDIER JR, Fredie CUNHA, Leonardo Carneiro. Recursos contra decisão proferida em incidente de resolução de demandas repetitivas que apenas fixa a tese jurídica. In: DIDIER JR, Fredie (Coord.). *Julgamento de casos repetitivos*. Col. Grandes temas do novo CPC. Salvador: Juspodivm, 2017; CÂMARA, Alexandre Freitas. *O novo processo civil brasileiro*. 4. ed. São Paulo: Atlas, 2015; TALAMINI, Eduardo. A dimensão coletiva dos direitos individuais homogêneos. In: DIDIER JR., Fredie (coord.). *Julgamento de casos repetitivos*. Col. Grandes temas do novo CPC. Salvador: Juspodivm, 2017, p. 160; DANTAS, Bruno. Comentários ao art. 978. Breves comentários ao novo Código de Processo Civil. Teresa Arruda Alvim Wambier et al (coord.). São Paulo: RT, 2015;

julgamento do IRDR é a de julgamento por amostragem (ou "causa-piloto"), pois o julgamento do incidente compreenderia também o julgamento do caso concreto a partir do qual instaurado, nos termos do art. 978, parágrafo único. Haveria a solução do conflito subjetivo, com uma unidade cognitiva e decisória, e a decisão proferida pelo mesmo órgão, além de sera decisão do caso concreto, é também um precedente que funcionará como padrão decisório para outros casos, pendentes ou futuros.[32] Isto é, o tribunal, no IRDR, julga a causa e fixa o entendimento a ser aplicável aos demais casos repetitivos.[33]

Isso seria reforçado, ainda, pela indispensável existência de uma causa pendente de julgamento no tribunal para a instauração do incidente. Só pode haver a instauração de um "incidente" dentro de um processo. Caso contrário, não se trataria de um incidente, mas de um processo originário, com transferência da cognição do juízo de primeiro grau ao tribunal – o que não é possível ante a incompetência do legislador ordinário para criar competência originária para os tribunais.[34]

Já para a segunda corrente, defendida por Aluísio Gonçalves de Castro Mendes, Sofia Temer, dentre outros, o IRDR seria espécie de "processo--modelo", pois a decisão proferida no bojo do incidente apenas fixa a tese jurídica sobre a questão de direito comum aos processos repetitivos, não adentrando na análise do conflito subjetivo daquele processo individualmente falando[35]. Nesse caso, haveria uma cisão cognitiva, com a fixação da tese em abstrato pelo tribunal (em uma feição objetiva), ou seja, sem aplicação

---

ZANETI JR, Hermes. Os casos repetitivos no Brasil: notas sobre a agregação de litígios, o processo coletivo e os precedentes vinculantes no CPC/15. *Revista Iberoamericana de Derecho Procesal*. v. 7, versão digital, jan.-jul. 2018.

32. CÂMARA, Alexandre Freitas. *O novo processo civil brasileiro*. 4. ed. São Paulo: Atlas, 2015; DANTAS, Bruno. Comentários ao art. 978. Breves comentários ao novo Código de Processo Civil. Teresa Arruda Alvim Wambier et al (coord.). São Paulo: RT, 2015.

33. DIDIER JR, Fredie CUNHA, Leonardo Carneiro. Recursos contra decisão proferida em incidente de resolução de demandas repetitivas que apenas fixa a tese jurídica. Op. cit.

34. Idem.

35. Há até quem defenda a desnecessidade de o incidente ser instaurado a partir de um caso já em tramitação no tribunal, ou seja, que o IRDR poderia ser instaurado mesmo sem a controvérsia já ter chagado por um recurso no Tribunal. Nesse sentido: MENDES, Aluísio Gonçalves de Castro. *Incidente de resolução de demandas repetitivas*: sistematização, análise e interpretação do novo instituto processual. Rio de Janeiro: Forense, 2017, p. 105-106.

direta ao caso concreto,[36] para posterior julgamento do caso concreto pelo juízo de origem, com a aplicação da tese definida no incidente pelo tribunal.

Divergências à parte, é interessante ressaltar que também os que categorizam o IRDR enquanto "causa-piloto", afirmando que o tribunal julga também o conflito subjetivo, reconhecem que, a partir do momento em que instaurado o incidente, passam a coexistir o processo originário (caso-piloto) e o procedimento incidental para definição da tese jurídica (incidente). Reconhecem, também, que no caso de desistência do recurso, será julgado apenas o incidente com fixação da tese, em uma hipótese de "processo-modelo"[37]– situação de ocorrência rara, pois serão escolhidos pelo menos dois casos para o julgamento da questão repetitiva e isso apenas ocorreria se todos desistissem (art. 1.036, §§ 2º e 5º, CPC).

Acredita-se ser mais acertado o entendimento de que, em regra, trata-se de causa-piloto, deixando de sê-lo apenas quando houver desistência do processo afetado.

Na síntese de Antonio do Passo Cabral:

> nossa concepção é que o legislador optou por um formato híbrido. Em regra, observando o art. 978, parágrafo único, o tribunal julgaráa questão comum e o(s) caso(s) selecionados e afetados para instrução. Há *unidade cognitivae decisória*, com posterior aplicação da *ratio decidendi* sobre a questão comum aos demais processos em que seja debatida. Evidentemente, a regra é tratar-

36. Defendem esse posicionamento: NUNES, Dierle. Do julgamento dos recursos extraordinário e especial repetitivos. In: WAMBIER, Teresa Arruda Alvim et al. (Coord.). *Breves Comentários ao novo Código de Processo Civil*. São Paulo: RT, 2015; CAMBI, Eduardo; FOGAÇA, Mateus. Incidente de resolução de demandas repetitivas no novo Código de Processo Civil. *Revista de Processo*, São Paulo, v. 243, versão digital, mai. 2015; TEMER, Sofia. *Incidente de resolução de demandas repetitivas*. Salvador: Ed. Juspodivm, 2016, p. 68; CAMARGO, Luiz Henrique Volpe. O incidente de resolução de demandas repetitivas no projeto de novo CPC. In: Alexandre Freire et al. (Org.). *Novas tendências do processo civil*. v. 3. Salvador: Juspodivm, 2014, p. 283; OLIVEIRA, Guilherme Peres de. Incidente de resolução de demandas repetitivas – uma proposta de interpretação de seu procedimento. In: FREIRE, Alexandre et al. (Org.). *Novas tendências do processo civil* (v. 2). Salvador: Juspodivm, 2014, p. 670; ROQUE, André Vasconcelos. Ações coletivas e procedimentos para a resolução de casos repetitivos. In: DIDIER JR, Fredie (Coord.). *Julgamento de casos repetitivos*. Col. Grandes temas do novo CPC (v. 10). Salvador: Juspodivm, 2017, p. 29, dentre outros.

37. DIDIER JR, Fredie CUNHA, Leonardo Carneiro. Recursos contra decisão proferida em incidente de resolução de demandas repetitivas que apenas fixa a tese jurídica. In: DIDIER JR, Fredie (Coord.). *Julgamento de casos repetitivos*. Col. Grandes temas do novo CPC. Salvador: Juspodivm, 2017.

-se de causa piloto, jurisdição exercida à luz de pretensões e alegações de direitos subjetivos em concreto. No entanto, quando houver desistência do processo afetado, o incidente pode mesmo assim prosseguir para a definição da questão comum (art. 976, § 1º, CPC). Nessa hipótese, segue-se o formato do processo modelo, instituindo-se um procedimento de solução da questão comum a vários processos, mas com técnica diferente. No caso do IRDR que prossegue a despeito da desistência do caso, existe *cisão cognitiva e decisória*, o órgão que julga o incidente aprecia apenas a questão comum, e todas as demais questões que não forem objeto do IRDR serão decididas pelos juízos dos processos primitivos[38].

De todo modo, no que concerne ao objeto do presente trabalho, fato é que o IRDR parte dos casos selecionados para, com base neles, fixar um entendimento que será aplicado aos demais processos repetitivos – seja os julgando diretamente e os utilizando como amostra, a fim de definir solução para os casos repetitivos, como sustentamos, seja partindo de seus elementos para firmar uma tese *in abstrato.*[39] Daí a importância do cuidado na seleção dos processos originários, cuidado este que deverá ser observado pelo tribunal no momento da seleção dos processos afetados.

Não há dúvida de que, para a construção da *ratio decidendi* que será aplicada aos demais casos similares – independentemente de se entender tratar de causa-piloto ou processo-modelo –, o julgador partirá dos casos afetados, com maior ou menor abstração dos fatos neles narrados.

---

38. CABRAL, António do Passo. Comentários aos arts. 976 a 987. In: CABRAL, António do Passo; CRAMER, Ronaldo. *Comentários ao novo Código de Processo Civil.* 2. ed. Rio de Janeiro: Forense, 2016, p. 1437-1438.

39. Dentre os que defendem ser o IRDR espécie de "causa-modelo", Sofia Temer é a autora que, a nosso ver, mais desvincula o julgamento do incidente dos elementos do caso originário. Nesse sentido: "O incidente será insaturado *a partir* de alguns casos concretos, nos quais haja discussão sobre a questão de direito. Tais 'causas', apesar de servirem como substrato para o incidente, com ele não se confundem. Instaurado o incidente, há uma separação em relação aos casos concretos, já que não há no IRDR a resolução do conflito subjetivo. Essa separação é essencial para garantir a qualidade da cognição operada no incidente, que deve analisar a controvérsia sem se vincular demasiadamente às peculiaridades do caso concreto, de modo a estabelecer uma tese que possa ser usada como padrão decisório. Desse modo, para a resolução da questão jurídica comum deverá ocorrer a abstração em relação aos casos concretos, e será formada, no incidente, uma *situação fática padrão*. Para tanto, parece ser possível defender que o tribunal deverá identificar um *fato-tipo* (ou um conjunto de fatos-tipos) para resolver a questão de direito repetitiva" (TEMER, Sofia. *Incidente de resolução de demandas repetitivas*. Salvador: Ed. Juspodivm, 2016, p. 73).

Isso porque, quando a legislação determina que, além de julgar a questão comum (fixando a tese), o tribunal deve julgar também o caso concreto, traz a necessidade de que o órgão julgador se debruce sobre fatos específicos dos processos afetados, que não necessariamente são comuns aos demais processos repetitivos. Ao analisar a questão comum, é possível seja difícil se afastar de questões específicas dos processos afetados, o que pode ser de alguma forma negativo ao estabelecimento do precedente.

Diante do modelo de julgamento por amostragem presente em nossa legislação, a melhor interpretação a ser dada é a de que, no julgamento do IRDR, o órgão julgador deve se debruçar sobre a questão jurídica repetitiva, visando ao estabelecimento de um precedente judicial que abranja a litigiosidade repetitiva em si considerada, ou seja, uma solução adequada para aplicação em todo caso concreto no qual essa questão surja, evitando pessoalizar o julgamento com referências diretas a casos específicos.[40]

O julgamento do caso concreto propriamente dito viria em uma segunda etapa, na qual o tribunal exercitaria a exata função dos juízos originários onde tramitem os processos versando sobre a mesma questão, ou seja, aplicaria a tese definida considerando as peculiaridades da causa específica, julgando também as eventuais outras questões a serem decididas para aapreciação total do mérito do processo.

É preciso ressaltar, porém, que procurar julgar a questão objeto do incidente da forma mais abstrata possível, sem considerar as peculiaridades do caso-piloto e sem fazer referências direta a um caso específico, não deve ser confundido com desconsiderar as especificidades naturais das demandas repetitivas. As técnicas processuais de julgamento por amostragem foram inseridas em nosso ordenamento visando, declaradamente, tratar a litigiosidade repetitiva. E para tratar *adequadamente* essa litigiosidade, devem considerar os seus contornos específicos.

Por isso, como bem destaca Cecília Asperti, "não há como se desvincular totalmente o julgamento das questões consideradas repetitivas da compreensão dos contornos dessa litigiosidade, cuja dinâmica interpartes, repercussões socioeconômicas e interesses envolvidos são aspectos fundamentais para a aplicação a técnica processual"[41].

---

40. CABRAL, António do Passo. Comentários aos arts. 976 a 987. In: CABRAL, António do Passo; CRAMER, Ronaldo. *Comentários ao novo Código de Processo Civil.* 2. ed. Rio de Janeiro: Forense, 2016, p. 1437.

41. Segue a autora: "A despeito da escassez de estudos empíricos sobre a litigiosidade repetitiva, tem-se como traço característico o fato de essa litigiosidade surgir no bojo das

Isso é ainda mais exato na medida em que tratamos de questões no âmbito dos setores regulados, que contêm discussões técnicas e específicas e contam com a intervenção de um órgão regulador, de grande relevância para um setor inteiro do mercado e com reflexos para um sem número de indivíduos, atingindo interesses deveras distintos e por vezes antagônicos.

Assim, em ambas as técnicas de julgamento de casos repetitivos (recursos especial e extraordinário repetitivos e IRDR) trata-se de modelo de "causa-piloto", com a fixação da tese sobre questão jurídica de direito e posterior julgamento da demanda – com exceção, no caso do IRDR, da hipótese de desistência do caso-piloto[42].

c) Os casos repetitivos e participação dos envolvidos

Para compreender como deve se dar a participação do Ente Regulador na formação da tese jurídica no julgamento de casos repetitivos em matéria regulada, e os efeitos dessa decisão na esfera da Agência Reguladora, é preciso analisar de forma geral, mesmo sem pretensão de esgotar, o tema da participação na formação do precedente.[43]

Como ponto de partida, considere-se, como já colocado, que ambas as técnicas analisadas formam um microssistema de julgamento de casos repetitivos, e, consequentemente, muitas das previsões legais topologicamente previstas dentro de um ou de outro, aplicam-se ao gênero casos repetitivos.

Como concluímos no item anterior, enquanto instrumentos de tratamento da litigiosidade repetitiva, as técnicas de julgamento buscam gerenciar

---

relações travadas entre indivíduos e o Estado e pessoas jurídicas de direito privado de grande porte, em que a repetição de questões jurídicas similares decorre, justamente, do fato de que essas relações são regidas pelas mesmas normas e/ou por contratos padronizados, além de estarem inserida em um arcabouço fático em comum. Deste modo, por mais que os recursos repetitivos e o IRDR se proponham a firmar teses jurídicas sobre questões predominantemente de direito, tem-se que aspectos não jurídicos e de grande repercussão econômica, social e política são, frequentemente, centrais à discussão da tese jurídica." (ASPERTI, Maria Cecilia de Araújo. *Acesso à Justiça e técnicas de julgamentos de casos repetitivos*. Tese (Doutorado em Direito) – Faculdade de Direito da Universidade de São Paulo, São Paulo, 2018, p. 132).

42. Nesse caso, o tribunal apenas fixará a tese jurídica, adotando o sistema causa-modelo.
43. Especificamente sobre a participação no julgamento de processos repetitivos, e de uma forma ampla e completa, ver: ASPERTI, Maria Cecilia de Araújo. *Acesso à Justiça e técnicas de julgamentos de casos repetitivos*. Tese (Doutorado em Direito) – Faculdade de Direito da Universidade de São Paulo, São Paulo, 2018.

casos repetitivos, decidindo a questão de direito controvertida através do julgamento por amostragem, com a escolha de uma causa-piloto, da qual será definida uma tese jurídica, cuja *ratio decidendi* aproveitará aos demais processos, presentes e futuros, que envolvam a mesma questão jurídica.

Trata-se, portanto, de decisão tomada com base no julgamento de um (ou alguns) processos, cuja tese definida será aplicada a um sem número de processos que versem ou versarão sobre essa questão jurídica. Há o julgamento do caso concreto e também o julgamento abstrato da questão jurídica controvertida.

Tendo-se em vista a repercussão da tese jurídica em casos pendentes e futuros, o legislador buscou considerar na técnica processual a participação de alguns sujeitos com papéis diversos – além das partes dos processos afetados para definição da tese jurídica, as partes das causas repetitivas suspensas/sobrestadas, bem como de sujeitos diversos (*amici curiae*), que, em razão de sua experiência ou atividade, possam contribuir com dados, elementos e argumentos relacionados com o tema objeto do julgamento.

O que está por trás do tema da participação dos sujeitos no processo é sempre a compreensão do contraditório, corolário do devido processo legal. E, quando se trata de julgamentos que, por sua natureza, definirão a solução de um sem número de casos repetitivos que versem sobre a mesma questão de direito, esse tema adquire um contorno de necessidade ainda mais latente.

c.1. O contraditório nos julgamentos de casos repetitivos: a possibilidade de influência.

A essencialidade do contraditório no processo é assente na doutrina processual, nacional e estrangeira, sendo definido enquanto elemento essencial caracterizador e diferenciador do processo. Conforme célebre lição de Elio Fazzalari, o que distingue o procedimento do processo é exatamente a possibilidade de participação de todos os destinatários dos efeitos do provimento jurisdicional, em uma estrutura dialética onde assegurada a paridade simétrica de posições dos sujeitos e a efetiva possibilidade de influência de seus atos e argumentos na decisão a ser proferida.[44]

44. FAZZALARI, Elio. *Istituzioni di diritto processuale.* Padova: CEDAM, 1994.

Nas palavras de Humberto Theodoro Junior, o contraditório é "elemento normativo estrutural da comparticipação,[45] assegurando, constitucionalmente, o policentrismo processual. Com isso, todos os sujeitos potencialmente atingidos pela incidência do julgado (potencialidade ofensiva) têm garantia de contribuir de forma crítica e construtiva para a sua formação"[46]. Essa participação em contraditório é, também, elemento legitimador democrático das decisões judiciais.[47]

Imbuída na participação dos sujeitos no processo é a noção de influência, definida por Cabral como "qualquer condicionamento significativo à conduta dos demais sujeitos do processo, realizado a partir de posições críticas ou omissões conclusivas, transmitidas comunicativamente e que, caso não existissem, poderiam, mantidas as demais condições, motivar o sujeito condicionado a agir de modo diverso"[48]. O que é indispensável, portanto, é que os argumentos trazidos pelos sujeitos possam verdadeiramente influenciar o julgador, ultrapassada a ideia de contraditório enquanto binômio informação-reação.

Nessa perspectiva, o contraditório ganhou novos aspectos e passou a ser compreendido especialmente como direito de influência e dever de colaboração de todos os sujeitos, sendo caracterizado enquanto um contraditório dinâmico e efetivo. Para tanto, deve assegurar i) um tratamento paritário entre as partes, estabelecendo um equilíbrio processual, dando

---

45. Para se aprofundar na ideia de comparticipação e de contraditório dinâmico, na perspectiva do processo justo, ver: THEODORO JUNIOR, Humberto; NUNES, Dierle José Coelho. Uma dimensão que urge reconhecer ao contraditório no direito brasileiro: sua aplicação como garantia de influência, de não surpresa e de aproveitamento da atividade processual. *Revista de Processo*, São Paulo, v. 168, p. 107-141, fev. 2009.
46. THEODORO JUNIOR, Humberto. Processo justo e contraditório dinâmico. *Revista de Estudos Constitucionais, Hermenêutica e Teoria do Direito (RECHTD)*, Curitiba, jan.-jun. 2007, p. 70.
47. Sobre legitimidade das decisões judiciais, processo e democracia, ver: DINAMARCO, Cândido Rangel. *A instrumentalidade do processo.* 15. ed. São Paulo: Malheiros, 2013; OLIVEIRA, Carlos Alberto Alvaro de. *Do formalismo no processo civil*: proposta de um formalismo-valorativo. 4. ed. rev., atual. e ampl. São Paulo: Saraiva, 2010; GRECO, Leonardo. Garantias fundamentais do processo: o processo justo. *Novos estudos jurídicos*, v. 7, n. 14, 2008; REICHELT, Luis Alberto. O conteúdo da garantia do contraditório no direito processual civil. *Revista de Processo*, São Paulo, v. 162, ago. 2008; THAMAY, Rennan Faria. A democracia efetivada através do processo civil. *Revista Lex Humana*, v. 3, n. 2, 2011.
48. CABRAL, Antonio do Passo. *Coisa Julgada e preclusões dinâmicas.* 2. ed. Salvador: Juspodivm, 2014, p. 340.

especial atenção àquelas que se encontrem em posições técnicas e econômicas desniveladas; ii) participação e direito de influir àqueles que terão de suportar as consequências do provimento jurisdicional, vedando decisões que os surpreendam; iii) que a construção das decisões se dê com base na manifestação e participação dos envolvidos, sendo vedado que o fundamento da decisão não tenha sido debatido no processo.[49]

Nesse sentido, Marinoni ensina que o "direito de participar" vai além do direito de influenciar o convencimento do juiz e compreende também "o direito de estar junto a ele ou de cuidar para que a atividade jurisdicional não seja arbitrária", dando relevância à publicidade de fundamentação das decisões. Isto é, deve haver a oportunidade de o sujeito participar e influir na convicção e também de controlar a atividade jurisdicional por meio de adequada fundamentação do comando judicial.[50]

Tem-se, então, que o direito ao efetivo contraditório engloba vários elementos, e dentre eles o direito de "todos os sujeitos potencialmente atingidos pela incidência do julgado (potencialidade ofensiva)"[51] de participar da construção do provimento jurisdicional.

Pela própria natureza da litigiosidade e do julgamento, por amostragem, é obviamente impossível que todos os sujeitos interessados (mesmo que limitado aos juridicamente interessados) manifestem-sepessoal e diretamente, não sendo aplicável nesta sede a concepção de contraditório do processo individual.[52]

---

49. THEODORO JUNIOR, Humberto. Processo justo e contraditório dinâmico. *Revista de Estudos Constitucionais, Hermenêutica e Teoria do Direito (RECHTD)*, Curitiba, jan.-jun. 2007.

50. MARINONI, Luiz Guilherme. *Teoria Geral do Processo*. 3. ed. São Paulo: RT, 2009, p. 408-409.

51. THEODORO JUNIOR, Humberto. Processo justo e contraditório dinâmico. *Revista de Estudos Constitucionais, Hermenêutica e Teoria do Direito (RECHTD)*, Curitiba, jan.-jun. 2007, p. 70.

52. Também não pretendeu o legislador tratar a litigiosidade repetitiva pela tutela coletiva, por diversos motivos. Tanto é que criou novas técnicas a despeito do já existente modelo de tutela coletiva de direitos. Não nos aprofundaremos nas diferenças entre o sistema de tutela coletiva e o de tutela repetitiva, mas várias excelentes obras já o fizeram. Nesse sentido, ver: CAVALCANTI, Marcos de Araújo. *Mecanismos de resolução de litígios de massa*: um estudo comparativo entre as ações coletivas e o incidente de resolução de demandas repetitivas. Dissertação (Mestrado em Direito) – Pontifícia Universidade Católica de São Paulo, São Paulo, 2014. Sobre a inadequação do contraditório próprio das tutelas coletivas, Sofia assevera: "Para as ações coletivas foram desenvolvidos, tanto no direito comparado como no brasileiro, modelos em que há a escolha (legal

Nesse sentido, sustentando a indispensabilidade de adequações no modelo tradicional de contraditório, afirmam Mendes e Aragão que "careceria de sustentação teórica a ideia de que decisões proferidas em um processo individual comum pudessem projetar seus efeitos, possivelmente desfavoráveis, a autores ou réus de outras ações individuais com mesmo pedido e causa de pedir, mas que de modo algum integraram aquela relação processual"[53].

---

ou judicial) de algum ou alguns sujeitos que podem atuar em juízo, representando os ausentes, para que a decisão possa lhes ser aplicável. Esses sistemas são combinados, em geral, com algum modelo de notificação dos ausentes. No Brasil, nas ações coletivas para defesa de direitos individuais homogêneos, o regime é o de legitimação extraordinária, na modalidade de substituição processual, pelo qual os legitimados indicados na lei atuam substituindo os ausentes, o que é temperado por um regime benéfico (aos ausentes) quanto à extensão dos efeitos das decisões. Não obstante, esta fórmula não pode ser simplesmente importada para o incidente de resolução de demandas repetitivas. Isso porque não há propriamente uma substituição dos titulares das relações jurídicas substanciais no âmbito do incidente, eis que as suas relações substanciais não serão "trazidas" para serem apreciadas e julgadas no IRDR. Não haverá a substituição do titular do direito por outro sujeito, pelo simples fato de que o direito subjetivo não será "defendido" por ninguém no incidente. Os sujeitos não serão substituídos na defesa de seus próprios direitos - ao menos não como ocorre nas ações coletivas - porque não há essa "transposição" da tutela dos direitos dos processos repetitivos para o incidente" (TEMER, Sofia. *Incidente de resolução de demandas repetitivas*. Salvador: Ed. Juspodivm, 2016, p. 134).

Também sobre a substituição processual própria da tutela coletiva, Adonias Bastos afirma: "Se, de um lado, as demandas coletivas diminuem a desigualdade entre pequenos litigantes e grandes réus, de outro lado, a substituição processual traz inconveniente como o de permitir que alguns sujeitos, legitimados pela lei, postulem em prol do interesse de uma coletividade geograficamente dispersa, cujos indivíduos não são conhecidos na sua totalidade, e que, muitas vezes, não possuem sequer notícia da demanda coletiva e dos seus efeitos, (b) a existência de conflitos internos na classe representada que não são considerados na propositura e no julgamento do conflito coletivo, (c) a falta de opção dos indivíduos substituídos em manifestar em juízo a vontade de não serem atingidos pelos efeitos da demanda coletiva; (d) a inexistência de comprometimento dos substituídos com a questão debatida; e (e) de que alguns órgãos do Estado ou mesmo entidades representativas, legitimados em caráter geral e abstrato, não estejam tão próximos dos fatos" (BASTOS, Antônio Adonias Aguiar. Situações jurídicas homogêneas: um conceito necessário para o processamento de demandas de massa. *Revista de Processo*, São Paulo, v. 186, p. 87-107, versão digital, ago. 2010). Sobre a representatividade adequada no processo coletivo, ver: COSTA, Susana Henriques da. O controle judicial da representatividade adequada: uma análise dos sistemas norte-americano e brasileiro. In: SALLES, Carlos Alberto de (Coord.). *As grandes transformações do processo civil brasileiro*: homenagem ao professor Kazuo Watanabe. São Paulo: Quartier Latin, 2009, p. 954-978.

53. MENDES, Aluísio Gonçalves de Castro; RODRIGUES, Roberto de Aragão Ribeiro. Reflexões sobre o incidente de resolução de disputas repetitivas previsto no projeto do

Quando tratamos de julgamento de casos repetitivos, a garantia do contraditório toma uma proporção diferente, porquanto o julgamento será aplicado ao caso afetado, aos casos sobrestados e, também, aos casos potenciais ou futuros.

Assim, na mesma medida em que esses parâmetros são essenciais para a conformação do devido processo legal, precisam ser moldados à sistemática dos julgamentos de casos repetitivos, onde há a fixação de uma tese jurídica construída com base em elementos de alguns casos, a ser aplicada a diversos outros processos que versem sobre as mesmas questões de direito. Tem-se, nesses casos, uma estrutura subjetivamente mais complexa do que no processo individual, devendo ser considerada a participação das partes dos processos pilotos (*partes*), das partes dos processos sobrestados (*sobrestados*) e dos interessados dos conflitos futuros ou potenciais (*ausentes*), bem como a participaçãode pessoas, órgãos ou entidades com interesse na controvérsia (*amici curiae)*.

É com base nessa compreensão de contraditório enquanto influência que analisaremos nosso objeto de pesquisa.

c.2. Participação das partes e dos sobrestados[54]

Traçada a premissa da indispensabilidade do contraditório e da necessária adaptação do modelo tradicional ao modelo processual de julgamento dos casos repetitivos, importante analisar como se dá a participação desses sujeitos no procedimento de julgamento de casos repetitivos, na medida em que importar ao objeto do presente trabalho.

Parece claro que a participação dos sujeitos na definição da tese jurídica não se dará nos moldes do processo individual, com participação direta e pessoal. Tratando-se de julgamento por amostragem, há uma conexão por afinidade[55] entre a diversidade de processos que versam sobre a mesma

novo Código de Processo Civil. *Revista de Processo*, São Paulo, v. 37, n. 211, p. 191-207, versão digital, set. 2012.

54. Doravante, utiliza-se "partes" para se referir às partes da causa-piloto afetada para julgamento; e "sobrestados", às partes dos processos sobrestados para aguardar a decisão no processo afetado.

55. Expressão cunhada por Fredie Didier para se referir à conexão própria dos julgamentos de casos repetitivos, que tem efeitos diversos do modelo tradicional de conexão: "Sucede que, em vez de essa conexão determinar a reunião das causas para processamento e julgamento simultâneos (como ocorre com a conexão para fim de modificação de

questão de direito. Identificada essa conexão, nasce a possibilidade de aplicação das técnicas de julgamento de questões repetitivas.

Nos recursos especiais e extraordinário repetitivos, o presidente ou vice-presidente do tribunal de justiça ou do tribunal regional federal, selecionará dois ou mais recursos representativos da controvérsia e os encaminhará ao Superior Tribunal de Justiça (recursos especiais) ou Supremo Tribunal Federal (recursos extraordinários).[56] O relator no tribunal superior, constatando a presença dos pressupostos específicos para a instauração do incidente de julgamento de recursos repetitivos, proferirá decisão de afetação e determinará a suspensão de todos os processos individuais e coletivos pendentes, que a eles sejam conexos por afinidade, em tramitação em todo o território nacional (art. 1.036, CPC).

No IRDR, haverá instauração por iniciativa do juiz ou do relator, das partes, do Ministério Público ou da Defensoria Pública (art. 977, CPC). Aqui, as partes possuem a oportunidade de suscitar o incidente, diferentemente dos recursos especial e extraordinário, cuja legitimidade é restrita ao presidente, vice ou relator. De igual forma, admitido o incidente, suspendem-se os processos pendentes na abrangência da competência do tribunal julgador.

Afetados os recursos paradigmas ou instaurado o incidente, a lei prevê a participação das partes e demais interessados, inclusive de pessoas, órgãos ou entidades com interesse na controvérsia (*amici curiae*), o que pode se dar por requerimento do relator[57] ou dos próprios interessados, incentivados

---

competência, art. 58, CPC), outros são os efeitos jurídicos desta nova modalidade de vínculo entre causas: a) escolha de alguns "casos-piloto", que funcionam como amostras; e b) sobrestamento dos demais processos, à espera da fixação da tese jurídica a ser aplicada a todos os casos. De fato, não seria razoável que a conexão, no caso de demandas repetitivas, tivesse por efeito a reunião dos processos em um mesmo juízo, o que certamente causaria grande confusão e problemas para a solução dos litígios em tempo adequado. Mostra-se aqui, mais uma vez, a força do princípio da adequação do processo, que impõe um processo diferenciado para o julgamento das causas de massa" (DIDIER JR, Fredie. *Curso de Direito Processual Civil.* 17. ed. Salvador: Editora Juspodivm, 2015, p. 237).

56. Não apenas o presidente e vice dos tribunais estaduais ou federais podem selecionar dois recursos para encaminhar aos tribunais superiores, mas o próprio relator do tribunal superior ao julgar recursos e identificando a repetitividade da questão de direito, pode selecionar dois ou mais recursos, independentemente da iniciativa dos tribunais de origem. É o que determina o § 5º, do art. 1.036, CPC.

57. Interessante relevar aqui a diferença na redação dos dispositivos que tratam do incidente de resolução de demandas repetitivas, que estabelece que o relator **ouvirá** as partes e os demais interessados, inclusive pessoas, órgãos e entidades com interesse na controvérsia

pela determinação de divulgação e publicidade dos incidentes em registro eletrônico no Conselho Nacional de Justiça (art. 979, CPC). Essa participação poderá ser por razões escritas ou manifestação oral no julgamento, ou, ainda, através de audiência pública para a oitiva dos órgãos e entidades interessadas (art. 983 e 1.038, II).

Cuidando-se da construção de uma solução jurídica deliberadamente pensada para resolver múltiplos casos, compreende-se a necessidade dese buscar examinar a questão de forma abstrata, para que seja aplicável a toda hipótese concreta em que a mesma questão se apresente.[58] É preciso ressaltar, todavia, que além de impossível que a análise seja feita sem considerar as particularidades dessa litigiosidade repetitiva - dentre as quais, como abordado no Capítulo I, vantagens estratégicas dos litigantes habituais- é mesmo desejável que essas sejam consideradas, especialmente se levando em conta que essas partes representam os interesses e defendem os argumentos, no processo, daqueles que não tiveram seus casos selecionados, mas terão a decisão ali proferida lhe espalhando efeitos.[59]

Aqui o tema da litigiosidade repetitiva se cruza com o estudo dos processos coletivos,[60] no qual se discute, mais amplamente, o tema da re-

(art. 983), dos que tratam dos recursos especial extraordinário repetitivos, que estabelece que o relator **poderá** solicitar ou admitir manifestação de pessoas, órgãos ou entidades com interesse na controvérsia, considerando a relevância da matéria e consoante dispuser o regimento interno (art. 1.038, I). A despeito a redação legal, entendemos que a oitiva das partes e interessados é obrigatória, seja pela existência de um microssistema de julgamento de casos repetitivos, seja pela natureza dos incidentes, que produzem efeitos para um sem número de pessoas requerendo, para a sua legitimação, a ampla participação.

58. CABRAL, António do Passo. Comentários aos arts. 976 a 987. In: CABRAL, António do Passo; CRAMER, Ronaldo. *Comentários ao novo Código de Processo Civil*. 2. ed. Rio de Janeiro: Forense, 2016, p. 1437.

59. Sofia Temer, que adota premissa diversa da por nós adotada, de que o julgamento do IRDR é espécie de "causa-modelo", apesar de notar que a lei atribui a condução do incidente, a princípio, para partes dos processos repetitivos, defende que os "sujeitos condutores" do incidente não sejam, necessariamente, as partes dos processos afetados (TEMER, Sofia. *Incidente de resolução de demandas repetitivas*. Salvador: Ed. Juspodivm, 2016, p. 155).

60. Para aspectos que aproximam e afastam a tutela coletiva da tutela repetitiva, há vasta doutrina. Ver, exemplificativamente: DIDIER Jr., Fredie; ZANETI Jr, Hermes. Ações coletivas e o incidente de julgamento de casos repetitivos – espécies de processo coletivo no direito brasileiro: aproximações e distinções. *Revista de Processo*, São Paulo, v. 256, p. 209-218, versão digital, jun. 2016.

presentatividade adequada.[61] Muitas são as razões que diferenciam o papel das partes no IRDR do papel do representante da classe nas ações coletivas, mas, como bem demonstra Cecília Asperti[62], apesar de o sujeito que atua na arguição de questões pertinentes à tese jurídica não ter autorização legal ou judicial para falar em nome dos substituídos (como na ação coletiva), seu papel é tão ou mais importante, pois: (i) a tese jurídica firmada é aplicada *pro et contra*, podendo prejudicar terceiros que não participaram do julgamento; (ii) o sobrestamento das ações individuais é, em regra, obrigatória, não podendo o litigante individual fazer uso do art. 104, CDC[63], restando apenas acompanhar o julgamento da tese e confiar que o debate lá travado seja suficiente para a adequada compreensão da matéria; e (iii) em regra, as partes dos processos afetados não têm a intenção ou sequer expectativa de figurar como representantes (adequados ou argumentativos) no julgamento da tese – trata-se de uma hipótese anômala de nomeação aleatória não prevista em lei e sem critérios claros de controle jurisdicional.

A legislação não trata de parâmetros de escolha dos representantes, mas trata, ainda que vagamente, de critério para escolha dos casos sobrestados, falando na necessidade de *abrangente argumentação e discussão* sobre a questão analisada.[64] Há inúmeros autores que buscaram com sucesso traçar

---

61. Sobre representatividade, ver:COSTA, Susana Henriques da. O controle judicial da representatividade adequada: uma análise dos sistemas norte-americano e brasileiro. In: SALLES, Carlos Alberto de (Coord.). *As grandes transformações do processo civil brasileiro*: homenagem ao professor Kazuo Watanabe. São Paulo: Quartier Latin, 2009, p. 954-978.
62. ASPERTI, Maria Cecilia de Araújo. *Acesso à Justiça e técnicas de julgamentos de casos repetitivos*. Tese (Doutorado em Direito) – Faculdade de Direito da Universidade de São Paulo, São Paulo, 2018, p. 197-198.
63. CDC. Art. 104. As ações coletivas, previstas nos incisos I e II e do parágrafo único do art. 81, não induzem litispendência para as ações individuais, mas os efeitos da coisa julgada erga omnes ou ultra partes a que aludem os incisos II e III do artigo anterior não beneficiarão os autores das ações individuais, se não for requerida sua suspensão no prazo de trinta dias, a contar da ciência nos autos do ajuizamento da ação coletiva.
64. CPC. Art. 1.036. Sempre que houver multiplicidade de recursos extraordinários ou especiais com fundamento em idêntica questão de direito, haverá afetação para julgamento de acordo com as disposições desta Subseção, observado o disposto no Regimento Interno do Supremo Tribunal Federal e no do Superior Tribunal de Justiça. § 1º O presidente ou o vice-presidente de tribunal de justiça ou de tribunal regional federal selecionará 2 (dois) ou mais recursos representativos da controvérsia, que serão encaminhados ao Supremo Tribunal Federal ou ao Superior Tribunal de Justiça para fins de afetação, determinando a suspensão do trâmite de todos os processos pendentes, individuais ou coletivos, que tramitem no Estado ou na região, conforme o caso. (...) §

parâmetros para a escolha das causas representativas da controvérsia,[65] reforçando a ideia de que a decisão deve se dar com base num grupo, o mais completo possível de fundamentos da pretensão e da defesa.

O regramento dos casos repetitivos foca sua atenção na causa ou causas a serem afetadas, e não diretamente na parte que será responsável por aportar os argumentos. É claro que a parte deve ser um dos critérios para a escolha da causa, mas é preciso dar relevo a esse aspecto. Além, pois, de apresentar perspectivas argumentativas amplas e completas para solucionar a controvérsia jurídica, as partes são também responsáveis por apresentar ao julgador os fatos jurídicos essenciais para o julgamento da questão de direito, devendo para tanto ter capacidade de o fazer. Pensamos que a preocupação deve se ampliar para além das causas piloto e alcançar a escolha das partes do incidente.[66]

Como já dito, as partes do incidente têm sua participação assegurada no julgamento e possuem esse relevante papel na decisão dos casos repetitivos de apresentar o arcabouço fático do conflito e as perspectivas argumentativas para solucionar a questão jurídica, representando os interesses dos sobrestados e ausentes, participando por escrito e oralmente. Se optarem por fazer sustentação oral, terão no IRDR, inclusive, garantia de tempo maior do que o dos demais interessados.[67]

6º **Somente podem ser selecionados recursos admissíveis que contenham abrangente argumentação e discussão a respeito da questão a ser decidida.**

65. Ver: CABRAL, Antônio do Passo. A escolha da causa-piloto nos incidentes de resolução de processos repetitivos. In: DIDIER JR, Fredie (Coord.). *Julgamento de casos repetitivos*. Col. Grandes temas do novo CPC. Salvador: Juspodivm, 2017.

66. Aqui, Cecilia Asperti chama atenção a um ponto relevantíssimo, que é a eventual vantagem que o litigante habitual pode ter sobre o ocasional, por possuir melhores condições de reconstruir o contexto fático com elementos que lhe sejam favoráveis: "isso é especialmente pertinente em se tratando de informações fáticas sobre os potenciais impactos socioeconômicos da decisão acerca da tese jurídica. Pense-se no exemplo da discussão da legalidade de determinada prática de empresas pertencentes a um mercado regulado, como o de telefonia. Referidas empresas conseguem angariar e trocar informações sobre os impactos econômicos de se considerar tal prática ilegal, podendo, inclusive, arguir de forma articulada perante os tribunais ou cortes superiores que eventual tese jurídica orientada pela ilegalidade de sua conduta implicará no repasse de custos ao consumidor final" (ASPERTI, Maria Cecilia de Araújo. *Acesso à Justiça e técnicas de julgamentos de casos repetitivos*. Tese (Doutorado em Direito) – Faculdade de Direito da Universidade de São Paulo, São Paulo, 2018, p. 198-199).

67. CPC. Art. 984. No julgamento do incidente, observar-se-á a seguinte ordem: I - o relator fará a exposição do objeto do incidente; II - poderão sustentar suas razões, sucessivamente: a) o autor e o réu do processo originário e o Ministério Público, pelo

Há também a figura dos *sobrestados*, que são as partes de todos os processos sobrestados pendentes de julgamento no território nacional, suspensos com a admissão do incidente de definição da questão jurídica. Esses sujeitos não foram selecionados para participar do incidente (pois não tiveram seus processos afetados), mas a decisão ali tomada os influenciará diretamente. Esse é o ponto delicado desta posição.

Exatamente porque terão o precedente construído aplicado aos seus casos concretos, com efeitos diretos na sua relação jurídica, é que os sobrestados têm interesse em intervir no incidente, exercendo seu direito de influência decorrente do contraditório.[68] Disso decorre o interesse jurídico legitimador da intervenção e, consequentemente, o direito de participar e contribuir com elementos para o convencimento do julgador.[69]

Não há um consenso acerca da modalidade interventiva que os sobrestados se utilizam para participar do incidente. Para alguns, se trataria de assistência simples, pois os sobrestados atuam no incidente como assistentes das partes do caso-piloto, na medida em que atuam em nome próprio na defesa de interesse do assistido, justificando o seu interesse na vitória dos assistidos, pois a tese será aplicada aos seus processos. Essa é a posição de

---

prazo de 30 (trinta) minutos; b) os demais interessados, no prazo de 30 (trinta) minutos, divididos entre todos, sendo exigida inscrição com 2 (dois) dias de antecedência. § 1º Considerando o número de inscritos, o prazo poderá ser ampliado.

68. Ao menos anteriormente ao novo código de processo civil, havia jurisprudência do STF expressamente negando o direito de participação dos sobrestados. Ver: RE 590.415, decisão monocrática, j. 29.09.2011, rel. Min. Joaquim Barbosa.

69. Tratando desse "interesse na formação do precedente", Sofia Temer afirma: "O interesse não é justificado por qualquer vínculo de direito material (como na assistência), mas pelo vínculo do sujeito e sua esfera de direitos com o objeto do incidente, porque se trata da solução de uma questão de direito que (também) lhe diz respeito. Há atividade jurisdicional relativa a um aspecto que irá afetar sua esfera jurídica (embora não por força de vinculação de uma relação de que faça parte a outra relação substancial), e, por isso, deve o sujeito poder participar da construção da decisão. O principal fundamento para justificar essa atuação é, sem dúvida, o direito ao contraditório, o direito de participação pelo convencimento, especialmente quando este direito não estiver sendo adequadamente exercido de forma concentrada, ou seja, pelo líder. Afinal, a vedação à participação é evidente violação de tal direito, como direito de influência na formação da decisão judicial, se a parcela da decisão que decidirá a questão de direito já vier "pronta", sem que esse possa apresentar fundamentos para sua construção" (TEMER, Sofia. *Incidente de resolução de demandas repetitivas*. Salvador: Ed. Juspodivm, 2016, p. 175).

Fredie Didier Jr e Leonardo Carneiro da Cunha, com a qual concordamos.[70] Mas há também quem defenda tratar-se de assistência litisconsorcial[71] ou, até mesmo, que as roupagens de intervenção de terceiros atuais não servem para vestir essa intervenção, sugerindo uma nova modalidade interventiva.[72]

O que se extrai desse debate, inclusive quando há defesa da necessidade de flexibilização e/ou releitura das categorias processuais tradicionais,[73] é

---

70. Os autores acrescentam, ainda, que essa assistência é condicionada à previa admissão do sobrestado como interveniente, que deverá demonstrar a utilidade de sua intervenção (DIDIER JR, Fredie; CUNHA, Leonardo Carneiro da. *Curso de Direito Processual Civil*(v. 3). Salvador: Juspodivm, 2016, p. 607-608). No mesmo sentido: DANTAS, Bruno. Comentários aos art. 976 a 987. In: WAMBIER, Teresa Arruda Alvim et al. (Coord.). *Breves Comentários ao novo Código de Processo Civil*. São Paulo: Revista dos Tribunais, 2015, p. 2193.

71. Defendendo tratar-se de assistência litisconsorcial,especificamente do IRDR: CAVALCANTI, Marcos. *Incidente de resolução de demandas repetitivas*. São Paulo: RT, 2016; CAMBI, Eduardo; FOGAÇA, Mateus. Incidente de resolução de demandas repetitivas no novo Código de Processo Civil. *Revista de Processo*, São Paulo, v. 243, versão digital, mai. 2015.

72. Sofia Temer, tratando do IRDR e partindo da premissa de se tratar de causa-modelo e não causa-piloto, entende que a intervenção desses sobrestados não se dá por assistência em razão da inexistência de vínculo jurídico entre assistente e assistido, sugere uma "nova e peculiar modalidade de 'assistência para formação de precedente'", "fundada pelo vínculo do sujeito e sua esfera de direitos com o objeto do incidente, porque se trata de solução de uma questão de direito que (também) lhe diz respeito" (TEMER, Sofia. *Incidente de resolução de demandas repetitivas*. Op. cit., p. 171).

    Sobre a necessidade de releitura da noção tradicional de interesse e necessidade de adequação aos conflitos atuais, ver:LIPIANI, Julia. Reconstrução do interesse recursal no sistema de força normativa do precedente. *Civil Procedure Review*, v. 5, n. 2, mai.-ago. 2014., p. 45-72.

73. Nesse sentido as palavras de Arenhart: "Para tanto, urge repensar o conceito de "interesse de intervenção", que autoriza todas as formas de intervenção de terceiros e, especialmente, o recurso de terceiro prejudicado, já que esta parece ser a via mais simples, rápida e adequada para que tais pessoas possam, no feito em trâmite, expor suas razões. Nesse passo, havendo nítida inspiração no sistema da *common law* para a atribuição de efeito vinculante às decisões judiciais, calha colher a experiência norte-americana a respeito de institutos semelhantes, para imaginar como deva comportar-se a intervenção de terceiros diante de causas cuja decisão possa repercutir na esfera de terceiros. (...) Das exigências postas na regra 24(a), acima descritas, vê-se que não há, para a intervenção em tela a exigência de relação jurídica conexa ou subordinada àquela deduzida no feito. Basta, para justificar a intervenção, que a proteção do interesse do terceiro possa vir a ser restringida ou tolhida em razão da decisão eventualmente adotada no processo em curso. Isto, obviamente, é algo bem mais amplo que a exigência posta no sistema brasileiro, e certamente apanha os casos em que a decisão possa vir a refletir suas conclusões jurídicas na situação do terceiro". (...) "Cabe, enfim, ampliar os horizontes para esta participação de terceiros em processos, especialmente porque na nova feição

a necessidade de oportunizar a participação efetiva dos interessados nas diversas fases do procedimento para que exerçam seu direito de influência. Essa participação é especialmente relevante em razão de os sobrestados não terem, como no processo coletivo, a oportunidade de "autoexclusão" (*right to opt out*), e por se tratar de julgamentos vinculantes e de grande relevância, na medida em que decidirão o futuro de um sem número de processos.[74]

Não se pode negar que a lei, de alguma maneira, demonstrou atenção e preocupação com a amplitude do julgado e participação dos sobrestados ao prever a necessidade de intimação das partes dos processos suspensos,[75] bem

---

do processo civil, as decisões não estão mais vinculadas apenas ao caso concreto, mas aportam sensíveis consequências para outros interesses" (ARENHART, Sergio. *O recurso de terceiro prejudicado e as decisões vinculantes*. Disponível em: <https://www.academia.edu/214085/O_RECURSO_DE_TERCEIRO_PREJUDICADO_E_AS_DECIS%C3%95ES_VINCULANTES>. Acesso em: 15/07/2020).

Sobre o tema, ver também DIDIER JR, Fredie. Revisão do conceito de interesse jurídico que autoriza a assistência simples: intervenção para colaborar com a criação de precedente judicial: Análise de recente decisão do STF. *Revista de Processo*, São Paulo, v. 158, versão digital, abr. 2008. Na mesma linha de que o conceito de interesse jurídico precisa ter uma nova leitura para alcançar as intervenções em ações não individuais, argumento que pode ser utilizado aqui também, é a lição de Cassio Scarpinella Bueno (BUENO, Cassio Scarpinella. *Amicus curiae no processo civil brasileiro*: um terceiro enigmático. 3. ed. São Paulo: Saraiva, 2012, p. 426-429).

74. Some-se a isso o aumento na dificuldade de modificar o precedente após a sua formação, bem ressaltada por Arenhart: "De fato, embora o direito processual atual não vede a este terceiro propor sua ação para rediscutir os efeitos que a sentença anterior tenha causado sobre sua esfera jurídica, o fato é que com os efeitos vinculantes e impeditivos de recursos das decisões judiciais dificilmente terá este 'terceiro' (agora parte) condições de apresentar adequadamente sua pretensão. Realmente, por mais que ele possa buscar proteção jurisdicional, em razão dos efeitos vinculantes e impeditivos de recursos das decisões judiciais, será praticamente impossível ao terceiro ter revisado, pelo Poder Judiciário, a conclusão por este já manifestada no caso paradigma, anterior." (ARENHART, Sergio. *O recurso de terceiro prejudicado e as decisões vinculantes*. Disponível em: <https://www.academia.edu/214085/O_RECURSO_DE_TERCEIRO_PREJUDICADO_E_AS_DECIS%C3%95ES_VINCULANTES>. Acesso em: 15/07/2020).

75. Ressaltando a essencialidade dessa intimação, Aluísio Mendes defende que "Das medidas acima, a intimação das partes que tiveram os seus respectivos processos suspensos e que sofrerão o efeito vinculativo previsto no art. 927, inciso III, do Código de Processo Civil, parece ser fundamental para que se garanta a higidez do sistema. A intimação se faz necessária sob dois aspectos: (i) controle da identidade entre a(s) questão(ões) de direito objeto do IRDR e as que estejam sendo discutidas no processo suspenso, para que se possa verificar se a suspensão e futura aplicação da tese jurídica são, de fato, pertinentes; (ii) possibilitar que as partes do processo suspenso, possam, na qualidade de interessados, acompanhar todo o procedimento do IRDR, exercendo os seus respectivos

como ao determinar a ampla e específica divulgação acerca da instauração do incidente. Quanto a esse ponto, pode-se até mesmo argumentar que lei visou a alcançar inclusive os *ausentes*.[76] Por outro lado, atentando à fundamentalidade dessa participação para a legitimação do julgado, inclusive para que haja isonomia de tratamento entre as *partes* e os *sobrestados* (e demais interessados), é que se fazem relevantes críticas à diferença do tempo de fala na sustentação oral, previsto no art. 984, II, b, CPC[77].

É preciso, então, que se reconheça a garantia de participação dos interessados,[78] que devem ser admitidos sempre que a sua intervenção for

---

direitos, inclusive aditando argumentos, requerendo a juntada de peças processuais ou documentos, recorrendo e realizando todos os atos necessários para que a questão jurídica seja apreciada a partir dos seus fundamentos e interesses" (MENDES, Aluísio Gonçalves de Castro. *Incidente de resolução de demandas repetitivas*: sistematização, análise e interpretação do novo instituto processual. Rio de Janeiro: Forense, 2017, p. 128).

76. Considera-se como ausentes, aqui, os futuros litigantes em processos que ainda serão ajuizados, mas que terão a tese definida a eles aplicada.

77. "Os demais interessados, mediante inscrição com 02 dias de antecedência, poderão sustentar oralmente suas razões, pelo prazo de 30 minutos, divididos entre todos eles, que também poderá ser objeto de aumento, havendo muitos inscritos, a critério do órgão julgador. A forma de divisão do prazo para aquilo que o art. 984, II, b do CPC/15, denomina de demais interessados não pode impedir o efetivo exercício das garantias processuais pelos litigantes. Caso contrário, restaria violada a garantia do contraditório daqueles interessados cujos processos não tiverem dado origem ao incidente, mas que, também, serão afetados pela decisão dele decorrente. Com efeito, para se resguardar o princípio da isonomia, o interesse das partes nos demais processos que serão afetados pelo julgamento do incidente não é diverso do que aquele que anima as partes no processo em que suscitado o incidente. Logo, não pode haver tratamento diferenciado, sob pena de eles serem considerados jurisdicionados de categoria inferior" (CAMBI, Eduardo; FOGAÇA, Mateus. Incidente de resolução de demandas repetitivas no novo Código de Processo Civil. *Revista de Processo*, São Paulo, v. 243, versão digital, mai. 2015).

78. Importante aqui a ressalva da diferença das oportunidades reais de participação entre os litigantes eventuais e os habituais. Nesse ponto, Cecilia Asperti ressalva que "É preciso ser realista, porém, quanto às possibilidades dessa participação e quanto a quem irá aproveitar melhor essa oportunidade. A participação é, sempre, custosa, e a decisão sobre participar ou não geralmente decorre de uma avaliação de custos e benefícios dessa participação. Pense-se, por exemplo, que a participação dos litigantes ocasionais (sobrestados) no julgamento de recursos repetitivos depende, de pronto, de um deslocamento para a capital do Estado ou para Brasília, ou da contratação de advogados que atuem nessas comarcas". (ASPERTI, Maria Cecilia de Araújo. *Acesso à Justiça e técnicas de julgamentos de casos repetitivos*. Tese (Doutorado em Direito) – Faculdade de Direito da Universidade de São Paulo, São Paulo, 2018, p. 204).

útil[79] – utilidade essa que se preenche com a possibilidade de aportar novos argumentos ou novas perspectivas, carreando elementos a auxiliar na construção do precedente,[80] ponto no qual voltaremos, ao tratar da participação do *amicus*, adiante – sob pena de violação do contraditório e seu direito de influência.[81-82]

c.3. Participação do *amicus curiae*

Há uma outra categoria de "interessados" na formação do precedente, também considerado pela lei: são os *amici curiae* - pessoas naturais ou jurídicas, órgãos ou entidades especializadas com representatividade adequada, que possam contribuir para a ampliação, aprofundamento e qualificação do

---

79. WAMBIER, Teresa Arruda Alvim; MEDINA, Jose Miguel Garcia. Sobre o novo art. 543-C do CPC: sobrestamento de recursos especiais com em fundamento em idêntica questão de direito. *Revista de Processo*, São Paulo, v. 159, versão digital, mai. 2008.
80. Sobre a existência de critérios para a participação dos sobrestados, Cecilia Asperti aduz que "não se concorda, no entanto, com as limitações feitas de antemão, justificadas pelos custos ou pela impossibilidade prática dessa participação, ou, ainda, com o crivo a ser estabelecido quanto à capacidade de os interessados de trazer novos argumentos ou de contribuir de forma relevante à formação da convicção do julgador". Para a autora, não se pode aferir de antemão se os interessados serão ou não capazes de influir no julgamento (ASPERTI, Maria Cecilia de Araújo. *Acesso à Justiça e técnicas de julgamentos de casos repetitivos*. Tese (Doutorado em Direito) – Faculdade de Direito da Universidade de São Paulo, São Paulo, 2018, p. 204).
81. Nesse sentido, argumenta Sergio Arenhart: "É certo que a ampliação desavisada do conceito de 'interesse de intervenção' pode tornar inviável a solução da lide, por gerar a invasão de terceiros no processo formado. Todavia, no outro vértice da questão, a não admissão desta intervenção ampliada acarretará a violação clara dos direitos de ampla defesa e contraditório de todos estes 'terceiros', que sofrerão (praticamente de forma imutável) os efeitos de uma decisão judicial, sem jamais ter condições de, efetivamente, opor-se a ela" (ARENHART, Sergio. *O recurso de terceiro prejudicado e as decisões vinculantes*. p. 20. Disponível em: <https://www.academia.edu/214085/O_RECURSO_DE_TERCEIRO_PREJUDICADO_E_AS_DECIS%C3%95ES_VINCULANTES>. Acesso em: 15/07/2020.)
82. "Assim, todos os sujeitos sobrestados têm, potencialmente, interesse na formação do precedente e por isso, são potencialmente intervenientes. A análise da existência de interesse em concreto, por sua vez, dependerá da análise das manifestações já apresentadas, dos atos processuais anteriores" (TEMER, Sofia. *Incidente de resolução de demandas repetitivas*. Salvador: Ed. Juspodivm, 2016, p. 179).

debate, aportando, com seus conhecimentos específicos, elementos relevantes para a cognição da questão enfrentada.[83]

O *amicus curiae* é figura que, originada do direito romano, ganhou maior relevância e desenvolvimento no direito norte-americano, em razão do sistema de precedentes (*stare decisis*) que lá vige: como a força do precedente judicial em um caso individual pode vir a produzir efeitos a futuros processos de mesma natureza, sentiu-se a necessidade de possibilitar que setores sociais diversos pudessem participar e influenciar as decisões judiciais, ainda que não possuíssem interesse direto com o objeto do processo no qual interviriam.[84]

Aqui no Brasil, apesar de positivado desde a década de 70 com a previsão normativa de intervenção da Convenção de Valores Imobiliários (CVM) em causas nas quais debatidas questões ligadas às atribuições fiscalizatórias da entidade,[85-86] foi com a introdução da figura do amigo da corte nos processos de controle de constitucionalidade (Lei n° 9.868/99) que o instituto ganhou maior proeminência, ante a previsão de participação de pessoas junto ao STF em audiências públicas,[87] oitiva de peritos, apresentação de memoriais etc.

Dado curioso é que, apesar de inspirado no direito norte-americano, o perfil do *amicus* no Brasil em muito daquele se diferencia, poisa intervenção no direito estrangeiro se dá eminentemente por entes públicos, enquanto que aqui, segundo noticia Damares Medina, a presença é predominantemente da sociedade civil organizada:

---

83. Cassio Scarpinella Bueno define o amigo da corte como "um 'terceiro' que intervém no processo por convocação judicial ou por livre inciativa para fornecer ao juízo elementos reputados como importantes, úteis, quiçá indispensáveis, para o julgamento da causa" (BUENO, Cassio Scarpinella. *Amicus curiae no processo civil brasileiro:* um terceiro enigmático. 2. ed. São Paulo: Saraiva, 2008, p. 125).

84. CABRAL, Antônio do Passo. Pelas asas de Hermes: a intervenção do amicus curiae, um terceiro especial. *Revista de Processo*, São Paulo, v. 117, versão digital, set. 2004. O autor faz menção a vários julgados da Corte Americana, exemplificando a participação de *amicus* no sistema norte americano, além de fazer uma análise comparada de institutos de intervenção similares em outros ordenamentos.

85. Art. 31 da Lei n° 6.385/76, com a redação dada pela Lei n° 6.616/78.

86. Fredie Didier Jr. e Marcus Souza apontam que à época do direito imperial brasileiro, já havia previsão de intervenção de algumas figuras no papel de amigo da corte, conforme previsão no decreto 6.142/1876 (DIDIER Jr, Fredie. SOUZA, Marcus Seixas. Formação do precedente e amicus curiae no direito imperial brasileiro: o interessante dec. 6.142/1876. *Revista de Processo*, São Paulo, v. 220, versão digital, jun. 2013).

87. Ver: ALMEIDA, Eloísa Machado. *Amicus curiae no Supremo Tribunal Federal*. Tese (Doutorado em Direito) – Faculdade de Direito da Universidade de São Paulo, São Paulo, 2015.

> [...] desde 1999 até 2005, as associações de classe (39,9%), as associações sem fins lucrativos - ONGs (20,25%), as associações de empresas (10,9%) e as empresas (1,7%) representam 72,75% de todos os pedidos de ingressos de amicus curiae. Essa composição contribui para a ideologização do discurso acerca da intervenção do amicus curiae no Brasil e o seu suposto papel democratizador: um terceiro desinteressado que irá promover a democratização da jurisdição constitucional, a partir da defesa de um interesse público, institucional[88].

O Código de Processo Civil de 2015 colocou o amigo da corte em posição destacada, prevendo no art. 138[89-90] que será admitida a participação do interveniente quando a sua atuação for justificada pela relevância da matéria, pela especificidade do tema objeto da demanda ou pela repercussão social da controvérsia, exigindo para tanto a "representatividade adequada" do interveniente.

Além da previsão geral, o CPC/15 preceitua especificamente a participação desse sujeito quando trata do julgamento de casos repetitivos, tanto nos recursos especial e extraordinário repetitivos (art. 1.038, I), como no IRDR (art. 983), denotando especial relevância da ampliação do debate e consequente legitimação da decisão nos julgamentos em que se atingem uma diversidade de processos pela definição de tese jurídica.

---

88. MEDINA, Damares. *Amicus curiae*: amigo da corte ou amigo da parte? São Paulo: Saraiva, versão digital, 2010. Importante ressaltar que a obra da autora faz uma crítica à visão de que o *amicus curiae* seja um terceiro desinteressado.

89. CPC. Art. 138. O juiz ou o relator, considerando a relevância da matéria, a especificidade do tema objeto da demanda ou a repercussão social da controvérsia, poderá, por decisão irrecorrível, de ofício ou a requerimento das partes ou de quem pretenda manifestar-se, solicitar ou admitir a participação de pessoa natural ou jurídica, órgão ou entidade especializada, com representatividade adequada, no prazo de 15 (quinze) dias de sua intimação. § 1º A intervenção de que trata o caput não implica alteração de competência nem autoriza a interposição de recursos, ressalvadas a oposição de embargos de declaração e a hipótese do § 3º. § 2º Caberá ao juiz ou ao relator, na decisão que solicitar ou admitir a intervenção, definir os poderes do amicus curiae. § 3º O amicus curiae pode recorrer da decisão que julgar o incidente de resolução de demandas repetitivas.

90. Os regimentos internos do STF (art. 323, § 3º) e STJ (art. 256-J) também preveem a intervenção do *amicus curiae*. A resolução nº 08/2008 do STJ, que estabelece procedimentos relativos ao processamento e julgamento de recursos especiais repetitivos, prevê: "Art. 3º Antes do julgamento do recurso, o Relator: I - poderá solicitar informações aos tribunais estaduais ou federais a respeito da controvérsia e autorizar, ante a relevância da matéria, a manifestação escrita de pessoas, órgãos ou entidades com interesse na controvérsia, a serem prestadas no prazo de quinze dias".

Ainda que com interesse distinto do das partes ou dos sobrestados,[91] o *amicus curiae* possui interesse jurídico na causa,[92-93] assim entendido como um "interesse institucional", vale dizer, de "contribuir com a decisão a ser proferida pelo tribunal, seja porque sua atividade está relacionada com o assunto a ser examinado, seja porque desenvolve estudos sobre o tema"[94]. Esse interesse pode ser econômico, social, político, acadêmico, cultural e, trazendo para o objeto do presente estudo, até mesmo regulatório. Nas palavras de Cassio Scarpinella Bueno:

---

91. Há na doutrina quem defenda que a intervenção dos sobrestados poderia se dar na qualidade de *amicus curiae*. A nosso ver, esse ponto de vista não se sustenta, pois os interesses que ostentam os sobrestados é naturalmente diverso daqueles dos quais é portador o amigo da corte. O sobrestado tem interesse direto porque a tese fixada será aplicada ao seu caso concreto, ou seja, interesse próprio, interesse de "parte" (também distinto do clássico interesse para intervenção de terceiro, que exige vínculo entre relações substanciais, em regra), que é diferente do interesse do amigo da corte.

92. É exatamente a existência de interesse que diferencia o *amicus curiae* dos auxiliares do juízo, como o perito, por exemplo. A natureza jurídica da intervenção do amigo da corte já foi muito debatida, e não parece ter sido possível enquadrá-lo nos sujeitos processuais tradicionais. Daí porque o consenso maior está em classificar a sua intervenção enquanto atípica, sui generis, ou um sujeito "enigmático", como quer Cássio Scarpinella Bueno (BUENO, Cassio Scarpinella. *Amicus curiae no processo civil brasileiro*: um terceiro enigmático. 3 ed. São Paulo: Saraiva, 2012).

    Tratando especificamente do amigo da corte no novo CPC, Fredie Didier aponta que apesar do código tê-lo considerado como parte, dando-o algumas prerrogativas de parte, não o considerou assim para outros efeitos, concluindo se tratar de "parte, pero no mucho". Assim se manifesta o autor: "como o amicus curiae não é titular da relação jurídica litigiosa nem da relação jurídica conexa (se o for, o caso seria de assistência litisconsorcial ou simples, respectivamente), não deva ser considerado como parte para fins de modificação da competência, embora deva ser considerado como parte para a defesa em juízo dos interesses que justificam a sua intervenção" (DIDIER JR., Fredie. *Curso de Direito Processual Civil*(v. 1). 17. ed. Salvador: Editora Juspodivm, 2015, p. 524).

    Humberto Theodoro Junior nega a qualidade de parte ao *amicus,* fundamentando o posicionamento na disposição legal que determina que a intervenção do *amicus* não importa em mudança de competência. THEODORO JUNIOR, Humberto. *Novo Código de Processo Civil Anotado*. 21. ed. Rio de Janeiro: Forense, 2018, p. 206.

93. Há várias críticas na doutrina acerca da suposta imparcialidade do *amicus*. Exemplificativamente, ver: MEDINA, Damares. *Amicus curiae*: amigo da corte ou amigo da parte? São Paulo: Saraiva, versão digital, 2010.

94. CUNHA, Leonardo José Carneiro. Anotações sobre o incidente de resolução de demandas repetitivas previsto no projeto do novo código de processo civil. *Revista de Processo*, São Paulo, v. 193, versão digital, mar. 2011.

> O interesse institucional, contudo, é um interesse jurídico, especialmente qualificado, porque transcende o interesse individual das partes. E é jurídico no sentido de estar previsto pelo sistema, a ele pertencer, e merecedor, por isso mesmo, de especial proteção ou salvaguarda. Trata-se, inequivocamente, de "direito" porque digno de tutela no plano material e, no que nos interessa mais de perto em função do objeto do presente trabalho, também no plano processual. (...) O interesse institucional também é interesse público. E o é justamente porque transcende o interesse individual de cada uma das partes litigantes e, o que para nós é mais saliente, porque transcende o próprio "interesse" eventualmente titularizado pelo próprio amicus curiae. O interesse institucional é público no sentido de que deve valer em juízo pelo que ele diz respeito às instituições, aos interesses corporificados no amicus, externos a eles e não pelos interesses que ele próprio amicus pode, eventualmente, possuir e os possuirá, não há como negar isso, legitimamente. Não é um interesse público do Estado, que caracteriza o Estado como tal, um "interesse estatal", mas pode haver um interesse Público que também diga respeito ao Estado, mais especificamente aos valores que o Estado representa e tem como mister cumpri-los. É nessas condições, um interesse público primário, para valermo-nos, aqui também, da dicotomia adotada, em geral, pelos administrativistas[95].

Para que o amigo da corte seja admitido no processo, serão verificadas a relevância da matéria, a especificidade do tema objeto da questão debatida e/ou a repercussão social da controvérsia, bem como a representatividade adequada do interveniente.

O legislador, ao prever expressamente a participação do amigo da corte no julgamento dos casos repetitivos, reconheceu a relevância da matéria e repercussão social da controvérsia, especificamente por se tratar de questão que, por sua natureza, impactaem uma diversidade de processos.[96] Para a admissão da sua participação, então, parece-nos que o mais relevante é a

95. BUENO, Cassio Scarpinella. *Amicus curiae no processo civil brasileiro*: um terceiro enigmático. 2. ed. rev. atual. ampl. São Paulo: Saraiva, 2008, p. 506-507.

96. A abordagem doutrinária da necessidade de participação do *amicus* como fator legitimador de decisões com efeitos persuasivos ou vinculantes já era percebido muito antes da entrada em vigor do CPC/15. Em seu célebre livro *Amicus Curiae*, Cassio Scarpinella Bueno abre tópico específico sobre "efeitos persuasivos e vinculantes das decisões judiciais e o amicus curiae" (fls. 627-639), onde afirma que "o caráter vinculante da decisão jurisdicional é fator que, por si só, impõe a necessidade prévia e plural manifestação da sociedade civil ou de determinados entes. Muito mais quando analisada a questão do ponto de vista do 'modelo constitucional do processo'" (BUENO, Cassio Scarpinella. *Amicus curiae no processo civil brasileiro*: um terceiro enigmático. 2. ed. rev. atual. ampl. São Paulo: Saraiva, 2008, p. 629).

potencialidade de a sua manifestaçãofornecer importante contribuição para a decisão,sua capacidade de aportar aos autos elementos específicos que ampliem e qualifiquem o debate[97] - elementos esses que devem necessariamente ser considerados pela decisão que definir a tese nos casos repetitivos (art. 984, § 2º e art. 1.038, § 3º, do CPC).

Trazendo elementos do direito norte-americano, Cabral assevera que "poderá ocorrer a manifestação quando o amigo da Corte trouxer 'matéria relevante' (*relevant matter*), ainda não aduzida pelas partes (*not already brought to its attention by the parties*), afirmando ainda que tal contribuição será de grande ajuda para a Corte (*maybe of considerable help to the Court*), o que denota a ligação íntima do instituto com a participação pelo contraditório."[98]

Ao que nos parece, quando o legislador se referiu à "representatividade adequada", quis se referir, na verdade, ao conhecimento específico e qualificado do *amicu s*em relação à questão controvertida, sua expertise com o objeto do debate, seu conhecimento e idoneidade para acrescer argumentos e enriquecer a decisão. Apesar de utilizar a mesma nomenclatura, a expressão aqui difere do já consagrado sentido que recebe na tutela coletiva, na qual há a substituição de um grupo pelo legitimado coletivo, que defende direito alheio, substituindo-os.[99]

---

97. Nesse sentido é a fala da Min. Rosa Weber, no julgamento monocrático do RE 592.891/SP, que tratou da admissão do Estado do Amazonas e de uma associação em processo que versava sobre questão tributária: "Em sua expressão contemporânea, o *amicus curiae* não é apenas aquele terceiro absolutamente desinteressado, um técnico que se limita a fornecer informações à Corte, mas sobretudo o terceiro que, apesar de não ser parte no processo, está efetivamente interessado numa decisão favorável à parte com a qual colabora (ABRAHAM, Henry J. *The judicial process: an introductory analysis of the Courts of the United States, England and France.* 3. ed. New York: Oxford University Press, 1975, p. 234). Com base nessa noção, a Suprema Corte dos Estados Unidos chega a negar a atuação de amicus curiae quando o postulante não esteja interessado em algum outro processo que será afetado pela decisão ou em suprir eventual deficiência de representação da parte com que almeja colaborar (Taylor, Hannis. *Jurisdiction and procedure of the Supreme Court of the United States.* Rochester: E. R. Andrews Printing, 1905, p. 645). A despeito das divergências acerca do conceito e das funções do amicus curiae, a importância da sua atuação nos processos que envolvem interesses supraindividuais vem sendo progressivamente reconhecida, quer atue como mero informante ou como terceiro efetivamente interessado no desfecho do processo"

98. CABRAL, Antônio do Passo. Pelas asas de Hermes: a intervenção do amicus curiae, um terceiro especial. *Revista de Processo*, São Paulo, v. 117, versão digital, set. 2004.

99. Nesse sentido: TEMER, Sofia. *Incidente de resolução de demandas repetitivas.* Salvador: Ed. Juspodivm, 2016, p. 189; CARNEIRO, Paulo Cezar Pinheiro. Comentários ao art.

É preciso ressaltar, contudo, que mesmo com toda a relevância dada pela legislação processual à participação do *amicus curiae*, segue sendo discricionária a sua admissão pela Corte,[100-101] mesmo nas ações em que se decidirão questões jurídicas aplicáveis a uma multiplicidade de processos, como os casos repetitivos.[102] O dispositivo que trata de forma geral da participação do *amicus curiae* (art. 138) previu que o julgador poderá solicitar ou admi-

---

138. In: CABRAL, Antônio do Passo. CRAMER, Ronaldo. *Comentários ao Novo Código de Processo Civil*. 2. ed. Rio de Janeiro: Forense, 2016, p. 251.

Há também enunciado do FPPC, dispondo que "A representatividade adequada que se exige do *amicus curiae* não pressupõe a concordância unanime daqueles a quem representa" (Enunciado nº 127).

100. Nesse sentido, THEODORO JUNIOR, Humberto. *Novo Código de Processo Civil Anotado*. 21. ed. Rio de Janeiro: Forense, 2018; BAHIA, Alexandre Gustavo Melo Franco. Admissibilidade de amicus curiae no julgamento de repercussão geral. *Revista de Processo*, São Paulo, v. 922, ago. 2012.

101. O C. STJ tem entendimento de que o *amicus* não possui direito subjetivo de ingressar na demanda, podendo o relator analisar a necessidade de ingresso a partir da utilidade da manifestação deste no processo: "O *amicus curiae* é um colaborador da Justiça que, embora possa deter algum interesse no desfecho da demanda, não se vincula processualmente ao resultado do seu julgamento. É que sua participação no processo ocorre e se justifica, não como defensor de interesses próprios, mas como agente habilitado a agregar subsídios que possam contribuir para a qualificação da decisão a ser tomada pelo Tribunal. A presença de *amicus curiae* no processo se dá, portanto, em benefício da jurisdição, não configurando, consequentemente, um direito subjetivo processual do interessado". (ADI 3460 ED, Relator(a): Min. TEORI ZAVASCKI, Tribunal Pleno, julgado em 12/02/2015, ACÓRDÃO ELETRÔNICO DJe-047 DIVULG 11-03-2015 PUBLIC 12-03-2015) 3. Por um lado, a ora embargante, que se manifestou nos autos extemporaneamente, não trouxe em seu arrazoado argumentação relevante nova, e sustentou a mesma tese defendida por 2 das 3 entidades que ostentam a qualidade de *amicus curiae*. Por outro lado, não há direito subjetivo a ingresso no feito como *amicus curiae*, dependendo a admissão do exame ponderado caso a caso, inclusive para, v.g., assegurar um certo equilíbrio no debate a envolver a tese afetada" (EDcl no REsp 1483930/DF, Rel. Min. LUIS FELIPE SALOMÃO, SEGUNDA SEÇÃO, DJe 03/05/2017).

102. Analisando a postura do STF em 2010, no controle concentrado de constitucionalidade, Damares Medina verificou que a intervenção do *amicus* vinha sendo admitida pelo STF: "O aspecto pluralizador é reforçado na experiência do STF, uma vez que os pedidos de amicus são, em sua maioria, deferidos ou, no caso de indeferimento, integram os autos na forma de memoriais juntados por linha. No que diz respeito aos limites de sua atuação, apenas a partir do julgamento das ADI 2.675, relator Ministro Carlos Velloso, e ADI 2.777, relator Ministro Cezar Peluso, ambas julgadas em 27-11-2003158. Até então, a participação do amicus limitava-se à entrega de memoriais. Após o referido precedente, a ER n. 15/2004 deu nova redação ao § 3º do art. 131 do RISTF para prever expressamente o direito do amicus curiae a proceder à sustentação oral" (MEDINA,

tir a intervenção, sendo irrecorrível a decisão,[103-104] o que não se coaduna com o objetivo buscado com o instituto do *amicus curiae* de ampliação da discussão e qualificação do debate. Daí porque a correta interpretação a se dar à recorribilidade da admissão do amigo é a de que irrecorrível é apenas a decisão que admite o ingresso, sendo recorrível a decisão que inadmite, com fulcro no art. 1.015, IX, CPC.

Sobre esse ponto, curioso notar a diferença de técnica legislativa entre os artigos que tratam do IRDR e dos recursos especial e extraordinário repetitivos. Naquele, o legislador utiliza o imperativo para afirmar que "o relator ouvirá" pessoas, órgãos e entidades com interesse na controvérsia, enquanto nestes afirma que o relator "poderá solicitar ou admitir a manifestação". Em

---

Damares. *Amicus curiae*: amigo da corte ou amigo da parte? São Paulo: Saraiva, versão digital, 2010).

103. Defendendo a irrecorribilidade, minoritariamente, Paulo Cezar Pinheiro Carneiro: "pode-se afirmar que o amicus curiae é um colaborador do juiz, a que, compete, com exclusividade, admitir seu ingresso no processo (art. 138, §2º). Essa conclusão é respaldada pelo fato de ser irrecorrível a decisão que admite ou não o amicus curiae (art. 138, caput), assim como pelo motivo de que cabe ao magistrado a delimitação de sua atuação, pois será quem estabelecerá os poderes que o amicus curiae irá exercitar (art. 138, § 2º), na medida em que entender necessários para auxiliá-lo" (CARNEIRO, Paulo Cezar Pinheiro. Comentários ao art. 138. In: CABRAL, Antônio do Passo. CRAMER, Ronaldo. *Comentários ao Novo Código de Processo Civil.* 2. ed. Rio de Janeiro: Forense, 2016, p. 243).

104. Felizmente, nesse particular, a doutrina vem dando interpretação restritiva à irrecorribilidade prevista no art. 138, interpretando ser irrecorrível apenas a decisão que admite a intervenção do *amicus*. Nesse sentido: DIDIER JR, Fredie. *Curso de direito processual civil.* v. 1. Salvador: Juspodivm, 2017, p. 591; CAMARA, Alexandre Freitas. Comentários ao art. 1.015. In: CABRAL, Antônio do Passo; CRAMER, Ronaldo. *Comentários ao Novo Código de Processo Civil.* 2. ed. Rio de Janeiro: Forense, 2016, p. 1518; BUENO, Cassio Scarpinella. *Curso sistematizado de Direito Processual Civil.* 9. ed. São Paulo: Saraiva Educação, 2018, p. 577. Acreditamos ser esta melhor compreensão, especialmente se coadunar com o modelo cooperativo de processo, viabilizando maior discussão sobre os parâmetros autorizadores da intervenção de terceiro que ampliará o debate.

A questão já era polêmica no STF antes do advento no CPC/15, conforme se observa no RE 590415 (RE 590415 AgR-segundo, Relator(a): Min. ROBERTO BARROSO, Tribunal Pleno, DJe 29-05-2015): "Há dois entendimentos possíveis sobre o cabimento de recurso contra decisão que aprecia pedido de ingresso como *amicus curiae*: i) o primeiro, no sentido da irrecorribilidade de tal decisão, em razão do teor literal do art. 7º, §2º, da Lei 9.868/1999 e do art. 21, XVIII, do RI/STF; ii) o segundo, na linha capitaneada pelo Ministro Celso de Mello, admitindo a interposição de recurso contra a decisão que *indefere* o ingresso como o *amicus curiae*, pelo próprio requerente que teve o pedido rejeitado (cf. RE 597.165 AgR, rel. Min. Celso de Mello).". O novo CPC, infelizmente, não acabou definitivamente com a controvérsia.

razão da existência de um microssistema de casos repetitivos, entendemos que a norma mais ampliativa, que determina a oitiva, deve ser aplicada a ambas as modalidades de julgamento.

Na decisão de admissão do ingresso, o julgador deve definir quais os poderes do *amicus* (art. 138, § 2º), sendo certo que, no caso do IRDR, a lei lhe confere poderes para recorrer da decisão que julgar o incidente. Controvertida é a aplicação dessa autorização de recorribilidade ao *amicus* no julgamento de recursos especial e extraordinário repetitivos.[105]

É esseo regramento geral da participação do *amicus curiae* no julgamento de casos repetitivos.[106] Para o objeto do presente trabalho, importa

---

105. Nesse particular, concordamos com o posicionamento dos processualistas no Fórum Permanente de Processualistas Civis, que editarem enunciado defendendo que "O *amicus curiae* pode recorrer da decisão que julgar recursos repetitivos" (Enunciado nº 391).

Discordando expressamente, Paulo Cezar Pinheiro Carneiro: "Já no que concerne à possibilidade de recorrer no incidente de resolução de demandas repetitivas (art. 138, § 3º), o legislador entendeu que seria extremamente importante facultar, nesta única hipótese, o recurso, por diversas peculiaridades inerentes ao instituto. Primeiro, porque no referido incidente, diferentemente de todas as outras espécies de técnicas de julgamentos vinculantes (seja aquela embasada nos recursos repetitivos, seja aquela decorrente da aplicação de texto de súmulas), o precedente poderá ser construído com muita rapidez, antes do momento em que, normalmente, são formados (art. 976), ou seja, depois de anos de discussão e após julgamentos de diversos processos e em várias instâncias. Segundo, porque o legislador tem interesse em admitir vários legitimados para levar a matéria, por meio de recurso especial ou extraordinário, ao Superior Tribunal ou ao Supremo Tribunal Federal, conforme o caso, para uniformizar nacionalmente o precedente (art. 987, § 2º)" (CARNEIRO, Paulo Cezar Pinheiro. Comentários ao art. 138. In: CABRAL, Antônio do Passo. CRAMER, Ronaldo. *Comentários ao Novo Código de Processo Civil.* 2. ed. Rio de Janeiro: Forense, 2016, p. 245).

106. Acerca dos recursos repetitivos e sua potencial relevância: "Filio-me abertamente ao segundo grupo. Entendo que o país perde uma chance extraordinária de ver uma de suas Cortes Superiores analisando temas em profundidade nunca antes vista, pois é isso o que o procedimento agora criado permite. Afinal, há toda uma mobilização que supera em muito a discussão *inter partes*; há a influência dos amicus curiae, do Ministério Público, dos próprios Tribunais de 2.º grau e, necessariamente, a participação das Seções ou da Corte Especial. A experiência tem mostrado que o julgamento mobiliza de forma mais impactante até mesmo os próprios Ministros do STJ. No julgamento do processo repetitivo, é possível estudar em que ponto eventualmente os precedentes anteriores falham e o que possuem de melhor para ser aproveitado; é possível avançar em conclusões tomadas, muitas vezes, antes do amadurecimento completo da discussão jurídica travada. Nesse sentido, com a devida vênia, gostaria de fazer de cada recurso repetitivo um momento de nova reflexão, pois me parece estranho que seja necessário chamar para o processo os amicus curiae simplesmente para que estes referendem, formalmente, um procedimento previsto em lei, já sabedores de que o STJ vai simples-

analisar a possibilidade e adequação da participação, como *amicus curiae*, da Agência Reguladora, órgão ou ente responsável pela fiscalização por ocasião de a tese definida no julgamento dos casos repetitivos tratar de matéria regulada. Seria essa a modalidade de intervenção adequada? Da forma como está desenhada a intervenção do amigo da corte, atende às particularidades da necessidade de participação dos órgãos reguladores nos processos onde será definida tese que impacte em questões regulatórias? Analisaremos essas questões mais adiante.

d) Os casos repetitivos e a vinculatividade da decisão.

d.1. Precedentes no CPC: padrão decisório para julgamento de outros casos

Também relevante ao escopo do presente trabalho é abordar o aspecto da vinculatividade da decisão proferida no julgamento de casos repetitivos.

Conforme já fixado acima, os institutos de julgamento de casos repetitivos fazem parte de um microssistema que possui essencialmente duas funções, uma ligada à gestão de processos repetitivos e outra à formação de "precedentes obrigatórios"[107].

A utilização do termo "precedentes" traz consigo uma carga de conceitos pré-formatados, seja pela sua origem no sistema de *common law* e todo seu histórico, seja pelo debate nacional acerca da (in)existência no Brasil de um sistema de precedentes[108] – ao menos nos termos como conhecido nos países de *common law.*[109]

---

mente 'carimbar' uma decisão que, às vezes, fora tomada com base em uma discussão que não teve sequer oportunidade de chegar ao mesmo nível de aprofundamento" (ANDRIGHI, Fátima Nancy. Recursos repetitivos. *Revista de Processo*, São Paulo, v. 185, versão digital, jul. 2010).

107. DIDIER JR, Fredie CUNHA, Leonardo Carneiro. Recursos contra decisão proferida em incidente de resolução de demandas repetitivas que apenas fixa a tese jurídica. In: DIDIER JR, Fredie (Coord.). *Julgamento de casos repetitivos*. Col. Grandes temas do novo CPC. Salvador: Juspodivm, 2017.

108. ABBOUD, Georges. *Processo constitucional brasileiro*. São Paulo: RT, 2016, p. 557-608.

109. Carlos Alberto Salles, mesmo reconhecendo que as técnicas decisórias trazidas pelo novo CPC já eram, em alguma medida, previstas no regramento processual anterior, reconhece o aprimoramento com a novel legislação, e a formação "de certa categoria de precedentes (art. 927, em leitura conjunta com os arts. 332 e 932, IV e V) – cuja função

Não se ignora a divergência doutrinária no Brasil acerca do lineamento do "sistema de precedentes à brasileira", havendo até mesmo quem defenda a inutilidade da dicotomia civil law e *common law.*[110] *Mas parece uníssono que, em alguma medida, o sistema do civil law* passou a se aproximar do *common law*[111] e, com isso, alguns institutos passaram a transitar de um sistema para o outro.

é jurisprudencial, de técnica decisória, pois buscamos neles, na visão do autor, não uma norma, mas uma unidade de sentido para aqueles preceitos normativos encontrados em nossas leis – diferentemente do que ocorre no *common law* que a função é normativa (e isso decorre do próprio caráter consuetudinário do precedente naquele sistema) (SALLES, Carlos Alberto de. Precedentes e jurisprudência no novo CPC: novas técnicas decisórias? In: GRINOVER, Ada Pellegrini et al. *O novo código de processo civil:* questões controvertidas. São Paulo: Atlas, 2015, p. 83). Em sentido diverso, atribuindo caráter normativo aos precedentes: ZANETI JR., Hermes. *O valor vinculante dos precedentes.* 2. ed. Salvador: Juspodivm, 2016.

Diferenciando o sistema de precedentes brasileiro daquele do *case law,* aponta Camilo Zufelato: "Por essas razões, parece-nos que o sistema de precedentes brasileiro é muito distinto do originário do *case law*, especialmente do estadunidense, pois tem características próprias que o distancia daquele modelo, tais como: (i) a existência de súmula; que, como já referido, afasta o caso que deu origem ao precedente, isolando-o dos fatos e fundamentos que deram origem à regra; (ii) a própria corte que julga o caso reconhece, no ato de emaná-lo, que aquele é o precedente a ser seguido; (iii) cria-se uma lógica de julgamentos em série, em geral sobre matéria exclusivamente de direito, com reprodução em escala, do precedente, de modo que no Brasil a técnica do Precedente vinculante é utilizada para uniformizar a jurisprudência, trazer racionalidade ao sistema, julgar casos de massa e por consequência acelerar a tramitação processual" (ZUFELATO, Camilo. Precedentes judiciais vinculantes à brasileira no novo CPC: aspectos gerais. In: *O novo código de processo civil: questões controvertidas.* São Paulo: Atlas, 2015, p. 110).

110. MANCUSO, Rodolfo de Camargo. O direito brasileiro segue filiado (estritamente) à família civil law? In: GRINOVER, Ada Pellegrini et al. *O novo código de processo civil*: questões controvertidas. São Paulo: Atlas, 2015, p. 387-420).

111. Sobre essa aproximação de sistemas, Mitidiero: "Em uma certa altura, no entanto, mesmo depois da transformação dos conceitos de jurisprudência e de súmulas, a doutrina brasileira começou a propor a adoção de um sistema de precedentes obrigatórios – vinculantes – no direito brasileiro. A partir daí o direito brasileiro começou a recair igualmente sob a área de influência do Common Law, na medida em que procurou naquela tradição os elementos capazes de colaborar nessa adaptação" (MITIDIERO, Daniel. *Precedentes:* da persuasão à vinculação. 2. ed. São Paulo: RT, 2017, p. 71).

Lucas Buril de Macedo afirma: "Claro, isso não quer dizer que o precedente judicial, nas tradições de *civil law* e *common law*, tem o mesmo valor. O que se pretende demonstrar é que a lei escrita, nada obstante seja tradicionalmente observada como insignificante na tradição anglo-americana, possui grande importância e vem ganhando ainda mais espaço nesta tradição, e, concomitantemente, o precedente judicial está conquistando importância nos sistemas de *civil law*, onde classicamente foram proibidos como fonte,

Um dos pontos de maior contato entre os referidos sistemas é exatamente aquele que aqui nos interessa, que é a eficácia da decisão judicial e sua vinculatividade. É certo que uma abordagem profunda desse tema necessitaria de um outro recorte de pesquisa, que aqui não utilizaremos[112], nada obstante, definiremos algumas premissas que nos auxiliarão na construção de nosso posicionamento acerca da vinculatividade (ou não) dos órgãos reguladores às decisões de casos repetitivos.

Várias são as justificativas da aproximação do sistema brasileiro à valorização dos julgados precedentes. Daniel Mitidiero explica esse movimento de busca da unidade do direito em três grandes alterações, a partir das quais "o processo passou a responder não só pela necessidade de resolver casos concretos mediante a prolação de uma decisão justa para as partes mas também pela promoção da unidade do direito mediante a formação de precedentes": (i) compreensão da teoria das normas e mudança das fontes normativas, com um ordenamento jurídico significativamente mais complexo, composto de estatutos, legislações especiais e normas infra legais que regem as relações sociais; (ii) alteração da técnica legislativa, passando-se a utilizar uma redação mais casuística e aberta, com conceitos jurídicos indeterminados, sem previsão de consequências jurídicas no próprio enunciado legal; (iii) separação entre texto e norma, com o reconhecimento da função interpretativa do Direito, de reconstrução do sentido das normas a partir do núcleo de seus significados.[113]

---

pois considerados uma manifestação espúria de criatividade pelo Judiciário. Não se quer demonstrar que não há diferenças entre as duas grandes tradições ocidentais. Diferenças existem; entretanto, as afinidades são ainda mais fortes. Mais do que isso, ambos os sistemas realmente encontram-se separados por significativa distância, mas o que o estudioso do direito deve constatar é que essa diferença foi maior no passado e tende a se encurtar ainda mais no porvir" (MACEDO, Lucas Buril de. *Precedentes judiciais e o direito processual civil.* Salvador: Juspodivm, 2015, p. 84).

112. Para o leitor interessado no tema, ver, exemplificativamente: MARINONI, Luiz Guilherme. *Precedentes obrigatórios.* 5. ed. São Paulo: RT, 2016; ZANETI JR., Hermes. *O valor vinculante dos precedentes.* 2. ed. Salvador: Juspodivm, 2016; MACEDO, Lucas Buril de. *Precedentes judiciais e o direito processual civil.* Op. cit.; TARUFFO, Michele. *Precedente e giurisprudenza.* Napoli: Editoriale Scientifica, 2007; MITIDIERO, Daniel. *Precedentes:* da persuasão à vinculação. Op. cit.; ABBOUD, Georges. *Processo constitucional brasileiro.* São Paulo: RT, 2016.

113. MITIDIERO, Daniel. *Cortes superiores e cortes supremas.* São Paulo: Editora Revista dos Tribunais, 2013, p. 15-17.

No mesmo sentido, Sofia Temer sistematiza as causas da crescente importância dada às decisões judicias, reportando-se a autora à i) alteração da atividade exercida pelo juiz no

É certo, porém, que há fundamentais diferenças entre os sistemas, que não podem ser ignoradas. Em razão dessas distinções, diversas são as críticas dirigidas ao sistema de "precedentes" brasileiro,[114] especialmente à sua versão aprimorada pelo Código de Processo Civil de 2015.[115]

Tendo em vista que o momento presente não é mais o de debate e construção da legislação processual[116] e que hoje já está em vigor um verdadeiro "sistema de precedentes", entendemos mais frutífero entronizar as

exercício da jurisdição, a partir do reconhecimento da força normativa e supremacia da Constituição em relação à lei; ii) a busca pela segurança jurídica e previsibilidade, em razão do reconhecimento do papel criativo do juiz diante das inúmeras possibilidades de normas provenientes do texto legal; iii) inflação legislativa e, ao mesmo tempo, inatividade do legislador; iv) crescente exigência de segurança jurídica, racionalidade, previsibilidade, uniformidade e coerência para tentar tratar a crescente e numericamente relevante litigiosidade(TEMER, Sofia. *Incidente de resolução de demandas repetitivas*. Salvador: Ed. Juspodivm, 2016, p. 198/200).

114. NERY JUNIOR, Nelson; ABBOUD, Georges. Stare decisis vs direito jurisprudencial. In: FREIRE, Alexandre et al. *Novas tendências do processo civil* (v. 1). Salvador: Juspodivm, 2013, p. 485-514; ROSSI, Julio Cesar. O precedente à brasileira: sumula vinculante e o incidente de resolução de demandas repetitivas. *Revista de Processo*, São Paulo, v. 208, versão digital, jun. 2012.

115. Carlos Alberto de Salles, apesar de apontar que o CPC/15 não chegou a instituir um novo regime jurídico de aplicação de precedentes no Brasil, pois não trouxe novas técnicas decisórias, reconhece que a legislação esforçou-se para aprimorar as técnicas existentes, incentivando a uniformização da jurisprudência (art. 926) e o aumento da vinculatividade das decisões (art. 927). (SALLES, Carlos Alberto de. SALLES, Carlos Alberto de. Precedentes e jurisprudência no novo CPC: novas técnicas decisórias? In: GRINOVER, Ada Pellegrini et al. *O novo código de processo civil:* questões controvertidas. São Paulo: Atlas, 2015, p. 87). Além disso, o autor caracteriza o precedente no Brasil como um precedente jurisprudencial (e não normativo, diante da falta do elemento consuetudinário aos países de *civil law*), pois buscaríamos nele não a norma em si, mas uma unidade de sentido para os preceitos normativos encontrados em nossas leis (p. 83).

Em sentido diverso, caracterizando o sistema de precedentes do CPC/15 como "mudança paradigmática", ver: ZANETI JR., Hermes. Comentários ao art. 926. In: CABRAL, Antonio do Passo. CRAMER, Ronaldo. *Comentários ao Novo Código de Processo Civil.* 2. ed. Rio de Janeiro: Forense, 2016, p. 1311: "A mudança paradigmática consiste em abandonar o caráter meramente persuasivo da jurisprudência anterior (precedentes persuasivos) para assumir o papel normativo dos precedentes atuais (precedentes vinculantes)".

116. Não se quer com isso dizer que não são possíveis reformas legislativas, mas somente que o Código de Processo Civil já está em vigor há dois anos, e que precisamos aceitar algumas escolhas e buscar compreendê-las, dando a elas a interpretação que mais se coadune com o nosso ordenamento.

diferenças entre os sistemas, buscando interpretar e aplicar o regime atual da melhor forma possível.

Três são os fatores, segundo Georges Abboud, que diferenciam o precedente no *common law* dos provimentos judiciais com eficácia vinculante da legislação processual brasileira: (i) fator histórico, pois um sistema de *stare decisis* não surge de um dia para o outro ou por determinação legislativa; (ii) fator hermenêutico, pois não existiria vantagem em substituir um juiz boca da lei por um juiz boca da súmula ou de outro provimento vinculante; e (iii) o fator democrático, pois o verdadeiro precedente não nasce sendo precedente, é a sua aceitação e aplicação pelas instâncias inferiores do Judiciário que o transformam em precedente.[117] Nesse sentido, o fato de termos decisões vinculantes não nos coloca na mesma categoria dos precedentes do *common law*.

No *common law*, um precedente nasce com a extração da *ratio decidendi* de um julgado anterior pelo juiz posterior que, reconhecendo sua coerência, integridade e racionalidade, aplica as razões de decidir de um julgado prévio que não foi elaborado pensando em ser precedente, mas somente em solucionar o seu litígio;[118] por sua vez, no julgamento dos casos repetitivos temos uma técnica voltada desde seu desenho e concepção para ser aplicada a uma diversidade de casos pendentes e futuros.

No sistema brasileiro, temos, por força legislativa (art. 927, CPC), decisões judicias que já nascem vinculantes.[119] Exatamente por essa razão é que se torna ainda mais relevante a atenção ao contraditório e à participação dos envolvidos e afetados na formação do entendimento.

---

117. ABBOUD, Georges. *Processo constitucional brasileiro*. São Paulo: RT, 2016, p. 573-577.

118. Nas palavras de Salles: "O 'precedente' nasce no segundo caso, no qual se invoca o antecedente com razão de decidir. O juiz do caso sucessivo é quem estabelece se existe ou não o procedente e, ao identifica-lo, 'cria' o precedente". (SALLES, Carlos Alberto de. Precedentes e jurisprudência no novo CPC: novas técnicas decisórias? In: GRINOVER, Ada Pellegrini et al. *O novo código de processo civil:* questões controvertidas. São Paulo: Atlas, 2015, p. 81).

119. Conforme alerta Abboud, o fato de nascerem vinculantes não dispensam a atividade interpretativa por parte do julgador, dai porque "a leitura correta (constitucionalmente adequada) é no sentido de que, quando o CPC/15 afirma a obrigatoriedade de juízes e tribunais observarem súmula vinculante e acordão vinculante, não há nesse ponto uma proibição de interpretar. O que fica explícito é a obrigatoriedade de os juízes e tribunais utilizarem os provimentos vinculantes na motivação de suas decisões, para assegurar não apenas a estabilidade, mas a integridade e a coerência da jurisprudência" (ABBOUD, Georges. *Processo constitucional brasileiro*. São Paulo: RT, 2016, p. 578).

Não apenas o momento em que nascem, mas também para quem nascem os distingue. O precedente do *common law* nasce como uma decisão de um caso concreto para ser aplicado a ele e às suas partes, enquanto que as decisões dos casos repetitivos já nascem para serem aplicadas (também) para além do caso concreto, para todas as demandas repetitivas que versem sobre a mesma questão de direito material ou processual, atingindo um sem número de pessoas.

O desenho dessas técnicas processuais de julgamento de casos repetitivos já foi pensado em função da finalidade declarada de aplicabilidade a uma diversidade de causas, com a formação concentrada de precedente,[120] razão pela qual preveem a necessidade de enfrentamento de todos os argumentos favoráveis e contrários à tese jurídica (art. 984, § 4º e art. 1.038, § 3º, CPC), de ampliação do contraditório com realização de audiências públicas e participação de *amici curiae* etc.[121] O precedente de casos repetitivos no Brasil foi criado para ser uma técnica decisória que visa a contribuir para a eficiência e uniformidade das decisões judicias.[122]

---

120. A expressão "formação concentrada de precedentes" é utilizada por Fredie Didier e Leonardo Carneiro da Cunha (DIDIER Jr. Fredie. CUNHA, Leonardo Carneiro da. *Curso deDireito Processual Civil* (v. 3). 13. ed. Salvador: Editora Juspodivm, 2015). No mesmo sentido, Aluísio Mendes argumenta que as técnicas de casos repetitivos consistem em "técnicas de concentração, a partir de casos ou questões comuns, com a suspensão das demais" (MENDES, Aluísio Gonçalves de Castro. *Incidente de resolução de demandas repetitivas*: sistematização, análise e interpretação do novo instituto processual. Rio de Janeiro: Forense, 2017, p. 98).

121. "A legislação, contudo, especialmente se analisada de forma sistêmica, já fornece muitas garantias, que precisam ser levadas a sério. Há um forte incentivo a ampliação do debate, com a possibilidade de amicus curiae e audiências públicas, bem como ampla divulgação do incidente pela rede mundial de computadores por meio de registros nacionais e locais nos sites dos órgãos de justiça. Este requisito da ampliação do debate é reforçado pela necessidade de que a decisão leve em consideração todos os fundamentos suscitados concernentes à tese jurídica, favoráveis e contrários" (ZANETI JR, Hermes. Os casos repetitivos no Brasil: notas sobre a agregação de litígios, o processo coletivo e os precedentes vinculantes no CPC/15. *Revista Iberoamericana de Derecho Procesal.* v. 7, versão digital, jan.-jul. 2018).

122. "A aplicação dos precedentes, como técnica decisória, assim, pode contribuir para a eficiência e uniformidade das decisões judiciais. Quer dizer, a aplicação de precedentes pode, a um só tempo, facilitar o julgamento e garantir maior coerência entre as várias decisões proferidas no sistema jurisdicional" (SALLES, Carlos Alberto de. Precedentes e jurisprudência no novo CPC: novas técnicas decisórias? In: GRINOVER, Ada Pellegrini et al. *O novo código de processo civil:* questões controvertidas. São Paulo: Atlas, 2015, p. 81).

Essas características próprias das decisões em casos repetitivos os apartam, em certa medida, da lógica dos precedentes própria do *common law*[123] e *trazem a inafastável necessidade de lhes compreender como técnica própria,*[124] *o que acarreta diversas implicações na sua formatação e efeitos, bem como na necessidade de se tomar alguns cuidados para que esses modelos respeitem o devido processo legal.*

Assim, o regime que vem sendo adotado no Brasil, por suas características, demanda um contraditório mais amplo, participativo e deliberativo; que mais pessoas e elementos externos tenham a capacidade de influenciar a decisão que será aplicada alhures.

Por fim, considere-se que mesmo com todas essas diferenças, pode-se dizer que a decisão do julgamento de casos repetitivos é um precedente em nosso ordenamento, entendido como "técnica decisória pela qual a identidade de um julgado e de um caso submetido a julgamento permite que o subsequente se baseie nas mesmas razões de decidir do anterior"[125]*, pois "se o precedente é uma decisão judicial, o que a torna precedente é o seu potencial para servir de regra para decisões judiciais de casos futuros envolvendo fatos ou questões*

---

123. Nesse sentido, Cecília Asperti lista fatores que afastam as duas técnicas, destacando: "(i) o fato de a tese jurídica ter sua formação provocada, e não consistir em um entendimento que surge naturalmente, a partir da aplicação da *ratio decidendi* de uma decisão judicial em casos subsequentes; (ii) a veiculação da tese jurídica por meio de enunciados normativos autônomos, cuja aplicação induz a uma padronização decisória, dada a já discutida feição gerencial de tais mecanismos processuais; e (iii) a aplicação da tese jurídica em casos previamente sobrestados, do que se denota, novamente, o intuito de resolução de controvérsias interpretativas específicas, oriundas da litigiosidade repetitiva, e não a interpretação do conteúdo da norma jurídica em si". (ASPERTI, Maria Cecilia de Araújo. *Acesso à Justiça e técnicas de julgamentos de casos repetitivos*. Tese (Doutorado em Direito) – Faculdade de Direito da Universidade de São Paulo, São Paulo, 2018, p. 147).

124. Nesse particular, precisa a crítica de Cecília Asperti, que demonstra que apesar da previsão legal parecer desenhar uma técnica para formação de uma *ratio decidendi* como se faz na aplicação de precedentes, a prática mostra que também no julgamento de casos repetitivos, como nas súmulas, as questões a serem julgadas são organizadas e enumeradas por temas, em enunciados de redação imperativa, nos quais há a identificação genérica de elementos fáticos a partir dos quais decorreu a questão jurídica discutida. (ASPERTI, Maria Cecilia de Araújo. *Acesso à Justiça e técnicas de julgamentos de casos repetitivos*. Tese (Doutorado em Direito) – Faculdade de Direito da Universidade de São Paulo, São Paulo, 2018, p. 148).

125. SALLES, Carlos Alberto de. Precedentes e jurisprudência no novo CPC: novas técnicas decisórias? In: GRINOVER, Ada Pellegrini et al. *O novo código de processo civil:* questões controvertidas. São Paulo: Atlas, 2015, p. 81.

jurídicas idênticas ou similares"[126]. *Nessas bases, pode-se afirmar, sim, que se trata de um precedente – e é nesse sentido, enquanto padrão decisório para julgamento de outros casos, diferente do precedente do common law*, de que falamos neste trabalho.

Esse precedente é, em nosso ordenamento, vinculante, por força legal: o legislador reformista processual optou expressamente por instituir um regime de eficácia diferenciada a algumas decisões judiciais previstas nos arts. 926 e 927 do CPC, atribuindo-lhes vinculatividade obrigatória.[127]

Ao falar em vinculatividade, temos duas perspectivas de análise: uma objetiva – o que vincula? –e outra subjetiva – a quem vincula?

d.2. Vinculatividade objetiva: o que vincula?

No julgamento de casos repetitivos, como se trata de julgamento de causa-piloto, tem-se dois momentos, com dois núcleos decisórios distintos:[128] um de definição da tese jurídica, que será aplicada aos casos pendentes e futuros; outro com a aplicação da tese definida ao caso-piloto.[129]

Quando se fala, portanto, em vinculatividade da decisão em casos repetitivos, está-se referindo ao núcleo decisório de definição da tese jurídica, do discurso do precedente, esse que será universalizável e aplicável ao de-

---

126. MEDINA, José Miguel Garcia; FREIRE, Alexandre; FREIRE, Alonso. Por uma compreensão adequada do sistema de precedentes no projeto do novo código de processo civil brasileiro. In: FREIRE, Alexandre et al. *Novas tendências do processo civil* (v. 1). Salvador: Juspodivm, 2013, p. 687.

127. Essa vinculatividade legal decorrente dos art. 926 e 927 do CPC não é unânime na doutrina. A maior parte da doutrina entende pela vinculatividade das decisões listadas no art. 927 (ainda que alguns, como Marinoni, diferencie vinculatividade de eficácia erga omnes). Mas há quem, como Alexandre Câmara, entenda que nem todas as decisões listadas do art. 927 são vinculantes, referindo-se aos enunciados de súmulas do STF e STJ, bem como a orientação do plenário ou do órgão especial (incisos IV e V, do art. 927) (CÂMARA, Alexandre Freitas. *O novo processo civil brasileiro*. 4. ed. São Paulo: Atlas, 2015, p. 434-437).

128. DIDIER Jr. Fredie. CUNHA, Leonardo Carneiro da. *Curso de Direito Processual Civil*. v. 3. Salvador: Juspodivm, 2016, p. 619.

129. ZANETI JR, Hermes. Os casos repetitivos no Brasil: notas sobre a agregação de litígios, o processo coletivo e os precedentes vinculantes no CPC/15. *Revista Iberoamericana de Derecho Procesal*. v. 7, versão digital, jan.-jul. 2018.

mais casos que versem sobre a mesma questão jurídica.[130] Esse é o objeto da vinculação.[131]

É claro que para o decidido no julgamento se tornar um padrão decisório a ser aplicado, com efeito vinculante aos demais processos, é necessário que essa decisão observe as exigências da teoria dos precedentes,[132] especificamente uma ampla participação no debate e fundamentação exaustiva, pois "para encontrar esses elementos dos precedentes [*ratio decidendi* e *obter dictum*], a fundamentação é essencial. É especialmente na fundamentação da decisão que os julgadores subsequentes devem pesquisar as razões de decidir (*ratio decidendi*) e os argumentos de passagem (*obter dictum*), nada obstante também seja importante analisar o relatório, sobretudo para verificar a argumentação utilizada e a formação do precedente, e o dispositivo, nomeadamente relevante para a interpretação dos fundamentos e, ainda mais, para o estabelecimento de parâmetros para quantificações"[133].

Há, então, a exigência clara de que a decisão que julgar o caso repetitivo tenha ampla e completa fundamentação, analisando todos os argumentos

130. Questão relevante aqui é a utilização de enunciados para resumir a tese fixada no julgamento dos casos. É importante que se considere que esse extrato/súmula do julgamento não se confunde com o precedente, que não pode ser reduzido a um enunciado. O precedente é extraído das razões de decidir, da fundamentação. Para tanto, ver MARINONI, Luiz Guilherme. *Precedentes obrigatórios*. 5. ed. São Paulo: RT, 2016, p. 309-312.

131. Conforme já dito nos tópicos acima, a definição da tese jurídica não é dissociada das questões de fato do processo, ao contrário, deve considerar as peculiaridades fáticas para alcançar a adequada solução jurídica.

132. Sobre a formação de precedentes, Hermes Zaneti: "Os requisitos para que se possa falar em vinculação aos precedentes são formais e materiais, por essa razão, nem toda decisão de casos repetitivos será um precedente. Ela pode ser apenas a aplicação de uma lei, situação em que não se forma precedente pois a lei em si já é, ela mesma, vinculante, não precisando de confirmação do Poder Judiciário para ter vinculação. A decisão dos casos repetitivos pode ser ainda a aplicação de um *leading case* anterior, que já é um precedente, sendo no máximo um reforço na cadeia desse precedente, do qual retira a sua vinculatividade. Mas o mais relevante é que a decisão dos casos repetitivos deverá preencher alguns requisitos quanto aos fundamentos determinantes (*ratio decidendi*) e respeitar as exceções de aplicação dos precedentes consistentes na possibilidade de distinção e de superação (*overruling e distinguishing*)". (ZANETI JR, Hermes. Os casos repetitivos no Brasil: notas sobre a agregação de litígios, o processo coletivo e os precedentes vinculantes no CPC/15. *Revista Iberoamericana de Derecho Procesal*. v. 7, versão digital, jan.-jul. 2018).

133. MACEDO, Lucas Buril de. *Precedentes judiciais e o direito processual civil*. Salvador: Juspodivm, 2015, p. 308-309.

favoráveis e contrários à questão jurídica apreciada,[134-135] inclusive os apresentados pelos interessados e pelo *amicus*,[136] sendo mesmo desejável que, além de constar na fundamentação do julgado, também na ementa conste expressa indicação de todas as alegações analisadas, com indicação de quais foram acolhidas e quais rejeitadas, de modo a facilitar a correta pesquisa e aplicação do precedente vinculante.[137]

Atendidos a esses requisitos, a tese fixada pelo tribunal com a definição da questão jurídica – limitada a ela, excluindo da vinculatividade, portanto, as demais questões jurídicas possivelmente decididas para a solução do

134. CPC. Art. 984, § 2º O conteúdo do acórdão abrangerá a análise de todos os fundamentos suscitados concernentes à tese jurídica discutida, sejam favoráveis ou contrários.
CPC. Art. 1.038, § 3º O conteúdo do acórdão abrangerá a análise dos fundamentos relevantes da tese jurídica discutida.

135. Referindo-se ao IRDR, mas aplicável aos casos repetitivos como gênero, Sofia Temer faz importante ressalva, destacando que "ao contrário do que ocorre na fundamentação da decisão sobre um caso concreto específico, em que a análise de um argumento favorável ao acolhimento da tese pode dispensar a análise dos demais, no acordão do incidente o tribunal deverá debater e acolher ou não cada um dos fundamentos aventados, porque apenas assim será possível defender a distinção do caso, seja por não enquadramento na categoria fática, seja por conter peculiaridades jurídicas" (TEMER, Sofia. *Incidente de resolução de demandas repetitivas*. Salvador: Ed. Juspodivm, 2016, p. 213).

136. Enunciado nº 305 do FPPC: No julgamento de casos repetitivos, o tribunal deverá enfrentar todos os argumentos contrários e favoráveis à tese jurídica discutida, inclusive os suscitados pelos interessados.

137. Nesse sentido são as palavras de Alexandre Freitas Câmara (CÂMARA, Alexandre Freitas. *O novo processo civil brasileiro*. 4. ed. São Paulo: Atlas, 2015, p. 483).
É necessário que se ressalte que, defender ser útil e desejável que conste da ementa para facilitar a pesquisa, não quer dizer que se está dizendo que o conteúdo do precedente é o que consta na ementa, no extrato da súmula, etc.. Não. O precedente é aquilo que está na *ratio decidendi* e é o que deverá ser analisado e aplicado aos casos futuros. Está-se apenas ressaltando que, além de constar na fundamentação, constar na ementa dá maior publicidade aos fundamentos da decisão, em nada prejudicando, mas facilitando o reconhecimento e aplicação do precedente.
No mesmo sentido, Didier e Cunha sugerem que "é preciso que do relatório conste uma espécie de lista, sumário ou índice de todos os argumentos, contrários e favoráveis à tese jurídica discutida, examinados pelo tribunal. Essa lista deve ser apresentada de modo claro e didático, para que funcione como um verdadeiro guia de consulta. É possível, inclusive, a apresentação desse conjunto de argumentos em forma de tabelas, de modo a que se facilite a visualização do confronto entre os argumentos. Como se viu no item anterior, a identificação do repertório argumentativo que foi enfrentado pelo tribunal na construção do precedente possui múltiplas funções, todas elas importantíssimas para o bom desempenho do sistema de precedentes obrigatórios que o CPC busca implantar" (DIDIER Jr. Fredie. CUNHA, Leonardo Carneiro da. *Curso de Direito Processual Civil*. v. 3. Salvador: Juspodivm, 2016, p. 619).

caso-piloto, isto é, aquelas apreciadas naquele caso concreto mas que não fazem parte da tese construída a ser replicada – é aplicável aos demais casos que versem sobre a mesma questão jurídica.

Importante frisar, também, que ainda que seja elaborado um extrato, resumo, súmula da tese definida no julgamento,[138] o precedente propriamente dito não se confunde com esse extrato[139] (que nada deve acrescentar ou retirar do constante das razões de decidir do julgado). Ao ser aplicado, devem ser consideradas as razões e fundamentos do precedente em si (*ratio decidendi*), e não do resumo, para garantir sua correta aplicação.[140-141]

---

138. Como já dito, o precedente é extraído das razões de decidir e não do seu extrato ou resumo, que, ademais, não se constitui em enunciado normativo autônomo e não pode ser considerado separadamente do julgado que lhe deu origem. Nesse sentido, ver ABBOUD, Georges. *Processo constitucional brasileiro*. São Paulo: RT, 2016.

139. Essa conclusão é retirada da teoria dos precedentes, e parece ter sido abraçada pela nossa legislação, que ao tratar do cadastro dos tribunais e do registro eletrônico no CNJ acerca dos casos repetitivos, determina expressamente que "o registro eletrônico das teses jurídicas constantes do cadastro conterá, no mínimo, os fundamentos determinantes da decisão e os dispositivos normativos a ela relacionados" (art. 979, § 2º do CPC), referindo-se a *fundamentos determinantes* como o essencial para a identificação e aplicação da tese.

Também nesse sentido o enunciado nº 317 do FPPC: "O efeito vinculante do precedente decorre da adoção dos mesmos fundamentos determinantes pela maioria dos membros do colegiado, cujo entendimento tenha ou não sido sumulado".

140. Para severas críticas à utilização da súmula como precedentes, ver Abboud e Streck: "o 'precedente' não cabe na súmula. Trata-se de um 'enigma' hermenêutico que deve ser decifrado. É impossível transformar o problema da aplicação em um problema de validade (prévia) dos discursos jurídicos (discurso de justificação). O problema é que isso já acontece de há muito no direito de terrae brasilis. Aliás, é prática recorrente – afinal, não há sentença ou acórdão que assim não proceda – a mera menção de ementas de acórdãos, utilizados como pautas gerais nas decisões. Tal circunstância acarreta um enfraquecimento da força persuasiva da doutrina, deixando-se a tarefa de atribuição do sentido das leis aos tribunais, fenômeno que é retroalimentado por uma verdadeira indústria de manuais jurídicos, que colacionam ementários para servirem de "pautas gerais". Verbetes. Enunciados. Tentativas de conceptualizações. Por tudo isso, as súmulas (vinculantes ou não) não deveriam causar surpresa. E nem estranheza. Elas sempre estiveram aí, no nosso imaginário" (STRECK, Lenio. ABBOUD, Georges. *O que é isto – o precedente judicial e as súmulas vinculantes*. Porto Alegre: Livraria do Advogado, 2013, p. 78).

Também criticando a forma de utilização das súmulas no Brasil, Sofia Temer afirma que "o enunciado de súmula tornou-se, no Brasil, uma resposta fácil para os problemas do congestionamento judiciário e para a repetição de processos judiciais. Passou-se a fazer uma aplicação mecânica e irrefletida do texto do enunciado" (TEMER, Sofia. *Incidente de resolução de demandas repetitivas*. Salvador: Ed. Juspodivm, 2016, p. 215).

141. Didier e Cunha sugerem, para a facilitação da identificação da *ratio decidendi*, que "O dispositivo deste núcleo decisório deve ser apresentado em forma de enunciado nor-

Nesse sentido, ressalta Marinoni que "um enunciado acerca das decisões judiciais não tem as mesmas garantias de um precedente. Para que exista precedente, não basta um enunciado acerca da questão jurídica, mas é imprescindível que esse enunciado tenha sido elaborado em respeito à adequada participação em contraditório dos litigantes e, assim, tenha surgido como resultado do processo judicial, ou melhor, como um verdadeiro resultado do debate entre as partes. É certo que se poderia dizer que o enunciado da súmula provém das decisões judiciais, fruto da participação em contraditório. Acontece que a súmula, só por isso, é diferente, carecendo de igual legitimidade, ao menos quando se pensa na sua observância obrigatória ou na sua incidência sobre a esfera jurídica dos outros jurisdicionados"[142].

Assim, o que vincula no julgamento dos casos repetitivos são as razões de decidir da tese jurídica construída, que será aplicável aos demais casos que versem sobre a mesma questão jurídica como "ponto de partida", ou seja, de forma refletida e fundamentada pelo julgador do caso concreto, com participação das partes e fundamentação das razões de aplicabilidade do precedente.[143]

---

mativo, numa linguagem direta, clara e acessível; preferencialmente, escrito em frase curta, valendo-se da tradicional estrutura sujeito-verbo-complemento, sem uso de figuras de linguagem ou orações subordinadas" (DIDIER Jr. Fredie. CUNHA, Leonardo Carneiro da. *Curso de Direito Processual Civil.* v. 3. Salvador: Juspodivm, 2016, p. 619). No mesmo sentido, Hermes Zaneti, que ressalta a mudança do Regimento Interno do TJBA (art. 208) para prever que "constitui parte integrante do acórdão a respectiva ementa, na qual será indicada a *ratio decidendi* em que se fundou a decisão" (ZANETI JR., Hermes. Comentários ao art. 926. In: CABRAL, Antonio do Passo. CRAMER, Ronaldo. *Comentários ao Novo Código de Processo Civil.* 2. ed. Rio de Janeiro: Forense, 2016, p. 1332).

142. MARINONI, Luiz Guilherme. *Precedentes obrigatórios.* 5. ed. São Paulo: RT, 2016, p. 159.

143. Nesse sentido, Marcos Cavalcanti: "Assim, o magistrado, antes da aplicação da tese jurídica ao caso concreto, deve sempre garantir às partes o direito de discutir e distinguir o caso sob julgamento, demonstrando, por exemplo, tratar-se de situação particularizada por hipótese fática distinta ou questão jurídica não examinada, a impor solução jurídica diversa. Além disso, a simples existência de *ratio decidendi* não autoriza que a atividade interpretativa deixe de considerar outros textos normativos, tais como a lei e a própria constituição. Deve-se observar, portanto, o disposto no art. 10 do NCPC, de acordo com o qual: 'O juiz não pode decidir, em grau algum de jurisdição, com base em fundamento a respeito do qual não se tenha dado às partes oportunidade de se manifestar, ainda que se trate de matéria sobre a qual deva decidir de ofício'" (CAVALCANTI, Marcos. *Incidente de resolução de demandas repetitivas.* São Paulo: RT, 2016, p. 339).

d.3. Vinculatividade subjetiva: a quem vincula?

Entendendo-se que a vinculatividade da decisão dos casos repetitivos está restrita às razões de decidir (*ratio decidendi* ou *holding*) da questão de direito definida no julgamento do caso repetitivo, cumpre agora abordar quem está vinculado à essa decisão.

Inicialmente, é importante ressaltar que o efeito vinculativo da coisa julgada não se confunde com a eficácia vinculativa do precedente.[144] A distinção está focada principalmente em dois aspectos: i) a coisa julgada (mesmo a coletiva) incide sobre uma relação jurídica concreta com objeto litigioso específico, não tendo sido criada para estender os efeitos de uma decisão em abstrato para demandas repetitivas;[145] ii) em nosso sistema, a coisa julgada incide sobre a parte dispositiva da decisão, não abrangendo seus fundamentos (art. 504, I, CPC), exatamente o inverso da vinculatividade do precedente, que recai sobre os fundamentos da decisão.

Sobre o tema, Marinoni explica que:

> A coisa julgada nada tem a ver com a intenção de se permitir igual solução a casos semelhantes (...). O conceito de coisa julgada *erga omnes* não é relevante quando se pretende dar soluções iguais a casos semelhantes. Nem mesmo a eficácia vinculante, caso limitada à parte dispositiva, aí teria alguma importância. De outra parte, falar em coisa julgada *erga omnes* dos fundamentos da decisão seria baralhar os institutos, já que os objetivos perseguidos com a coisa julgada e com a obrigatoriedade de respeito aos fundamentos não só não se confundem, como exigem conceitos operacionais e metodologias diversos[146].

A diferença fica ainda mais clara quando pensamos no papel que estes dois institutos exercem no sistema jurídico, que são distintos. Enquanto a coisa julgada visa a estabelecer estabilidade às partes sobre um comando judicial em concreto em uma relação jurídica específica, a eficácia vincula-

---

144. Há outros efeitos jurídicos que um precedente pode ter no Brasil, para além do efeito vinculante/obrigatório, que abrange os demais: o persuasivo, obstativo de revisão de decisões, autorizante, rescindente/deseficacizante, de revisão da sentença (DIDIER Jr. Fredie; BRAGA, Paula Sarno; OLIVEIRA, Rafael Alexandria de. Curso de Direito Processual Civil. 10. ed. Salvador: Juspodivm, 2015, p. 454).

145. TEMER, Sofia. *Incidente de resolução de demandas repetitivas*. Salvador: Ed. Juspodivm, 2016, p. 230-231.

146. MARINONI, Luiz Guilherme. *Precedentes obrigatórios*. 5. ed. São Paulo: RT, 2016, p. 159.

tiva dos precedentes busca a estabilidade e segurança na aplicação do direito enquanto um todo.

Na atual legislação processual, algumas decisões judiciais[147] são precedentes com força vinculante e podem adquirir caráter normativo para além do caso concreto e da força de lei entre as partes.[148] As razões de decidir do precedente vinculativo têm o condão de vincular decisões posteriores, obrigando que os órgãos jurisdicionais adotem a mesma tese jurídica na sua fundamentação.

É o que acontece com os julgamentos de casos repetitivos. A legislação expressamente prevê que "os juízes e os tribunais observarão" os julgamentos em casos repetitivos.[149] Dessa previsãos e extrai que tanto o próprio órgão julgador como os juízos a ele subordinados ficam vinculados ao precedente formado. Há, portanto, vinculação horizontal (perante o próprio tribunal

---

147. Diz-se algumas, porque a doutrina ensina que pode haver decisões no rol do art. 927 que não se configurem como um precedente. Há inclusive enunciado do FPPC nesse sentido: Enunciado 315: (art. 927) Nem todas as decisões formam precedentes vinculantes. Nesse sentido, Hermes Zaneti: "A formação do precedente será eventual porque, como vimos, nem toda decisão forma precedente, quer porque o órgão prolator não está habilitado à sua formação, quer porque a decisão simplesmente reproduz o conteúdo normativo da lei ou de precedente anterior sem acrescentar inovação ao ordenamento jurídico" (ZANETI JR, Hermes. Comentários ao art. 926. In: CABRAL, Antonio do Passo. CRAMER, Ronaldo. *Comentários ao Novo Código de Processo Civil*. 2. ed. Rio de Janeiro: Forense, 2016, p. 1325).

148. Idem, p. 1325.

A coisa julgada é o que torna indiscutível e imutável a norma jurídica concreta definida na decisão judicial, produzindo, como regra geral, efeitos entre as partes (art. 506, CPC). Nas célebres palavras de Barbosa Moreira: "não se expressa de modo feliz a natureza da coisa julgada, a nosso ver, afirmando que ela é um efeito da sentença, ou um efeito da declaração nesta contida. Mas tampouco se amolda bem à realidade, tal como a enxergamos, a concepção da coisa julgada como uma qualidade dos efeitos sentenciais, ou mesmo da própria sentença. Mais exato parece dizer que a coisa julgada ó uma situação jurídica: precisamente a situação que se forma no momento em que a sentença se converte de instável em estável. É a essa estabilidade, característica da nova situação jurídica, que a linguagem jurídica se refere, segundo pensamos, quando fala da 'autoridade da coisa julgada'" (MOREIRA, José Carlos Barbosa. *Temas de Direito Processual Civil*. III série. São Paulo: Saraiva, 1984, p. 113).

149. A previsão legal do art. 927, como já ventilado, não torna necessariamente a decisão um precedente, não ao menos no sentido do *common law*. Mas, ela impõe a vinculatividade formal.

prolator da decisão, a corte de agora com a mesma corte do passado)[150] e vertical (dos juízos hierarquicamente inferiores).[151]

Não há dúvida do dever que os órgãos jurisdicionais têm de fundamentar suas decisões observando a tese jurídica firmada no julgamento de casos repetitivos, aplicando-os quando do julgamento de demandas que versem sobre a mesma questão de direito. Isso, aliás, veio expressamente previsto no art. 489, § 1º, do CPC. O problema se põe em definir se a decisão em casos repetitivos vincula outrem além dos órgãos jurisdicionais que julgarão demandas que versem sobre a questão decidida.

Para este trabalho, o ponto central dessa problemática é exatamente a vinculação ou não da Administração Pública à tese definida no julgamento de casos repetitivos – ponto que será aprofundado mais adiante.

Há quem sustente que a vinculação da Administração aos precedentes provenientes dos casos repetitivos seria corolário do reconhecimento da existência de um sistema de precedentes que obrigaria a todos, inclusive a Administração Pública e os particulares,[152] independentemente de previsão expressa. Outros autores, porém, entendem que a vinculação da Administração Públicas e daria em razão da previsão de comunicação do órgão

---

150. Sobre a vinculatividade horizontal, Frederick Schauer leciona: "Além de serem obrigadas a seguir as decisões das cortes em nível hierárquico superior, também se espera, não obstante ser menos óbvio e às vezes mais controverso, que as cortes sigam suas próprias decisões anteriores. Aqui tem-se a vinculação horizontal, porque a obrigação se dá entre a corte agora e a mesma corte no passado. O precedente horizontal não se refere a uma questão de cortes com hierarquia superior ou inferior, mas a uma hierarquia entre o antes e o depois. A decisão anterior é superior não porque veio de uma corte superior; a decisão anterior é superior simplesmente porque é anterior." (tradução livre) (SCHAUER, Frederick. *Thinking like a Lawyer:* a new introduction to legal reasoning. Cambridge: Harvard University Press, 2009, p. 37).

151. Tratando da vinculatividade como critério de racionalidade, e explorando a noção de universalidade, Hermes Zaneti Jr.: "Dessa forma, exarado um precedente, sua consideração passa a ser obrigatória todas as vezes que a mesma matéria venha a ser debatida em casos considerados análogos pelo próprio órgão julgador (vinculação horizontal). Insistimos no ponto fundamental, igualmente não se confundem com a jurisprudência, por serem de observância obrigatória por todos os tribunais inferiores que estão submetidos à decisão do tribunal de hierarquia institucional superior (vinculação vertical). Portanto, os precedentes não são meramente persuasivos ou exemplificativos do entendimento dos tribunais – diferença qualitativa" (ZANETI JR., Hermes. Precedentes (treatlike cases alike) e o novo código de processo civil. *Revista de Processo*, São Paulo, v. 235, versão digital, set. 2014).

152. ZANETI JR., Hermes. *O valor vinculante dos precedentes*. Salvador: Juspodivm, 2015.

regulador para fiscalização da aplicação da tese adotada pelos entes regulados (art. 985, §2º e art. 1.040, IV, CPC).[153]

A possibilidade devinculaçãoda Administração Pública ao entendimento dos Tribunais surgiu em nosso ordenamento com a súmula vinculante,[154]

---

153. Nesse sentido, Paulo Cezar Carneiro e Humberto Dalla, comentando o art. 985, § 2º: "A decisão proferida no incidente vinculará também o Poder Executivo, já que, de acordo com o § 2º do art. 985, se o incidente tiver por objeto questão relativa a prestação de serviço público concedido, permitido ou autorizado, seu resultado deverá ser comunicado ao órgão competente para fins de controle quanto à efetiva aplicação da tese adotada". No mesmo sentido afirmam nos comentários ao art. 1.040, IV (CARNEIRO, Paulo Cezar Pinheiro; PINHO, Humberto Dalla Bernardina (Coord.). *Novo Código de Processo Civil*: anotado e comparado. Rio de Janeiro: Forense, 2015, p. 617).

Outros autores, apesar de não falarem diretamente que a decisão dos casos repetitivos vincula a Administração Pública, tratam da previsão de comunicação elencada nos art. 985, § 2º e 1.040 VI como necessidade de a agência, órgão ou entidade reguladora fiscalizar nos termos da tese adotada, como se o mérito da decisão devesse ser recebida pelo regulador como adequada, e coubesse a esse apenas a fiscalização. Nesse sentido: CÂMARA, Alexandre Freitas. *O novo processo civil brasileiro*. 4. ed. São Paulo: Atlas, 2015,p. 555.

Outros já tratam da disposição como algo que possa estimular, se for o caso, mudanças em rotinas de fiscalização ou em normas administrativas: CABRAL, Antonio do Passo. *Comentários ao novo código de processo civil*. 2. ed. Rio de Janeiro: Forense, 2016, p. 1447; DIDIER JR, Fredie. CUNHA, Leonardo Carneiro da. *Curso de Direito Processual Civil*. v. 3. 13. ed. Salvador: Juspodivm, 2016, p. 602; Aluisio Mendes e Sofia Temer parecem ter inicialmente entendido haver vinculação da Administração no IRDR por força do art. 985, §2º (MENDES, Aluísio; TEMER, Sofia. O incidente de resolução de demandas repetitivas no novo código de processo civil. *Revista de Processo*, São Paulo, v. 243, maio/2015), mas modificaram seus posicionamentos em suas obras individuais, defendendo não haver vinculação de entes públicos, mas mero efeito persuasivo.

154. Sobre a origem e natureza jurídica da súmula, ver: PRESGRAVE, Ana Beatriz Ferreira Rebello. A natureza jurídica da súmula. In: NUNES, Dierle; MENDES, Aluísio; JAYME, Fernando Gonzaga. *A Nova Aplicação da Jurisprudência e Precedentes no CPC/15*: Estudos em Homenagem à professora Teresa Arruda Alvim. São Paulo: RT, 2017, p. 153-184. A autora aborda a natureza jurídica da súmula vinculante, afastando-a do *stare decisis*, pois entende que esta vincula pelo seu enunciado descritivo e não pela fundamentação. Conclui que as súmulas deveriam vincular pelas razoes determinantes dos julgados que a originaram, mas reconhece que em regra não é assim que se dá na prática. Isso porque o enunciado de súmula não possui conteúdo normativo por si só.

Também diferenciando a súmula do precedente (do *common law*), ver: ABBOUD, Georges. *Processo constitucional brasileiro*. São Paulo: RT, 2016, p. 584 e ss. O autor, partindo da premissa do pós-positivismo jurídico, defende nesse e em outros textos que as súmulas, na verdade, são indexadores das decisões que lhe originaram, visam facilitar a aplicação das razões de decidir. Insistem na compreensão de que súmulas são textos a partir da qual serão construídas normas, e não normas prontas e acabadas. Ver também:ABBOUD, Georges; LUNELLI, Guilherme; SCHIMITZ, Leonard Ziesemer.

incluída pela Emenda Constitucional nº 45/04, que inseriu o art. 103-A ao texto constitucional, prevendo que o STF poderá aprovar súmula que terá efeito vinculante em relação aos demais órgãos do Poder Judiciário e à Administração Pública direta e indireta, nas esferas federal, estadual e municipal.[155]

Há, porém, diferenças fundamentais entre a súmula vinculante e os julgados de casos repetitivos, que desautorizam o tratamento uniforme dos institutos. Para a súmula vinculante, há previsão expressa de vinculação da Administração Pública na Constituição Federal, não ocorrendo o mesmo na previsão dos casos repetitivos. Estes, além de não contar com previsão expressa, estão previstos em norma infraconstitucional.[156]

Como trabalhar – e como não trabalhar – com súmulas no Brasil: um acerto de paradigmas. In: WAMBIER, Teresa Arruda Alvim et al. (Coord.). *Direito Jurisprudencial*. São Paulo: RT, 2013.

155. CF. Art. 103-A. O Supremo Tribunal Federal poderá, de ofício ou por provocação, mediante decisão de dois terços dos seus membros, após reiteradas decisões sobre matéria constitucional, *aprovar súmula que, a partir de sua publicação na imprensa oficial, terá efeito vinculante em relação aos demais órgãos do Poder Judiciário e à Administração Pública direta e indireta*, nas esferas federal, estadual e municipal, bem como proceder à sua revisão ou cancelamento, na forma estabelecida em lei. (...) § 3o Do ato administrativo ou decisão judicial que contrariar a súmula aplicável ou que indevidamente a aplicar, caberá reclamação ao Supremo Tribunal Federal que, julgando-a procedente, anulará o ato administrativo ou cassará a decisão judicial reclamada, e determinará que outra seja proferida com ou sem a aplicação da súmula, conforme o caso.

156. Há, inclusive, quem defenda a inconstitucionalidade do art. 927 e da previsão de vinculação horizontal e vertical, pois essa vinculatividade, no entendimento dessa doutrina, deveria vir expressa na Constituição, importando em violação à separação de poderes. Nesse sentido, tratando do IRDR, mas aplicável, pensamos, aos recursos especial e extraordinário repetitivos: "efeito vinculante previsto para o IRDR é inconstitucional porque tal mecanismo não pode ser instituído mediante legislação ordinária. A vinculação de uma decisão aos juízes de hierarquia inferior ao órgão prolator da decisão deve estar sempre prevista expressamente na Constituição da República, sob pena de violação à garantia constitucional da *independência funcional* dos magistrados e à *separação funcional de poderes*. Vale lembrar que até mesmo os enunciados editados ou as decisões proferidas em sede de controle de constitucionalidade abstrato pela mais alta corte do país (o STF) precisaram de previsão constitucional expressa que lhes atribuísse efeito vinculante. Dessa forma, mais necessário ainda é o permissivo constitucional que confira efeito vinculante às decisões proferidas no julgamento do IRDR" (ABBOUD, Georges. CAVALCANTI, Marcos. Inconstitucionalidades do IRDR e os riscos ao sistema decisório. *Revista de Processo*. São Paulo: RT, v. 240, fev. 2015 (versão digital)).

Também apontando que para que a decisão no IRDR vinculasse a Administração Pública seria necessário previsão constitucional (raciocínio aplicável aos REERs): MENDES, Aluísio Gonçalves de Castro. *Incidente de resolução de demandas repetitivas*: sistema-

Isso nos leva à compreensão de que os provimentos jurisdicionais previstos no art. 927 do CPC são vinculantes para os órgãos jurisdicionais, horizontal e verticalmente, mas não alcançam a Administração Pública, sendo a eficácia da decisão nos casos repetitivos diferente da eficácia da súmula vinculante.[157]

Há, inclusive, quem defenda que nos incisos do art. 927 do CPC existemduas classes distintas de precedentes vinculantes: uma de precedentes como fontes primárias de direito, eis que sua vinculatividade se origina diretamente da Constituição Federal (incisos I e II - decisão do STF em controle de constitucionalidade e enunciados de súmula vinculante); e outra de precedentes como fontes secundárias de direito, com vinculatividade advinda da lei própria processual, espécie de lei ordinária federal (incisos III, IV e V - acórdãos em julgamentos de incidente de assunção de competência e de casos repetitivos, enunciados de súmulas do STF e STJ e orientação do plenário ou órgão especial ao qual vinculado o julgador).[158] A diferença nessa escala de fontes do direito é exatamente que as primárias vinculam a todos indistintamente, inclusive Administração Pública e particulares, enquanto que as secundárias, na qual inclusos os julgamentos em casos repetitivos, apenas vinculam juízes e tribunais.

Além disso, o significado e compreensão do referido art. 927 não se equipara àquele dos artigos 985, § 2º e 1.040, IV, CPC, que trazem comando específico referindo-se à Administração Pública. Retornaremos a esse ponto mais adiante, ao analisar especificamente a previsão legal de comunicação aos órgãos fiscalizatórios acerca da definição de tese jurídica nos casos repetitivos.

III.2. A PREVISÃO LEGAL DE COMUNICAÇÃO DO ÓRGÃO REGULADOR PARA A FISCALIZAÇÃO DA TESE DEFINIDA PELO TRIBUNAL

a) Da inserção da previsão no projeto de lei do CPC: evolução legislativa

Conforme já abordado no Capítulo I, ao diagnosticar um grande quantitativo de casos sintomáticos de uma litigiosidade repetitiva, cuidou

---

tização, análise e interpretação do novo instituto processual. Rio de Janeiro: Forense, 2017, p. 239.

157. TEMER, Sofia. *Incidente de resolução de demandas repetitivas*. Salvador: Ed. Juspodivm, 2016, p. 222.

158. Nesse sentido, ver:COSTA, José Eduardo da Fonseca. Comentários ao art. 927. In: CAMARA, Helder Moroni (Coord.). *Código de Processo Civil Comentado*. São Paulo: Almedina, 2016, p. 1125-1126.

o legislador de desenhar técnicas processuais para tratar desse contingente de forma otimizada. Nesse sentido é o relatório da Comissão Especial da Câmara dos Deputados, ao reconhecer que:

> [...] no plano social, as mudanças importantes que refletiram no acesso à justiça e na concessão da sua gratuidade, no progresso econômico, na incorporação ao mercado de grande massa de consumidores e na necessidade de resolução de demandas com multiplicidade de partes repercutam diretamente no exercício da função jurisdicional e ocasionaram aumento exponencial do número de processos em tramitação, realidade cujos problemas o CPC atual, ainda, não resolve completamente.

Duas dessas técnicas, que juntas formam o "julgamento de casos repetitivos", trouxeram previsão voltada diretamente para a litigiosidade dos setores regulados, que determinam que, quando a questão definida pelo rito dos casos repetitivos versar sobre prestação de serviço em setores regulados, o resultado do julgamento será comunicado ao órgão competente para que este fiscalize a "efetiva aplicação, por parte dos entes sujeitos à regulação, da tese adotada"[159].

O julgamento de recursos especial e extraordinário repetitivos era técnica já existente no CPC/73.[160] Não havia, porém, disposições específicas relacionadas à litigiosidade dos setores regulados, mas um único tratamento para a totalidade de casos repetitivos. O mesmo se pode dizer em relação ao IRDR, que em sua concepção inicial no Senado Federal nada dispunha acerca das demandas dos setores regulados da economia.[161]

Foi durante a tramitação do projeto de lei na Câmara dos Deputados, no âmbito da Comissão Especial,por emenda parlamentar do Deputado Jerônimo Goergen (EMC 694/2010, apresentada em 21/12/2011), que a preocupação com as demandas seriadas provenientes de prestação de serviços regulados passou a fazer parte dos textos em pauta, em especial no IRDR.

159. CPC. Art. 985, § 2º - se o incidente tiver por objeto questão relativa a prestação de serviço concedido, permitido ou autorizado, o resultado do julgamento será comunicado ao órgão, ao ente ou à Agência Reguladora competente para fiscalização da efetiva aplicação, por parte dos entes sujeitos a regulação, da tese adotada.

CPC. Art. 1.040, IV - se os recursos versarem sobre questão relativa a prestação de serviço público objeto de concessão, permissão ou autorização, o resultado do julgamento será comunicado ao órgão, ao ente ou à Agência Reguladora competente para fiscalização da efetiva aplicação, por parte dos entes sujeitos a regulação, da tese adotada.

160. Técnica prevista nos art. 543-B e 543-C, CPC/73.

161. PLS 166/2010, art. 895 e seguintes.

Eis a justificativa do Deputado para a sugestão de inserção do § 1º ao art. 938 do projeto de lei em tramitação, que trata do IRDR:

> Ainda, com vistas à prevenção de futuros litígios, deverão constar *nos casos em que o incidente envolva julgamento de questão que diga respeito à prestação de serviço concedido, será comunicada ao órgão ou Agência Reguladora responsável, para fiscalização do efetivo cumprimento por parte das empresas sujeitas à regulação.* Isso porque, é sabido, são muitas as situações em que os tribunais superiores reconhecem a abusividade de determinadas cláusulas contratuais ou práticas pelas empresas que exploram serviços concedidos, mas estas seguem inserindo nos seus contratos de adesão essas cláusulas abusivas e praticando abusividades já reconhecidas, sem qualquer tipo de fiscalização pelas Agências reguladoras a quem a lei impõe atribui essa tarefa. **Nesse sentido é que se está a propor que, decidida, no âmbito do incidente de demandas repetitivas, questão de direito que reconheça abusiva ou ilegal determinada prática da empresa, deva a Agência Reguladora ser comunicada para fins de fiscalização e regulação da matéria, nos termos do que foi decidido pelo Tribunal.**
>
> Com isso, confere-se maior eficácia ao novo instituto, chamando a responsabilidade também as Agências reguladoras, com vistas à evitar novas demandas repetitivas, ao mesmo tempo em que preserva-se a participação dos juízes de primeiro grau na construção da jurisprudência, atribuindo-se a estes a possibilidade de provocar o incidente, resguardando-se, ainda, a competência para instauração e julgamento do incidente aos desembargadores a quem a matéria está afeta[162] (grifos nossos).

Referida emenda foi aprovada pelo relator do projeto de lei na Câmara, deputado Paulo Teixeira, sem ressalvas nesse particular, tendo sido o PL ao final devolvido à Casa Iniciadora com a inserção da determinação de que "[s]e o incidente tiver por objeto questão relativa a prestação de serviço concedido, permitido ou autorizado, o resultado do julgamento será comunicado ao órgão ou Agência Reguladora competente para fiscalização do efetivo cumprimento da decisão por parte dos entes sujeitos a regulação"[163].

---

162. Trecho da Emenda Parlamentar EMC 694/2011, do Deputado Jerônimo Goergen, apresentada no âmbito da Comissão Especial destinada a proferir parecer aos PL 6025/2005 e PL 8046/2010, ambos do Senado Federal, e outros, que tratam do "Código de Processo Civil", e aprovada pelo relator sem ressalvas nesse particular. Disponível em: http://www.camara.gov.br/proposicoesWeb/fichadetramitacao?idProposicao=532938. Acesso em 01. fev. 2020.

163. Art. 1.004, § 2º, do Parecer final da Comissão Especial da Câmara dos Deputados aos PL 6025/2005 e PL 8046/2010, ambos do Senado Federal. Disponível em http://www.

Posteriormente, a norma legal foi inserida também na parte do código que trata do julgamento do recurso especial e extraordinário repetitivo,[164] e a redação dos dispositivos ajustada para a atual redação constante do §2º, do art. 985 e art. 1.040, IV, CPC, trazendo homogeneidade a ambas as técnicas – o que seria de se esperar, diante da ideia de um microssistema de julgamento de casos repetitivos.

Verifica-se, portanto, que as técnicas gerais existentes para tratar da litigiosidade repetitiva no CPC/73, voltadas para a litigiosidade de forma ampla, foram reputadas como insuficientes pelo legislador reformador, que entendeu necessária a introdução de alguma medida que atingisse de forma direta as demandas dos setores regulados, o que é bastante compreensível, especialmente se considerando o cenário já demonstrado acercada importância desses conflitos no quantitativo de processos ajuizados e julgados em todo o país. Exemplo disso éo fato de que, excluído o Estado, litigantes que acumularam o maior número de processos em todos os tribunais são de setores regulados.[165]

A intenção do legislador parece ter sido direcionada às condutas dos agentes regulados (prestadores de serviços) que "seguem inserindo nos seus contratos de adesão essas cláusulas abusivas e praticando abusividades já reconhecidas", mas "chamando a responsabilidade também às Agências reguladoras, com vistas a evitar novas demandas repetitivas"[166]. Nesse sentido, é a redação final constante dos dispositivos aprovados, no CPC/15:

---

camara.gov.br/proposicoesWeb/prop_mostrarintegra?codteor=1026407. Acesso em. 01. jun. 2020.

164. Inserida no art. 1.051, §6º do Substitutivo na Câmara, pelo quarto parecer apresentado pelo Relator Geral, deputado Paulo Teixeira, em 08/05/2013 – PRL 4, disponível em http://www.camara.gov.br/proposicoesWeb/prop_mostrarintegra?codteor=1086929&-filename=PRL+4+PL602505+%3D%3E+PL+6025/2005. Acesso em 01. jul. 2020.

165. Segundo dados do relatório da pesquisa "Os maiores litigantes em ações consumeristas: mapeamento e proposições", da Associação Brasileira de Jurimetria (ABJ), de 2018, que demonstrou que os trinta maiores litigantes em ações consumeristas concentram pelo menos 50% do total de processos, demonstrou ainda que em todos os tribunais pesquisados os litigantes que acumularam o maior número de processos são do setor regulado: instituições financeiras e telecomunicações (ASSOCIAÇÃO BRASILEIRA DE JURIMETRIA. *Os maiores litigantes em ações consumeristas: mapeamento e proposições.* 2018. Disponível em:<http://www.cnj.jus.br/files/conteudo/arquivo/2018/04/28383cca-082cb68ac79144e7b40f5568.pdf>. Acesso em: 01/04/2020).

166. Trechos da justificativa da EMC 694/2011.

> Art. 985, § 2° - Se o incidente tiver por objeto questão relativa a prestação de serviço concedido, permitido ou autorizado, o resultado do julgamento será comunicado ao órgão, ao ente ou à Agência Reguladora competente para fiscalização da efetiva aplicação, por parte dos entes sujeitos a regulação, da tese adotada.
>
> Art. 1.040, IV - Se os recursos versarem sobre questão relativa a prestação de serviço público objeto de concessão, permissão ou autorização, o resultado do julgamento será comunicado ao órgão, ao ente ou à Agência Reguladora competente para fiscalização da efetiva aplicação, por parte dos entes sujeitos a regulação, da tese adotada.

Ao menos da forma como redigidas, as normas legais parecem conter um comando às Agências reguladoras ou aos órgãos/entes competentes para que fiscalizem o efetivo cumprimento por parte dos regulados da tese definida pelos Tribunais.Tal compreensão é reforçada pela justificativa constante da emenda parlamentar EMC 694/2010 de que "deve a Agência Reguladora ser comunicada para fins de fiscalização e regulação da matéria, nos termos do que foi decidido pelo Tribunal". Seguindo essa interpretação, a Agência estaria atrelada ao entendimento do Judiciário, inclusive em matéria regulatória, incumbindo-lhe tão somente, e sem discussão, à fiscalização da conduta do ente regulado.

Seria essa, contudo, uma interpretação adequada e condizente com o restante do sistema processual e da legislação pátria? As teses adotadas pelos tribunais em julgamento de casos repetitivos vinculam o entendimento das Agências reguladoras? Qual a eficácia desses precedentes judiciais em relação às Agências? Estaria o Judiciário invadindo a competência regulatória? Quais os riscos dessa sistemática para a regulação e os possíveis efeitos dela na litigiosidade repetitiva dos setores regulados?

As análises aqui empreendidas terão como foco o aspecto caracterizador da litigiosidade repetitiva nos setores regulados, o papel da Agência Reguladora enquanto ator necessário nesses conflitos e a sua participação (ou falta dela) na sistemática de fixação de tese no julgamento de casos repetitivos.

b) Das percepções acerca da vinculatividade da tese jurídica ante a regulação e o regulador

Nos termos já desenvolvidos acima nos itens III.1.d.1 e III.1.d.2, ao falar em vinculatividade, referimo-nos ao objeto da vinculação e aos sujeitos vinculados (vinculatividade objetiva e subjetiva). Agora, importa avançar na aplicação dessa compreensão da vinculatividade da tese jurídica definida no julgamento de casos repetitivos em relação aos órgãos reguladores.

Muitas são as leituras possíveis aos dispositivos legais que determinam a comunicação da Agência Reguladora para fiscalização da aplicação da tese jurídica pelos entes regulados. Todas elas devem ser feitas levando em conta o contexto no qual criadas, ou seja, de tratamento da litigiosidade repetitiva, em especial aquela proveniente dos setores regulados.

Em consequência, além dos elementos caracterizadores da repetitividade da litigância em geral (volume considerável de demandas versando sobre a mesma questão e envolvimento de litigantes repetitivos e ocasionais), devem ser observadas as particularidades do setor regulado, especialmente o poder normativo decorrente da capacidade regulatória que lhes foi conferido,[167] que impacta na litigiosidade,pois se converte em uma ampla produção normativa[168] que, não raro, cria zonas cinzentas na compreensão do direito.

Em razão das características do Estado Regulador, bem descritas no capítulo II, a produção normativa das Agências reguladoras é marcada pela especificidade técnica própria da regulação de setores econômicos, que contempla fatores múltiplos e não jurídicos (como fatores econômicos, atuariais, científicos, políticos etc.),[169] sobre os quais o Judiciário, muitas vezes, não

---

167. Algumas possuem assento constitucional, como a Agência Nacional de Telecomunicações e a Agência Nacional de Petróleo (art. 21, XI e art. 177, §2º, III, CF), e outras assento infraconstitucional.

168. Nesse sentido, reconhece Egon Moreira: "Como se sabe, as agências reguladoras brasileiras efetivamente emanam normas gerais e abstratas. Isso se dá todos os dias, num ritmo nunca dantes experimentado: a profusão de tais atos normativos é patente" (MOREIRA, Egon Bockmann. Os limites da competência normativa das agências reguladoras. In: ARAGÃO, Alexandre Santos (coord.). *O poder normativo das agências reguladoras*. Rio de Janeiro: Forense, 2006, p.174).

Como demonstrado no capítulo I: exemplificativamente, no ano de 2007, o Congresso Nacional aprovou 198 leis, enquanto apenas três das principais agências reguladoras produziram 1.965 resoluções: a Agência Nacional de Energia Elétrica editou 635, a Agência Nacional de Transportes Terrestres, 726, e a Agência Nacional de Águas, 604. Mesmo ignorando as normas expedidas pelas demais agências, a produção normativa regulamentar supera em mais de dez vezes a produção legiferante.

169. Exemplificativamente, a fala da diretora da ANS, Simone Sanches Freire em entrevista ao Conjur, que se refere à custo e efetividade, como fatores não considerados pelo Judiciário mas que fazem parte da pauta da agência: "Na avaliação da diretora da ANS, o Judiciário tende a dar uma interpretação 'expansionista' aos direitos dos indivíduos quando a questão é saúde, não levando em conta fatores como custo e efetividade. 'Esses são critérios observados pelas agências reguladoras na formulação de suas políticas. Decisões que contrariem essas premissas enfraquecem as normas da ANS e geram

seria a instituição mais apta a tomar decisões em determinadas matérias (*institutional choice – imperfect alternatives*).[170]

Disso decorre a necessidade de se compatibilizar o inafastável controle e interpretação dos atos dos órgãos reguladores pelo Judiciário com o poder regulamentar das Agências e sua autonomia decisória – com sua consequente atividade de interpretação de normas.[171]

Esse é o ponto de ligação com a matéria processual aqui enfocada. É incontroverso que a técnica foi criada buscando lidar com a litigiosidade específica de setores regulados, mas também é preciso analisar se ela compatibilizou de maneira adequada a capacidade regulatória das Agências com a atividade do Judiciário.

A legislação processual prevê a vinculatividade das Agências ao decidido pelo Judiciário no julgamento de casos repetitivos? Que leitura, interpretação e compreensão devem ser dadas a essa previsão legal, de modo a compatibilizar a legislação processual com a competência das Agências reguladoras?

Uma leitura possível, e talvez a que salta aos olhos mais facilmente diante de um olhar apressado e isolado dos dispositivos legais, é a de que os comandos dos art. 985, § 2º e art. 1.040, IV, CPC, trariam apenas um meio de comunicação/informação da tese fixada no julgamento de casos repetitivos ao órgão, para que este exercesse seu papel fiscalizador controlando a observância do precedente pelo agente regulado.[172]

Segundo essa leitura, a tese fixada pelo Tribunal teria como destinatário direto o ente regulado (o plano de saúde, a empresa de telefonia, o banco, a concessionária de energia elétrica etc.), que estaria obrigado a observar em suas condutas o decidido no julgamento e, caso assim não agisse, o órgão fiscalizador estaria apto a, dentro do seu papel fiscalizatório, verificar o descumprimento e tomar as providências cabíveis.

---

insegurança no mercado"' (Disponível em: <https://www.conjur.com.br/2016-jun-21/teses-judiciais-podem-prejudicar-politica-regulatoria-dizem-agências>.Acesso em 29/08/2020).

170. KOMESAR, Neil K. *Imperfect alternatives:* choosing institutions in law, economics, and public policy. Chicago: The University of Chicago Press, 1994, p. 3.

171. Fala-se aqui em inevitável atividade de interpretação de normas no sentido do pós-positivismo, e da compreensão da necessária diferenciação entre texto e norma. Nesse sentido, ver: ABBOUD, Georges. *Processo constitucional brasileiro*. São Paulo: RT, 2016.

172. O ente regulado, ou seja, as prestadoras do serviço, está vinculado à decisão pela força vinculativa da coisa julgada, se a tese foi aplicada ao seu processo pela sistemática dos julgamentos de casos repetitivos.

Partindo da premissa de que o órgão fiscalizador possui o dever legal de fiscalizar a conduta dos entes regulados e que esses devem observar o decidido no julgamento dos casos repetitivos e aplicado nos processos pendentes e futuros, não haveria, numa análise superficial, qualquer avanço do Judiciário sobre o papel dos agentes reguladores.

Essa seria, contudo, uma leitura reducionista do fenômeno, que deixa de observar que o mesmo órgão, ente ou Agência Reguladora que possui competência fiscalizatória, possui também, em regra, competência regulatória. Quando o Judiciário uniformiza um entendimento acerca de uma questão regulatória em um processo sem a participação adequada do regulador e o notifica para que este fiscalize o cumprimento, não apenas estaria deixando de considerar as razões do regulador na formação da tese jurídica, como estaria lhe impondo uma compreensão, não raro diversa, acerca de questão de sua competência.

Outra leitura, e que parece ter sido a intentada pelo legislador durante a elaboração do projeto do CPC, é a de que à Agência incumbe observar o quanto decidido pelo Judiciário, para além de fiscalizar os entes regulados, verificando se estes estão, além deobservando a questão decidida em suas atividades, também adequando a sua regulação ao decidido pelo julgador. A intenção do legislador pode ser observada da leitura da emenda parlamentar que inseriu o dispositivo no projeto de lei, acima citada, que previu que "deve a Agência Reguladora ser comunicada para fins de fiscalização e **regulação** da matéria, nos termos do que foi decidido pelo Tribunal" (grifonosso)[173].

Verifica-se que aqui houve clara intenção de atrelar a Agência, afirmando, inclusive, que esta deveria observar a tese definida "para fins de regulação" ou, em outras palavras, deveria expedir normas regulamentares no sentido definido pelo Judiciário.

Importante ressaltar que a lei, da forma como aprovada, não contemplou em seu texto essa previsão, tendo albergado apenas o comando *fiscalizar*, e não o *regular*. Mas isso, apesar de abrandar, não modifica substancialmente o cenário, pois a exigência de que a Agência fiscalize a aplicação da tese pelo regulado importa em aceitação, por parte do Ente Regulador, da norma cons-

173. Trecho da Emenda Parlamentar EMC 694/2011, do Deputado Jerônimo Goergen, apresentada no âmbito da Comissão Especial destinada a proferir parecer aos PL 6025/2005 e PL 8046/2010, ambos do Senado Federal, e outros, que tratam do "Código de Processo Civil", e aprovada pelo relator sem ressalvas nesse particular. Disponível em: <http://www.camara.gov.br/proposicoesWeb/fichadetramitacao?idProposicao=532938>. Acesso em 01/02/2020. (grifos nossos).

truída pelo Judiciário enquanto uma norma a que ela está obrigatoriamente submetida. Além disso, importam no reconhecimento daquele comando como adequado para normatizar questões regulatórias de sua competência – porque, com base nele, decidirá se a conduta do ente regulado está correta ou não, decidindo pela aplicação de penalidade.

Pensemos, por exemplo, no conhecido caso da assinatura básica de telefonia,[174] em que foram ajuizadas milhares de ações individuais e coletivas versando sobre a legalidade da cobrança de referida assinatura nos contratos. Pensemos na hipótese fictícia[175] de que houvesse sido instaurado um IRDR no Estado de São Paulo (onde havia, de fato, mais de 130 mil ações versando sobre a questão) e que houvesse sido decidido que a cobrança da tarifa básica era ilegal, determinando a suspensão da cobrança. Ato contínuo, imaginemos que houvesse sido enviada comunicação à Anatel, nos termos do art. 985 § 2º, CPC, para que fiscalizasse, no Estado de São Paulo, se as operadoras de telefonia estavam cumprindo o quanto decidido no incidente.

Nesse caso, a Agência seria comunicada para fiscalizar a ausência de cobrança da tarifa pelas concessionárias, decidida em processo do qual não

174. Sobre o caso da assinatura básica, ver: WATANABE, Kazuo. Relação entre demandas individuais e coletivas. *Revista de Processo*, São Paulo, v. 139, set. 2006.
O autor trata as diversas ações individuais ajuizadas como demandas pseudoindividuais, que conceitua como aquelas fundadas em relação jurídica substancial de natureza incindível. Apesar da análise do autor focar na ótica dos usuários e na necessidade de que tenham tratamento uniforme, ela é útil ao nosso objeto, pois demonstra a complexidade das questões objeto de regulação: "as concessionárias de serviços de telecomunicações estão submetidas a uma política regulatória a cargo da Anatel, inclusive no tocante à fixação de tarifas. A estrutura tarifária é fixada no próprio contrato de concessão, celebrado pelas concessionárias com a Anatel. Essa estrutura deve ser aplicada de modo uniforme em relação a todos os usuários e, sem que a respeito dela haja decisão da Anatel, não poderá ser feita qualquer alteração por iniciativa da concessionária. Qualquer modificação na cesta tarifária, como a exclusão da tarifa de assinatura, como é pretendido nas ações coletivas e nas demandas pseudoindividuais acima mencionadas, afetará profundamente o equilíbrio econômico-financeiro do contrato de concessão, que é um dos direitos básicos da concessionária e sem esse equilíbrio estará irremediavelmente comprometido o cumprimento das várias obrigações e metas estabelecidas no contrato de concessão. Os contratos celebrados com os usuários, de prestação de serviço telefônico, são umbilicalmente ligados ao contrato de concessão, devendo observar as condições neste estabelecidas pelo Estado, não assistindo à concessionária o direito de estabelecer qualquer regra de sua livre escolha, mormente em matéria de tarifas" (versão digital).

175. No caso concreto, o STJ decidiu pela legalidade da cobrança (Súmula nº 356 do STJ).

necessariamente participou com poder de influência.[176] Em sentido diametralmente oposto, teria resolução própria dispondo acerca da possibilidade e forma de cobrança dessa tarifa, que reconhece como devida. Ou seja, o que se teria, ao final, seria uma comunicação para que ela fiscalizasse em desconformidade com as suas próprias normas regulatórias.

A situação que se desenha com a aplicação da norma que determina a comunicação do ente responsável pela fiscalização dos regulados é a de que, mesmo sem a necessária participação no processo de fixação da tese, a Agência será comunicada para fiscalizar a aplicação datese pelos regulados.

Estaria a Agência obrigada a pautar sua fiscalização e regulação no quanto decidido no caso repetitivo (IRDR ou REERs)? Estaria o Judiciário acima da Agência Reguladora, em termos de definição de regulação, mesmo em um processo em que o objeto não era, ao menos diretamente, a política regulatória? Sim, porque não se pode ignorar que, ao determinar que o Ente Regulador fiscalize em determinado sentido (dizendo como deve agir em sua fiscalização e que postura deve adotar), o Judiciário estará interferindo na regulação, possivelmente à revelia do ente que detém competência regulatória[177].

Por isso é indispensável compreender a natureza e os limites dessa "comunicação" ao Ente Regulador. Além disso, é preciso definir se – e em que medida – a Agência estaria vinculada à tese fixada pelo Judiciário nos

176. Ressalte-se que o STJ decidiu, na sistemática do recurso repetitivo, que não ocorre litisconsórcio passivo necessário da Anatel na condição de cedente do serviço público nas demandas sobre a legalidade da cobrança de tarifas por serviço de telefonia (REsp nº 1.068.944).

177. Sobre o controle judicial da Administração, interessantes as provocações de SHAPIRO, Martin. Who guards the guardians? Judicial control of administration. *The Richard B. Russel lectures*, n.6, 1988: "Judicial review in the nineties, then, is probably going to present a more accurate picture of prudent deliberation and law making by agencies reviewed by courts exercising comparable prudence. Courts will more openly acknowledge that what they are doing is using their own prudence to check on that of the agencies. In a sense this is only a way of saying that courts will again more openly acknowledge what has always been the root of American judicial review, that courts are to declare unlawful whatever they find to be very unreasonable. When we acknowledge openly that this is what courts do and that reasonableness and unreasonableness are matters of prudence, not technological or synoptic rationality or adjudicative procedures, then we have done as much as we can do to answer the question, guards the guardians? For we know that judges are really no more prudent than the rest of us. So long as we let the judges know that we know that, they are unlikely to get overambitious substituting their prudence for that of others more directly subject to democratic control" (p. 173).

casos repetitivos, o que analisaremos em nossas reflexões propositivas, no capítulo V.

Como se demonstrou nesse capítulo, dois são os pontos essenciais para a análise aqui proposta: a vinculatividade e a participação do órgão regulador na formação da tese no julgamento de casos repetitivos. Estas ideias, que se reputam fundantes da análise, serão retomadas adiante, para análise específica da técnica processual colocada na lei face aos critérios jurídicos apresentados.

No capítulo seguinte, apresentaremos a pesquisa empírico-jurisprudencial realizada para, com base em seus dados, subsidiar a análise jurídica que é objeto central deste trabalho, observando a técnica processual que determina a notificação da Agência para fiscalização da efetiva aplicação da tese firmada pelos entes regulados.

Capítulo IV

ESTUDO EMPÍRICO-JURISPRUDENCIAL – IRDRS E RECURSOS ESPECIAIS REPETITIVOS EM MATÉRIA REGULATÓRIA[1]

IV.1. OBJETIVO E METODOLOGIA

Nos capítulos anteriores, traçou-se o perfil da litigiosidade repetitiva nos setores regulados da economia, ilustrando como é desenhada a técnica processual de tratamento dos casos repetitivos em geral.

Este capítulo trata da pesquisa empírico-jurisprudencial realizada e que teve como objetivo avaliar: (i) de que forma tem se dado a participação dos órgãos reguladores no julgamento de IRDRs e recursos especiais repetitivos; bem como (ii) quando participaram; (iii) se seus argumentos foram efetivamente considerados na definição da tese firmada.[2]

A análise empreendida neste trabalho se debruça sobre os casos repetitivos, que englobam os IRDRs e os REERs (recursos especial e extraordinário repetitivos). Contudo, optou-se por limitar acoleta e análise de dados aos IRDR e recursos especiais repetitivos, não englobando os recursos extraordinários repetitivos, em razão da falta de representatividade destes.[3]

---

1. Considerou-se como matéria regulatória, aqui, as temáticas provenientes de Anatel (telecomunicações), Aneel (energia elétrica), Ancine (cinema), Anac (aviação civil), Antaq (transportes aquaviários), ANP (petróleo), Anvisa (vigilância sanitária), ANS (saúde suplementar), ANA (águas) e ANM (mineração), além dos serviços financeiros (regulados pelo Conselho Monetário Nacional e Banco Central) e de seguros privados (regulados e fiscalizados pela SUSEP).
2. Mesmo tendo a presente obra se fundado em dois pilares básicos, a participação e a vinculação, a pesquisa se volta apenas para o âmbito intraprocessual, analisando a participação do ente regulador na formação da tese quando do julgamento do caso repetitivo. Acredita-se, porém, que a verificação dos efeitos da aplicação dessa tese (da sua tese ou da judicial? Ficou confuso) no âmbito extraprocessual (regulatório e fiscalizatório - art. 985, § 2º e 1.040, IV, CPC), possa render bons frutos. Fica aberto, aqui, um excelente campo de pesquisa. Daí porque não se limitou aos recursos especiais advento do CPC/15, pois a pesquisa olhou para a participação da agência.
3. Não se encontrou qualquer processo julgado sob o rito dos recursos extraordinários repetitivos no sítio eletrônico do Supremo Tribunal Federal. Aliás, o regimento interno

Para a análise dos IRDRs, utilizou-se como base de dados inicial os dados obtidos do Observatório de IRDRs da Universidade de São Paulo – Ribeirão Preto, coordenado pelo prof. Camilo Zufelato,[4] atualizada até junho/2018,[5] que engloba todos os IRDRs suscitados nos tribunais pátrios.

Inicialmente, partiu-se de todos os IRDRs suscitados e se filtrou, com base no tema delimitado para o exame da admissibilidade,[6] os que tratavam de matéria objeto de regulação. Para tanto, considerou-se as matérias no âmbito das Agências reguladoras (telecomunicações, energia elétrica, aviação civil, transportes aquaviários, petróleo, vigilância sanitária, saúde suplementar, recursos hídricos e mineração), os serviços financeiros (regulados pelo Conselho Monetário Nacional e Banco Central) e de seguros privados (regulados e fiscalizados pela SUSEP[7]).

Após isso,recortou-se a base de dados, excluindo os não admitidos e os ainda não julgados, e passou-se a analisar os autos dos processos nos sítios eletrônicos dos tribunais para verificar em cada um deles se houve participação dos órgãos reguladores na formação da tese jurídica (acessou-se

---

do STF ainda não foi atualizado ao novo CPC e não há essa classe processual no site do STF. Em pesquisa, verificou-se que o STF tem fundido as técnicas da repercussão geral e do julgamento de casos repetitivos, mesmo sem haver, necessariamente, essa coincidência nos casos concretos, pois é possível haver repercussão geral sem que haja repetitividade. Nesse sentido, ver DIDIER Jr. Fredie. CUNHA, Leonardo Carneiro da. *Curso de Direito Processual Civil*. v. 3. Salvador: Juspodivm, 2016, p. 371-372. Outra razão que nos levou a excluir os recursos extraordinários repetitivos é a limitação temática a questões constitucionais.

4. Trata-se de grupo de pesquisa formado por alunos dos programas de graduação e pós-graduação da Faculdade de Direito de Ribeirão Preto, sob a orientação do Professor Doutor Camilo Zufelato, destinado ao estudo do Incidente de Resolução de Demandas Repetitivas (http://observatorioirdr.direitorp.usp.br/).

5. O banco de dados pode ser obtido no *link*: http://observatorioirdr.direitorp.usp.br/banco-de-dados-2/.

6. A legislação processual exige que "para possibilitar a identificação dos processos abrangidos pela decisão do incidente, o registro eletrônico das teses jurídicas constantes do cadastro conterá, no mínimo, os fundamentos determinantes da decisão e os dispositivos normativos a ela relacionados" (art. 979, § 2º, CPC).

7. A SUSEP é autarquia vinculada ao Ministério da Fazenda, criada pelo Decreto-lei nº 73, de 21 de novembro de 1966, e é o órgão responsável pelo controle e fiscalização dos mercados de seguro, previdência privada aberta, capitalização e resseguro. Dentre as suas atribuições está fixar diretrizes e normas dentro de sua área de competência, por meio do Conselho Nacional de Seguros Privados, formado pelo Ministro da Fazenda, Superintendente da Susep, representantes do Ministério da Justiça, do Ministério da Previdência e Assistência Social, do Banco Central e da CVM.

os autos integrais do processo[8] quando digitais ou digitalizados, ou, ainda, quando indisponíveis, verificou-se a movimentação na tramitação registrada no sítio eletrônico do tribunal respectivo).

O mesmo foi feito em relação aos recursos especiais repetitivos.

Partiu-se do banco de dados dos recursos repetitivos do próprio Superior Tribunal de Justiça, que permite extrair informações a partir de diversos filtros de pesquisa.[9-10] Em razão do nosso objeto de pesquisa, a única limitação inicialmente inserida no sistema de busca foi o termo final de pesquisa, qual seja, 30.09.2018 (data de fechamento do trabalho), englobando, assim, a totalidade de REsp repetitivos transitados em julgado[11] até essa data.[12]

Importante esclarecer que, no caso dos recursos repetitivos, a análise se faz por tema, que é apreciado pelo Tribunal a partir da afetação de um ou mais recurso repetitivo representativo da controvérsia.

Após, filtrou-se os temas que tratavam de matéria objeto de regulação, com o mesmo critério utilizado nos IRDRs.

Optou-se por excluir da análise temas que, apesar de inseridos a grosso modo em um tema de setor regulado, não analisavam especificamente

---

8. Essa pesquisa nos autos do processo foi facilitada no caso dos IRDRs pois, tendo sido criado com o advento do CPC/15, que entrou em vigor em 2016, a grande maioria dos autos são eletrônicos e acessíveis na íntegra, com exceção de alguns tribunais, especialmente o Tribunal de Justiça do Rio de Janeiro, onde não se conseguiu acesso ao processo.

9. Data de julgamento; órgão julgador; tribunal de origem; e ramo do direito ("Direito Administrativo", "Direito Civil", "Direito do Consumidor", "Direito do Trabalho e Processual Trabalhista", "Direito Penal", "Direito Processual Civil e do Trabalho", "Direito Processual Penal" e "Direito Tributário"); número do tema e situação (afetado, em julgamento, acórdão publicado, sobrestado, sem processo vinculado, cancelado, revisado e trânsito em julgado).

10. O banco de dados do STJ sobre recursos repetitivos pode ser acessado no sítio do Tribunal, no link: <http://www.stj.jus.br/repetitivos/temas_repetitivos/>.

11. Isso quer dizer que foram descartados os seguintes *status*: acórdão publicado; afetado; afetado – possível revisão de tese; cancelado; em julgamento; mérito julgado – RE pendente; revisado; sem processo vinculado. Do total de 996 recursos, 669 haviam transitado em julgado até a data.

12. A diferença de data final da pesquisa em relação aos IRDRs se justifica porque o STJ possui um banco de dados acessível, o que possibilitou a atualização, diferentemente do banco de dados dos IRDRs, que apesar de haver determinação legal da existência de um cadastro único (<https://paineis.cnj.jus.br/QvAJAXZfc/opendoc.htm?document=qvw_l%2FPainelCNJ.qvw&host=QVS%40neodimio03&anonymous=true&sheet=shDRGraficos>), visualizou-se inconsistências no referido banco de dados.

matéria objeto de regulação ou que nela influenciassem, como simples interpretação de lei federal,[13] ou temas que, embora dentro do setor regulado, discutissem matéria claramente alheia ao mérito regulatório.[14]

Essa foi, sem dúvida, a tarefa mais árdua da pesquisa, pois a linha entre se tratar ou não de questão regulatória é muito tênue e depende, muitas vezes, da ótica de análise adotada pelo próprio Judiciário em sua fala – se analisa a questão sob as lentes da relação de consumo estabelecida entre usuário e prestador de serviço, ou da relação regulatória entre regulador ou regulado, ponto caro a esta tese eao qual voltaremos mais adiante.

Os dados obtidos foram tabulados de modo a expor as seguintes informações, que importam para a análise do tema objeto da pesquisa:

Tabela 4: Critérios de tabulação dos dados para IRDR e REsp repetitivo

IRDR	REsp repetitivo
1. Tribunal	1. N° tema
2. N° IRDR	2. N°REsp representativo da controvérsia
3. Setor regulado?	3. Tese firmada
4. Identificação do setor regulado	4. Setor regulado?
5. Tese firmada	5. Participação do regulador
6. Houve participação do órgão regulador?	6. Audiência pública
7. Houve audiência pública?	7. Participação do regulador na audiência
8. Grau de consideração da regulação na fundamentação	8. Grau de consideração da regulação na fundamentação

Elaboração: autora. Fonte: dados da pesquisa

A partir desses dados, construiu-se o banco de dados utilizado para analisar: (i) a participação da Agência no processo de formação da tese jurídica

13. Como por exemplo, o Tema n° 154 (REsp 1.113.403/RJ e 1.308.859/RJ), em que se definiu que "A ação de repetição de indébito de tarifas de água e esgoto sujeita-se ao prazo prescricional estabelecido no Código Civil".

14. Como por exemplo, o Tema n° 463 (REsp n° 1.063.474/RS), onde se definiu que "Só responde por danos materiais e morais o endossatário que recebe título de crédito por endosso-mandato e o leva a protesto se extrapola os poderes de mandatário ou em razão de ato culposo próprio, como no caso de apontamento depois da ciência acerca do pagamento anterior ou da falta de higidez da cártula".

nos casos repetitivos; e (ii) se as questões regulatórias foram consideradas quando do julgamento.

Para a primeira etapa, de verificação da participação, analisou-se além dos acórdãos e tramitações, os autos dos processos, quando digitais ou digitalizados. Classificou-se a participação enquanto intervenção na qualidade de *amicus curiae* sempre que havia pedido de intervenção pelo próprio ente ou convite feito pelo Relator para que a Agência se manifestasse.

Especialmente nos recursos especiais repetitivos no âmbito do STJ, verificou-se ser muito comum que a intervenção do órgão regulador se desse em resposta ao envio de ofício pelo relator, nos termos da Resolução nº 08/2008 do STJ[15-16-17].

Para a segunda etapa, de verificação do grau de consideração da matéria objeto de regulação no julgamento da questão, analisou-se a íntegra dos acórdãos nos quais definidas as teses. Categorizou-se a participação em três graus: 1. não mencionou a regulação; 2. mencionou, mas não se fundamentou nela; 3. considerou fortemente a regulação na construção da tese.

---

15. "Art. 3º Antes do julgamento do recurso, o Relator: I – poderá solicitar informações aos tribunais estaduais ou federais a respeito da controvérsia e autorizar, ante a relevância da matéria, a manifestação escrita de pessoas, órgãos ou entidades com interesse na controvérsia, a serem prestadas no prazo de quinze dias". A resolução nº 08/2008 foi revogada pela Emenda Regimental nº 24/2016, que alterou o regimento interno do STJ, passando a vigorar nos seguintes termos ao tratar do julgamento de recursos especiais repetitivos: "Art. 256-J. O relator poderá solicitar informações aos Tribunais de origem a respeito da questão afetada e autorizar, em decisão irrecorrível, ante a relevância da matéria, a manifestação escrita de pessoas naturais ou jurídicas, órgãos ou entidades especializadas, com representatividade adequada, a serem prestadas no prazo improrrogável de quinze dias. Art. 256-K. A fim de instruir o procedimento, pode o relator, nos termos dos arts. 185 e 186 deste Regimento, fixar data para ouvir pessoas ou entidades com experiência e conhecimento na matéria em audiência pública".

16. Exemplificativamente, transcreve-se trecho do despacho proferido nos autos do REsp 1.147.595/RS, Tema nº 304: "(...) 8. Nos termos do art. 543-C, § 4º, do Código de Processo Civil, dê-se ciência, facultada manifestação escrita, no prazo de 15 dias: a) ao Exmo. Procurador Geral da República; b) ao Exmo. Presidente do Banco Central; c) ao Exmo. Defensor Público Geral da União; d) ao Sr. Presidente da FEBRABAN – Federação Brasileira de Bancos; e) ao Sr. Presidente do IDEC – Instituto Brasileiro de Defesa do Consumidor".

17. Curioso perceber que, em muitos recursos especiais repetitivos, o órgão respondia chamando a sua manifestação de "parecer", sem se autodenominar *amicus*, bem como no relatório do voto o relator mencionava ter havido "manifestação do órgão", sem classificá-la enquanto participação de amigo da corte – mesmo tendo classificado, no mesmo julgado, outras intervenções enquanto *amicus*.

Explicitada a metodologia utilizada para o levantamento e filtragem das informações, cabe, doravante, apresentar os resultados obtidos, que serão usados de base para construir, no capítulo seguinte, críticas e reflexões acerca da técnica processual objeto desta tese e das interações entre o judiciário e o regulador no julgamento de casos repetitivos.

IV.2. DA APRESENTAÇÃO DOS DADOS

Até mesmo por uma questão temporal, tendo em vista ter sido inserido em nosso ordenamento jurídico apenas com o CPC/15, a amostra dos IRDRs é ainda bem reduzida. Assim, iniciaremos a apresentação dos dados por ela.

a)IRDRs

Do total de 638 IRDRs suscitados no país até junho de 2018 (incluindo os não admitidos e os ainda não julgados), 94 tinham por objeto matéria inserida em setores regulados da economia – aproximadamente **15%** dos casos.[18]

Gráfico 2: IRDRs que analisam matérias insertas em setores regulados

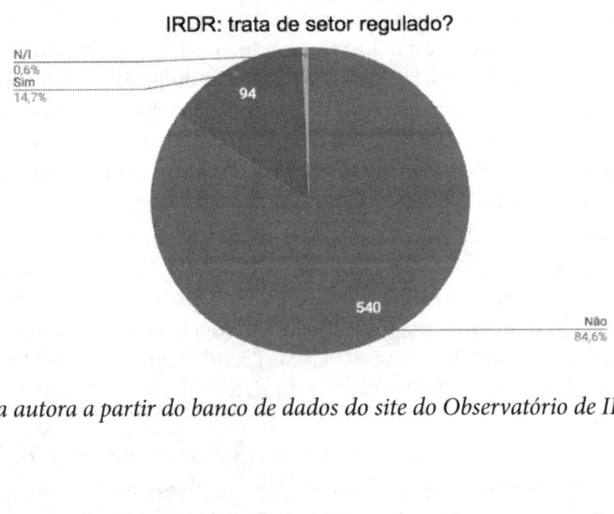

Elaboração da autora a partir do banco de dados do site do Observatório de IRDR

18. N/I (não identificados) refere-se aos incidentes que não foi possível o acesso.

Sobre o quantitativo de processos em cada setor regulado, o setor de energia[19] é o que concentra mais incidentes suscitados, seguido pelo setor bancário (instituições financeiras) e saúde, conforme segue:

Gráfico 3: IRDR e quantitativo por setor

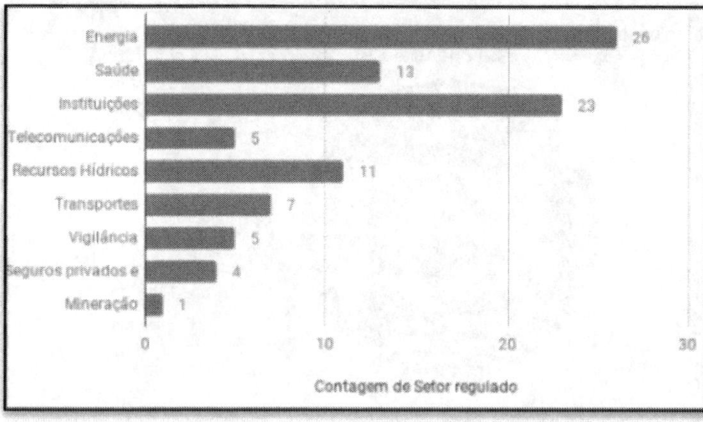

Elaboração da autora a partir do banco de dados do site do Observatório de IRDR

Desse total de 94 IRDRs que tratam de matéria regulatória, 06 já foram julgados pelos tribunais[20] – e são apenas esses julgados, como acima especificado, que constituem a base de dados para análise da participação dos órgãos reguladores, pois se excluiu os ainda não julgados e os não admitidos.[21]

19. O grande número de incidentes suscitados no setor de energia elétrica é justificado pelo debate em voga sobre a legalidade da inclusão da Tarifa de Uso do Sistema de Distribuição de Energia Elétrica - TUSD e da Tarifa de Uso do Sistema de Transmissão de Energia Elétrica - TUST na base de cálculo do ICMS. Dos 26 incidentes sobre energia elétrica, 15 são discutindo esse tema, que estão suspensos em razão da afetação da matéria ao rito dos recursos repetitivos no STJ, Tema 986, ainda não julgado.

20. Do total dos 94, há 5 incidentes cujos autos estão inacessíveis no *site* do Tribunal.

21. Importante ressaltar, aqui, que 02 importantes IRDRs em matéria regulatória ficaram de fora de nossa base de análise, pois ainda não julgados pelo Tribunal. Tratam-se dos Temas 11 (IRDR n° 0043940-25-2017.8.26.0000) e 14 (IRDR nº 0054174-66.2017.8.26.0000) do TJSP, que tratam de questão atinente à plano de saúde, um tratando sobre a temática de reajuste por faixa etária e o outro sobre as condições de manutenção do plano de saúde de ex-empregado. Em ambos os casos, verificou-se ampla participação da ANS nos processos. Mas, por questões metodológicas, precisou-se deixar de fora, pois ao incluir casos ainda não julgados, poder-se-ia computar como não tendo havido participação de forma açodada.

Desses 06 casos, em aproximadamente **65%** deles a Agência não participou do incidente no qual definida a tese jurídica:

Gráfico 4: IRDR e participação dos reguladores

Elaboração da autora a partir do banco de dados do site do Observatório de IRDR

Analisando esses mesmos casos julgados, tem-se que **50%** deles sequer mencionaram as normas regulatórias relacionadas à matéria em análise. Em **33%** dos casos, a regulação foi fortemente considerada, ou seja, a tese levou em conta a regulação na fundamentação da decisão, e, em 17%, a regulação foi mencionada, mas o julgado não se fundamentou nela.

Gráfico 5:IRDR e consideração da regulação

Elaboração da autora a partir do banco de dados do site do Observatório de IRDR

Se combinarmos as duas variáveis acima, participação e consideração, tem-se que nos casos nos quais a Agência participou (que foram apenas dois e, em ambos, tratava-se de matéria do setor bancário, com intervenção do Banco Central), em um deles a regulação foi apenas mencionada, e no outro, a decisão se fundamentou fortemente em questões regulatórias.

Pode-se perceber, portanto, um aumento na consideração de questões reguladas no julgamento quando há a participação da Agência no processo.

b) Recursos especiais repetitivos

Do total de 669 recursos especiais repetitivos transitados em julgado, 104 analisaram controvérsias inseridas em setores regulados – **15,5%** dos casos:

Gráfico 6: Repetitivos nos setores regulados

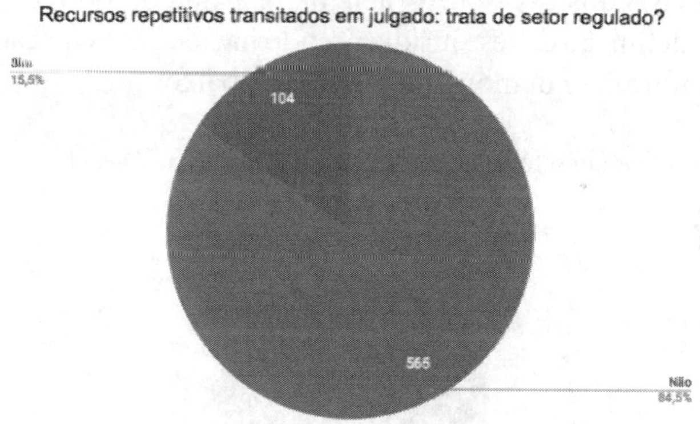

Elaboração da autora a partir do banco de dados do site do Observatório de IRDR

Desses 104 recursos repetitivos cujo mérito envolve matéria sujeita à regulação, aproximadamente **45%** discutem questões ligadas ao setor financeiro, seguido pelo setor de energia elétrica e telecomunicações, conforme segue:

Gráfico 7: Repetitivos por setor regulado

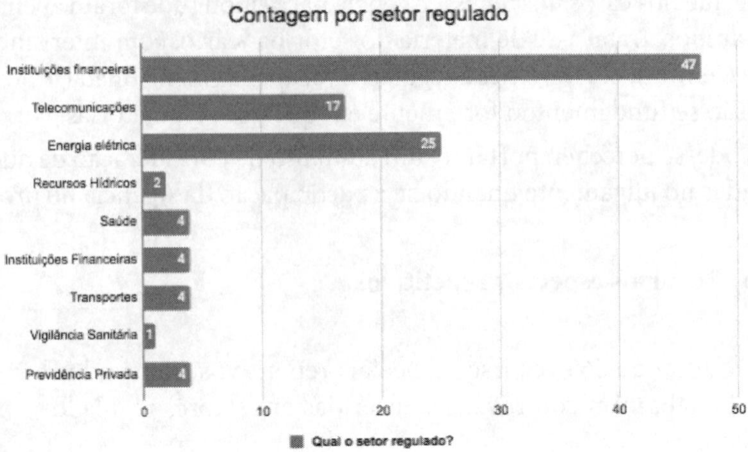

Elaboração da autora a partir do banco de dados do site do Observatório de IRDR

Desse mesmo total de 104 recursos especiais repetitivos, em aproximadamente **76%** dos casos a Agência não participou do recurso especial afetado para definição da tese jurídica, tendo havido participação em apenas 25 casos, conforme se demonstra no gráfico abaixo:

Gráfico 8: Repetitivos em setores regulados e a participação da Agência

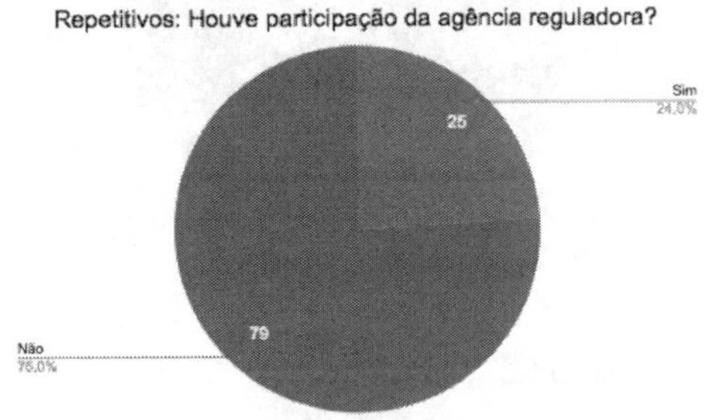

Elaboração da autora a partir do banco de dados do site do Observatório de IRDR

Se analisarmos apenas os processos nos quais houve participação do órgão regulador, tem-se uma participação expressivamente maior do regulador do setor financeiro, seja olhando para o número de forma absoluta, seja em percentual, pois o Banco Central e/ou Conselho Monetário Nacional participaram em **42,5%** dos casos afetados em matéria bancária (participou em 20 dos 47 casos –significativamente maior se comparado com a participação geral demonstrada acima, de 24%):

Gráfico 9: Repetitivos com participação da Agência, por setor, nos setores regulados

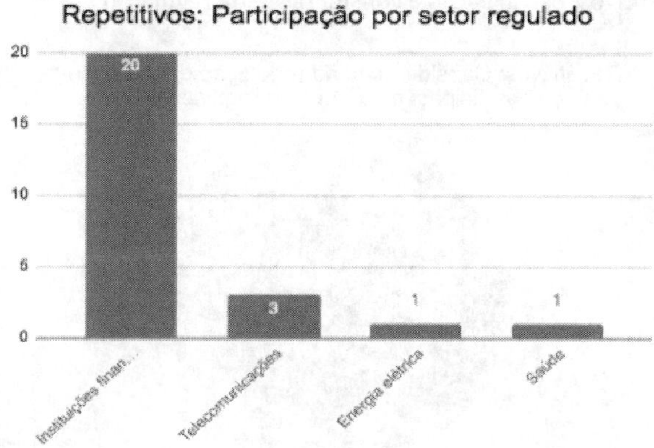

Elaboração da autora a partir do banco de dados do site do Observatório de IRDR

Voltando os olhos para a totalidade de casos de setores regulados transitados em julgado (incluídos os que o órgão regulador não participou, ou seja, os 104 casos), tem-se que em aproximadamente **60%** deles a regulação setorial sequer foi mencionada. Em **25%** dos casos a regulação foi fortemente considerada, ou seja, a tese levou em conta a regulação na fundamentação da decisão, e em **15%** a regulação foi mencionada, mas o julgado não se fundamentou nela, conforme se observa:

Gráfico 10: Repetitivos e consideração da regulação

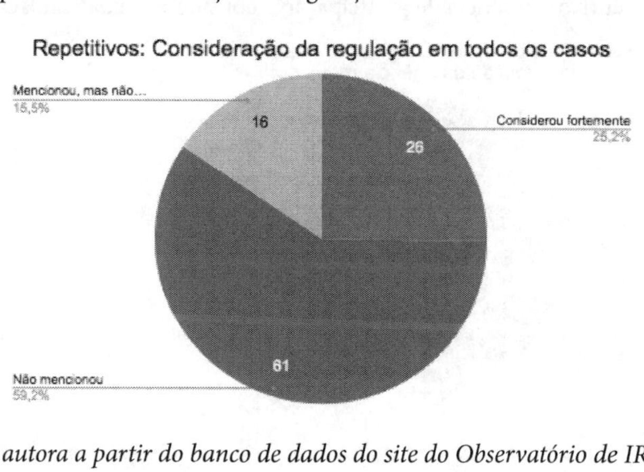

Elaboração da autora a partir do banco de dados do site do Observatório de IRDR

Ao combinar as variáveis participação e consideração da regulação, tem-se um dado impactante: a regulação foi fortemente considerada pelo STJ em **88%** dos casos em que a Agência participou:

Gráfico 11: Repetitivos, participação e consideração da regulação

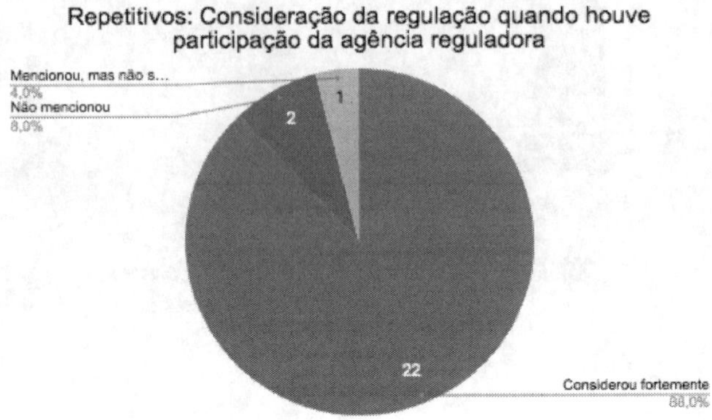

Elaboração da autora a partir do banco de dados do site do Observatório de IRDR

Poder-se-ia suscitar que esse dado refere-se à postura do STJ, atentando para normas administrativas no julgamento de questões de setores regulados.

Mas tal interpretação não seria correta. Isto porque, ao analisar apenas os recursos repetitivos nos quais as Agências não participaram, o número praticamente se inverte: **75%** dos casos em que a Agência não participou sequer mencionaram a regulação em sua fundamentação, enquanto que em apenas **5%** ela foi fortemente considerada. Veja-se:

Gráfico 12: Repetitivos, ausência de participação e consideração da regulação

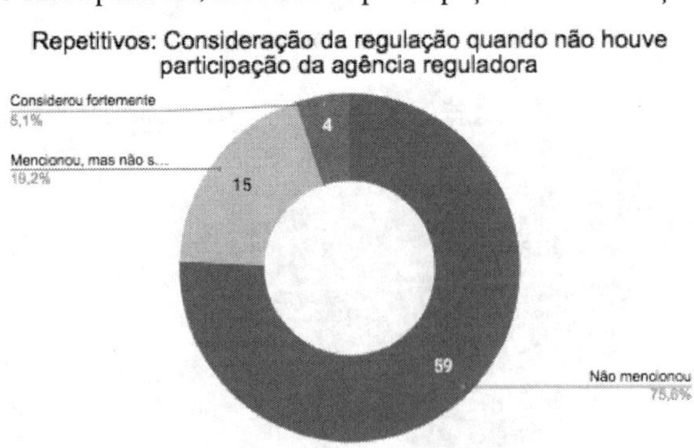

Elaboração da autora a partir do banco de dados do site do Observatório de IRDR

Apresentados os dados obtidos com a pesquisa empírico-jurisprudencial empreendida, cabe-nos, doravante, analisar a técnica processual de julgamento de casos repetitivos aplicada aos setores regulados, em busca de reflexões e construções que auxiliem no bom tratamento dessa litigiosidade.

Capítulo V

CRÍTICAS E REFLEXÕES SOBRE A TÉCNICA PROCESSUAL E AS INTERAÇÕES ENTRE O JUDICIÁRIO E O ÓRGÃO REGULADOR

No panorama traçado nos capítulos acima, pudemos construir um perfil teórico da litigiosidade em setores regulados bem como observar, com base nos dados colhidos na pesquisa empírico-jurisprudencial realizada, de que forma se dá (ou deixa de se dar) a participação dos entes reguladores na formação da tese no julgamento dos casos repetitivos.

Observou-se de forma muito clara que a participação das Agências reguladoras no processo de formação da tese ainda é muito incipiente. Apesar de os casos repetitivos em matéria regulada representarem fatia considerável dos casos (cerca de **15%** do total), a participação do órgão regulador não acompanha essa relevância: nos IRDRs, o órgão regulador participou em apenas **33%** dos casos regulados e nos recursos especiais repetitivos, cuja amostra é mais robusta, em **24%** dos temas.[1]

Além disso, os dados nos mostram uma forte ligação entre a participação dos órgãos reguladores e a consideração de questões regulatórias quando da construção da tese. Mostram que a participação da Agência Reguladora foi capaz, ao menos, de trazer elementos regulatórios ao conhecimento dos julgadores.

Doravante, analisaremos criticamente os dois pilares da técnica processual eleitos por nós para objeto de nossas reflexões: buscaremos demonstrar, nos itens que se seguem, o porquê da tese definida no julgamento de casos repetitivos não vincular a Agência Reguladora para, mais adiante, buscar construir um caminho para o aproveitamento da previsão legal em auxílio ao tratamento dessa litigiosidade, visando a adequar à técnica processual às particularidades do litígio em setores regulados.

1. Ou seja, participou em 33% dos 15% dos IRDRs; ou 24% dos 15% nos repetitivos.

V.1. A TÉCNICA PROCESSUAL PROMOVE A EFETIVA PARTICIPAÇÃO DA AGÊNCIA REGULADORA?

Ponto nodal na compreensão do tratamento da litigiosidade nos setores regulados é verificar se a técnica processual implementada permite a efetiva participação das Agências reguladoras na formação da tese no julgamento de casos repetitivos. O legislador reconheceu particularidades nessas demandas ao prever um acréscimo no procedimento dos casos repetitivos direcionado especificamente às demandas dos setores regulados, mas essa preocupação estendeu-se à participação nesses processos?

Conforme já introduzido acima, quando tratamos da participação no julgamento de casos repetitivos (item III.1.c), a compreensão do contraditório deve ser tomada enquanto direito de influência e dever de colaboração de todos aqueles que terão de suportar as consequências do provimento jurisdicional, vedado que o fundamento da decisão não tenha sido debatido no processo e/ou que a construção da decisão não se dê com base na manifestação e participação dos envolvidos.[2]

A técnica de julgamento de casos repetitivos (IRDR e REERs) busca ampliar, democratizar e valorizar a participação processual, prevendo a possibilidade de ingresso dos interessados (todos aqueles que tenham interesse na formação do precedente, ou algum outro interesse diferente do jurídico, que autorizaria a intervenção de terceiro[3]– art. 119 CPC) bem como de *amicus curiae*, inclusive com possibilidade de realização de audiência pública (art. 138; art. 983, § 1º; art. 1.038, II; eart. 927, § 2º, todos do CPC).

Da análise e compreensão do regramento da participação, sobressai a intenção do legislador em propiciar um amplo espaço público de debate argumentativo entre vários sujeitos, buscando acrescer argumentos relevantes e legitimar amplamente a decisão.[4]

Essa preocupação pode ser identificadano regramento tanto do IRDR como dos REERs, de maneira ampla,[5] demonstrando o reconhecimento do

---

2. THEODORO JUNIOR, Humberto. Processo justo e contraditório dinâmico. *Revista de Estudos Constitucionais, Hermenêutica e Teoria do Direito (RECHTD)*, Curitiba, jan.-jun. 2007.
3. CABRAL, Antonio do Passo. Comentários ao art. 983. In: CABRAL, Antônio do Passo; CRAMER, Ronaldo. *Comentários ao Novo Código de Processo Civil*. 2. ed. Rio de Janeiro: Forense, 2016, p. 1460.
4. Remete-se o leitor ao tópico que tratamos da participação nos casos repetitivos, onde se mostrou a possibilidade de participação das partes, sobrestados e *amici curiae*.
5. O fato de haver a preocupação não isenta de críticas o modelo desenhado. Para críticas acerca da participação no julgamento de casos repetitivos, ver:ASPERTI, Maria Cecilia

legislador sobre a importância da pluralidade do debate, numa técnica de julgamento na qualse estará a definir o entendimento jurídico acerca de uma questão para uma infinidade de processos, presentes e futuros.

Não se identifica, porém, umapreocupaçãoespecífica com a participaçãoquando se fala da litigiosidade característica dos setores regulados.

Apesar da previsão de tratamento direcionado às ações que versem sobre prestação de serviço concedido, permitido ou autorizado (com a determinação de comunicação do ente fiscalizador), não se verifica correspondente preocupação com a participação da Agência Reguladora na discussão e formação do entendimento sobre questão que pode influenciar diretamente em matéria de sua competência[6]– especialmente quando o objeto da questão a ser definida perpassa por questões técnicas.[7]

Ressalte-se que a complexidade técnica das matérias sujeitas à regulação foi o que motivou a criação das Agências reguladoras, exatamente por se ter reconhecido a necessidade de um desenho cuidadoso para o desempenho

---

de Araújo. *Acesso à Justiça e técnicas de julgamentos de casos repetitivos*. Tese (Doutorado em Direito) – Faculdade de Direito da Universidade de São Paulo, São Paulo, 2018.

6. Sobre a competência da Agência Reguladora, Luís Roberto Barroso pontua que "a grande dificuldade que envolve a discussão sobre o poder normativo das agências reguladoras diz respeito (...) ao seu convívio com o princípio da legalidade. É preciso determinar os limites dentro dos quais é legítima a sua flexibilização, sem que se perca sua identidade como uma norma válida e eficaz. É neste território que se opera a complexa interação - ainda não totalmente equacionada - entre a reserva legal, de um lado, e fenômenos afetos à normatização de condutas, como o poder regulamentar, a delegação legislativa e a polêmica figura da deslegalização, entendida como a retirada, pelo próprio legislador, de certas matérias do domínio da lei, para atribuí-las à disciplina das agências" (BARROSO, Luis Roberto. Agências reguladoras. Constituição e transformações do Estado e legitimidade democrática. *Revista de direito administrativo*, v. 229, p. 285-312, 2002).

7. Sistematizando o grau de "tecnicidade" envolvido nas ações administrativas com base na jurisprudência italiana, Eduardo Jordão lista várias espécies de ações administrativas, dentre elas a "discricionariedade técnica simples" (atividade realizada pela Administração que envolve conhecimentos técnicos especializados, mas não leva à adoção de um resultado único e indiscutível) e a "avaliação técnica complexa" (atividade que compreende não apenas a opinabilidade, mas também uma ponderação de interesses públicos conflitantes), situações onde há um espaço para interpretar ou completar o comando legislativo com escolhas de natureza técnica. (JORDÃO, Eduardo. *Controle judicial de uma administração pública complexa*: a experiência estrangeira na adaptação da intensidade do controle. São Paulo: Malheiros, 2016, p.123-125).

dessas funções complexas – que deveria ficar a cargo de um órgão com especialidade técnica.[8]

Ora, ao se reconhecer a especificidade (não apenas quantitativa mas qualitativa) da litigiosidade própria dos setores regulados, para buscar a efetividade do julgamento dos casos repetitivoscom a comunicação dos órgãos a fim de que fiscalizem a aplicação da tese definida pelos entes regulados (inclusive, como acima exposto, com o risco de estar o Judiciário se sobrepondo à Agência), por congruência e simetria, e especialmente em respeito ao contraditório, dever-se-ia prever de forma *impositiva* a participação da Agência Reguladoranos casos em que a solução da questão de direito importe, ao menos em regra, na interferência em matéria regulatória de competência do Ente Regulador.

É que não se pode aceitar o risco da decisão em um caso repetitivo, que se aplicará a todos os demais processos que versem acerca da questão decidida (em âmbito local ou nacional, a depender da competência do órgão prolator da decisão), que importe em interferência nos poderes regulatórios e fiscalizatórios sem que tenha sido dada oportunidade efetiva de a Agência influenciar no julgamento.

Recorde-se, sobre o tema, que na Agência se concentram competências para tratar de uma série de interesses diversos e possivelmente antagônicos. A ela caberá equilibrar tais interesses, extraindo do setor regulado o interesse público, encontrado na soma (ou choque) desses diversos agentes partícipes do mercado. Ora, com essas considerações, é de todo conveniente que o Poder Judiciário não apenas *permita* sua participação como *deseje* sua participação, com poder de influência, para que traga e permita explorar a

8. "Foi precisamente a complexidade técnica de algumas atividades administrativas contemporâneas que provocou as reformas estruturais na Administração Pública que caracterizam este novo modelo de Estado. Centros de competência administrativa passaram a ser destacados da Administração central e revestidos de características institucionais voltadas a fazê-los *cuidadosamente desenhados* para o desempenho destas funções complexas. O maior exemplo é a regulação de atividades económicas antes submetidas ao monopólio estatal, como os serviços de telecomunicações, energia elétrica, gás, transporte ferroviário etc. A liberalizacão destes setores à iniciativa privada constitui um processo extremamente complexo e sensível. Para capitaneá-los, foi frequente a opção pela criação das chamadas 'agências reguladoras'. Na maioria dos casos trata-se de autoridades administrativas relativamente independentes da Administração central, compostas por especialistas na matéria e dotadas de significativos recursos financeiros e humanos" (JORDÃO, Eduardo. *Controle judicial de uma administração pública complexa*. Op. cit., p.129).

multiplicidade de interesses envolvidos, a complexidade técnica aplicável, enfim, o panorama regulatório abrangente.

Apesar de tratadas em um outro contexto, são úteis as lições de Flávio Yarshell que, defendendo a legitimidade passiva das Agências reguladoras em ações civis públicas, pontua que "se o que se pretende é, de alguma forma, alterar a regulação a cargo da Agência, então parece não ser lícito impor o provimento jurisdicional pretendido sem a presença daquele que será diretamente afetado pela modificação de um dado estado jurídico"[9].

Nas ações onde haja pedido direto de modificação de normativa do órgão regulador, a participação ou não da Agência dificilmente seria uma questão problemática (e essa participação se daria enquanto parte). O problema se põe quando, por trás de um pedido que se dirige ao ente regulado, o provimento jurisdicional importa em reflexo em questões regulatórias ou fiscalizatórias.[10]

Não se está dizendo que todas as vezes que são julgadas ações cujo mérito perpasse por questão regulada se esteja interferindo em matéria regulatória. Mas, apenas, que tal cenário é fortemente possível e imaginável quando se está a tratar de serviços regulados e de técnica processual que define questões e as aplica aos demais processos que versem sobre idêntico assunto.[11]

---

9. YARSHELL, Flávio Luiz. Brevíssimas reflexões a propósito da legitimidade passiva nas ações civis públicas envolvendo atividades sujeitas à regulação. In: LUCON, Paulo Henrique dos Santos. *Tutela Coletiva*. São Paulo: Atlas, 2006, p. 112.

10. Tratando das questões fiscalizatórias, Yarshell afirma: "Aliás, mesmo sob o ângulo da fiscalização, suposto que o tema realmente se inscreva na atribuição de certa agência reguladora, então mais ainda poderá se evidenciar essa legitimação passiva da Agência Reguladora: se o autor da demanda reconhece no órgão a competência para impor dadas condutas (constantes da pretensão que deduz), e se o autor reconhece na agência reguladora o poder de fiscalizar tais comportamentos, então é decididamente contra a agência reguladora que se investe, sendo ela a destinatária dos efeitos de eventual sentença de procedência" (YARSHELL, Op. cit., p. 113).

11. Pense-se, por exemplo, em julgamento de caso repetitivo que decida pela ilegalidade do corte de navegação na internet do usuário de telefonia móvel após o término do pacote de dados, devendo apenas ser reduzida a velocidade. Por trás de ações consumeristas está, inegavelmente, matéria de cunho regulatório e que importa em questão tarifária de competência da Anatel (há, inclusive, previsão legal de que o contrato de concessão deve indicar, conforme dispõem os arts. 19, VII, e 103, § 3º, da Lei 9.472/1997, as tarifas a serem cobradas dos usuários e os critérios para seu reajuste e revisão) e que deve ser decidida de forma uniforme para todas as concessionárias e usuários (arts. 106 e 107 da Lei 9.472/1997).

Nesse sentido, da mesma forma como foi prevista regra de comunicação do ente fiscalizador quando o caso repetitivo tiver por objeto questão relativa à prestação de serviço regulado, **deveria ter sido prevista a *obrigatória* intimação da Agência Reguladora para participar**, ampliando o contraditório e aportando ao julgamento sua perspectiva regulatória e visão técnica.[12]

Contudo, apesar de a legislação processual não ter trazido previsão específica de participação dos entes reguladores e fiscalizadores, o CPC/15 avançou em matéria de participação, possibilitando a intervenção do *amicus* sempre que a sua atuação for justificada pela relevância da matéria, pela especificidade do tema objeto da demanda ou pela repercussão social da controvérsia (art. 138, CPC). Além disso, há previsão específica de participação dos "interessados" e amigos da corte nas técnicas de julgamento de casos

12. Sobre alguns aspectos técnicos considerados na atividade regulatória: "Esse equilíbrio, sobremodo complexo, envolve dimensões regulatórias antes impensadas como, por exemplo, a calibração entre as taxas de retorno expectadas em uma concessão e obrigações do prestador; a adequada relação entre a política tarifária e os critérios de precificação dos serviços pelos competidores em regime de mercado; os custos de ampliação de infra-estruturas com os valores cobrados pelo compartilhamento entre redes; a introdução de mecanismos aptos a coibir a concentração econômica tanto num mesmo setor (na exploração de uma mesma modalidade de serviço) como entre elos comunicantes da cadeia econômica (como ocorre na cadeia de produção de energia pelas termo-elétricas, onde se deve evitar concentração entre os grupos detentores da concessão de transporte de gás natural e aqueles detentores de licença para geração de energia com utilização deste insumo) (...) Esta especialização faz também mais complexa a regulação, haja vista que ela dita uma segmentação sem precedentes de instrumentos, processos, conceitos e mecanismos de regulação, variantes de setor para setor, aptos a desafiar os limites cognitivos do operador jurídico (...) A demarcar ainda mais esta complexidade está o fato de que o Estado atua a regulação sobre serviços públicos no triplo papel de i) espaço de formulação de políticas públicas cujas pautas e metas ditarão a conformação da exploração do serviço; ii) titular dos serviços e dos bens a ele afetos, cuja preservação lhe incumbe e em face de quem o operador em regime público pode postular direitos como o equilíbrio da relação contratual; iii) entre regulador encarregado não exclusivamente da defesa dos interesses estatais, mas incumbido da tarefa de defesa do usuário, de preservador das linhas gerais de exploração da atividade e ainda mediador dos interesses de todos os agentes envolvidos" (MARQUES NETO, Floriano de Azevedo. A nova regulação dos serviços públicos. *Revista de Direito Administrativo*, n. 228, abr.-jun. 2002, p. 25-26).

repetitivos (art. 983, *caput* e § 1º[13] e 1.038, II[14], CPC), como já introduzido no tópico III. 1. c.3.

Assim, diante da ausência de previsão específica de participação da Agência no procedimento de fixação da tese em matéria regulada, deve-se enquadrar essa indispensável participação dentro das possibilidades hoje existentes na legislação, ou seja, como "interessado" institucionalmente na formação do precedente (*amicus curiae*).

A participação da Agência se enquadra na rubrica "interessado", pois ela possui interesse na formação do precedente, modalidade reconhecida pela doutrina como autorizadora da intervenção no incidente de fixação da tese jurídica. Esse interesse é fruto do vínculo existente entre a competência regulatória e fiscalizatória da Agência e o objeto do incidente, pois se trata de questão de direito que também lhe diz respeito.

Fala-se, aqui, no *interesse institucional*, próprio do amigo da corte, compreendido enquanto interesse em contribuir com a decisão a ser proferida, seja porque sua atividade está relacionada com o assunto a ser examinado, seja porque desenvolve estudos sobre o tema[15] – ou, ainda, porque possui competência regulatória e fiscalizatória acerca da matéria em debate.

É preciso ressaltar que o interesse, aqui, é diverso do interesse dos sobrestados, já abordado no item III.c.3, pois esses terão o precedente formado

13. Vale relevar o posicionamento de Paulo Cezar Pinheiro Carneiro, que diferencia a intervenção do caput do art. 983 (intervenção dos interessados que sofrem os efeitos da decisão, como os sobrestados) e a do § s1º, essa sim, ao ver do autor, seria a intervenção do *amicus curiae* propriamente dito (CARNEIRO, Paulo Cezar Pinheiro. Comentários ao art. 138. In: CABRAL, Antônio do Passo. CRAMER, Ronaldo. *Comentários ao Novo Código de Processo Civil*. 2. ed. Rio de Janeiro: Forense, 2016, p. 247).

14. Nesse sentido, Sofia Temer defende que a participação das agências se dá como amicus: "todos os sujeitos que pretendam participar do debate judicial e que sejam movidos por interesses diversos daqueles dos sujeitos sobrestados, poderão fazê-lo na condição de *amici curiae*. É o caso, por exemplo, de agências reguladoras e órgãos públicos cuja atuação é relacionada com a preservação do interesse público e com a fiscalização das atividades reguladas, como o Conselho Administrativo de Defesa do Consumidor (CADE), a Comissão de Valores Mobiliários (CVM), o Instituto Nacional de Propriedade Intelectual (INPI), dentre outros". (TEMER, Sofia. *Incidente de resolução de demandas repetitivas*. Salvador: Ed. Juspodivm, 2016, p. 186).

15. CUNHA, Leonardo José Carneiro. Anotações sobre o incidente de resolução de demandas repetitivas previsto no projeto do novo código de processo civil. *Revista de Processo*, São Paulo, v. 193, versão digital, mar. 2011.

diretamente aplicado à sua relação jurídica, com efeitos mais diretos em sua esfera de interesses.[16]

É o direito ao contraditório, como direito de participação pela influência na formação do convencimento do magistrado, que autoriza a intervenção do órgão regulador, que não só pode, como deve, fornecer elementos técnicos ao julgador, para que o provimento jurisdicional a ser formado seja o mais amplo e qualificado possível. Arrisca-se a dizer, inclusive, que esse interesse não é apenas do órgão em si, mas um interesse público, pois questões regulatórias influenciam em serviços prestados a todos os consumidores.[17]

---

16. Nesse sentido, Ticiano Alves e Silva, tratando dos recursos repetitivos, mas ampliável aos casos repetitivos (IRDR + REER): "parece clarividente que o recorrente que intervém no julgamento por amostragem, apresentando novos argumentos a favor da repercussão geral ou pela procedência do recurso extraordinário, simplesmente porque teve seu recurso sobrestado, não atua como *amicus*, fundamentalmente pela qualidade do interesse de que é titular, vale dizer, interesse de parte, próprio seu, que será atingido, diretamente, pela decisão a ser proferida" (SILVA, Ticiano Alves e. Intervenção do sobrestado no julgamento por amostragem. *Revista de Processo*, São Paulo, v. 182, versão digital, abr. 2010).

    Também diferenciando os interesses, Sofia Temer esclarece que "não obstante possa ser um sujeito com interesse, o *amicus curiae* não se equipara ao sujeito sobrestado, porque o interesse deste decorre do fato de que a decisão sobre o seu caso concreto deverá observar a tese jurídica fixada. (...) Por outro lado, parece que o interesse do *amicus* pode ser institucional, político, econômico, social, acadêmico, cultural, enfim, qualquer interesse que decorra de motivos outros que não a aplicação da tese à resolução direta de um conflito subjetivo de que faça parte" (TEMER, Sofia. *Incidente de resolução de demandas repetitivas*. Salvador: Ed. Juspodivm, 2016, p. 185).

17. Não se pretende, nesta sede, uma visão simplista e reducionista de que a Agência Reguladora seja um órgão necessariamente neutro. Há vasta doutrina sobre os riscos de cooptação e politização das agências. Acredita-se, porém, que a participação pelo contraditório é sempre positiva, pois enriquece e amplia o debate, aportando elementos de convicção para o magistrado.

    Sobre a não neutralidade do *amicus curiae*: "Entretanto, não podemos vislumbrar o amicus como uma figura, por essência imparcial e neutra, uma vez que sua intervenção pode se dar com um cunho estratégico, especialmente pela percepção que parcela dos litigantes habituais (*repeat players*) vêm usando a litigância estratégica, de modo a impactar a aplicação do direito e construir padrões decisórios benéficos a seus interesses. Isto torna os *amici* uma figura essencial que merece ter seus argumentos analisados, mas que não pode, atendendo ao requisito da representatividade adequada – art. 138 – (interesse institucional), estar defendendo o interesse de alguma das partes" (THEODORO JUNIOR, Humberto; NUNES, Dierle; BAHIA, Alexandre Melo Franco; PEDRON, Flavio Quinaud. *Novo CPC: fundamentos e sistematização*. Rio de Janeiro: Forense, 2015, p. 314).

Aliás, parte da doutrina identifica a origem do *amicus* em nossa legislação na previsão de intervenção de órgão fiscalizatório em ações nas quais debatidas questões ligadas às suas atribuições regulatórias e fiscalizatórias (intervenção da Comissão de Valores Mobiliários CVM, Lei nº6.385/76[18]; INPI, Lei nº9.279/96[19]; e, posteriormente, CADE, Lei nº12.529/2011[20]).

É preciso ressaltar, contudo, que nas citadas leis específicas, as entidades (CVM, CADE e INPI) são *obrigatoriamente* chamadas para, querendo, intervir nos processos em que se discuta atividade de regulação (no caso, de mercado, ou de registros): "eles devem ser obrigatoriamente intimados, mas só intervirão se entenderem necessária a sua manifestação em função das obrigações e dos direitos que estão obrigados a proteger (...) se os referidos órgãos não forem intimados, o processo poderá ser declarado nulo"[21]. Além dessa característica, também é importante ressaltar que intervindo na causa nos termos das legislações específicas, o interveniente pode exercitar os mesmos direitos das partes, podendo produzir provas, recorrer, independentemente de autorização do juiz.[22]

---

18. Art. 31 - Nos processos judiciários que tenham por objetivo matéria incluída na competência da Comissão de Valores Mobiliários, será esta sempre intimada para, querendo, oferecer parecer ou prestar esclarecimentos, no prazo de quinze dias a contar da intimação. § 1º - A intimação far-se-á, logo após a contestação, por mandado ou por carta com aviso de recebimento, conforme a Comissão tenha, ou não, sede ou representação na comarca em que tenha sido proposta a ação. § 2º - Se a Comissão oferecer parecer ou prestar esclarecimentos, será intimada de todos os atos processuais subsequentes, pelo jornal oficial que publica expedientes forense ou por carta com aviso de recebimento, nos termos do parágrafo anterior. § 3º - A comissão é atribuída legitimidade para interpor recursos, quando as partes não o fizeram. § 4º - O prazo para os efeitos do parágrafo anterior começará a correr, independentemente de nova intimação, no dia imediato aquele em que findar o das partes.
19. Art. 57. A ação de nulidade de patente será ajuizada no foro da Justiça Federal e o INPI, quando não for autor, intervirá no feito. § 1º O prazo para resposta do réu titular da patente será de 60 (sessenta) dias. § 2º Transitada em julgado a decisão da ação de nulidade, o INPI publicará anotação, para ciência de terceiros. A mesma previsão se aplica à ação de nulidade de registro e de desenho industrial (art. 118 e art. 175).
20. Art. 118. Nos processos judiciais em que se discuta a aplicação desta Lei, o CADE deverá ser intimado para, querendo, intervir no feito na qualidade de assistente.
21. CARNEIRO, Paulo Cezar Pinheiro. Comentários ao art. 138. In: CABRAL, Antônio do Passo. CRAMER, Ronaldo. *Comentários ao Novo Código de Processo Civil*. 2. ed. Rio de Janeiro: Forense, 2016, p. 246.
22. Paulo Cezar Pinheiro Carneiro entende que, caso se depreenda que a intervenção específica da CVM, INPI, etc. previstas em lei especial, trata-se de intervenção na qualidade de *amicus*, ela seria regida pelo CPC – como regra específica em relação ao regramento da intervenção, conforme segue: "Desde logo, é preciso ficar claro que, se houver o

Verifica-se, portanto, que nos casos da CVM, INPI e CADE, regrados por norma específica, tem-se a obrigatoriedade da intervenção e os poderes do interveniente são previstos em lei. Na regra geral da intervenção do *amicus curiae* prevista no Código de Processo Civil (art. 138), diferentemente, há discricionariedade[23] do julgador na admissão (art. 138, *caput*, CPC), bem como compete a ele definir os poderes do interveniente (com exceção da oposição de embargos declaratórios e do recurso da decisão no IRDR, previstos em lei).

Acredita-se, porém, que em razão da relevância da participação dos órgãos reguladores no julgamento dos casos repetitivos nos quais a definição da tese interfira em questão regulatória, dada a especificidade do assunto[24],

---

entendimento de que aquelas previsões legislativas configuram-se como hipóteses de amicus curiae, o procedimento e a forma de admissão passam a ser, necessariamente, as estabelecidas no novo Código de Processo Civil, que passou a regular o instituto de forma especifica. A importância em definir a natureza da intervenção desse terceiro previsto nas legislações esparsas, se amicus curiae ou não, repercutirá diretamente nos poderes que ele irá exercitar no processo. Isso porque, se forem enquadrados como *amicus curiae*, na forma do novo CPC, terão seus poderes fixados pelo juiz e não poderão recorrer da decisão de sua inadmissão no processo. Caso contrário, se forem subsumidos em qualquer outro tipo de terceiro interveniente, poderão exercitar, em regra, poderes similares aos das partes, inclusive recorrer da decisão que inadmiti-los (art. 1.015, inciso IX)" (CARNEIRO, Paulo Cezar Pinheiro. Comentários ao art. 138. In: CABRAL, Antônio do Passo. CRAMER, Ronaldo. *Comentários ao Novo Código de Processo Civil*. 2. ed. Rio de Janeiro: Forense, 2016, p. 246).Ousamos discordar. É que o Código de Processo Civil é a regra geral de intervenção do *amicus curiae*, sendo as legislações da CVM, INPI, CADE, OAB, etc. específicas, que se sobrepõem ao regramento geral exatamente pela especificidade. No mais, a aplicação das garantias delas não é em nada contrária ao regramento do CPC, além de permitir ampliação do contraditório, não havendo óbice na sua utilização.

23. Nesse sentido: "Portanto, há uma discricionariedade do magistrado na admissão, que deve, por certo, fundamentar sua decisão a partir de elementos objetivos, mas sem deixar de examinar questões subjetivas como relevância da matéria e a repercussão social" (BECKER, Rodrigo; TRIGUEIRO, Victor. *O tratamento do amicus curiae no CPC/15*. Disponível em: <https://www.jota.info/opiniao-e-analise/colunas/coluna-cpc-nos-tribunais/o-tratamento-do-amicus-curiae-no-cpc15-23062017>. Acesso em: 15/05/2020).
24. Tratando especificamente da intervenção da CVM, mas útil nesta sede, Cassio Scarpinella Bueno cita Osvaldo Hamilton Tavares (A CVM como amicus curiae. *Revista dos Tribunais*, São Paulo: RT, 1993, v. 690, versão digital): "não é fácil compreender o mecanismo do Mercado de Capitais (...) O juiz, pela própria natureza de sua formação profissional, não está em condições de resolver todos os problemas que se apresentam à sua apreciação. Depende, portanto, dos esclarecimentos que lhe são fornecidos pelos técnicos da CVM. Assim, a Comissão de Valores Imobiliários deverá traduzir para o juiz aquelas impressões e conclusões que colheram no exame dos atos do processo, tornando

a lei processual (CPC/15) deveria ter ido além–como aliás já havia feito nas legislações especiais citadas – para determinar a obrigatoriedade de intimação da Agência/órgão/entidade reguladora para, querendo, intervir. É que a indispensabilidade da intervenção não se coaduna com a discricionariedade do juiz em admitir o ingresso do Regulador e determinar livremente seus poderes.

Ao contrário, a atribuição de amplos poderes à Agência no processo, por permitir uma ampliação e qualificação do contraditório com a incrementação do poder de influência, agrega legitimidade à decisão, seja para a sociedade como um todo, por receber um provimento jurisdicional democrático e fruto de amplo debate, seja para a própria Agência, que possivelmente receberia com mais tranquilidade a notificação para fiscalização da aplicação da tese definida pelos regulados (art. 985, § 2 e art. 1.040, II, CPC).

A vantagem de se prever uma intervenção específica para a Agência na hipótese de julgamento de casos repetitivos em matéria regulada seria, para além de definir a modalidade dessa intervenção e os poderes do sujeito no processo, tirar essa essencial participação da esfera de discricionariedade do julgador.

Assim, estabelecida a premissa da relevância da participação do órgão regulador na definição de tese em questões que interfiram em matéria regulada, e levando em conta a previsão legal hoje existente, é de extrema importância, para adequar a intervenção da Agência enquanto *amicus curiae*[25] às necessidades da litigiosidade dos setores regulados, que o magistrado não

acessível ao conhecimento do magistrado aquilo que normalmente ele não poderia conseguir sozinho, ou somente o conseguiria, após um ingente esforço. Embora não fique o juiz adstrito ao parecer e aos esclarecimentos da CVM, podendo dela divergir, o certo é que a opinião do técnico do Mercado de Capitais é essencial ao esclarecimento dos fatos e forma um contingente imprescindível para a boa compreensão das questões postas em debate" (BUENO, Cassio Scarpinella. *Amicus curiae no processo civil brasileiro*: um terceiro enigmático. 2. ed. São Paulo: Saraiva, 2008, p. 273).

25. "O fundamento do instituto, portanto, é o permissivo de manifestação de terceiros quando o caso puder afetar toda a sociedade, mesmo em processos cuja demanda seja limitada individualmente, permitindo-se que sejam trazidos ao processo elementos que sejam relevantes para a cognição do órgão julgador" (CABRAL, Antônio do Passo. Pelas asas de Hermes: a intervenção do amicus curiae, um terceiro especial. *Revista de Processo*, São Paulo, v. 117, versão digital, set. 2004).

Também no texto Despolarização e zonas de interesse, o autor defende a intervenção das agências na qualidade de amigas da Corte (CABRAL, Antonio do Passo. Despolarização do processo e zonas de interesse: sobre a migração entre polos da demanda. *Revista Forense*, n. 404, p. 3-42, 2011, p. 22-23).

apenas admita amplamente o pedido de ingresso, como ele próprio notifique a Agência para, querendo, ingressar no feito, além de conferir a ela amplos poderes, possibilitando não apenas opor embargos declaratórios ou recorrer da decisão no IRDR, como já previsto em lei, mas também recorrer de forma ampla e produzir provas.[26]

Essa interpretação, além de recomendada pelos fundamentos aqui expostos, é plenamente aferível da intelecção do CPC da forma como hoje vigente, independente de reforma legislativa, com simples leitura adequada dos fundamentos e valores balizadores da amplitude do contraditório no julgamento de casos repetitivos.

Nesse sentido, então, em atenção às peculiaridades do microssistema de julgamento de casos repetitivos, aplicado especificamente à estrutura jurídica do Estado Regulador, impõe-se interpretar os art. 983 e art. 1.038, I, CPC no sentido de, ainda que ouvidas outras pessoas ou grupos, tem-se como imperiosa a oitiva das Agências reguladoras ou órgãos equivalentes, a quem será ofertado espaço para manifestação e influência, com poderes aclaratórios, de requerer provas e interpor recursos, sob pena de não o fazendo, o Judiciário, por meio de uma técnica processual enviesada, sobrepor-se ao Ente Regulador sem atentar a cuidados mínimos necessários à apreciação da matéria.

V.2. A AUSÊNCIA DE VINCULAÇÃO DA ADMINISTRAÇÃO PÚBLICA E A INDEVIDA PRETENSÃO DE SOBREPOSIÇÃO DO ENTENDIMENTO DO JUDICIÁRIO AO DA AGÊNCIA REGULADORA

A questão da participação (ou falta dela) é umbilicalmente ligada a um ponto relevantíssimo na presente análise: a vinculação das Agências reguladoras à tese fixada no julgamento de casos repetitivos.

Conforme acima discorrido, a legislação não prevê obrigatoriedade de participação do órgão regulador quando do julgamento de casos repetitivos

26. Tratando especificamente da instrução processual, Cassio Scarpinella Bueno afirma que "o que deve ser colocado em relevo é que o amicus agirá no plano da instrução, no plano da formação da cognição judicial, buscando convencer o magistrado de que a solução que melhor captura dos valores dispersos pela sociedade ou pelo próprio Estado é tal e não qual. Ele, amicus, é tão somente o portador daquela 'informação', ainda que em forma de valor, de anseio social, de política pública para o Estado-juiz. Por isso, escrevemos acima, uma 'prova-sujeito', uma 'prova-ativa', uma 'prova' que leva, ela própria, informações, dados e elementos importantes para o julgamento" (BUENO, Cassio Scarpinella. *Amicus curiae no processo civil brasileiro*: um terceiro enigmático. 3. ed. São Paulo: Saraiva, 2012, p. 441).

que versem sobre serviços regulados. Mas, paradoxalmente, prevê a comunicação do resultado do julgamento à Agência para que fiscalize a efetiva aplicação da tese adotada por parte dos entes regulados.

Ora, mas o órgão regulador/fiscalizador está vinculado a essa decisão? Deve receber essa comunicação como algo que lhe obrigue? Tem o dever de fiscalizar nos termos do decidido no caso repetitivo, mesmo que sua regulação seja em sentido diverso?

A resposta deve ser negativa. Primeiro, numa abordagem estritamente positiva (ou mesmo utilizando-se da criticada interpretação histórica), porque o Poder Legislativo impediu que constasse do texto dos arts. 985, § 2º e 1.040, IV a indicação de que as Agências serão oficiadas para observar a decisão judicial em sua *regulação*, mantendo a necessidade apenas de sua *fiscalização.*[27] Em outras palavras, isso importa dizer que foi reprovada no Congresso a pretensão de fazer com que a regulação fosse diretamente afetada pela decisão judicial.

No mais, já tivemos a oportunidade de abordar, no item III.1.d, o sistema de precedentes adotado em nosso ordenamento e a vinculatividade das decisões. Falamos que, mais por força legal do que por consequência de um sistema de precedentes como o do *common law (stare decisis)*, algumas decisões são vinculativas em relação ao Judiciário, horizontal e verticalmente. Esse é o caso das decisões nos casos repetitivos, que por expressa disposição legal (art. 927, CPC), vinculam o próprio tribunal prolator da decisão e juízos hierarquicamente inferiores.

Assim, a decisão nos casos repetitivos não vincula diretamente a Administração Pública (da qual fazem parte os órgãos reguladores e fiscalizadores).[28] Ou seja, a Administração Pública não está obrigada a observar,

---

27. Conforme referido no item III.2.a, a EMC 694/2010 previa que "deve a Agência Reguladora ser comunicada para fins de fiscalização e regulação da matéria, nos termos do que foi decidido pelo Tribunal".

28. Em sentido diverso: "O tratamento que o novo Código deu a jurisprudência (arts. 926 a 928) também tem grande importância no processo administrativo. Se, por um lado, já havia previsões da obrigatoriedade da Administração Pública em observar os julgados no controle concentrado de inconstitucionalidade (art. 28, parágrafo único, da Lei 9.868), nas previsões das súmulas vinculantes (art. 2.º da Lei 11.417) e nas decisões iterativas dos Tribunais (art. 4.º, XI I e 43, da LC 73, combinado com o art. 4.º, da Lei 9.469), deverá, também, observar as decisões resultantes do julgamento de recursos repetitivos e do incidente de resolução de demandas repetitivas, ambos previstos na novel legislação adjetiva civil. Neste último caso, o novo Código estabeleceu uma importante diretriz (art. 985, § 2º), no sentido de que, quando a decisão tenha por objeto questão relativa à prestação de serviço concedido, permitido ou autorizado, a Agência

no regular exercício diário de suas atividades, as diversas teses definidas em todos os julgamentos de recursos especial e extraordinário repetitivos e incidentes de resolução de demandas repetitivas em matérias que lhe toquem.

Seria até mesmo de difícil observância previsão nesse sentido, especialmente se pensarmos que teses definidas em IRDR podem nascer nos vinte e sete tribunais estaduais (e distrital), criando uma multiplicidade de decisões das quais, muitas vezes, a Administração pode sequer ter conhecimento da existência[29] daquele julgado (o que, por outro lado, já seria amenizado se adotada a compreensão acima defendida, quanto à necessidade de participação da Agência Reguladora).

Como dito anteriormente, a eficácia vinculativa do precedente é distinta do efeito vinculativo da coisa julgada, que alcança o dispositivo da decisão em relação às partes do processo. Assim, na medida em que a Administração seja *parte* de um processo, ela está obrigada a observar o quanto decidido, não por força da vinculatividade do precedente, mas por estar vinculada pela coisa julgada.[30-31]

Reguladora competente para a fiscalização dos entes sujeitos à sua regulação, deverá buscar o cumprimento da decisão em sede administrativa". (CARNEIRO, Paulo Cesar Pinheiro. Comentários ao art. 15 CPC. In: WAMBIER, Teresa Arruda Alvim; DIDIER JR, Fredie; TALAMINI, Eduardo; DANTAS, Bruno (Coord.). *Breves comentários ao novo Código de Processo Civil*. São Paulo: RT, 2015).

29. Isso sem falar de outras dificuldades que surgiriam, como por exemplo: decisão de tribunal estadual vincularia a Administração federal? Ou: decisão tomada por um tribunal estadual deve vincular a agência apenas naquele Estado, ou nacionalmente? E se tiver decisões diversas em tribunais estaduais diferentes, qual delas a agência, que é federal, deve seguir? Ora, a ação do órgão regulador e fiscalizar deveria ser a mesma em todo o território.

30. Nesse particular, discordamos de Abboud e Cavalcanti, que, a nosso ver, parecem ter confundido a eficácia vinculante do precedente com a da coisa julgada. Isso porque, em nossa compreensão, trataram da vinculatividade da coisa julgada como se se tratasse de vinculatividade de precedente: "Tanto a súmula vinculante quanto o incidente irão atingir a Administração Pública se ela for destinatária do comando normativo. Se a questão jurídica a ser dirimida no incidente for referente a um tributo federal ou municipal, o julgamento não atingirá respectivamente a União e os Municípios? Obviamente que sim. Do contrário, teríamos que sustentar que nas lides em que figurar o Poder Público, a decisão paradigma do incidente vinculará pela metade, tão somente o particular. Nessa perspectiva, não faz o menor sentido a afirmação de que seria desnecessário introduzir o incidente mediante EC porque ele não vincularia a Administração Pública. (ABBOUD, Georges; CAVALCANTI, Marcos. Inconstitucionalidades do IRDR e os riscos ao sistema decisório. *Revista de Processo*, São Paulo, v. 240, versão digital, fev. 2015).

31. "A Administração Pública apenas ficará vinculada nos limites dos conflitos subjetivos de que seja partícipe" (TEMER, Sofia. *Incidente de resolução de demandas repetitivas*. Salvador: Ed. Juspodivm, 2016, p. 222).

Essa vinculatividade própria da coisa julgada apenas alcança o órgão regulador quando ele for efetivamente parte do processo, pois mesmo quando participar na qualidade de *amicus curiae*, não está subordinado a ela. Esse é o entendimento doutrinário majoritário, como se depreende das palavras de Scarpinella Bueno: "A coisa julgada, tanto em seu aspecto objetivo como no subjetivo, e, bem assim, a eficácia interventiva disciplinada pelo art. 123 não alcançam o *amicus curiae*. O direito material questionado em juízo, apesar de justificar sua intervenção para a tutela do 'interesse institucional', não lhe diz – nem pode lhe dizer – respeito diretamente. Por isso, a nota de imutabilidade que caracteriza aqueles dois institutos é estranha ao *amicus curiae*".[32]

Não se pode, em nosso ordenamento jurídico, falar em vinculatividade da Administração Pública, de forma genérica, aos precedentes obrigatoriamente vinculantes do art. 927, III, CPC pois essa vinculatividade alcança apenas o Judiciário.[33]

Quando o legislador (constituinte) intentou que houvesse vinculação da Administração a um provimento jurisdicional, previu a vinculatividade de forma clara e inequívoca, não genérica, sendo expresso ao afirmar que o STF pode, respeitados os requisitos, aprovar súmula que terá efeito vinculante em relação a todos os órgãos do Judiciário e à Administração Pública direta e

32. BUENO, Cassio Scarpinella. *Curso sistematizado de Direito Processual Civil*. 9. ed. São Paulo: Saraiva Educação, 2018, p. 584.Esse entendimento do autor foi originariamente construído na obra específica sobre o *amicus curiae*, onde aprofunda o assunto: BUENO, Cassio Scarpinella. *Amicus curiae no processo civil brasileiro*: um terceiro enigmático. 3. ed. São Paulo: Saraiva, 2012, p. 588-600.

33. Há que defenda, porém, como Zaneti, que com a chegada do sistema de precedentes em nosso ordenamento, passamos a ter uma "comunidade de trabalho" e a vinculação do precedente se estenderia a toda essa comunidade: "Precedentes são normas jurídicas, logo, vinculam todos os aplicadores do direito, inclusive nas relações entre privados. A vinculação para os órgãos públicos é ainda mais forte, uma vez que estes devem seguir os precedentes vinculantes do novo CPC com a força normativa própria da lei, sob pena de ofensa ao princípio da legalidade. Os precedentes vincularão as manifestações do Ministério Público, da Defensoria Pública e da Advocacia Pública que devem seguir os entendimentos fixados com força vinculante. Aplicam-se aqui as noções de boa-fé (art. 5°) e cooperação (art. 6°) que conduzem ao paradigma do processo civil como 'comunidade de trabalho para a obtenção de decisão de mérito justa, tempestiva e efetiva'". (ZANETI JR, Hermes. Comentários ao art. 927. In: CABRAL, Antonio do Passo. CRAMER, Ronaldo. *Comentários ao Novo Código de Processo Civil*. 2. ed. Rio de Janeiro: Forense, 2016, p. 1340).

indireta, nas esferas federal, estadual e municipal (art. 103-A, CF).[34] Para tanto, precisou inserir em nosso ordenamento essa vinculatividade por emenda constitucional – com a observância das exigências do art. 60, CF. O mesmo se passa com a vinculatividade da decisão definitiva de mérito proferidas pelo STF em controle concentrado de constitucionalidade (art. 102, § 2º, CF).

Necessário ressaltar que, não apenas passou pelo exigente trâmite de aprovação de emenda constitucional, como, no texto aprovado, previu diversos requisitos para a aprovação de súmula que vinculasse a Administração, como a aprovação pelo STF mediante decisão de dois terços dos membros e somente após reiteradas decisões sobre a matéria, positivando a necessidade de apenas haver vinculação ampla após maturação do entendimento pela Corte.

Ora, não se pode pretender dar a mesma força e alcance a toda decisão proveniente de julgamento de caso repetitivo, em comparação com aquela decisão que exigiu não apenas previsão constitucional, mas rígidos requisitos para vincular a Administração Pública.

Além de não haver previsão expressa de vinculação da Administração[35-36], nem teria o legislador infraconstitucional competência para fazê-lo.

---

34. Art. 103-A. O Supremo Tribunal Federal poderá, de ofício ou por provocação, mediante decisão de dois terços dos seus membros, após reiteradas decisões sobre matéria constitucional, aprovar súmula que, a partir de sua publicação na imprensa oficial, terá efeito vinculante em relação aos demais órgãos do Poder Judiciário e à Administração Pública direta e indireta, nas esferas federal, estadual e municipal, bem como proceder à sua revisão ou cancelamento, na forma estabelecida em lei. § 1º A súmula terá por objetivo a validade, a interpretação e a eficácia de normas determinadas, acerca das quais haja controvérsia atual entre órgãos judiciários ou entre esses e a Administração Pública que acarrete grave insegurança jurídica e relevante multiplicação de processos sobre questão idêntica. § 2º Sem prejuízo do que vier a ser estabelecido em lei, a aprovação, revisão ou cancelamento de súmula poderá ser provocada por aqueles que podem propor a ação direta de inconstitucionalidade. § 3º Do ato administrativo ou decisão judicial que contrariar a súmula aplicável ou que indevidamente a aplicar, caberá reclamação ao Supremo Tribunal Federal que, julgando-a procedente, anulará o ato administrativo ou cassará a decisão judicial reclamada, e determinará que outra seja proferida com ou sem a aplicação da súmula, conforme o caso.
35. No mesmo sentido, entende Sofia Temer: "A decisão do IRDR não vincula diretamente, portanto, a Administração Pública direta e indireta, mas apenas o próprio Poder Judiciário. Significa dizer que, embora os órgãos da Administração fiquem vinculados na medida em que sejam partes de processos judiciais em que haja discussão sobre a matéria decidida pelo IRDR, não haverá vinculatividade direta aos órgãos da Administração direta e indireta à tese jurídica" (TEMER, Sofia. *Incidente de resolução de demandas repetitivas*. Salvador: Ed. Juspodivm, 2016, p. 220).
36. Em sentido diverso, Eduardo Cambi e Mateus Fogaça, de quem discordamos: "Sempre que a questão de direito debatida no incidente envolver a prestação de serviço objeto de

É que, para que o precedente ganhe ares de generalização e abstração, ou seja, se torne lei em sentido material,[37-38] é indispensável seu assento constitucional, eis que o órgão exerce anomalamente, nesses casos, função legislativa. O CPC, lei ordinária federal, pode criar precedentes vinculantes obrigatórios, como o fez, mas a vinculação dele proveniente limita-se a vincular o próprio Judiciário,[39] pois são provimentos obrigatórios de segundo grau.

---

concessão, permissão ou autorização, o resultado do julgamento terá de ser comunicado ao órgão ou à Agência Reguladora competente para a fiscalização do efetivo cumprimento da decisão por parte dos entes sujeitos à fiscalização (art. 985, § 2º do CPC/15). Tal medida é de salutar importância, para persuadir as concessionárias, permissionárias e autorizadas a exercerem suas atividades observando os contornos definidos da questão jurídica, tendo consciência de que, havendo desrespeito, o consumidor poderá buscar amparo em juízo e, inclusive, ajuizar reclamação ao tribunal competente" (CAMBI, Eduardo; FOGAÇA, Mateus. Incidente de resolução de demandas repetitivas no novo Código de Processo Civil. *Revista de Processo*, São Paulo, v. 243, versão digital, mai. 2015).

37. Acerca das características das normas legislativas, Castanheira Neves afirma que "são tanto o modus geral e abstrato (a generalidade relativamente aos sujeitos da ordem jurídica e a abstração relativamente aos casos concretos de decisão), como a vinculação normativa geral (rectius, vinculação normativamente directa e universal) e ainda o possível conteúdo jurídico-materialmente inovador." (NEVES, A. Castanheira. *O instituto dos "assentos" e a função jurídica dos Supremos Tribunais*. Coimbra: Editora Coimbra, 1983, p. 398).

38. Defendendo que as súmulas têm natureza de norma legal, André Ramos Tavares, destaca que "a súmula vinculante do STF, na medida em que constitui um enunciado geral, abstrato, impessoal e obrigatório, participa da mesma natureza jurídica da norma legal, ficando a esta praticamente equiparada, e, como tal, em princípio, sujeita à 'interpretação', mas observadas as limitações" (TAVARES, André Ramos. *Nova lei da súmula vinculante:* estudos e comentários à Lei 11.417, de 19.12.2006. 2. ed. São Paulo: Método, 2007, p. 263).

39. Precisas as palavras de José Eduardo Costa: "Todavia, nada impede que texto de lei ordinária federal atribua eficácia vinculante a esses pronunciamentos e a outros, desde que a vinculação se cinja aos estreitos limites do Poder Judiciário. Ou seja, um novo precedente obrigatório não contemplado pela CF de 1988 pode obrigar apenas juízes e tribunais hierarquicamente subordinados àquele que o haja emitido. Enfim, ele só pode irradiar eficácia obrigatória interna, restringindo-se ao plano específico dos juízes e tribunais integrados ao órgão de justiça que o proferiu. Com isso se evita que o novo precedente vinculante ganhe ares de generalidade e abstração. (...) Como se nota, embora os pronunciamentos apontados nos incisos III, IV e V não recebam da CF/1988 qualquer eficácia jurídica vinculante externa, o CPC/15 teve o cuidado de restringi-los a uma impositividade meramente intestina. São normas escritas somente para os juízes; logo, não são lei em sentido material; não têm valor de ato legislativo" (COSTA, José Eduardo da Fonseca. Comentários ao art. 927. In: CAMARA, Helder Moroni (Coord.). *Código de Processo Civil Comentado*. São Paulo: Almedina, 2016, p. 1125-1126).

É preciso que se observe, porém, que mesmo não havendo previsão de vinculação da Agência, ela é afetada pela aplicação ao setor regulado do decidido no julgamento,com risco de descaracterização de toda uma estratégia regulatória do órgão estatal.

Como, então, interpretar a disposição contida nos art. 985, § 2º e art. 1.040, VI CPC, se não há subordinação direta dos órgãos reguladores à tese fixada no julgamento de casos repetitivos?

A pretensão de tentar estabelecer um diálogo institucional entre o Judiciário e o Executivo no tratamento das demandas repetitivas é, a nosso ver, eficiente caminho para lidar com a questão da litigiosidade repetitiva no Brasil.[40] Não apenas isso, mas indo além, supõe-se (embora isso demandasse uma outra e muito distinta pesquisa empírica) que a falta de interação entre o Judiciário e os entes reguladores seja causa de aumento da litigiosidade. Então, o mencionado dispositivo pode ser compreendido como instrumento para tratar uma das causas da litigiosidade, neutralizando potenciais conflitos na fiscalização.

Porém, se a abertura de um canal de diálogo e interação para tratamento da litigiosidade repetitiva foi a intençãodo legislador com a previsão de

40. Interessante a abordagem da pesquisa sobre litigiosidade repetitiva, coordenada por Gabbay e Cunha, que mapeou a falha de interação entre instituições como uma das causas da litigiosidade: "A relação entre a resolução administrativa e a judicial de conflitos também não é nitidamente definida, o que pode potencializar a litigiosidade. Foram identificados espaços em que é sensível a falta de um arranjo institucional entre a resolução administrativa e a judicial, ou mesmo a necessidade de parcerias do Judiciário com entidades públicas e privadas. Os arranjos já existentes, normalmente através de convênios com órgãos privados de regulação de setores específicos (como o PROCON), podem ser uma alternativa eficaz de filtragem de demandas judiciais" (CUNHA, Luciana Gross; GABBAY, Daniela Monteiro (Coord.). *Litigiosidade, Morosidade e Litigância Repetitiva*: uma análise empírica. Série Direito e Desenvolvimento (DIREITO GV). Saraiva: São Paulo, 2013, p. 153).

Dierle Nunes também reconhece a falta de diálogo institucional como um dos fatores da litigiosidade de massa no Brasil: "Sabe-se que um dos fatores da litigiosidade massiva no Brasil é o da falta de diálogos institucionais entre os "poderes" e entre os agentes responsáveis pela fiscalização do cumprimento de direitos. Também se sabe que, diversamente de outros países, uma decisão proferida por um tribunal superior não é, entre nós, imediatamente cumprida; seja pela cultura do desrespeito, seja pelo desconhecimento de seu teor" (NUNES, Dierle. Comentários ao art. 1.040 CPC. In: WAMBIER, Teresa Arruda Alvim et al. (Coord.). *Breves Comentários ao novo Código de Processo Civil*. São Paulo: RT, 2015, p. 2340).

determinação de fiscalização pela Agência aplicação do precedente, como identificam alguns autores[41], esse caminho merece duras críticas.

A primeira crítica é a feita no item acima (III.3.b), de que é indispensável a previsão da notificação obrigatória do Ente Regulador e fiscalizador para participar do julgamento do caso repetitivo. Ora, se a intenção é o diálogo para uma ação conjunta, trabalhando-se não apenas no julgamento dos processos repetitivos, mas nas causas dessa litigiosidade, o caminho para o diálogo é a participação, e não a imposição.

Da forma como prevista, determinando que o órgão julgador notifique a Agência para que, sem necessariamente participar, receba como legítima a determinação de fiscalizar em determinado sentido, o Poder Judiciário está ilegitimamente se sobrepondo à competência normatizadora e fiscalizatória da Agência (Poder Executivo).

Ilegitimamente porque, apesar de não haver vinculatividade direta da Administração em relação às decisões dos casos repetitivos, ao determinar que a Agência fiscalize no sentido do decidido, pode-se ter como efeito uma vinculação ilegítima não compatível com a divisão de competências e não autorizada pela lei.

Tem-se com a referida regra uma potencial[42] invasão do espaço da Agência pelo Judiciário: na *participação*, não prevendo intervenção obrigatória da Agência para aportar elementos técnicos aptos a influenciar na decisão; na *normatização*, pois a decisão tomada em um caso repetitivo será aplicada a todos os processos que versem sobre a questão – e em muitos casos, a questão pode ser decididade forma diversa do constante na norma regulatória[43]; e na *fiscalização*, pois caso atendido o comando do Judiciário pela Agência, terá que passar a fiscalizar não necessariamente de acordo com a sua compreensão e normatização para o setor, mas de acordo com o decidido no caso repetitivo.

41. Nas palavras de Didier e Cunha: "A regra tem por finalidade eliminar um dos problemas da litigiosidade de massa no Brasil, que é o da 'falta de diálogos institucionais entre os poderes e entre os agentes responsáveis pela fiscalização do cumprimento de direitos'" (DIDIER Jr. Fredie. CUNHA, Leonardo Carneiro da. *Curso de Direito Processual Civil.* v. 3. Salvador: Juspodivm, 2016, p. 603).

42. Diz-se potencial porque não se pode antever qual a postura que será adotada pelo Judiciário, se efetivamente fará uso da prerrogativa de participação trazida pela legislação e julgará de forma deferente às decisões regulatórias. Mas o que se visualizou com a pesquisa empreendida neste trabalho foi uma pequena participação das agências e uma desconsideração quase que absoluta das questões regulatórias pelo Judiciário.

43. Como exemplo, podemos citar o ocorrido no caso de assinatura básica de telefonia.

Importante esclarecer que não se está dizendo que o Judiciário não pode controlar os atos administrativos e normativos dos órgãos reguladores. Não é essa a crítica. O Judiciário tem competência constitucionalmente prevista para controlar esses atos - ainda que possamos discutir os contornos e limites desse controle, a autocontenção etc.[44] O que se chama atenção aqui é para o risco de, a despeito de julgar ações com objetos outros, o Judiciário interfira em questões regulatórias - e que, portanto, devem ser analisadas no contexto da regulação e não no contexto individual, replicado às demais causas idênticas, ou aparentemente idênticas.

Volta-se, aqui, ao raciocínio aprofundado no Capítulo II (item II.3): as ações que têm por objeto "questões relativas a prestação de serviço concedido, permitido ou autorizado" têm, necessariamente, ao menos três lentes de análise: envolvem de um lado a regulação; de outro o direito do consumidor; de outro, ainda, os direitos e interesses do agente econômico regulado. Não raro há um choque de racionalidades entre o processo de aplicação contenciosa do direito privado pelo Judiciário (baseado em um discurso construído em direitos individuais, com resultados também individuais e pulverizados, e organizado por uma racionalidade amparada na retribuição, na reparação de lesões a bens jurídicos individualmente tutelados) e o processo estatal de intervenção regulatória pelas Agências reguladoras (organizado a partir de uma racionalidade distributiva, de acomodação de interesses e, por isso mesmo, fundamentalmente coletiva).[45] Uma análise que não considere ambas as lentes ignora a complexidade inerente à questão e pode trazer desequilíbrios.

Repisa-se: não se está afirmando que o Judiciário não pode ou não deve controlar os atos das Agências reguladoras. Esse controle judicial dos atos normativos dos Reguladores não é o objeto direto deste estudo. O que pretendemos, aqui, é apenas alertar para um possível efeito reflexo da técnica processual ora analisada, qual seja, o Judiciário se imiscuir em questões regulatórias sem que esse seja o objeto do processo, sem que haja

---

44. Sobre os contornos e limites do controle pelo Judiciário da atividade normativa das agências de regulação, ver: VERISSIMO, Marcos Paulo. Controle Judicial da atividade normativa das agências de regulação brasileiras. In: ARAGÃO, Alexandre Santos (coord.). *O poder normativo das agências reguladoras*. Rio de Janeiro: Forense, 2006, p. 377-417.

45. VERÍSSIMO, Marcos Paulo. Defesa do Consumidor, processo coletivo e judicialização da regulação tarifária das telecomunicações no Brasil. In: Carlos Alberto de Salles (Org.). *As grandes transformações do processo civil brasileiro*: homenagem ao Prof. Kazuo Watanabe. São Paulo: Quartier Latin, 2009, p. 847.

contraditório específico sobre essa questão regulatória, tampouco sem a participação do Ente Regulador.

Esse risco foi bem demonstrado por Marcos Paulo Veríssimo, quando tratou do caso da judicialização da regulação tarifária no setor de telecomunicações, via Código de Defesa do Consumidor, e demonstrou com invejável clareza a diversidade de respostas que se chega ao se analisar os casos sob óticas distintas, consumerista e regulatória, demonstrando que o Poder Judiciário, por ter utilizado a ótica do direito privado de consumo, adotou entendimentos como a desnecessidade de participação da Anatel nos processos e desnecessidade de questionar diretamente (como objeto do processo) a legalidade dos instrumentos regulatórios, incompreensíveis quando se olha a questão sob a perspectiva da regulação ampla do setor.[46]

Identificado o risco, podemos avançar na interpretação e compreensão que entendemos correta dos dispositivos analisados, traçando, com base na legislação processual vigente, exigências processuais mínimas que devem ser observadas no julgamento dessas causas.

Assim, não possuindo caráter vinculante em relação à Agência, os dispositivos que determinam a notificação devem ser interpretados como possuidores de eficácia persuasiva apenas: demonstram o entendimento fixado pelo Judiciário, que será comunicado ao Ente Regulador e fiscalizador para consideração em sua rotina – considerar, no sentido de tomar conhe-

---

46. "No caso das tarifas de assinatura, a perplexidade aparece na medida em que um mesmo conjunto de relações é visto pelo órgão regulador sob um prisma (o do direito regulatório, das normas regulatórias e do contrato de concessão, que olham sempre para o conjunto dos usuários e para o conjunto do setor), ao passo em que as associações de consumo e eventualmente o próprio Poder Judiciário analisam o caso sob outro prisma (o do direito privado de consumo, que ignora os aspectos coletivos do caso para focar-se na relação privada e bilateral existente entre cada consumidor e a prestadora de serviços, considerando essa relação autônoma e independente em relação a todas as demais relações existentes entre a prestadora e seus demais consumidores). Daí falar-se na desnecessidade de incluir a Anatel nos processos, daí falar-se na desnecessidade de questionar diretamente (*principaliter*) a legalidade dos instrumentos regulatórios, daí falar-se na impossibilidade de reunião das ações coletivas paralelas e, finalmente, daí falar-se do direito individual de cada consumidor de ajuizar uma ação individual própria questionando a legalidade das tarifas que lhe são cobradas, o que pareceria inviável se os mesmos problemas fossem olhados na perspectiva da regulação ampla do setor" (VERÍSSIMO, Marcos Paulo. Defesa do Consumidor, processo coletivo e judicialização da regulação tarifária das telecomunicações no Brasil. In: Carlos Alberto de Salles (Org.). *As grandes transformações do processo civil brasileiro*: homenagem ao Prof. Kazuo Watanabe. São Paulo: Quartier Latin, 2009, p. 859).

cimento e se posicionar em relação à tese, sem, necessariamente, modificar sua compreensão e posicionamento diante da decisão no caso repetitivo.

Quem está obrigado a observar a tese fixada é o próprio Judiciário (por efeito da eficácia vinculante do precedente) e as partes do processo (por efeito da eficácia vinculante da coisa julgada) - os entes regulados que foram parte dos processos pilotos ou dos sobrestados, e tiveram a tese aplicada a eles. Esses sim, estão vinculados à tese fixada, e devem observá-la, cabendo, inclusive, ao consumidor que teve tutela jurisdicional favorável aos seus interesses, propor reclamação em caso de desrespeito (art. 988, CPC).

Não se pode, contudo, exigir legitimamente que a Agência Reguladora fiscalize todos os partícipes do mercado regulado nos termos do decidido na tese fixada pelo Judiciário no julgamento de casos repetitivos. A Agência não está vinculada ao entendimento ali firmado, e seguirá fiscalizando nos moldes da legislação em vigor e das suas normas reguladoras - apenas renovando seus atos normativos caso assim entenda.[47]

Há autores que sustentam o seguinte: para dar maior efetividade à norma enquanto método de gerenciamento de causas repetitivas, a Agência deveria, após a notificação, produzir ato normativo (resolução, portaria etc.) no exato sentido na tese fixada pelo Judiciário no julgamento de casos repetitivos. Vejamos:

> Este é, certamente, o mais importante efeito da decisão paradigma quando se pensa neste sistema como um método de gerenciamento de causas repetitivas. É que o Ente Regulador deverá, a partir da fixação do precedente vinculante, produzir ato normativo de natureza administrativa, cuja observância pelos entes sujeitos a regulação é obrigatória, impondo a adaptação do serviço ao que tenha sido decidido pelo Superior Tribunal de Justiça ou pelo Supremo Tribunal Federal[48]

---

47. Nesse sentido, as palavras de Antonio Cabral, afirmando que "a comunicação do resultado do julgamento a estes órgãos pode não só levar a uma implementação mais rápida e correta da decisão do IRDR, mas também estimular, se for o caso, mudança nas rotinas de fiscalização ou nas normas administrativas editadas pelo regulador" (CABRAL, António do Passo. Comentários aos arts. 976 a 987. In: CABRAL, António do Passo; CRAMER, Ronaldo. *Comentários ao novo Código de Processo Civil*. 2. ed. Rio de Janeiro: Forense, 2016, p. 1466).

48. CÂMARA, Alexandre Freitas. *O novo processo civil brasileiro*. 4. ed. São Paulo: Atlas, 2015, p. 552.

Segue o autor: "Diz-se que este efeito é tão importante porque, como sabido, as sanções que os entes reguladores podem impor aos que prestam serviços sujeitos a regulação são muito pesadas, com previsão de multas elevadas e até mesmo, em casos extremos,

Não podemos concordar com tal interpretação.

Conforme já demonstrado, a vinculatividade da tese fixada no julgamento de IRDR e de REERs está adstrita às partes (pela coisa julgada) e ao Judiciário (pela força do precedente), não alcançando os órgãos reguladores.

Assim, não há nada no procedimento dos casos repetitivos que obrigue o Ente Regulador a fiscalizar nos termos do decidido, muito menos a produzir ato normativo replicando o entendimento do Judiciário em sua esfera regulatória – especialmente, se, como já falado, tratar-se de tese definida sem a consideração plena de argumentos regulatórios através da participação da Agência.

Ao contrário, tal interpretação importa em autorização de intromissão indevida do Judiciário nas atribuições do órgão regulador e, o que é mais relevante para o objeto do presente trabalho, em um julgamento que não necessariamente teve por objeto o controle de um ato normativo do regulador. Simplesmente por estarem as regras inseridas no contexto da litigiosidade repetitiva, tendem a tratar de processos julgados pela ótica consumerista e não regulatória.[49]

O raciocínio seria diverso em um processo cujo objeto central fosse o controle de um ato do órgão regulador, sendo, este, parte (e não *amicus*), participando em contraditório, exercendo seu direito de influência e aportando as suas razões técnico-regulatórias, indispensáveis para a correta compreensão da questão. Nesse caso, a Agência estaria vinculada pela coisa julgada e seria obrigada a agir nos termos do decidido pelo Judiciário. Mas não é isso o que ocorre no julgamento dos casos repetitivos

---

de perda da concessão, permissão ou autorização. Pois isto deverá, em termos práticos, produzir o resultado de promover a adaptação das condutas dos prestadores de serviços aos entendimentos firmados nos precedentes vinculantes, de modo que haverá, como consequência inevitável, uma diminuição da litigiosidade em relação a tais condutas. Daí a importância da padronização decisória – especialmente a promovida nos tribunais de superposição – para o gerenciamento das causas repetitivas, o que pode ter como consequência uma diminuição da litigiosidade e, por conseguinte, do acervo de processos em curso no país, assegurando que haja mais tempo e melhor estrutura para cuidar dos outros processos, instaurados em casos singulares (não repetitivos), o que evidentemente contribui para a melhoria da qualidade dos resultados produzidos através do processo e, pois, para a eficiência do sistema processual".

49. A pesquisa realizada demonstrou isso ao comprovar a não consideração das questões reguladas nas definições da tese. Outra demonstração é a constatação de que o IDEC foi mais chamado a participar do julgamento dos casos repetitivos do que as agências reguladoras.

Sob as vestes de norma pacata de simples comunicação e que busca, positivamente, tratar da litigiosidade repetitiva, podemos ter - caso não se dê a interpretação adequada à norma - indevida intervenção judicial em matéria regulatória e fiscalizatória sem garantir requisitos mínimos de participação e formação do provimento jurisdicional.[50]

Não se pode deixar que a ânsia por efetividade e eficiência atropelem outros valores, pois, como bem destaca Carlos Alberto de Salles, a análise do direito orientada exclusivamente pelo critério da eficiência pode, no limite, levar à negação da centralidade do conceito de justiça como peça chave na interpretação e aplicação do direito.[51]

Deve-se compreender as regras em um contexto mais amplo, considerando-se o inafastável papel da Agência e suas duas necessárias e indissociáveis perspectivas - do direito regulatório e do direito do consumidor -, além de construir uma interpretação para as regras do art. 985, § 2º e 1.040, IV, de forma que respeitem e deem respostas a essa litigiosidade específica.

Finalmente, ainda sobre o tema, convém ressaltar que há Ação Direta de Inconstitucionalidade (ADI 9452) questionando a constitucionalidade, dentre outros, dos arts. 985 § 2º e 1.010, IV, CPC, sob o argumento de ofensa da garantia do contraditório e do devido processo legal em relação à suposta vinculatividade dor órgão regulador e fiscalizador.[52]

---

50. "Esta nova regra, embora pareça à primeira vista mais um instrumento de coletivização de impactos de ações individuais, é, na realidade, um desvirtuamento do processo civil e uma intervenção ilegítima do Poder Judiciário nas atividades do Poder Executivo. Por meio dela, estabeleceu-se a possibilidade de o Poder Judiciário enxergar em um caso concreto a oportunidade de, mais do que estabelecer um precedente possivelmente adequado como referência para o incentivo de relações sociais mais produtivas e justas, impor esse precedente como regra regulatória. É desejável que órgãos reguladores busquem sempre a redução do número de conflitos de interesses passíveis de gerar o acionamento do Poder Judiciário. É também desejável que o Poder Judiciário decida demandas específicas com a preocupação de estabelecer precedentes que não sejam danosos e até colaborem para a evolução da vida social e econômica. Mas não se vislumbra nessa busca de mútua cooperação a possibilidade de destruição da independência dos Poderes, tanto pelo caráter basilar que tal independência apresenta para a democracia, como porque esta independência é também baseada nas diferentes funções exercidas por cada Poder" (SANTOS, Joao Marcelo dos. Riscos e Impactos Negativos do Art. 985, § 2º, Do Novo Código De Processo Civil. *Revista Opinião. Seg*, n. 12, ago./2016. Disponível em: <https://www.editoraroncarati.com.br/v2/phocadownload/opiniao_seg/12/files/opiniao12.pdf>. Acesso em 20/05/2020).

51. SALLES, Carlos Alberto de. Entre a eficiência e a equidade: bases conceituais para um direito processual coletivo. *Revista de Direitos Difusos*, v. 36. Direito Processual Coletivo I, mar./abr. 2006, p. 13-31.

52. ADI nº 9452.

Acreditamos, contudo, pelos motivos já expostos, ainda que alertados os riscos acerca de possíveis intepretações errôneas, não haver necessariamente inconstitucionalidade nos dispositivos legais questionados. Como já defendido, não há vinculação da Administração Pública às teses firmadas no julgamento de casos repetitivos, tendo elas apenas caráter persuasivo em relação aos órgãos reguladores. Essa compreensão advém da leitura da Constituição e do art. 927, CPC.

É necessário, porém, adequar a técnica processual às particularidades da litigiosidade repetitiva em matéria regulatória, conforme se abordará em linhas alhures. Isso demandaria, quando muito, uma intepretação conforme a Constituição[53] para deixar claro (o que para nós pode ser extraído do texto da forma como hoje já escrito) que o comando legal determina uma obrigação, direcionada ao Judiciário, de comunicar a tese adotada ao Ente Regulador e fiscalizador, ente este que não está vinculado ao quanto decididoquando não é parte no processo.

---

53. A manifestação da Associação Norte Nordeste de Professores de Processo - ANNEP, na qualidade de *amicus curiae*, nos autos da referida ADI 9452, inicia com premissas básicas à análise da ação, e dentre elas, a de preferência ou precedência ao aproveitamento dos dispositivos ao invés da decretação de inconstitucionalidade, com a interpretação conforme. É o que propomos nesta tese: a correta interpretação dos referidos artigos é a de ausência de vinculatividade, em decorrência do previsto no art. 927, CPC, sem a necessidade de declaração de inconstitucionalidade.
Contudo, ousamos discordar, no mérito, da manifestação da entidade. A associação defendeu que a interpretação dos art. 985, § 2º e art. 1.040, II CPC é a de que há um dever, e não uma faculdade, do órgão fiscalizador, em observar os precedentes, fundamentando sua posição com argumentos de eficiência administrativa ("Portanto, o mandamento constitucional de eficiência administrativa impede que o ente ou órgão fiscalizador simplesmente ignore a decisão judiciária, negligenciando a definição jurídica de como deve ser a atuação lícita e adequada na prestação de serviços, ensejando mais conflitos – a partir do proferimento da decisão paradigmática, inúteis e irracionais –, o que, por sua vez, enseja desperdício econômico" - fls. 36 da manifestação) e de risco de criação de um estado de coisas inconstitucional ("Os argumentos por sua inconstitucionalidade, enfim, não procedem, inclusive porque, caso fossem acolhidos, gerariam certamente um estado de coisas inconstitucional, que permitiria aos entes e órgãos públicos, bem como, por consequência, aos prestadores de serviço público objeto de concessão, permissão ou autorização, agir em dissonância ao entendimento dos tribunais, o que apenas gera insegurança jurídica e prejuízo aos cidadãos – fls. 42).
Ressaltamos, aqui, que a ótica de análise neste trabalho, apesar de defender a não vinculação da Administração à tese firmada em casos repetitivos, longe de defender ou incentivar que o Executivo não observe as definições do Judiciário, defende a necessária participação da agência na formação da tese jurídica, de maneira a qualificar o contraditório e possibilitar a construção de uma tese que observe a *ratio* regulatória, inclusive como meio de abrir um diálogo institucional entre Poderes e aumentar a legitimidade da decisão.

A leitura sobre a inconstitucionalidade dos dispositivos decorre, na verdade, de uma interpretação errônea do texto normativo, dando um alcance maior do que aquele que efetivamente tem.[54] A norma que deve ser extraída do texto dos arts. 985, § 2º, e 1.040, IV, CPC é o dever do Judiciário em *comunicar* a tese firmada aos reguladores para aplicação quanto aos agentes regulados, estes, sim, vinculados, porque partes nos processos.

O pedido da ADI 9452 pode, aliás, ser interpretado nesse sentido. Apesar de ter sido requerida a declaração de inconstitucionalidade da expressão "para fiscalização da efetiva aplicação, por parte dos entes sujeitos a regulação, da tese adotada", esse pedido foi vinculado à necessária compreensão conforme a Constituição de "retirar qualquer grau de cogência e imperatividade à comunicação dirigida ao Ente Regulador, quando não tenha figurado como parte no procedimento de formação do precedente".

Essa interpretação que se pretende com a procedência da ADI neste ponto já pode ser obtida do texto normativo como hoje escrito.

Construídas essas premissas, pretende-se, doravante, tentar propor um caminho adequado para a interpretação e compreensão do texto normativo objeto desta tese.

V.3. LITIGIOSIDADE REPETITIVA, SETOR REGULADO E TÉCNICA PROCESSUAL: REFLEXÕES PROPOSITIVAS

Algumas perguntas balizarão nossas reflexões propositivas: (i) como reforçar a participação do órgão regulador para permitir um julgamento que respeite a *ratio* regulatória? (ii) como construir um diálogo entre judiciário e reguladores? (iii) a técnica de julgamento de casos repetitivos está apta a tratar adequadamente a litigiosidade própria dos setores regulados? (iv) a técnica de julgamento de casos repetitivos busca minimizar os pontos negativos estruturais e institucionais do Poder Judiciário na apreciação e julgamento de questões que impactem em matérias reguladas? (v) de que forma pode-se pensar essa minimização ou mitigação?

Ainda que passível de críticas, como as acima delineadas, devemos reconhecer que vem havendo avanços no tratamento da litigiosidade repetitiva, e o CPC/15 encontra-se nessa linha. Porém, alguns ajustes ainda são necessários.

---

54. Nesse sentido, o parecer do Instituo Brasileiro de Direito Processual – IBDP, quando afirma que a imputação de inconstitucionalidade dos dispositivos superestima o alcance das normas, pois a "literalidade estipula apenas a necessidade de comunicação da tese adotada pelo Poder Judiciário para que, em especial pelo acentuado volume de jurisdicionados consumidores de serviços sujeitos a regulação pública, seja seguido o respectivo entendimento 'por parte dos entes' envolvidos.

Ponto crucial para a adequada compreensão e tratamento da litigiosidade proveniente de setores regulados é o **papel da Agência Reguladora nessa relação**, que não perece ter sido objeto de consideração quando da elaboração das normas objeto da presente tese. Percebeu-se que fatia considerável das ações nascem de conflitos na prestação de serviços concedidos, permitidos ou autorizados, tanto que se criou regra específica para essas causas.

Contudo, esqueceu o legislador de considerar que não há como compreender e tratar adequadamente esses conflitos sem atentar para a sua essência: a relação[55-56] estabelecida nesses casos não é linear entre usuário e prestador do serviço. Ela é triangular, sempre presente a Agência Reguladora, conforme demonstrado no Capítulo 2.

Marcos Paulo Veríssimo enriquece a figura do esquema básico da regulação, acrescendo a ela as relações jurídicas que se formam e fazendo alusão aos subsistemas jurídicos que as normatizam:

Figura 2: Atores e relações jurídicas na regulação

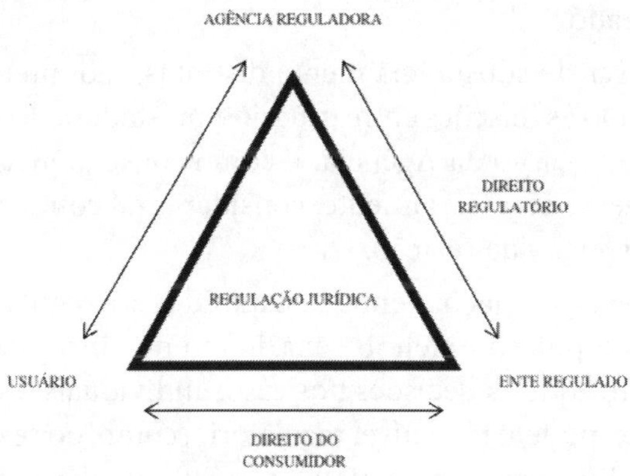

Elaboração: autora. Fonte: Veríssimo, 2009[57]

55. ALMEIDA, Marcio Wohlers. BRAGA, Juliana Centurion. A nova realidade do sistema de telecomunicações no Brasil: a relação usuários-Anatel-operadoras. In: *Marco Regulatório*, n. 1, 1998. Agência Estadual de Regulação de Serviços Públicos Delegados do Rio Grande do Sul AGERGS. Disponível em:<http://www.agergs.rs.gov.br/upload/publicacao1.pdf>.Acesso em: 31/05/2020.
56. Fala-se, aqui, em "relação" num sentido mais amplo do que o de "relação jurídica", pois o contrato de consumo é firmado apenas entre usuário e prestador. Mas, para que esse contrato pudesse ter sido firmado, indispensável o contrato de concessão que lhe dá amparo.
57. Figura replicada do texto VERÍSSIMO, Marcos Paulo. Defesa do Consumidor, processo coletivo e judicialização da regulação tarifária das telecomunicações no Brasil. In: Carlos Alberto de Salles (Org.). *As grandes transformações do processo civil brasileiro*:

Do esquema visual conseguimos observar que, ao se analisar o todo unitário, há mais de uma racionalidade inserta nas relações decorrentes dos serviços regulados: há, pelo menos, a racionalidade do direito regulatório e a do direito do consumidor.

Sob a ótica do usuário, há uma relação consumerista de direito privado[58] entre ele e a prestadora de serviço, relação essa individual e que se encerra nos direitos e deveres previstos no firmado entre as partes, a ser analisado pelas lentes do direito do consumidor, sempre considerando a sua vulnerabilidade. Nesse cenário, a análise dos conflitos se dá sob o signo da retribuição, da reparação de lesões a bens jurídicos individualmente considerados. Olha-se cada consumidor unitariamente.

Por outro lado, sob a ótica do ente regulado, há uma relação de direito público entre ele e a Agência Reguladora, relação essa em tudo distinta da anterior, pois inserta no processo estatal de intervenção regulatória, marcada pelo signo da acomodação de interesses sob a ótica distributiva e fundamentalmente coletiva.[59] Aqui, olha-se os usuários enquanto um grupo coeso e conjuntamente considerado.

Essas relações, apesar de substancialmente distintas, são interligadas entre si, porque,amparando as relações entre usuário e prestadora de serviço, está a regulação do setor, a cargo da Agência. E como consequência disso, uma análise adequada deve, necessariamente, considerar tal complexidade decorrente da triangularização da relação.

Contudo, muitas vezes as relações entre consumidores e regulados são tratadas desconsiderando por completo o cenário em que inseridas, sem considerar ainda os efeitos que as decisões nos casos individuais, especialmente pela repetitividade, podem ter a nível regulatório, como, por exemplo, o equilíbrio econômico e financeiro do contrato de concessão, além de efeitos

---

homenagem ao Prof. Kazuo Watanabe. São Paulo: Quartier Latin, 2009, p. 857. Não custa alertar que as figuras são uma simplificação da complexa relação regulatória, mas atendem ao propósito de pôr em relevo os atores, as relações jurídicas e os subsistemas normativos que elas envolvem, úteis em nossa análise para demonstrar a pluralidade de visões que compõem o todo.

58. Não se desconhece a celeuma acerca da classificação do direito do consumidor enquanto ramo do direito público ou privado. Mas a utilização, aqui, serve muito mais para a compreensão da forma de operação das normas do que por qualquer outra razão.

59. VERÍSSIMO, Marcos Paulo. Defesa do Consumidor, processo coletivo e judicialização da regulação tarifária das telecomunicações no Brasil. In: Carlos Alberto de Salles (Org.). *As grandes transformações do processo civil brasileiro*: homenagem ao Prof. Kazuo Watanabe. São Paulo: Quartier Latin, 2009, p. 857.

concorrenciais. São tratadas unicamente pela ótica do direito consumerista, olhando cada conflito individualmente, e não em sua inserção dentro de um contexto maior.

Isso pôde ser notado na pesquisa realizada, na medida em que o Instituto Brasileiro de Defesa do Consumidor (IDEC) foi convidado para participar em mais casos repetitivos em matéria regulada do que as Agências reguladoras. Em certa medida, isso pode ser explicado pelo fenômeno que se quer enfatizar nesta tese, de que essas demandas repetitivas trazem sempre a ótica do consumidor, mas nem sempre trazem a relação regulatória que necessariamente a embasa para análise e consideração do julgador.

Esse olhar estritamente focado na relação individual ficou bastante perceptível no famoso caso de telefonia,[60] no qual as milhares de ações que questionavam, ainda que indiretamente, o modelo regulatório, foram julgadas majoritariamente sem qualquer participação do Ente Reguladore sob a ótica individual das relações privadas,[61] tendo inclusive sido editada súmu-

---

60. Refere-se, aqui, ao caso da regulação tarifária de assinaturas da Serviço Telefônico Fixo Comutado, que tratou da discussão acerca do índice de atualização das tarifas pelas concessionárias, que gerou uma enxurrada de ações, individuais e coletivas, por todo o país. Para maiores informações, ver o relatório final da pesquisa em parceria da Secretaria de Reforma do Judiciário, com o Banco Mundial e o CEBEPEJ, coordenada por Léslie Shérida Ferraz, "Tutela judicial dos interesses metaindividuais – ações coletivas". Brasília, 2007.

61. Em julgado que deu origem à Súmula Vinculante n° 27 (Compete à Justiça Estadual julgar causas entre consumidor e concessionária de serviço público de telefonia, quando a ANATEL não seja litisconsorte passiva necessária, assistente, nem opoente), o STF, tratando da participação da Anatel nos casos em que se discutia cobrança de tarifa de telefonia fixa, deixou consignado que: "Não exige a lei a participação da Anatel nas ações em que sejam parte as operadoras de telefonia e os consumidores. Também não resulta a pretendida obrigatoriedade do litisconsórcio, da natureza da relação jurídica. (...) Discute-se nos autos, conforme a lide delimitada na inicial, a relação entre o consumidor do serviço de telefonia e a concessionária, mais especificamente se há possibilidade de cobrança dos chamados 'pulsos referentes a ligações locais além da franquia'. Não é a Anatel parte na relação de consumo. *Ainda que o acolhimento do pleito do autor, ora recorrido, possa repercutir, em tese, jurídica ou economicamente, na relação mantida entre a concessionária e a Anatel — contrato de concessão, a exigir eventual ajuste nas bases da própria concessão, é certo que esta repercussão não decorre diretamente do resultado individual da presente lide e que o consumidor não mantém relação jurídica com a Anatel. Também não é da natureza da relação de consumo a participação direta de um ente fiscalizatório e normatizador*" (RE 571.572, trecho do voto do rel. min. Gilmar Mendes, P, j. 8-10-2008).

la acerca da ilegitimidade da Agência Reguladora nas ações.[62] As diversas ações foram julgadas aplicando-se quase que exclusivamente o subsistema do direito privado do consumidor, sobrepondo-as às regras estabelecidas no contrato de concessão, pois "foram utilizados princípios gerais próprios à legislação de consumo, voltados para regular as relações bilaterais entre dois agentes privados, cuja aplicação teve o condão de invalidar regras próprias à regulação setorial, que se destina a regulamentar as relações multilaterais entre diversos agentes, públicos e privados, envolvidos na dinâmica setorial"[63].

Analisar essas relações triangulares como se lineares fossem traz uma série de distorções na aplicação do direito, com risco inclusive de substituição da regulação estatal centralizada e organizada via Agências pela regulação decorrente da litigância repetitiva individual, com as inconsistências daí advindas. A multilateralidade da relação jurídica em análise nos leva a que, no julgamento de questões regulatórias, seja considerada tão somente a partir de uma racionalidade bilateral.

O fato é que, como já pudemos acima sustentar, a técnica processual em análise não se dirige especificamente à litigiosidade repetitiva em matéria regulada para determinar uma presença qualificada do Ente Regulador, de forma a poder espelhar processualmente aquilo que constitucional, administrativa e economicamente já se impõe: a diferenciação dessa relação jurídica. Neste momento, aborda-se a existência de múltiplos interesses em jogo, insuscetíveis de observação numa demanda tipicamente consumerista.

Desta feita, a participação em contraditório, com poder de influência, é fundamental do ponto de vista processual e ainda mais necessária observando a técnica processual de forma sistemática, dentro de um ordenamento

---

Verifica-se, aqui, um reconhecimento de que o julgamento da questão repercute na relação existente entre a concessionária e a Anatel, mas ainda assim, entende-se que esta deva ficar de fora do processo.

62. Súmula n° 506, STJ: A Anatel não é parte legítima nas demandas entre a concessionária e o usuário de telefonia decorrentes de relação contratual.

63. VERISSIMO, Marcos Paulo. Defesa do consumidor, processo coletivo e judicialização da regulação tarifária das telecomunicações no Brasil.In: SALLES, Carlos Alberto de. *As grandes transformações do processo civil brasileiro*: homenagem ao Professor Kazuo Watanabe. São Paulo: Quartier Latin, 2009, p. 858.Nesse caso, as normas regulatórias autorizavam o reajuste de tarifas em junho de 1999 e determinavam o cumprimento de certas metas de qualidade até dezembro de 1999. Porém, o Judiciário, ao analisar as ações judicializadas com base no CDC, entendeu que o reajuste das tarifas deveria estar condicionado ao cumprimento das metas, ainda que os prazos estipulados fossem diversos.

jurídico onde a ideia do Estado Regulador se faz presente – o que, para além de construído em discurso, espera-se poder ter sustentado empiricamente na pesquisa levada a efeito.

E, por assim ser, entende-se, como já delineado acima, que da lei positivada é possível e necessário extrair a obrigatoriedade de que as Agências sejam chamadas. Mas não apenas. Entende-se, também, propositivamente, que outras medidas de ampliação da participação da Agência são necessárias, sempre buscando o tratamento adequado da relação material.

Não somente.

Deixou também o legislador, consequentemente, de considerar as limitações do Judiciário (muito em decorrência dessa dificuldade intrínseca em ponderar as diversas perspectivas da policêntrica relação regulatória) para analisar questões eminentemente técnicas.

É que, como fixado no item II.3, o Judiciário não está estruturado para avaliar em profundidade questões eminentemente técnicas, indispensáveis à formulação e à apreciação da regulação, carecendo de amparo técnico-informacional para analisar verticalmente os detalhes da matéria regulada e para conhecer e balancear os diversos interesses envolvidos (interesses da sociedade como um todo, do consumidor, do ente regulado, do Ente Regulador) e suas consequências a níveis distributivo, regional, econômico, concorrencial, social, de custo-benefício, dentre outros. Sem deixar de lado, ainda, a crítica de que as políticas públicas exigem especialização técnica para serem bem desenhadas e os juízes, além de generalistas em razão da progressão na carreira, não possuem experiência e habilidade (formação profissional) necessárias para interpretar as informações por acaso recebidas.[64]

Recorde-se, como colocado no Capítulo I, que a produção normativa das Agências reguladoras, mesmo por sua especificidade e complexidade, é muito superior à produção de leis pelo Legislativo (no ano de 2007, o Congresso Nacional aprovou 198 leis, ao passo que apenas três das principais Agências reguladoras produziram 1.965 resoluções). Assim, sequer é lógico exigir que o juiz assuma competências tão vastas sem o devido apoio (que o Judiciário efetivamente não fornece, por exemplo, inexistindo dentro desse Poder órgãos específicos para subsidiar os magistrados com dados e análises dos setores econômicos, existindo, se tanto e quando muito, apoio em temas

---

64. VERÍSSIMO, Marcos Paulo. *A judicialização dos conflitos de justiça distributiva no Brasil:* o processo judicial no pós-1988. Tese (Doutorado em Direito) – Universidade de São Paulo, São Paulo, 2006, p. 96-97.

estritamente jurídicos, como a busca de jurisprudência) informacional e técnico. Tampouco, no panorama atual, existem programas voltados aos magistrados e servidores do Judiciário que se dirijam às especificadades técnicas dos setores regulados – mais uma vez, vê-se que todos os programas são voltados exclusivamente ao aprendizado estritamente jurídico (ou, o que já é um alento mais recente, ao desenvolvimento de competências gerenciais).

Some-se a isso, ainda, a verificação empírica empreendida por Michel Souza de que o perfil da participação de interessados nas audiências públicas em casos repetitivos é muito mais jurídico (75%) do que técnico (25%),[65] ou seja, que as manifestações nos autos trazem muito mais argumentos e análises jurídicas do que técnicas, a reforçar a necessidade da obrigatoriedade de participação dos órgãos reguladores.

Tentando lidar com essas distorções que a litigância repetitiva em setores regulados traz ao sistema, o CPC/15 previu não apenas uma técnica processual que garante a aplicação de uma mesma tese a todos os processos, mas também acomunicação da Agência Reguladora acerca daquela firmada no julgamento do caso repetitivo, para que se fiscalize a sua efetiva aplicação pelos regulados.

Porém, ao deixar de prever a obrigatoriedade de notificação da Agência para participar na fixação da tese, deixou, o legislador, abertura para que a racionalidade da Agência – que abrange as normas regulatórias em múltiplos aspectos técnicos, desde específicos do setor (como elétrico, de telecomunicações, bancário etc.) até econômicos (tarifários e, especialmente, relacionados ao equilíbrio econômico e financeiro, além de concorrencial e de mercado), olhando para os usuários enquanto um conjunto e não individualmente – fosse desconsiderada quando do julgamento.

Deixou, portanto, também nesse campo, de minorar o déficit institucional do Judiciário para analisar questões técnicas com o aporte de informações pelo Ente Regulador.[66]

---

65. SOUZA, Michel Roberto Oliveira de. **Audiência pública no judiciário brasileiro**: a audiência pública jurisdicional na litigância repetitiva à luz do acesso à justiça. Tese (Doutorado em Direito) – Faculdade de Direito da Universidade de São Paulo, São Paulo, 2018, p. 225.O autor realizou um estudo de caso múltiplo sobre audiências públicas jurisdicionais nos casos repetitivos, analisando a experiência no STJ e no IRDR.
66. Importante referir, aqui, a perspectiva de análise de alguns doutrinadores, no sentido de que o Judiciário seria a instituição adequada para "reequilibrar as forças de regulação", pois haveria uma tendência de proteção dos interesses dos grupos regulados em detrimento do interesse público e dos usuários (fenômeno de captura das agências

Nessa toada, teria andado melhor o legislador se complementasse a previsão legal trazendo a Agência Reguladora para o debate na fixação da tese nos casos repetitivos, e não apenas prevendo a sua simples comunicação acerca da tese fixada – que, como dito, possui efeito persuasivo e não vinculativo em relação a ela.

A participação da Agência em contraditório traz uma série de consequências positivas em vários planos. No plano processual, enriquece o debate trazendo elementos próprios da perspectiva do Ente Regulador e do direito administrativo-regulatório, em especial elementos técnicos, possibilitando uma tomada de decisão informada e devidamente motivada.[67]

A obrigação de motivar, aqui, apresenta-se com um grau ainda maior de intensidade,[68] pois se está diante de decisão que será aplicada a um sem número de casos judicialmente (e, extrajudicialmente está apta a persuadir a Agência regulatória em sua rotina fiscalizatória). Assim, "*não basta a menção a fatos provados e ao direito legislado, porque esses elementos, por si sós, pouco dizem à ação regulatória. Nessa área, a decisão judicial precisa explicitar as razões sociais, econômicas e políticas que a fundamentam.* Cuidando-se de decisões que possuem muitas vezes conteúdo econômico marcante, é importante que a decisão considere, sempre e de forma declarada, a medida em que uma determinada distribuição de custos e benefícios é, por ela, em-

---

reguladoras) (BICUDO, Juliana Morais. A atividade regulatória e a concentração de demandas no poder judiciário. In: MORAES, Vânila Cardoso André de (Coord.). *As demandas repetitivas e os grandes litigantes*: possíveis caminhos para a efetividade do sistema de justiça brasileiro. Col. Selo Enfam. Brasília: Enfam, 2016, p. 248-257).

67. Em fala direcionada ao IRDR, mas que pode ser ampliada ao julgamento de casos repetitivos, Sofia Temer afirma que "O estudo sobre a estrutura subjetiva do incidente e a definição das possibilidades de atuação dos sujeitos é muito relevante, porque tem vinculação direta com a instrução do incidente de resolução de demandas repetitivas. A apresentação de informações, dados e argumentos, o debate em torno das 'teses' propostas, a realização de audiências públicas e o envolvimento da sociedade são indispensáveis para a qualidade da decisão construída no incidente, porque quanto mais profunda e detalhada a cognição realizada pelo órgão julgador, melhor será a tese jurídica ali fixada. Por isso, é relevante a escolha dos melhores sujeitos condutores, a participação dos sujeitos sobrestados e dos *amici curiae*, e a atuação do Ministério Público, porque a pluralidade argumentativa é que legitimará democraticamente a decisão" (TEMER, Sofia. op. cit. p. 193).

68. Sobre graus de intensidades da motivação de decisões judiciais, ver: DINAMARCO, Candido Rangel. *Fundamentos do Processo Civil Moderno*, 3. ed., São Paulo: Malheiros, 2000, p. 1079.

preendida entre a sociedade, determinados grupos de interesse e de agentes em especial, inclusive para fins de controle"[69].

Assim, uma outra decorrência da análise dos setores regulados se impõe. Especialmente para se sobrepor ou contrariar decisões regulatórias, é necessária a utilização de um diferenciado (qualificado, mais forte) tipo de motivação e fundamentação da decisão judicial, que considere expressamente as múltiplas questões analisadas pelo Ente Regulador, especialmente as razões sociais, econômicas e políticas.

Também quanto a isso, a técnica processual instalada para tratar do tema nada referiu, permitindo que esse ponto negativo da apreciação judicial deixe de ser combatido (análise institucional comparada, referida no cap. II). E por isso merece críticas e, especialmente, revisão da comunidade jurídica.

Como já dito, a motivação da decisão em matéria regulada deve observar para além da menção a fatos provados e direito legislado, mas se fundar também em razões sociais, econômicas e técnicas, próprias desses setores da economia. E, para tanto, é indispensável a participação da Agência para trazer sua ótica de análise para o debate.

Essa compreensão é reforçada, aliás, pela recente reforma da Lei de Introdução às normas do direito brasileiro – LINDB (Decreto Lei n° 4.657/42, com redação dada pela Lei n° 13.655/2018), que incluiu os art. 20 e 21,[70] exigindo-se que, na motivação das decisões, sejam consideradas as conse-

---

69. VERISSIMO, Marcos Paulo. Controle Judicial da atividade normativa das agências de regulação brasileiras. In: ARAGÃO, Alexandre Santos (coord.). *O poder normativo das agências reguladoras*. Rio de Janeiro: Forense, 2006, p. 416.

70. Art. 20. Nas esferas administrativa, controladora e judicial, não se decidirá com base em valores jurídicos abstratos sem que sejam consideradas as consequências práticas da decisão. (Incluído pela Lei nº 13.655, de 2018)

Parágrafo único. A motivação demonstrará a necessidade e a adequação da medida imposta ou da invalidação de ato, contrato, ajuste, processo ou norma administrativa, inclusive em face das possíveis alternativas. (Incluído pela Lei nº 13.655, de 2018)

Art. 21. A decisão que, nas esferas administrativa, controladora ou judicial, decretar a invalidação de ato, contrato, ajuste, processo ou norma administrativa deverá indicar de modo expresso suas consequências jurídicas e administrativas. (Incluído pela Lei nº 13.655, de 2018)

Parágrafo único. A decisão a que se refere o **caput** deste artigo deverá, quando for o caso, indicar as condições para que a regularização ocorra de modo proporcional e equânime e sem prejuízo aos interesses gerais, não se podendo impor aos sujeitos atingidos ônus ou perdas que, em função das peculiaridades do caso, sejam anormais ou excessivos.

quências práticas da sua aplicação, inclusive, em face das possíveis outras alternativas[71].

A preocupação com o caráter técnico das decisões em matéria regulatória e dos respectivos impactos aos entes regulados e aos usuários dos serviços também está na pauta de discussão no Projeto de Lei nº 6.621/2016, que trata da Lei das Agências Reguladoras,[72] e que prevê a instituição da obrigatoriedade de elaboração de Análise de Impacto Regulatório (AIR) para aferir, qualitativa e quantitativamente, os abalos econômicos, sociais e ambientais de propostas regulatórias.[73]

Ora, ao se fixar teses em discussões que envolvem questões regulatórias (ainda que indiretamente, pois o objeto das ações múltiplas de consumidores em face de prestadores de serviço tendem a trazer a ótica consumerista para análise, e não a perspectiva regulatória que a embasa) é indispensável que a decisão considere os efeitos práticos dessa regulação.

É que as decisões produzem efeitos práticos no mundo e não apenas no plano das ideias, e é preciso que a tese fixada analise problemas, opções e consequências reais e condizentes com a questão debatida, com base em dados trazidos ao processo decisório.

Afinal, se a atribuição da Agência Reguladora é de conhecer e modelar essas consequências, sopesando-as, seria incoerente permitir que o Judiciário interfira de qualquer forma na regulação sem considerar essas mesmas consequências.

Essa participação na formação da tese pode, também, trazer benefícios no plano extraprocessual pois, como dito acima, a eficácia da decisão tomada no julgamento de casos repetitivos é apenas persuasiva em relação àAgência. Assim, tendo participado da construção da solução para o caso

71. Sobre a temática da LINDB, interessante o Parecer assinado por diversos juristas, dentre eles Floriano de Azevedo Marques Neto, Carlos Ari Sundfeld, Maria Sylvia Di Pietro, Marçal Justen Filho, Gustavo Binembojm, Fernando Scaff, Eduardo Jordão, em resposta aos comentários tecidos pela Consultoria Jurídica do TCU ao PL nº 7.448/17, que deu origem à Lei 13.655/2018 (Disponível em: <https://www.conjur.com.br/dl/parecer-juristas-rebatem-criticas.pdf>. Acesso em 31/07/2020).

72. PL 6.621/2016, que dispõe sobre a gestão, a organização, o processo decisório e o controle social das agências reguladoras, que até o fechamento dessa tese estava aguardando deliberação do recurso na mesa diretora da Câmara dos Deputados.

73. Para críticas acerca da Análise de Impacto Regulatório (AIR), ver a Nota Técnica elaborada pela Diretoria de Estudos e Políticas do Estado, das Instituições e da Democracia do IPEA, disponível em: <http://www.ipea.gov.br/portal/images/stories/PDFs/nota_tecnica/180424_NT_22_Diest.pdf>. Acesso em: 20/08/2020.

concreto, com oportunidade de trazer para o debate a sua lente de análise enquanto regulador e vendo essas razões técnicas espelhadas na decisão – não necessariamente acolhidas, mas efetivamente consideradas e analisadas, integrando a motivação[74] –, aumentam-se as chances de a Agência receber como legítima[75] aquela decisão judicial e a entronizar em seus atos normativos.

A relevância da participação da Agência é enorme e pôde ser verificada de forma expressiva na pesquisa empreendida. A diferença na fundamentação a nível de consideração de questões regulatórias nos julgados repetitivos é significativa: se analisarmos os recursos especiais repetitivos em matéria regulada, o percentual de casos em que a regulação *não foi mencionada* cai de **59%** para **8%** quando a Agência participa do julgamento (gráfico 10 e gráfico 11). Já os casos em que a regulação foi *fortemente considerada* cresce de **25%** para **88%** com a participação do ente (gráfico 10 e gráfico 11).

Demonstrada em argumentos e comprovada em dados a relevância da participação da Agência no processo de formação da tese no julgamento de casos repetitivos, entendemos que o legislador, assim como previu a comunicação da tese fixada à Agência, deveria ter previsto a necessária intimação da Agência para oportunizar sua participação no processo quando o seu objeto tratar de questão que toque a regulação do setor.

Garantir a obrigatoriedade da intimação da Agência para participar na construção da tese, além de trazer os benefícios acima, proporciona a abertura de um caminho de diálogo entre o Judiciário e o órgão regulador, que acreditamos ter o potencial de gerar bons frutos no tratamento dessa litigiosidade.

---

74. Sobre o dever do juiz motivar adequadamente a decisão, após diálogo com as partes e com seus argumentos como decorrência do contraditório: "Na quadra teórica do formalismo-valorativo, pois, o direito ao contraditório leva à previsão de um dever de debate entre o juiz e as partes a respeito do material recolhido ao longo do processo. Esse dever de debate encontra a sua expressão mais saliente no quando da decisão da causa, haja vista a imprescindibilidade de constar, na fundamentação da sentença, acórdão ou decisão monocrática, o enfrentamento pelo órgão jurisdicional das razões deduzidas pelas partes em seus arrazoados, exigência de todo afeiçoada ao Estado Constitucional, que é necessariamente democrático. Mais: denota a necessidade de todo e qualquer elemento constante da decisão ter sido previamente debatido entre todos aqueles que participam do processo" (MITIDIERO, Daniel. *Colaboração no processo civil:* pressupostos sociais, lógicos e éticos. 2. ed. rev., atual. e ampl. São Paulo: RT, 2011, p. 150-151).

75. Para um aprofundamento na temática do processo enquanto instrumento legitimador, ver: LUHMANN, Niklas. *Legitimação pelo procedimento*. Tradução de Maria Conceição Côrte-Real. Brasília: UnB, 1980.

Apesar de não prevista a obrigatoriedade, como acreditamos devesse ter ocorrido, o CPC/15 prevê a possibilidade, e inclusive incentiva, a participação de *amici curiae* no julgamento dos casos repetitivos. Isso fica bem latente na redação do art. 983 quando o legislador utiliza a forma imperativa do verbo: "o relator ouvirá as partes e os demais interessados, inclusive pessoas, órgãos e entidades com interesse na controvérsia" (art. 1.038, I CPC)[76], facultando a designação de data para audiência pública.

Assim, a interpretação que aqui se propõe é a da participação da Agência Reguladora enquanto *amicus curiae* em contraditório, enriquecendo o diálogo no processo, pois, como indica Cassio Scarpinella Bueno:

> [...] se o juiz é agente do Estado, se o processo deriva do modelo político do Estado, se o juiz, diante do fato, deve decidir, não hácomo deixar de destacar que haja - que possa haver, pelo menos - alguém, um 'sujeito processual', que aja nesse plano, ***acrescentando ao debate jurisdicional valores dispersos no próprio Estado ou na sociedade civil***. Sobretudo quando a característica mais marcante da 'norma jurídica' a se aplicar em cada caso concreto busca capturar, de forma cada vez mais consciente e generalizada, a dispersão daqueles mesmos valores. ***Sobretudo quando a 'norma jurídica aplicada ao caso concreto' passa a pretender surtir efeitos para fora do processo em direção a todos aqueles que não participaram do processo***. Mais do que nunca, tem-se consciência da necessidade de o juiz aproximar-se do fato social para bem decidir, ***decidi-lo como um todo e não como pequena parte, dissociada de seu contexto mais amplo***. É o papel do juiz cada vez mais próximo do legislador. É o dever de ele se legitimar perante a sociedade e perante as múltiplas atuações e funções do próprio Estado[77] (grifos nossos)

Essa interpretação é possível com a legislação hoje em vigor. Basta, para tanto, que os relatores dos casos repetitivos façam uso da figura do *amicus,* intimando (*ex officio*) ou admitindo o ingresso do Ente Regulador todas as vezes em que a tese a ser definida tratar de tema que impacte em questão regulada. Tal medida, inclusive, não importaria em modificação de competência (art. 138, § 1º, CPC).

---

76. A redação do artigo que trata dos recursos especial e extraordinário repetitivos já não utiliza a forma imperativa do verbo, consignando que o relator "poderá" solicitar ou admitir manifestação de pessoas, órgãos ou entidades com interesse na controvérsia, considerando a relevância da matéria (art. 1.038, I). Contudo, diante da existência de um microssistema de julgamento de casos repetitivos, a ampliação do debate pode e deve se dar em ambas as modalidades de julgamento.

77. BUENO, Cassio Scarpinella. *Amicus curiae no processo civil brasileiro*: um terceiro enigmático. 3. ed. São Paulo: Saraiva, 2012, p. 80-81.

Contudo, verificou-se que essa é uma postura ainda não exercida com a força que é merecida.

Os dados colhidos na pesquisa empírico-jurisprudencial apresentada no Capítulo IV mostraram que em cerca de **70%** dos casos repetitivos em que se discutia matéria inserta em setores regulados da economia não houve qualquer participação dos órgãos reguladores (gráficos 4 e 8). Isso comprova que, apesar de o sistema prever a possibilidade de participação de órgãos e entidades com interesse na controvérsia (art. 983 e art. 1.038, I, CPC[78]), tal faculdade não vem sendo utilizada a contento pelo Judiciário.

É preciso distinguir a situação aqui tratada da hipótese na qual o controle do ato normativo do órgão regulador seja objeto do processo (identificado à luz dos pedidos e da causa de pedir)[79]. As reflexões desta tese se voltam para o julgamento de casos repetitivos em que o controle da norma regulatória não é o objeto central do processo (ou ao menos não é compreendido dessa forma), e a Agência Reguladora não é litisconsorte[80], daí porque é necessário garantir a sua participação no processo em razão dos reflexos do julgamento em questões regulatórias.

Sabe-se, contudo, que muitas vezes essa linha limítrofe – de haver reflexo ou não em questão regulatória – não é tão evidente.

A título de exemplo: o STJ julgou recurso especial em que se discutiu a legitimidade da Anatel para figurar no polo passivo de ação civil pública que versava sobre a cobrança de tarifa interurbana pela concessionária de telefonia. No caso, a Corte decidiu que o objeto da ação era a delimitação da área urbana que autoriza a cobrança de tarifa diferenciada, e que por isso a Anatel era litisconsorte necessária:

> COBRANÇA DE TARIFA INTERURBANA PELA CONCESSIONÁRIA DE TELEFONIA. ANATEL. LEGITIMIDADE. COMPETÊNCIA. JUSTIÇA FEDERAL. 1. Proposta a ação em face da Agência Reguladora Federal, de

78. Já era, também, previsto no CPC/73, no art. 543-C, § 4º - justificativa que se faz necessária já que vários dos recursos repetitivos transitados em julgado foram julgados sob a égide da lei processual anterior.

79. Sobre pedido de causa de pedir, ver: GABBAY, Daniela Monteiro. *Pedido e Causa de Pedir*. São Paulo: Saraiva, 2010.

80. A legitimidade das agências reguladoras para figurar no polo passivo de ações é questão que gerou bastante controvérsia. Abaixo, citamos julgado em que o STJ entendeu pela legitimidade. Mas, por outro lado, há inclusive súmula no sentido de que "A Anatel não é parte legítima nas demandas entre a concessionária e o usuário de telefonia decorrentes de relação contratual" (Súmula 526, STJ).

natureza autárquica, é competente a Justiça Federal. Acaso a pretensão não seja acolhida em face da mesma, a matéria é meritória. A legitimidade afere-se in abstrato (*vera sintexposita*). 2. No caso em tela, as ligações telefônicas emanadas de bairros de um mesmo Município eram cobradas a título de ligações locais. Com a implantação da denominada privatização dos serviços de telefonia, sem qualquer comunicação ou aviso prévios aos usuários, as conexões provindas ou endereçadas a algumas dessas localidades passaram a ser consideradas ligações interurbanas, com os consequentes reflexos na tarifação. **Não se trata, portanto, de ação de repetição de indébito contra a concessionária, mas de ação civil pública em que se discute a delimitação da área urbana que autorize a cobrança da tarifa interurbana.** ***Nesse segmento, a ANATEL deve atuar como litisconsorte passiva necessária, posto tratar-se de serviço de utilidade pública e a contraprestação do serviço se perfaz com o pagamento de tarifa, cuja modificação e fixação é sempre vinculada à autorização do poder concedente.*** 3. Deveras, a definição sobre se as ligações locais podem ser cobradas como interurbanas prescinde de notório interesse da Agência Reguladora em prol dos consumidores. (...)" (STJ, REsp: 573475 RS, Rel. Min. José Delgado, j. 08/06/2004).

Na hipótese, o STJ andou bem e compreendeu ao analisar a questão que, para definir se a cobrança de tarifa interurbana em determinadas chamadas era legal ou não, precisaria analisar a norma do órgão regulador– já que, subjacente, havia a questão da delimitação de área urbana de chamadas, matéria tipicamente regulatória. Assim, concluiu que a Anatel deveria ser parte do processo.

Poderíamos, contudo, discutir exatamente a mesma questão jurídica, mas diante de uma litigiosidade repetitiva de ações de repetição de indébito propostas por consumidores em face das operadoras de telefonia, a ser decidida pela técnica do caso repetitivo – apreciando exatamente a mesma situação do julgado acima. A questão a ser decidida seria exatamente a mesma: legalidade da cobrança de tarifa interurbana em determinada área.

E, aplicando-se a Súmula n° 506 do STJ, concluiríamos que a "Anatel não é parte legítima nas demandas entre a concessionária e o usuário de telefonia decorrentes de relação contratual".

Em ambas as hipóteses, o que estaria por trás da decisão acerca da legalidade da cobrança é a delimitação da área urbana que autoriza a cobrança de tarifa diferenciada, matéria objeto de regulação pela Agência.

Mas os diferentes meios processuais conduziriam equivocadamente a diversas conclusões a despeito da participação, em prejuízo, portanto, da adequada atenção à relação jurídica apreciada.

Os efeitos do julgamento de um caso repetitivo que decidisse sobre a repetição do indébito dos valores cobrados a título de chamadas interurbanas não difeririam, ao menos sob a ótica aqui analisada, do julgamento na ação civil pública acerca da legalidade da cobrança. Em ambos, estar-se-ia decidindo o tema da legalidade de determinada tarifa embasada na norma reguladora. Não se pode negar, desta feita, que o julgamento de um caso repetitivo com esse objeto, aplicável a um sem número de casos, iria provocar efeitos reflexos em questão cuja competência é do órgão regulador.

Ora, o que justifica que, em uma ação, a Agência seja parte (litisconsorte necessária) e, no outro julgamento, ela sequer participe enquanto *amicus curiae*, sem trazer sua ótica reguladora ao julgamento?

Há, nesse caso, uma **incongruência sistêmica**, pois a decisão da mesma questão – a correção do critério territorial que autoriza a legalidade da cobrança de tarifa interurbana – é tratada de forma fundamentalmente distinta no que tange à perspectiva da Agência. Isso se torna ainda mais grave se pensarmos que há previsão para que o Ente Regulador seja notificado para fiscalizar a "efetiva aplicação, por parte dos entes sujeitos a regulação, da tese adotada".

Diante desse cenário é que defendemos que seria de grande utilidade, assim como se previu a comunicação do ente acerca da tese firmada, que tivesse sido prevista a **obrigatoriedade** de notificação do regulador para, querendo, intervir no processo na condição de *amicus curiae*. Tal medida serviria para adequar a técnica dos julgamentos repetitivos às demandas do setor regulado.

É que, da forma como hoje desenhada, as técnicas são voltadas a tratar a litigiosidade repetitiva em geral – tendo como objetivo declarado a eficiência e racionalidade dos julgados. Porém, conforme demostrado, a litigiosidade proveniente dos setores regulados responde por relevante fatia dessa litigiosidade objeto das técnicas, tanto que há previsão específica as tratando.

Contudo, por sua positivação, a técnica de julgamento de casos repetitivos voltada às ações desses setores prevê apenas uma tentativa de imposição da compreensão do Judiciário em matéria regulada, quando na verdade deveria prever a participação da Agência, em contraditório, para enriquecer o debate e trazer para sua análise as questões técnicas e econômicas, próprias desse setor complexo.

É preciso, então, ajustar a técnica para que ela esteja apta a lidar com a litigiosidade específica de setores regulados da economia, nos quais a relação não é linear, mas triangular, sempre considerando o Ente Regulador e observando a *ratio* regulatória e sua tecnicidade intrínseca. O caminho a ser construído é o da participação e do diálogo na construção da tese, e não da imposição indireta via notificação para "fiscalização da efetiva aplicação da tese pelos entes regulados".

A modificação legal é desejável porque retira da esfera de discricionariedade do julgador a participação do Ente Regulador. Mas, como dito, a atual redação não é empecilho para que se adote desde já a interpretação aqui proposta, que decorre diretamente da garantia processual do devido processo legal e do contraditório como participação e influência, bem como da necessidade de se adequar as técnicas processuais às particularidades do direito material.[81]

Muito menos é empecilho para que o próprio Ente Regulador requeira seu ingresso como *amicus curiae* no julgamento de casos repetitivos que impactem em matéria de sua competência. Ao contrário, acreditamos ser papel da Agência se fazer presente nesses julgados, o que é possível e facilitado pela previsão legal de divulgação e publicidade acerca da instauração e julgamento dos casos repetitivos no registro eletrônico do Conselho Nacional de Justiça - CNJ (art. 979, CPC). Não podemos deixar as críticas da não participação apenas ao Legislativo (por falta de obrigatoriedade da intimação na lei), ou ao Judiciário (por não notificar sempre) – há, também, que se cobrar maior atuação do Executivo, via reguladores.

Enquanto não haja modificação legal, pode-se adotar o mesmo caminho aqui proposto, se utilizando das normas hoje existentes. Essa é a única interpretação possível para que a técnica concebida possa trabalhar no efetivo tratamento da litigiosidade dos setores regulados.

O indispensável é a utilização da técnica como instrumento para um adequado tratamento dessa litigiosidade, garantindo a minoração do déficit institucional do Judiciário para lidar com questões técnicas através da

81. Tivemos a oportunidade de aprofundar o tema da adaptação do procedimento às peculiaridades do direito material em nossa dissertação de mestrado, que deu origem ao livro Dinamização do ônus da prova nas ações ambientais. Para esse ponto específico, ver o item 2.1 (fls. 61-68) (SILVEIRA, Bruna Braga da. *Dinamização do ônus da prova nas ações ambientais*. Curitiba: Juruá, 2016).

"Nesse sentido, o juiz pode – e deve – utilizar-se dos seus poderes de direção do processo, permitindo-lhe adaptar a técnica processual aos escopos do processo em cada caso concreto, pois, 'quanto mais tivermos procedimentos adequados às especificidades da tutela pleiteada, mais próximos estaremos da justiça substancial, isto é, mais o direito processual se aproximará do direito material, com vista à assegurar, com eficiência, a efetividade deste'" (op. cit. p. 66).

necessária participação da Agência e consideração da perspectiva regulatória no julgamento daquelas ações que, num primeiro olhar, aparentem versar unicamente sobre questões consumeristas, mas que estão inseridas em um contexto regulatório mais amplo do que a relação jurídica consumidor – prestador.

CONCLUSÃO

Para concluir, cumpre iniciar retomando a pergunta de pesquisa: a técnica de julgamento de casos repetitivos está apta a julgar adequadamente a litigiosidade repetitiva própria dos setores regulados? O desenvolvimento do trabalho respondeu negativamente à pergunta, tendo sido confirmadas as hipóteses de pesquisa de que a técnica processual não viabiliza a participação efetiva do órgão regulador na formação da tese jurídica, que tende a não considerar questões regulatórias.

Acredita-se que a contribuição do presente estudo é demonstrar que a técnica de julgamento foi desenhada para tratar a litigiosidade repetitiva como gênero, sem, contudo, considerar as especificidades da litigiosidade dos setores regulados, que têm como característica essencial a presença do órgão regulador; também, espera-se alertar para os riscos que essa inadequação da técnica impõe à atividade de regulação.

Isso ocorre porque julgar ações repetitivas que nascem da prestação de serviços concedidos, permitidos ou autorizados analisando-as, apenas, pela ótica da relação consumerista (usuário-prestador) é ignorar o contexto regulatório e a triangularização dessa relação com o Ente Regulador (usuário-prestador-regulador).

Ao desenhar a técnica, o legislador apenas atentou para o papel da Agência Reguladora quando já definida a tese, determinando que ela seja notificada para fiscalizar a sua efetiva aplicação pelos regulados. Deixou, contudo, de lhe dedicar um papel relevante na formação da tese a ser aplicada. Negligenciou, portanto, que o papel do órgão regulador vai muito além da simples fiscalização e que, a par da competência regulatória, é o ente institucionalmente capacitado (e comparativamente melhor equipado) para fazer análises e tomar decisões no contexto do Estado-Regulador.

A pesquisa empírico-jurisprudencial demonstrou a relevância não apenas teórica da participação do órgão regulador, mas também no âmbito prático, na efetiva consideração de aspectos técnicos regulatórios na definição das teses jurídicas: analisando o total de recursos especiais repetitivos em setores regulados, vê-se que,em aproximadamente 60% deles, a regulação sequer foi mencionada. Porém, constatou-se que, quando a Agência participou do processo enquanto *amicus curiae,* esse percentual caiu para 8%. Além disso, com a participação do Ente Regulador na lide, a regulação passou a ser fortemente considerada, pela decisão judicial, em 88% dos casos.

Mas não apenas. A pesquisa demostrou também que, apesar da relevância dessa participação, a Agência apenas participou de 24% dos temas em recursos especiais repetitivos que envolveram setores regulados. Nos acórdãos de casos em que não houve a referida participação, mais de 75% sequer mencionou a regulação setorial correspondente em sua fundamentação.

Eis, então, que a participação dos entes reguladores no processo apreciado sob a técnica de julgamento de casos repetitivos tende a modificar sensivelmente o conteúdo do julgado, especialmente conduzindo a uma maior consideração da racionalidade regulatória na prestação jurisdicional.

Sendo aceito que essa maior consideração dos termos da regulação, pelo Judiciário, é positiva e necessária, reforça-se a conclusão de que a técnica processual, ao menos da forma como positivada no CPC/15, merece críticas por não promover medidas específicas para que a racionalidade regulatória seja incluída.

Sendo assim, para além de permitir a desconsideração da regulação setorial e da racionalidade da Agência – que abrange as normas regulatórias em múltiplos aspectos técnicos e econômicos – na definição das teses jurídicas em casos repetitivos, a técnica processual abriu espaço para que o Judiciário, ainda que reflexamente, interfira em questões regulatórias.

Analisando a técnica processual pelos pilares da participação e da vinculação, conclui-se que a única interpretação consentânea com nosso ordenamento jurídico a ser dada aos art. 985, § 2º e art. 1.040, IV, é a de que as teses definidas no julgamento de casos repetitivos não vinculam a Agência Reguladora, ainda que ela participe do julgado enquanto *amicus curiae*. Os precedentes judiciais advindos de casos repetitivos, pois, vinculam apenas o Judiciário, horizontal e verticalmente. Em relação ao regulador, sua eficácia é apenas persuasiva.

Indo além, conclui-se, propositivamente, que o ideal seria a previsão legal de obrigatória intimação do Ente Regulador para participar da formação da tese em casos repetitivos em matéria regulada, o que garantiria à Agência a oportunidade de influenciar na decisão.

Assim como foi previstano CPC/15, a notificação para que o Ente Regulador promova a fiscalização poderia e deveria ter sido antecedida da intimação para a sua participação na formação da tese. Tal alternativa retiraria essa participação da esfera de discricionariedade do Judiciário, além de abrir um caminho de diálogo institucional. Acredita-se, com base na análise institucional comparada, que o aprimoramento da técnica processual aumentaria a capacidade institucional do Judiciário em lidar com questões reguladas.

Cabia à norma processual, nesse tema, por se referir especificamente à aplicação dos institutos jurídicos para as matérias reguladas, considerar as especificidades da relação jurídica, adequando a técnica processual para que mais efetiva e adequadamente se aplique ao direito material subjacente. Não o fez, como se espera ter deixado claro.

A não positivação dessa regra, ora proposta, não impede, contudo, a participação da Agência. A técnica processual de julgamento de casos repetitivos, nesse sentido, prevê e, inclusive, incentiva a ampla participação dos diversos interessados, incluindo pessoas, órgãos e entidades com interesse na controvérsia.

Por fim, é preciso reconhecer que o bom equacionamento dessa litigiosidade não pode ser atribuído unicamente aos esforços do Judiciário ou do legislador. Ao contrário, a solução perpassa, necessariamente, por um esforço institucional coordenado, no qual o papel da Agência é relevantíssimo – e pode iniciar por sua movimentação em não aguardar a intimação do julgador, mas acompanhar os casos repetitivos suscitados/afetados e requerer sua participação, garantindo a consideração de sua perspectiva na construção do julgado.

Afinal, o sistema jurídico processual já prevê instrumentos para que as Agências, querendo, tomem conhecimento de que foram instaurados os procedimentos de julgamento, seja de Recursos Repetitivos, seja de Incidentes de Resolução de Demandas Repetitivas (que devem ser registrados perante o Conselho Nacional de Justiça). Então, nada impede que os órgãos reguladores, cientes das matérias levadas a julgamento, que poderiam influir na e sobre a sua regulação, criem rotinas de acompanhamento e comparecimento nos autos para ofertar razões e informações.

Reconhecendo que a litigiosidade é fenômeno social que demanda esforços múltiplos, buscou-se, nesta tese, contribuir com um olhar para a técnica processual como forma de integrar esforços não apenas do Judiciário, mas também do Ente Regulador, no adequado tratamento da referida litigiosidade em setores regulados, minimizando riscos de preterição ilegítima da competência normatizadora e fiscalizatória das Agências.

POSFÁCIO

Foi um grande prazer ter integrado a banca de doutorado da Bruna Braga da Silveira na Faculdade de Direito da Universidade de São Paulo (USP), na qual ela defendeu a tese que originou este livro sobre litigiosidade repetitiva, processo e regulação: interações entre o Judiciário e o regulador no julgamento de casos repetitivos.

Bruna analisa com maestria em seu livro se a técnica de julgamento de casos repetitivos pelo Judiciário está apta a lidar adequadamente com a litigiosidade repetitiva em setores regulados da economia, levantando como hipóteses que a técnica processual de julgamento de casos repetitivos não viabiliza a participação efetiva do órgão regulador na formação de teses jurídicas e por isso as teses tendem a não considerar questões regulatórias.

Em termos dogmáticos, Bruna identifica um importante problema trazido pelos arts. 985, p. 2º e 1040, IV, do Código de Processo Civil de 2015, ao determinarem que as agências reguladoras apenas fiscalizem a aplicação da tese e não que sejam intimadas a participar da formação da tese, pois isso impacta no efetivo contraditório e na oportunidade às agências de influenciarem a decisão, trazendo elementos técnicos e de maior legitimação do julgamento de matéria repetitiva, o que poderia ter efeito persuasivo em relação à própria regulação.

Em termos empíricos, e para verificar as suas hipóteses, Bruna realizou pesquisa jurisprudencial a fim de analisar (i) de que forma tem se dado a participação dos órgãos reguladores no julgamento de Incidentes de Resolução de Demandas Repetitivas e de Recursos Especiais Repetitivos; (ii) quando as agências reguladoras participam e (iii) se seus argumentos são efetivamente considerados na definição da tese firmada.

A partir dessas análises dogmática e empírica, muito bem relacionadas e conduzidas, Bruna agregou perspectiva crítica ao tema estudado, apontando os limites da técnica processual para um tratamento adequado da litigiosidade nos setores regulados, além de considerar questões difíceis, como o fato de a Agência Reguladora ter que fiscalizar uma prática na qual a decisão judicial esteja em contrariedade às normas de sua própria regulação.

A leitura do seu trabalho também nos leva a questionamentos relevantes sobre o papel do judiciário e sua preparação para considerar em suas decisões questões regulatórias complexas, fora da esfera bilateral em que o juiz está acostumado a decidir.

Além de conterrânea e amiga, Bruna tornou-se uma grande referência na área do direito processual civil e no estudo da litigiosidade repetitiva sob um enfoque que transcende a técnica processual, ao considerar as causas da litigiosidade e o seu impacto no acesso à justiça para além da gestão de demandas repetitivas. O livro vale muito a leitura.

Daniela Monteiro Gabbay
Mestre e doutora pela USP. Professora da FGV Direito SP.
Visiting fellow na Universidade de Yale e na
London School of Economics and Political Science.
Advogada.

REFERÊNCIAS BIBLIOGRÁFICAS

ABBOUD, Georges; LUNELLI, Guilherme; SCHIMITZ, Leonard Ziesemer. Como trabalhar – e como não trabalhar – com súmulas no Brasil: um acerto de paradigmas. In: WAMBIER, Teresa Arruda Alvim et al. (Coord.). *Direito Jurisprudencial*. São Paulo: RT, 2013.

______. Processo constitucional brasileiro. São Paulo: RT, 2016.

______; CAVALCANTI, Marcos. Inconstitucionalidades do IRDR e os riscos ao sistema decisório. *Revista de Processo*, São Paulo, v.240, versão digital, fev. 2015.

ABRAHAM, Henry J. *The judicial process*:an introductory analysis of the Courts of the United States, England and France. 3. ed. New York: Oxford University Press, 1975.

ABRANCHES, Sérgio Henrique Hudson de. Reforma regulatória: conceitos, experiências e recomendações. *Revista do Serviço Público*, ano 50, n. 2, abr.-jun. 1999.

ALMEIDA, Eloísa Machado. *Amicus curiae no Supremo Tribunal Federal*.Tese (Doutorado em Direito) – Faculdade de Direito da Universidade de São Paulo, São Paulo, 2015.

ANDREWS, Neil. Multi-Party Proceedings ins England: Representative and Group Actions. *Duke Journal of Comparative & International Law*,v. 11, n. 2, 2001.

ANDRIGHI, Fátima Nancy. Recursos repetitivos. *Revista de Processo*, São Paulo, v. 185, versão digital, jul.2010.

ARAGÃO, Alexandre Santos de. Agências reguladoras e a evolução do direito administrativo econômico. Rio de Janeiro: Forense, 2005.

______. A legitimação democrática das agências reguladoras. In: BINENBOJM, Gustavo. *Agências reguladoras e democracia*. Rio de Janeiro: Lumen Juris, 2006.

ARAUJO, Luiz Eduardo Diniz. O controle das agências reguladoras pelo Poder Legislativo. *Revista de Informação Legislativa*, ano 55, n. 217, jan.-mar. 2018.

ARENHART, Sergio. *O recurso de terceiro prejudicado e as decisões vinculantes*. Disponível em:<https://www.academia.edu/214085/O_RECURSO_DE_TERCEIRO_PREJUDICADO_E_AS_DECIS%C3%95ES_VINCULANTES>. Acesso em: 15/07/2018.

ARNAUD, André-Jean. O direito contemporâneo entre regulamentação e regulação: o exemplo do pluralismo jurídico. In: ARAGÃO, Alexandre Santos de (Coord.). *O poder normativo das agências reguladoras*. Rio de Janeiro: Forense, 2006.

ASPERTI, Maria Cecilia de Araújo. *Meios consensuais de resolução de disputas repetitivas:* a conciliação, a mediação e os grandes litigantes do Judiciário. Dissertação (Mestrado em Direito) –Faculdade de Direito da Universidade de São Paulo, São Paulo, 2014.

ASPERTI, Maria Cecilia de Araújo. *Acesso à Justiça e técnicas de julgamentos de casos repetitivos*. Tese (Doutorado em Direito) – Faculdade de Direito da Universidade de São Paulo, São Paulo, 2018.

ASSOCIAÇÃO BRASILEIRA DE JURIMETRIA. *Os maiores litigantes em ações consumeristas: mapeamento e proposições*. 2018. Disponível em:<http://www.cnj.jus.br/files/conteudo/arquivo/2018/04/28383cca082cb68ac79144e7b40f5568.pdf>. Acesso em: 01/09/2018.

ASSOCIAÇÃO DE MAGISTRADOS BRASILEIROS. *O uso da Justiça e o litígio no Brasil*. Brasília: [s.n.], 2015.

AVELÃS NUNES, António José. O Estado Regulador e o 'Modelo Social Europeu'. *Revista Brasileira de Direito Comparado,* Ano 1, n. 1, 1982.

AVI-YONAH, Reuven S. Os três objetivos da tributação. Tradução de Luís Flávio Neto. *Revista Direito Tributário Atual*, São Paulo, n. 22, 2008.

BACELLAR FILHO, Romeu Felipe. *Reflexões sobre direito administrativo.* Belo Horizonte: Editora Fórum, 2009.

BADIN, Arthur Sanchez. *Controle judicial das políticas públicas*: contribuição ao estudo do tema da judicialização da política pela abordagem da análise institucional comparada de Neil K. Komesar. São Paulo: Malheiros Editores, 2013.

BAGATIN, Andreia Cristina. *O problema da captura das agências reguladoras independentes*. Dissertação (Mestrado) – Universidade de São Paulo, 2010.

BAHIA, Alexandre Gustavo Melo Franco. Admissibilidade de amicus curiae no julgamento de repercussão geral. *Revista de Processo,* São Paulo, v. 922, ago. 2012.

BANDEIRA DE MELLO, Celso Antônio. *Curso de direito administrativo.* São Paulo: Malheiros, 2008.

BARROSO, Luís Roberto. Agências reguladoras. Constituição e transformações do Estado e legitimidade democrática. *Revista de direito administrativo*, v. 229, p. 285-312, 2002.

______. Constituição, democracia e supremacia judicial: direito e política no Brasil contemporâneo. *Revista Jurídica da Presidência*, v. 12, n. 96, p. 05-43, 2010.

BASTOS, Antônio Adonias Aguiar. Situações jurídicas homogêneas: um conceito necessário para o processamento de demandas de massa. *Revista de Processo*, São Paulo, v. 186, p. 87-107, versão digital, ago.2010.

______. *O devido processo legal nas demandas repetitivas*. Tese (Doutorado em Direito) – Universidade Federal da Bahia, Salvador, 2012.

BECKER, Rodrigo; TRIGUEIRO, Victor. *O tratamento do amicus curiae no CPC/15*. Disponível em: <https://www.jota.info/opiniao-e-analise/colunas/coluna-cpc-nos-tribunais/o-tratamento-do-amicus-curiae-no-cpc15-23062017>. Acesso em: 15/05/2018.

BICUDO, Juliana Morais. A atividade regulatória e a concentração de demandas no poder judiciário. In: MORAES, Vânila Cardoso André de (Coord.). *As demandas repetitivas e os grandes litigantes:*possíveis caminhos para a efetividade do sistema de justiça brasileiro. Col. Selo Enfam. Brasília: Enfam, 2016.

BIM, Eduardo Fortunato. A autocontenção judicial no direito administrativo participativo: o caso das audiências públicas ambientais. *Revista Digital de Direito Administrativo*, v. 02, n. 01, 2015.

BINENBOJM, Gustavo. Agências reguladoras independentes e democracia no Brasil. *Revista de Direito Administrativo*, n. 240, abr.-jun. 2005.

BLANCHET, Luiz Alberto; BACELLAR, Roberto Ramos. Desafios do direito administrativo no Estado Regulador. *Revista Eletrônica Direito e Política*, Programa de Pós-Graduação Stricto Sensu em Ciência Jurídica da UNIVALI, Itajaí, v.12, n.3, 3º quadrimestre de 2017.

BONAVIDES, Paulo. *Curso de direito constitucional*. 12. ed., rev. e atual. São Paulo: Malheiros Editores, 2002.

BOTTINI, Pierpaolo Cruz. A reforma do judiciário: aspectos relevantes. *Revista da Escola Nacional de Magistratura*, v. 2, n. 3, abr. 2007. Disponível em:<http://www.btadvogados.com.br/blog/a-reforma-do-judiciario-aspectos-relevantes/>. Acesso em: 01/09/2018.

BUENO, Cassio Scarpinella. *Amicus curiae no processo civil brasileiro*: um terceiro enigmático. 2. ed. São Paulo: Saraiva, 2008.

______. *Amicus curiae no processo civil brasileiro*: um terceiro enigmático. 3. ed. São Paulo: Saraiva, 2012.

______. *Curso sistematizado de Direito Processual Civil*. 9. ed. São Paulo: Saraiva Educação, 2018.

BRESSER-PEREIRA, Luiz Carlos. Estado Regulador e pacto democrático na América Latina. In: ESTADO Y CRISIS DE REGULACIÓN: DILEMAS DE POLÍTICA EN AMÉRICA LATINA Y EUROPA. *Anais eletrônicos.*Buenos Aires: [s.n.], 14 a 16 out. 1985. Disponível em: <http://www.bresserpereira.org.br/view.asp?cod=1494>. Acesso em 30/09/2018.

______. Uma reforma gerencial da Administração Pública no Brasil. In: PETRUCCI, Vera; SCHWARZ, Letícia (Org.). *Administração Pública gerencial:* a reforma de 1995 – ensaios sobre a reforma administrativa brasileira no limiar do século XXI. Brasília: Universidade de Brasília: 1999.

CABRAL, Antônio do Passo. Pelas asas de Hermes: a intervenção do amicus curiae, um terceiro especial. *Revista de Processo*, São Paulo, v. 117, versão digital, set. 2004.

______. O novo procedimento-modelo (musterverfahren) alemão: uma alternativa às ações coletivas. *Revista de Processo*, São Paulo, v. 147, mai. 2007.

______. Despolarização do processo e zonas de interesse: sobre a migração entre pólos da demanda. *Revista Forense*, n. 404, p. 3-42, 2011.

______. *Coisa Julgada e preclusões dinâmicas*. 2. ed. Salvador: Juspodivm, 2014.

______. Comentários ao art. 983. In: CABRAL, Antônio do Passo; CRAMER, Ronaldo. *Comentários ao Novo Código de Processo Civil*. 2. ed. Rio de Janeiro: Forense, 2016.

______. Comentários aos arts. 976 a 987. In: CABRAL, António do Passo; CRAMER, Ronaldo. *Comentários ao novo Código de Processo Civil*. 2. ed. Rio de Janeiro: Forense, 2016.

______. A escolha da causa-piloto nos incidentes de resolução de processos repetitivos. In: DIDIER JR, Fredie (Coord.). *Julgamento de casos repetitivos*. Col. Grandes temas do novo CPC. Salvador: Juspodivm, 2017.

CALCIOLARI, Ricardo Pires. O poder regulamentar das agências em matéria sanitária. *Revista da Faculdade de Direito da Universidade de São Paulo*, v. 103, jan.-dez. 2008.

CÂMARA, Alexandre Freitas. *O novo processo civil brasileiro*. 4. ed. São Paulo: Atlas, 2015.

______. Comentários ao art. 1.015. In: CABRAL, Antônio do Passo; CRAMER, Ronaldo. *Comentários ao Novo Código de Processo Civil*. 2. ed. Rio de Janeiro: Forense, 2016.

CAMARGO, Luiz Henrique Volpe. O incidente de resolução de demandas repetitivas no projeto de novo CPC. In: Alexandre Freire et al. (Org.). *Novas tendências do processo civil*. v. 3. Salvador: Juspodivm, 2014.

CAMBI, Eduardo; FOGAÇA, Mateus. Incidente de resolução de demandas repetitivas no novo Código de Processo Civil. *Revista de Processo*, São Paulo, v. 243, versão digital, mai. 2015.

CANÁRIO, Pedro. Quase 110 milhões de processos passaram pelo Judiciário em 2016, segundo CNJ. *Conjur*, 4 set. 2017. Disponível em: <https://www.conjur.com.br/2017-set-04/110-milhoes-processos-passaram- judiciario-2016>. Acesso em: 30/08/2018.

CANON, Bradley C. Studying bureaucratic implementation of judicial policies on the United States: conceptual and methodological approaches. In: HERTOGH, Marc; HALLIDAY, Simon (Ed.). *Judicial review and bureaucratic impact*: international and interdisciplinary perspectives. Cambridge: Cambridge Studies in Law and Society, 2004.

CANOTILHO, José Joaquim Gomes. *Direito Constitucional e Teoria da Constituição*. 3. ed. Coimbra: Almedina, 2000.

CAPPELLETTI, Mauro; GARTH, Bryant. *Acesso à justiça*. Tradução de Ellen Gracie Northfleet. Porto Alegre: Sergio Antonio Fabris Editor, 1988.

CARNEIRO, Paulo Cezar Pinheiro. *Acesso à justiça*: juizados especiais cíveis e ação civil pública: uma nova sistematização da teoria geral do processo. Rio de Janeiro: Forense, 2003.

______; PINHO, Humberto Dalla Bernardina (Coord.). *Novo Código de Processo Civil:* anotado e comparado. Rio de Janeiro: Forense, 2015.

______. Comentários ao art. 15 CPC. In:WAMBIER, Teresa Arruda Alvim; DIDIER JR, Fredie; TALAMINI, Eduardo; DANTAS, Bruno (Coord.). *Breves comentários ao novo Código de Processo Civil.*São Paulo: RT, 2015.

______. Comentários ao art. 138. In: CABRAL, Antônio do Passo. CRAMER, Ronaldo. *Comentários ao Novo Código de Processo Civil*. 2. ed. Rio de Janeiro: Forense, 2016.

CARVALHO FILHO, José dos Santos. Agências reguladoras e poder normativo. In: ARAGÃO, Alexandre Santos (Coord.). *O poder normativo das agências reguladoras*. Rio de Janeiro: Forense, 2006.

______. Agências reguladoras e poder normativo. *Revista Eletrônica de Direito Administrativo Econômico*, n. 9, fev.-abr. 2007.

CAVALCANTI, Marcos de Araújo. *Mecanismos de resolução de litígios de massa*: um estudo comparativo entre as ações coletivas e o incidente de resolução de demandas repetitivas. Dissertação (Mestrado em Direito) – Pontifícia Universidade Católica de São Paulo, São Paulo, 2014.

______. Mecanismos de resolução de demandas repetitivas no direito brasileiro: um estudo sobre o procedimento-modelo alemão e as ordens de litígios em grupo inglesas. *Revista de Processo*, São Paulo, n. 238, dez. 2014.

____. Incidente de resolução de demandas repetitivas. São Paulo: RT, 2016.

CITTADINO, Gisele. Judicialização da política, constitucionalismo democrático e separação de poderes. In: VIANNA, Luiz Werneck (Org.). *A democracia e os três poderes no Brasil*. Belo Horizonte: Editora UFMG, 2002.

COELHO, André Felipe Canuto. Regulação às avessas: um estudo de caso no setor de telefonia brasileiro. *Revista de Informação Legislativa*, ano 53, n. 210, abr.-jun. 2016.

COMPARATO, Fábio Konder. *Para viver a democracia*. São Paulo: Editora Brasiliense, 1989.

______. O Poder Judiciário no regime democrático. *Estudos Avançados*, v. 18, n. 51, de 2004.

______. *A Constituição Mexicana de 1917*. Disponível em: <http://www.dhnet.org.br/educar/redeedh/anthist/mex1917.htm>. Acesso em: 27/10/2018.

______. *A Constituição Alemã de 1919*. Disponível em: <http://www.dhnet.org.br/educar/redeedh/anthist/alema1919.htm>. Acesso em: 27/10/2018.

CONSELHO NACIONAL DE JUSTIÇA. *100 Maiores Litigantes*. Brasília: [s.n.], 2012.

______. *Judicialização da saúde no Brasil:* dados e experiência. Brasília: [s.n.], 2015.

______. Relatório *Justiça em Números 2017, ano-base 2016*. Brasília: [s.n.], 2017.

______. Relatório *Justiça em Números 2018, ano-base 2017*. Brasília: [s.n.], 2018.

COSTA, José Eduardo da Fonseca. Comentários ao art. 927. In: CAMARA, Helder Moroni (Coord.). *Código de Processo Civil Comentado*. São Paulo: Almedina, 2016.

COSTA, Maria D'Assunção. Regimentos internos das agências reguladoras e a transparência administrativa. In: ARAGÃO, Alexandre Santos de (Coord.). *O poder normativo das agências reguladoras*. Rio de Janeiro: Forense, 2006.

COSTA, Susana Henriques da. O controle judicial da representatividade adequada: uma análise dos sistemas norte-americano e brasileiro. In: SALLES, Carlos

Alberto de (Coord.). *As grandes transformações do processo civil brasileiro*: homenagem ao professor Kazuo Watanabe. São Paulo: Quartier Latin, 2009.

COUTINHO, Diogo Rosenthal; MATTOS, Paulo Todescan Lessa. Os desafios da reforma regulatória brasileira. *Revista de Pós-Graduação da Faculdade de Direito da Universidade de São Paulo*, v. 1, 2001.

______. Direito e economia política na regulação de serviços públicos. São Paulo: Saraiva, 2014.

CRUZ, Verônica. Estado e regulação: fundamentos teóricos. In: RAMALHO, Pedro Ivo Sebba (Org.). *Regulação e Agências Reguladoras*: governança e análise de impacto regulatório. Brasília: Anvisa, 2009.

CUNHA, Leonardo José Carneiro. As causas repetitivas e a necessidade de um regime que lhe seja próprio. *Rev. Fac. Dir. Sul de Minas*, Pouso Alegre, v. 25, n. 2, jul.-dez. 2009.

______. Anotações sobre o incidente de resolução de demandas repetitivas previsto no projeto do novo código de processo civil. *Revista de Processo*, São Paulo, v. 193, versão digital, mar. 2011.

CUNHA, Luciana Gross; GABBAY, Daniela Monteiro (Coord.). *Litigiosidade, Morosidade e Litigância Repetitiva*: uma análise empírica. Série Direito e Desenvolvimento (DIREITO GV). Saraiva: São Paulo, 2013.

______ et al. *Relatório ICJ Brasil: 1º semestre 2013*. São Paulo: [s.n.], [2013?]. Disponível em:<http://bibliotecadigital.fgv.br/dspace/bitstream/handle/10438/11220/Relat%C3%B3rio%20ICJBrasil%20%201%C2%BA%20Semestre%20-%202013.pdf?sequence=1>. Acesso em: 10/05/2018.

DANTAS, Bruno. Comentários aos art. 976 a 987. In: WAMBIER, Teresa Arruda Alvim et al. (Coord.). *Breves Comentários ao novo Código de Processo Civil*. São Paulo: Revista dos Tribunais, 2015.

DASSO JÚNIOR, Aragon Érico. *Reforma do Estado com participação cidadã?*Déficit democrático das agências reguladoras brasileiras. Tese (Doutorado) – Universidade Federal de Santa Catarina, Florianópolis, 2006.

______. Estado Regulador, regulação e agências reguladoras: uma contribuição teórica a partir do caso brasileiro. *Revista Derecho y Economía*, La Molina, Peru, v. 1, p. 1-23, 2012. Disponível em:<http://www.derecho.usmp.edu.pe/centro_derecho_economia/revista/febrero_2012/Estado_regulador_Aragon_Dasso_Junior.pdf>. Acesso em: 03/10/2018.

DIDIER JR, Fredie. Sobre dois importantes, e esquecidos, princípios do processo: adequação e adaptabilidade do procedimento. *Jus Navigandi*, Teresina, ano, v. 6, 2001.

______. Revisão do conceito de interesse jurídico que autoriza a assistência simples: intervenção para colaborar com a criação de precedente judicial: Análise de recente decisão do STF. *Revista de Processo*, São Paulo, v. 158, versão digital, abr. 2008.

______; SOUZA, Marcus Seixas. Formação do precedente e amicus curiae no direito imperial brasileiro: o interessante dec. 6.142/1876. *Revista de Processo*, São Paulo, v. 220, versão digital, jun. 2013.

______. *Curso de Direito Processual Civil.* 17. ed. Salvador: Editora Juspodivm, 2015.

______; BRAGA, Paula Sarno; OLIVEIRA, Rafael Alexandria de. *Curso de Direito Processual Civil.* 10. ed. Salvador: Juspodivm, 2015.

______; ZANETI Jr, Hermes. Ações coletivas e o incidente de julgamento de casos repetitivos – espécies de processo coletivo no direito brasileiro: aproximações e distinções. *Revista de Processo*, São Paulo, v. 256, p. 209-218, versão digital, jun. 2016.

DIDIER JR, Fredie; CUNHA, Leonardo Carneiro da. *Curso de Direito Processual Civil.* Salvador: Juspodivm, 2016.

______; CUNHA, Leonardo Carneiro. Recursos contra decisão proferida em incidente de resolução de demandas repetitivas que apenas fixa a tese jurídica. In: DIDIER JR, Fredie (Coord.). *Julgamento de casos repetitivos.* Col. Grandes temas do novo CPC. Salvador: Juspodivm, 2017.

DINAMARCO, Candido Rangel. *Fundamentos do Processo Civil Moderno.* 3. ed. São Paulo: Malheiros, 2000.

______. *A instrumentalidade do processo.* 15. ed. São Paulo: Malheiros, 2013.

FALCÃO, Joaquim. Acesso à justiça: diagnóstico e tratamento. In: ASSOCIAÇÃO DOS MAGISTRADOS BRASILEIROS. *Justiça: promessa e realidade*: O acesso a justiça em países ibero-americanos. Rio de Janeiro: Nova Fronteira, 1996.

______. *Agências reguladoras e o Poder Judiciário.* Disponível em: <http://www.cnj.jus.br/index.php?option=com_content&view=article&id=13329&Itemid=675>. Acesso em: 20/05/2016.

______. O futuro das agências reguladoras. *Revista Conjuntura Econômica*, v. 64, n. 10, p. 53-55, 2010.

FEELEY, Malcolm M. Implementing court orders in the United States: judges as executives. In: HERTOGH, Marc; HALLIDAY, Simon (Ed.). *Judicial review and bureaucratic impact*: international and interdisciplinary perspectives. Cambridge: Cambridge Studies in Law and Society, 2004.

FEREJOHN, John A.; KRAMER, Larry D. Independent judges, dependent judiciary: institutionalizing judicial restraint. *New York University Law Review*, v. 77, n. 962, out. 2002.

FARIA, José Eduardo. *O Estado e o direito depois da crise*. São Paulo: Saraiva, 2011.

FAZZALARI, Elio. *Istituzioni di diritto processuale*. Padova: CEDAM, 1994.

FELSTINER, William L. F.; ABEL, Richard L.; SARAT, Austin. The emergence and transformation of disputes: naming, blaming, claiming... *Law & Society Review*, v. 15, No. ¾, Special Issue on Dispute Processsing and Civil Litigation, 1980-1981.

FERRAZ JUNIOR, Tercio Sampaio. *Agências reguladoras*: legalidade e constitucionalidade. 2000. Disponível em: <http://www.bresserpereira.org.br/documents/mare/agências/agênciasreguladoras.pdf>. Acesso em: 11/10/2018.

______. O poder normativo das agências reguladoras à luz do princípio da eficiência. In: ARAGÃO, Alexandre Santos de (Coord.). *O poder normativo das agências reguladoras*. Rio de Janeiro: Forense, 2006.

______; MARANHÃO, Juliano; AZEVEDO, Paulo Furquim. As inter-relações entre o processo administrativo e o judicial, sob a perspectiva da segurança jurídica do plano da concorrência econômica e da eficácia da regulação pública: relatório final da pesquisa. *São Paulo: USP–Universidade de São Paulo, CNJ–Conselho Nacional de Justiça*, 2009. Disponível em:<http://www.cnj.jus.br/images/pesquisas-judiciarias/Publicacoes/relat_pesquisa_usp_edital1_2009.pdf>. Acesso em: 01/05/2018.

FIGUEIREDO, Marcelo. *As agências reguladoras*: o Estado Democrático de Direito no Brasil e sua atividade normativa. São Paulo: Malheiros, 2005.

GABBAY, Daniela Monteiro. *Pedido e Causa de Pedir*. São Paulo: Saraiva, 2010.

GAJARDONI, Fernando da Fonseca. *Flexibilização procedimental*. São Paulo: Atlas, 2008.

GALANTER, Marc. Why the "haves" come out ahead: Speculations on the limits of legal change. *Law & Society Review*, v. 9, n. 1, p. 95-160, 1974.

GODOY, Arnaldo Sampaio de Moraes. Agências reguladoras: origens, fundamentos, direito comparado, poder de regulação e futuro. In: FÓRUM DE CONTRATAÇÃO E GESTÃO PÚBLICA – FCGP.*Anais*, Belo Horizonte, ano 13, n. 150, jun. 2014.

GRECO, Leonardo. Garantias fundamentais do processo: o processo justo. *Novos estudos jurídicos*, v. 7, n. 14, 2008.

GRINOVER, Ada Pellegrini et al. Avaliação da prestação jurisdicional coletiva e individual a partir da judicialização da saúde. Centro de Pesquisa Jurídica Aplicada (CPJA), 2014.

GROTTI, Dinorah. As agências reguladoras. In: *Doutrinas Essenciais de Direito Administrativo*(v. 6). São Paulo: RT, versão digital, nov. 2012.

GUERRA, Sérgio. Função normativa das agências reguladoras: uma nova categoria de direito administrativo? *Revista Direito GV*, v. 07, n. 01, jan.-jun. 2011.

______. Regulação estatal sob a ótica da organização administrativa brasileira. *Revista de Direito Público da Economia*, ano 11, n. 44, out.-dez. 2013.

GUIMARAES, Amanda de Araújo. *Incidente de resolução de demandas repetitivas*: soluções e limites. Dissertação (Mestrado) –Faculdade de Direito da Universidade de São Paulo, 2017.

HEBER, Florence; FISCHER, Tânia. Regulação do Estado e reformas nas telecomunicações. *Revista de Administração Pública*, v. 34, n. 5, 2000.

HERTOGH, Marc; HALLIDAY, Simon. Judicial review and bureaucratic impact in future research. In: HERTOGH, Marc; HALLIDAY, Simon (Ed.). *Judicial review and bureaucratic impact:* international and interdisciplinary perspectives. Cambridge: Cambridge Studies in Law and Society, 2004.

JORDÃO, Eduardo. *Controle judicial de uma administração pública complexa:* a experiência estrangeira na adaptação da intensidade do controle. São Paulo: Malheiros, 2016.

______. Um Supremo Tribunal Regimental? In: FALCÃO, Joaquim; ARGUELHES, Diego Werneck; RECONDO, Felipe (Org.). *Onze supremos:* o supremo em 2016. Belo Horizonte: Letramento, 2017.

JUSTEN FILHO, Marçal. O direito das agências reguladoras independentes. São Paulo: Dialética, 2002.

JUSTEN FILHO, Marçal. Agências reguladoras e democracia: existe um déficit democrático na "regulação independente"? In: ARAGÃO, Alexandre Santos de (Coord.). *O poder normativo das agências reguladoras.* Rio de Janeiro: Forense, 2006.

______. *Agências Reguladoras e Democracia*: existe um déficit democrático na "regulação independente"? Disponível em: <http://justenfilho.com.br/wp-content/uploads/2008/12/mjf62.pdf>. Acesso em: 21/10/2018.

KOMESAR, Neil K. *Imperfect alternatives*: choosing institutions in law, economics, and public policy. Chicago: The University of Chicago Press, 1994.

LEHFELD, Lucas de Souza. Instrumentos processuais de controle social da atuação reguladora do Estado contemporâneo brasileiro: limites à autonomia das agências reguladoras. *Revista de Direito Privado*, ano 07, n. 28, out.-dez. 2006.

LENNERTZ, Marcelo Rangel. *Agências reguladoras e democracia no Brasil*: entre facticidade e validade. Dissertação (Mestrado em Direito) -Pontifícia Universidade Católica do Rio de Janeiro, 2008.

______. *A legitimidade democrática das agências reguladoras: uma questão mal colocada*. Col. FGV Direito Rio - Textos para discussão. 2009. Disponível em: <http://hdl.handle.net/10438/2604>. Acesso em: 12/10/2018.

LEVY, Daniel de Andrade. O incidente de resolução de demandas repetitivas no anteprojeto do novo Código de Processo Civil: exame à luz da Group Litigation Order britânica. *Revista de Processo*, São Paulo, v. 196, jun. 2011.

LIPIANI, Julia. Reconstrução do interesse recursal no sistema de força normativa do precedente. *Civil Procedure Review*, v. 5, n. 2, mai.-ago.2014.

LUHMANN, Niklas. *Legitimação pelo procedimento*. Tradução de Maria Conceição Côrte-Real. Brasília: UnB, 1980.

MACEDO, Lucas Buril de. *Precedentes judiciais e o direito processual civil*. Salvador: Juspodivm, 2015.

MAJONE, Giandomenico. Do Estado Positivo ao Estado Regulador: causas e consequências de mudanças no modo de governança. *Revista do Serviço Público*, ano 50, n. 01, jan.-mar. 1999.

______. As transformações do Estado Regulador. *Revista de Direito Administrativo*, v. 262, jan.-abr.2013.

MALDONADO, Daniel Eduardo Bonilla. O formalismo jurídico, a educação jurídica e a prática profissional do Direito na América Latina. *Revista da Faculdade de Direito da UFG*, v. 36, n. 02, de jul-dez. 2012.

MANCUSO, Rodolfo de Camargo. O direito brasileiro segue filiado (estritamente) à família civil law? In: GRINOVER, Ada Pellegrini et al. *O novo código de processo civil*: questões controvertidas. São Paulo: Atlas, 2015.

______. Incidente de Resolução de Demandas Repetitivas. São Paulo: RT, 2016.

MARINONI, Luiz Guilherme. *Tutela específica*. 2. ed. rev. ampl. São Paulo: Editora Revista dos Tribunais, 2001.

______. O "problema" do incidente de resolução de demandas repetitivas e dos recursos extraordinário e especial repetitivos. *Revista de Processo*. São Paulo, ano 40, v. 249, 2015.

______. *Precedentes obrigatórios*. 5. ed. São Paulo: RT, 2016.

MARQUES NETO, Floriano Azevedo. A nova regulação Estatal e as agências independentes. In. SUNDFELD, Carlos Ari. *Direito Administrativo Econômico*. São Paulo: Malheiros, 2000.

______. A nova regulação dos serviços públicos. *Revista de Direito Administrativo*, n. 228, abr.-jun. 2002.

______. Finalidades e fundamentos da moderna regulação econômica. *Revista Fórum Administrativo de Direito Público*, ano 9, n. 100, jun.2009.

______. *Agências reguladoras independentes*: fundamentos e seu regime jurídico. Belo Horizonte: Editora Fórum, 2009.

MATTOS, Paulo Todescan Lessa. Agências reguladoras e democracia: participação pública e desenvolvimento. In: SALOMÃO FILHO, Calixto (Coord.). *Regulação e desenvolvimento*. São Paulo: Malheiros Editores, 2002.

______. Regulação econômica e social e participação pública no Brasil. In: IX CONGRESO INTERNACIONAL DEL CLAD SOBRE LA REFORMA DEL ESTADO Y DE LA ADMINISTRACIÓN PÚBLICA. *Anais eletrônicos*, Madrid, Nov. 2004. Disponível em: <http://www.ipea.gov.br/participacao/images/pdfs/participacao/mattos_regulacao%20economica%20.pdf>. Acesso em: 07/10/2018.

______. A formação do Estado Regulador no Brasil. *Novos estud. - CEBRAP*, São Paulo, n. 76, p. 139-156, nov. 2006. Disponível em <http://www.scielo.br/scielo.php?script=sci_arttext&pid=S0101-33002006000300007&lng=en&nrm=iso>. Acesso em: 22/05/2018.

______. Autonomia decisória, discricionariedade administrativa e legitimidade da função reguladora do Estado no debate jurídico brasileiro. In: ARAGÃO, Alexandre Santos de (Coord.). *O poder normativo das agências reguladoras*. Rio de Janeiro: Forense, 2006.

MEDINA, Damares. *Amicus curiae: amigo da corte ou amigo da parte?* São Paulo: Saraiva, versão digital, 2010.

MEDINA, José Miguel Garcia; FREIRE, Alexandre; FREIRE, Alonso. Por uma compreensão adequada do sistema de precedentes no projeto do novo código de processo civil brasileiro. In: FREIRE, Alexandre et al. *Novas tendências do processo civil* (v. 1). Salvador: Juspodivm, 2013.

MELO, Thiago Dellazari. Do Estado Social ao Estado Regulador. *Nomos*, v. 30, n. 1, 2010.

MENCHINI, Sergio. Azioni seriali e tutela giurisdizionale: aspetti critici e prospettive ricostruttive. Em: Attidel Incontrodi Studi: leazioni Seriali do Centro Interuniversitario di Studi e Ricerchesulla Giustiza Civile Giovani

Fabbrini, junto da Università di Pisa, 04 e 05.05.2007. Apud: NUNES, Dierle. Novo enfoque para as tutelas diferenciadas no Brasil? Diferenciação procedimental a partir da diversidade de litigiosidades. *Revista de Processo*, v. 184/2010, jun.2010.

MENDES, Aluísio Gonçalves de Castro; RODRIGUES, Roberto de Aragão Ribeiro. Reflexões sobre o incidente de resolução de disputas repetitivas previsto no projeto do novo Código de Processo Civil. *Revista de Processo*, São Paulo, v. 37, n. 211, p. 191-207, versão digital, set. 2012.

______. Ações coletivas e meios de resolução de conflito no direito comparado e nacional. 3. ed. São Paulo: RT, 2012.

______; TEMER, Sofia. O incidente de resolução de demandas repetitivas no novo código de processo civil. *Revista de Processo*, São Paulo, v. 243, maio/2015.

______. *Incidente de resolução de demandas repetitivas*: sistematização, análise e interpretação do novo instituto processual. Rio de Janeiro: Forense, 2017.

MENDES, Conrado Hubner. Judicial Review of Constitutional Amendments in the Brazilian Supreme Court. *Florida Journal of International Law*, v. 17, n. 03, dez. 2005.

______. *Direitos fundamentais, separação de poderes e deliberação*. Tese (Doutorado em Direito) - Universidade de São Paulo, São Paulo, 2008.

MENEGUIN, Fernando; BUGARIN, Maurício S. *A regulação ótima e a atuação do Judiciário:* uma aplicação da teoria dos jogos. Texto para Discussão nº 160, de novembro/2014. Brasília: Senado Federal: Núcleo de Estudos e Pesquisas da Consultoria Legislativa, 2014.

MENEZES DE ALMEIDA, Fernando Dias. Considerações sobre a "Regulação" no Direito positivo brasileiro. *Revista de Direito Público da Economia*, ano 3, n. 12, out.-des. 2005.

MIRANDA, Lara Caxico Martina; KEMPFER, Marlene. Administração Pública gerencial e as possibilidades para a solução extrajudicial de conflitos em agências reguladoras no Brasil. *Revista Formas Consensuais de Solução de Conflitos*, Maranhão, v. 3, n. 2, p. 37-55,jul.-dez. 2017.

MITIDIERO, Daniel. *Colaboração no processo civil*: pressupostos sociais, lógicos e éticos. 2. ed. rev., atual. e ampl. São Paulo: RT, 2011.

______. *Cortes superiores e cortes supremas*. São Paulo: Editora Revista dos Tribunais, 2013.

______. *Precedentes*: da persuasão à vinculação. 2. ed. São Paulo: RT, 2017.

MONTESANO, Luigi. Luce ed ombre in leggi e proposte di 'tutele differenziate' nei processi civili. *Rivista di diritto processuale*, Padova, v. XXXIV (II serie), p. 592-603, 1979.

MOREIRA, Diogo Rais Rodrigues. *Audiência pública no Supremo Tribunal Federal*. Dissertação (Mestrado em Direito) – Pontifícia Universidade Católica de São Paulo, São Paulo, 2011. Disponível em: <https://tede2.pucsp.br/handle/handle/5626>. Acesso em: 21/09/2018.

MOREIRA, Egon Bockmann. Os limites à competência normativa das agências reguladoras. In: ARAGÃO, Alexandre Santos de (Coord.). *O poder normativo das agências reguladoras*. Rio de Janeiro: Forense, 2006.

MOREIRA, José Carlos Barbosa. *Temas de Direito Processual Civil*. III série. São Paulo: Saraiva, 1984.

______. Ações Coletivas na Constituição Federal de 1988. *Revista de Processo*, v. 61, jan. 1991.

MOSCHELLA, Alexandre. A salsicharia do Direito: O JBM tem jeitão de call center, linha de produção, custos baixíssimos e atraiu a atenção do investidor Ricardo Semler — é o escritório de advocacia mais inusitado do país. *Revista Exame*, ed. 990. Disponível em:<http://www.conjur.com.br/2011-abr-19/maior-escritorio-pais-537-advogados-faturamento-110milhoes)>. Acesso em: 31/05/2018.

NEVES, A. Castanheira. O instituto dos "assentos" e a função jurídica dos Supremos Tribunais. Coimbra: Editora Coimbra, 1983.

NERY JUNIOR, Nelson; ABBOUD, Georges. Stare decisis vs direito jurisprudencial. In: FREIRE, Alexandre et al. *Novas tendências do processo civil* (v. 1). Salvador: Juspodivm, 2013.

NUNES, Dierle. Novo enfoque para as tutelas diferenciadas no Brasil? Diferenciação procedimental a partir da diversidade de litigiosidades. *Revista de Processo*, v. 184/2010, jun.2010.

______. Do julgamento dos recursos extraordinário e especial repetitivos. In: WAMBIER, Teresa Arruda Alvim et al. (Coord.). *Breves Comentários ao novo Código de Processo Civil.*São Paulo: RT, 2015.

______. Comentários ao art. 1.040 CPC. In: WAMBIER, Teresa Arruda Alvim et al. (Coord.). *Breves Comentários ao novo Código de Processo Civil.*São Paulo: RT, 2015.

OECD. *OECD Regulatory Policy Outlook 2015*. Paris: OECD Publishing, 2015.

OLIVEIRA, Carlos Alberto Alvaro de. *Do formalismo no processo civil:* proposta de um formalismo-valorativo. 4. ed. rev., atual. e ampl. São Paulo: Saraiva, 2010.

OLIVEIRA, Fabiana Luci de; WADA, Ricardo Moroshita. O comportamento da nova classe média brasileira nas relações de consumo. In: OLIVEIRA, Fabiana Luci de; WADA, Ricardo Moroshita (Coord.) *Direito do Consumidor*: os 22 anos de vigência do CDC. Rio de Janeiro: Ed. Campus/Elsevier, 2012.

______; RIBEIRO, Leandro Molhano (Coord.). *Utilização de meios de resolução extrajudicial de conflitos no âmbito de serviços regulados por agências governamentais.* Brasília: Ministério da Justiça, Secretaria da Reforma do Judiciário, 2013. Disponível em:<http://www.justica.gov.br/seus-direitos/politicas-de-justica/publicacoes/Biblioteca/dialogossobrejustica_resolucao-extrajudicial-de-conflitos.pdf>. Acesso em: 01/09/2018.

OLIVEIRA, Guilherme Peres de. Incidente de resolução de demandas repetitivas – uma proposta de interpretação de seu procedimento. In: FREIRE, Alexandre et al. (Org.). *Novas tendências do processo civil* (v. 2). Salvador: Juspodivm, 2014.

OLIVEIRA, Paulo Augusto de. O Estado Regulador e garantidor em tempos de crise e o direito administrativo da regulação. *Revista Digital de Direito Administrativo*, v. 03, n. 01, 2016.

PEREIRA NETO, Caio Mario da Silva; LANCIERI, Filippo Maria; ADAMI, Mateus Piva. O diálogo institucional das agências reguladoras com os Poderes Executivo, Legislativo e Judiciário: uma proposta de sistematização. In: SUNDFELD, Carlos Ari; ROSILHO, André (Org.). *Direito da regulação e políticas públicas.* São Paulo: Malheiros, 2014.

PINHEIRO, Maria Cláudia Bucchianeri. A constituição de Weimar e os direitos fundamentais sociais: a preponderância da Constituição da República Alemã de 1919 na inauguração do constitucionalismo social à luz da Constituição mexicana de 1917. *Revista de Informação Legislativa*, v. 43, n. 169, jan.-mar. 2006.

PÓ, Marcos Vinicius; ABRANCHES, Fernando Luiz. Desenho e funcionamento dos mecanismos de controle e accountability das agências reguladoras brasileiras: semelhanças e diferenças. *Revista de Administração Pública*, v. 40, n. 4, jul.-ago.2006.

POMPEU, Ana. Judiciário brasileiro tem 80,1 milhões de processos em tramitação. *Conjur*, 27 ago. 2018. Disponível em: <https://www.conjur.com.br/2018-ago-27/judiciario-brasileiro-801-milhoes-processos-tramitacao>. Acesso em: 30/09/2018.

PRADO, Mariana Mota. O contrato e o plano de gestão no projeto de Lei nº 3.337/04: controle desejável e justificado ou influência política indevida? *Revista de Direito Público da Economia – RDPE*, ano 6, n. 22, abr.-jun. 2008.

PRESGRAVE, Ana Beatriz Ferreira Rebello. A natureza jurídica da súmula. In: NUNES, Dierle; MENDES, Aluísio; JAYME, Fernando Gonzaga. *A Nova Aplicação da Jurisprudência e Precedentes no CPC/15*: Estudos em Homenagem à professora Teresa Arruda Alvim. São Paulo: RT, 2017.

PROTO PISANI, Andrea. Tutela giurisdizionale differenziata e nuovo processo del lavoro (*) (premesse alla legge 11 agosto 1973 n. 533). *Il Foro Italiano*, v. 96, n. 9,p. 205/206-249/250, set. 1973.

______. Sulla tutela giurisdizionale differenziata. *Rivista di diritto processuale*, n. 4, Padova: Cedam, 1979.

PRZEWORSKI, Adam. Política y administración. In: BRESSER, L. et al. *Política y gestión pública*. Buenos Aires: Fondo de Cultura Económica / CLAD, 2004. Apud: DASSO JÚNIOR, Aragon Érico. Estado Regulador, regulação e agências reguladoras: uma contribuição teórica a partir do caso brasileiro. *Revista Derecho y Economía*, La Molina, Peru, v. 1, p. 1-23, 2012. Disponível em: <http://www.derecho.usmp.edu.pe/centro_derecho_economia/revista/febrero_2012/Estado_regulador_Aragon_Dasso_Junior.pdf>. Acesso em: 03/10/2018.

REICHELT, Luis Alberto. O conteúdo da garantia do contraditório no direito processual civil. *Revista de Processo*, São Paulo, v. 162, ago. 2008.

RODRIGUEZ-GARAVITO, Cesar. Beyond the Courtroom: The Impact of Judicial Activism on Socioeconomic Rights in Latin America. *Texas Law Review*, v. 89, 2011.

ROQUE, André Vasconcelos. Ações coletivas e procedimentos para a resolução de casos repetitivos. In: DIDIER JR, Fredie (Coord.). *Julgamento de casos repetitivos*. Col. Grandes temas do novo CPC (v. 10). Salvador: Juspodivm, 2017.

ROSSI, Julio Cesar. O precedente à brasileira: sumula vinculante e o incidente de resolução de demandas repetitivas. *Revista de Processo*,São Paulo, v. 208, versão digital, jun. 2012.

SADEK, Maria Tereza. Judiciário: reformas e mudanças. *Estudos avançados*[online], v. 18, n. 51, p. 82, 2004. Disponível em:<http://dx.doi.org/10.1590/S0103-40142004000200005>. Acesso em: 10/06/2018.

______. Judiciário e arena política: um olhar a partir da ciência política. In: GRINOVER, Ada P.; WATANABE, Kazuo (Coord.). *O controle jurisdicional de políticas públicas*. São Paulo: GEN, 2013.

SALLES, Carlos Alberto de. *Execução judicial em matéria ambiental*. São Paulo: Editora Revista dos Tribunais, 1998.

______. Entre a eficiência e a equidade: bases conceituais para um direito processual coletivo. *Revista de Direitos Difusos*, v. 36. Direito Processual Coletivo I, mar./abr. 2006.

______. *Arbitragem em contratos administrativos*. Rio de Janeiro: Forense; São Paulo: Método, 2011.

______. Precedentes e jurisprudência no novo CPC: novas técnicas decisórias? In: GRINOVER, Ada Pellegrini et al. *O novo código de processo civil:* questões controvertidas. São Paulo: Atlas, 2015.

SANTOS, Boaventura de Souza; MARQUES, Maria Manuel Leitão; PEDROSO, Joao; FERREIRA, Pedro Lopes. *Os tribunais nas sociedades contemporâneas:* o caso português. Porto: Edições Afrontamento, 1996.

______. Para uma revolução democrática da justiça. Coimbra: Almedina, 2015.

SANTOS, Joao Marcelo dos. Riscos e Impactos Negativos do Art. 985, § 2º, Do Novo Código De Processo Civil. *Revista Opinião. Seg*, n. 12, ago./2016. Disponível em:<https://www.editoraroncarati.com.br/v2/phocadownload/opiniao_seg/12/files/opiniao12.pdf>. Acesso em 20/05/2018.

SARLO, Oscar. Republicanismo, derechos humanos y deberes tributarios. *Revista Mestrado em Direito*, ano 12, n. 1, Osasco, jan.-jul. 2012.

SARMENTO, Daniel. O neoconstitucionalismo no Brasil: riscos e possibilidades. In: LEITE, George Salomão; SARLET, Ingo Wolfgang (Coord.). *Direitos fundamentais e estado constitucional*: estudos em homenagem a J.J. Gomes Canotilho. São Paulo: RT, 2008.

SCAFF, Fernando Facury. Sentenças aditivas, direitos sociais e reserva do possível. In: SARLET, Ingo Wolfgang; TIMM, Luciano Benetti (Org.). *Direitos fundamentais, orçamento e "reserva do possível"*. 2. ed. rev. e ampl. Porto Alegre: Livraria do Advogado Editora, 2010.

SCHAPIRO, Mario G. Discricionariedade desenvolvimentista e controles democráticos: uma tipologia dos desajustes. *Revista Direito GV*, v. 12, n. 02, mai.-ago. 2016.

SCHAUER, Frederick. *Thinking like a Lawyer*: a new introduction to legal reasoning. Cambridge: Harvard University Press, 2009.

SHAPIRO, Martin. Who guards the guardians? Judicial control of administration. *The Richard B. Russel lectures*, n.6, 1988.

______. Judicial review and bureaucratic impact: the future of European union administrative law. In: HERTOGH, Marc; HALLIDAY, Simon (Ed.). *Judicial review and bureaucratic impact*: international and interdisciplinary perspectives. Cambridge: Cambridge Studies in Law and Society, 2004.

SICA, Heitor Vitor Mendonça. *O direito de defesa no processo civil brasileiro*. São Paulo: Atlas, 2011.

______. Brevíssimas reflexões sobre a evolução do tratamento da litigiosidade repetitiva no ordenamento brasileiro, do CPC de 1973 ao CPC de 2015. *Revista de Processo*, v. 41, n. 257, p. 269-281, jul. 2016.

SILVA, Paulo Eduardo Alves. *Gerenciamento de processos judiciais*. São Paulo: Saraiva, 2010.

______. *Acesso à justiça, litigiosidade e o modelo processual civil brasileiro*. Tese (Livre docência) – Faculdade de Direito de Ribeirão Preto da Universidade de São Paulo, Ribeirão Preto, 2018.

SILVA, Ticiano Alves e. Intervenção do sobrestado no julgamento por amostragem. *Revista de Processo*, São Paulo, v. 182, versão digital, abr. 2010.

SILVA, Virgílio Afonso da. O Judiciário e as políticas públicas: entre transformação social e obstáculo à realização dos direitos sociais. In: SOUZA NETO, Claudio Pereira; SARMENTO, Daniel. *Direitos sociais*: fundamentação, judicialização e direitos sociais em espécies. Rio de Janeiro: Lumen Juris, 2008.

SILVEIRA, André Bueno da. Doutrina Chevron no Brasil: uma alternativa à insegurança jurídica. *Revista de Direito Administrativo*, v. 275, mai.-ago. 2017.

SILVEIRA, Bruna Braga da. *Dinamização do ônus da prova nas ações ambientais*. Curitiba: Juruá, 2016.

SIQUEIRA CASTRO, Carlos Roberto. Função normativa regulatória e o novo princípio da legalidade. In: ARAGÃO, Alexandre Santos de (Coord.). *O poder normativo das agências reguladoras*. Rio de Janeiro: Forense, 2006.

SOUTO, Marcos Juruena Villela. *Desestatização, privatização, concessões e terceirizações*. Rio de Janeiro: Lumen Juris, 1997.

______. *Direito Administrativo Regulatório*. Rio de Janeiro: Lumen Juris, 2002.

SOUZA, Michel Roberto Oliveira de. *Audiência pública no judiciário brasileiro*: a audiência pública jurisdicional na litigância repetitiva à luz do acesso à justiça. Tese (Doutorado em Direito) – Faculdade de Direito da Universidade de São Paulo, São Paulo, 2018.

STRECK, Lenio. ABBOUD, Georges. *O que é isto – o precedente judicial e as súmulas vinculantes.* Porto Alegre: Livraria do Advogado, 2013.

SUNDFELD, Carlos Ari (Coord.). *Direito Administrativo Econômico.* 1. ed. São Paulo: Malheiros, 2006.

SUNKIN, Maurice. Conceptual issues in researching the impact of judicial review on government bureaucracies. In: HERTOGH, Marc; HALLIDAY, Simon (Ed.). *Judicial review and bureaucratic impact:* international and interdisciplinary perspectives. Cambridge: Cambridge Studies in Law and Society, 2004.

SUNSTEIN, Cass R. Constitutionalism after the New Deal. *Harvard Law Review,* v. 101, 1987.

TALAMINI, Eduardo. A dimensão coletiva dos direitos individuais homogêneos. In: DIDIER JR., Fredie (coord.). *Julgamento de casos repetitivos.* Col. Grandes temas do novo CPC. Salvador: Juspodivm, 2017.

TARUFFO, Michele. *Precedente e giurisprudenza.* Napoli: Editoriale Scientifica, 2007.

TAVARES, André Ramos. *Direito Constitucional Econômico.* São Paulo: Editora Método, 2003.

______. *Nova lei da súmula vinculante:* estudos e comentários à Lei 11.417, de 19.12.2006. 2. ed. São Paulo: Método, 2007.

TAYLOR, Hannis. Jurisdiction and procedure of the Supreme Court of the United States. Rochester: E. R. Andrews Printing, 1905.

THAMAY, Rennan Faria. A democracia efetivada através do processo civil. *Revista Lex Humana,* v. 3, n. 2, 2011.

THEODORO JUNIOR, Humberto. Processo justo e contraditório dinâmico. *Revista de Estudos Constitucionais, Hermenêutica e Teoria do Direito (RECHTD),* Curitiba, jan.-jun. 2007.

______; NUNES, Dierle José Coelho. Uma dimensão que urge reconhecer ao contraditório no direito brasileiro: sua aplicação como garantia de influência, de não surpresa e de aproveitamento da atividade processual. *Revista de Processo,* São Paulo, v. 168, p. 107-141, fev. 2009.

THEODORO JUNIOR, Humberto; NUNES, Dierle; BAHIA, Alexandre Melo Franco; PEDRON, Flavio Quinaud. *Novo CPC:* fundamentos e sistematização. Rio de Janeiro: Forense, 2015.

THEODORO JUNIOR, Humberto. *Novo Código de Processo Civil Anotado.* 21. ed. Rio de Janeiro: Forense, 2018.

TEMER, Sofia. *Incidente de resolução de demandas repetitivas*. Salvador: Ed. Juspodivm, 2016.

VERISSIMO, Marcos Paulo. *Aproximação sistemática ao controle judicial das agências de regulação econômica no Brasil*. Dissertação (Mestrado em Direito) – Universidade de São Paulo, São Paulo, 2002.

______. Controle judicial da atividade normativa das agências de regulação brasileiras. In: ARAGÃO, Alexandre Santos de (Coord.). *O poder normativo das agências reguladoras*. Rio de Janeiro: Forense, 2006.

______. *A judicialização dos conflitos de justiça distributiva no Brasil*: o processo judicial no pós-1988. Tese (Doutorado em Direito) – Universidade de São Paulo, São Paulo, 2006.

______. Defesa do Consumidor, processo coletivo e judicialização da regulação tarifária das telecomunicações no Brasil. In: Carlos Alberto de Salles (Org.). *As grandes transformações do processo civil brasileiro*: homenagem ao Prof. Kazuo Watanabe. São Paulo: Quartier Latin, 2009.

VITALIS, Aline. Estado prestador versus Estado Regulador: um diagnóstico do direito social à saúde no Brasil. *Revista de Informação Legislativa – RIL*, v. 53, n. 210, p. 267-290, abr./jun. 2016. Disponível em: <http://www12.senado.leg.br/ril/edicoes/53/210/ril_v53_n210_p267>. Acesso em 03/11/2018.

WAMBIER, Teresa Arruda Alvim. Distinção entre questão de fato e questão de direito para fins de cabimento de recurso especial. *Revista de Processo*, São Paulo, v. 92, versão digital, out.-dez.1998.

______; MEDINA, Jose Miguel Garcia. Sobre o novo art. 543-C do CPC: sobrestamento de recursos especiais com em fundamento em idêntica questão de direito. *Revista de Processo*, São Paulo, v. 159, versão digital, mai. 2008.

WAMBIER, Teresa Arruda Alvim; WAMBIER, Luís Rodrigues. Anotações sobre o julgamento de processos repetitivos. *Revista Internacional de Estudios sobre Derecho Procesuale Arbitraje*, Madrid, n. 3, p. 1-11, 2009. Disponível em <http://www.riedpa.com/COMU/documentos/RIEDPA3093.pdf>. Acesso em 19/08/2018.

WATANABE, Kazuo. Relação entre demandas individuais e coletivas. *Revista de Processo*, São Paulo, v. 139, set. 2006.

YARSHELL, Flávio Luiz. Brevíssimas reflexões a propósito da legitimidade passiva nas ações civis públicas envolvendo atividades sujeitas à regulação. In: LUCON, Paulo Henrique dos Santos. *Tutela Coletiva*. São Paulo: Atlas, 2006.

ZAFFARONI, Eugênio Raúl. *Poder Judiciário*: crises, acertos e desacertos. São Paulo: RT, 1995.

ZANETI JR., Hermes. Precedentes (treatlike cases alike) e o novo código de processo civil. *Revista de Processo*, São Paulo, v. 235, versão digital, set. 2014.

______. *O valor vinculante dos precedentes*. Salvador: Juspodivm, 2015.

______. *O valor vinculante dos precedentes*. 2. ed. Salvador: Juspodivm, 2016.

______. Comentários ao art. 926. In: CABRAL, Antonio do Passo. CRAMER, Ronaldo. *Comentários ao Novo Código de Processo Civil*. 2. ed. Rio de Janeiro: Forense, 2016.

______. Os casos repetitivos no Brasil: notas sobre a agregação de litígios, o processo coletivo e os precedentes vinculantes no CPC/15. *Revista Iberoamericana de Derecho Procesal*. v. 7, versão digital, jan.-jul. 2018.

ZUFELATO, Camilo. Precedentes judiciais vinculantes à brasileira no novo CPC: aspectos gerais. In: GRINOVER, Ada Pellegrini et al. *O novo código de processo civil:* questões controvertidas. São Paulo: Atlas, 2015.

ANEXO I – LISTA DE RECURSOS REPETITIVOS ANALISADOS

1	REsp 1091443/SP e Resp 1101723/SP	28	REsp 1061530/RS
2	REsp 1102473/RS	29	REsp 1061530/RS
3	REsp 970217/RS e REsp 1047686/RS	30	REsp 1061530/RS
4	REsp 1086944/SP	31	REsp 1061530/RS
5	REsp 1073976/RS	32	REsp 1061530/RS
6	REsp 990284/RS	33	REsp 1061530/RS
7	REsp 990284/RS	34	REsp 1061530/RS
8	REsp 990284/RS	35	REsp 1061530/RS
9	REsp 990284/RS	36	REsp 1061530/RS
10	REsp 990284/RS	37	REsp 1061134/RS
11	REsp 990284/RS	38	REsp 1061134/RS
12	REsp 990284/RS	39	REsp 990507/DF
13	REsp 990284/RS	40	REsp 1062336/RS e REsp 1061134/RS
14	REsp 1091539/AP	41	REsp 1062336/RS e REsp 1061134/RS
15	REsp 1101726/SP	42	REsp 982133/RS e REsp 1387246/PR
16	REsp 1101727/PR	43	REsp 982133/RS e REsp 1387246/PR
17	REsp 1101727/PR	44	REsp 1033241/RS
18	REsp 1096244/SC	45	REsp 1033241/RS
19	REsp 1102484/SP	46	REsp 1033241/RS e REsp 1059736/RS
20	REsp 1107314/PR, REsp 1110823/PR e 1110824/PR	47	REsp 1094846/MS
21	REsp 1110565/SE	48	REsp 1070297/PR e REsp 1017852/RS
22	REsp 1095523/SP	49	REsp 1070297/PR e REsp 1112741/MT
23	REsp 1112114/SP	52	REsp 1058114/RS e REsp 1063343/RS
24	REsp 1061530/RS	53	REsp 969129/MG
25	REsp 1061530/RS	54	REsp 969129/MG
26	REsp 1061530/RS	55	REsp 1067237/SP
27	REsp 1061530/RS	57	REsp 1110561/SP e REsp 1111973/SP
		58	REsp 1110561/SP e REsp 1111973/SP

59	REsp 1083291/RS
60	REsp 1110549/RS
61	REsp 886462/RS e REsp 962379/RS
62	REsp 1012903/RJ e REsp 760246/PR
63	REsp 960476/SC
64	REsp 1003955/RS e REsp 1028592/RS
65	REsp 1003955/RS e REsp 1028592/RS
66	REsp 1003955/RS e REsp 1028592/RS
67	REsp 1003955/RS e REsp 1028592/RS
68	REsp 1003955/RS e REsp 1028592/RS
69	REsp 1003955/RS e REsp 1028592/RS
70	REsp 1003955/RS e REsp 1028592/RS
71	REsp 1003955/RS e REsp 1028592/RS
72	REsp 1003955/RS e REsp 1028592/RS
73	REsp 1003955/RS e REsp 1028592/RS
74	REsp 1003955/RS e REsp 1028592/RS
75	REsp 1003955/RS e REsp 1028592/RS
76	REsp 1068944/PB
77	REsp 1068944/PB e REsp 1072939/PB
78	REsp 1028592/RS
79	REsp 1046376/DF
80	REsp 1036375/SP
81	REsp 1001655/DF
82	REsp 999901/RS
83	REsp 977058/RS
84	REsp 1069810/RS
85	REsp 902349/PR
86	REsp 894060/SP
87	REsp 1074799/MG e REsp 1072662/MG
88	REsp 1086935/SP
89	REsp 871760/BA
90	REsp 760246/PR
91	REsp 1092206/SP
92	REsp 1050199/RJ
93	REsp 1050199/RJ
94	REsp 1050199/RJ
95	REsp 1070252/SP e REsp 1054847/RJ
96	REsp 1101728/SP
97	REsp 1101728/SP
98	REsp 1474665/RS e REsp 1101725/RS
99	REsp 1102552/CE
100	REsp 1102554/MG
101	REsp 1102577/DF
102	REsp 1103050/BA
103	REsp 1104900/ES
104	REsp 1104900/ES
105	REsp 1092154/RS
107	REsp 1110924/SP
108	REsp 1110925/SP e REsp 1120388/SP
109	REsp 1110547/PE
110	REsp 1110547/PE
111	REsp 1110547/PE
112	REsp 1110547/PE
113	REsp 1110547/PE
114	REsp 1110550/SP
115	REsp 1111003/PR
116	REsp 1111124/PR
117	REsp 1111157/PB
119	REsp 1111189/SP
120	REsp 1090898/SP e REsp 1097430/SP
121	REsp 1111223/SP
122	REsp 1111202/SP e REsp 1110551/SP
123	REsp 1104775/RS
124	REsp 1104775/RS
125	REsp 1111982/SP e REsp 1111190/MG

127 REsp 1108034/RN, REsp 1102556/PB e REsp 1129949/SE

128 REsp 1108013/RJ

129 REsp 1108013/RJ

130 REsp 1111099/PR

131 REsp 1112416/MG

132 REsp 1111234/PR

133 REsp 1111001/SP

134 REsp 1100156/RJ

135 REsp 1105442/RJ

136 REsp 1101740/SP

139 REsp 1102575/MG

140 REsp 1107460/PE

141 REsp 1110848/RN

142 REsp 1110578/SP e REsp 1144036/PE

143 REsp 1111002/SP

144 REsp 1111156/SP

145 REsp 1111175/SP

146 REsp 1112577/SP

147 REsp 1112577/SP

148 REsp 1112574/MG

149 REsp 1112862/GO

150 REsp 1112745/SP

151 REsp 1112745/SP

152 REsp 1112747/DF

153 REsp 1113403/RJ

154 REsp 1113403/RJ e REsp 1308859/RJ

155 REsp 1113403/RJ e REsp 1308859/RJ

156 REsp 1112886/SP

158 REsp 1111177/MG

159 REsp 860369/PE

160 REsp 931727/RS

161 REsp 931727/RS

162 REsp 939527/MG

163 REsp 973733/SC

164 REsp 1035847/RS

165 REsp 1041237/SP

166 REsp 1045472/BA

167 REsp 1049748/RN

168 REsp 1075508/SC

169 REsp 1096288/RS

170 REsp 977090/ES

171 REsp 1112467/DF

172 REsp 1111159/RJ

173 REsp 903394/AL

174 REsp 1112646/SP

175 REsp 1113175/DF

176 REsp 1112743/BA, REsp 1111117/PR, REsp 1111118/PR, REsp 1111119/PR, REsp 1112746/DF

178 REsp 1112413/AL

179 REsp 1102431/RJ e REsp 1111186/PR

180 REsp 1113159/AM

181 REsp 1112884/MG

182 REsp 1110548/PB

183 REsp 1106462/SP

185 REsp 1112557/MG

186 REsp 1113983/RN

187 REsp 1113983/RN

188 REsp 1113983/RN

189 REsp 1113983/RN

190 REsp 1117068/PR e REsp 1117073/PR

191 REsp 1117068/PR e REsp 1102468/SC

192 REsp 1106654/RJ

193 REsp 989419/RS

194 REsp 1049974/SP

195 REsp 963528/PR e REsp 1159154/RN
196 REsp 929521/SP
197 REsp 1098365/PR e REsp 1120615/PR
198 REsp 1117121/SP
199 REsp 879844/MG
200 REsp 1102578/MG
201 REsp 1120616/PR
202 REsp 1107543/SP
203 REsp 1111201/PE e REsp 1357512/SP
204 REsp 1112520/PE
205 REsp 1112520/PE
206 REsp 1112520/PE
207 REsp 1112520/PE
208 REsp 1112520/PE
209 REsp 1073846/SP
210 REsp 1118103/SP
211 REsp 1118103/SP
212 REsp 1125627/PE
213 REsp 1108298/SC
214 REsp 1114938/AL
215 REsp 1066682/SP e REsp 1055345/MS
216 REsp 1066682/SP
217 REsp 1116399/BA e REsp 962667/RS
218 REsp 1112943/MA
219 REsp 1112943/MA
220 REsp 914253/SP
221 REsp 1112326/DF e REsp 1127954/DF
222 REsp 886178/RS
223 REsp 1032606/DF
224 REsp 1032606/DF
225 REsp 1103009/RS
226 REsp 1111148/SP e REsp 1129971/BA
227 REsp 1111148/SP e REsp 1129971/BA
228 REsp 1114404/MG e REsp 937890/SP
229 REsp 947206/RJ e REsp 1140483/PR
230 REsp 1030817/DF
231 REsp 1042361/DF
232 REsp 1125550/SP
233 REsp 1112879/PR e REsp 1112880/PR
234 REsp 1112879/PR e REsp 1112880/PR
235 REsp 1112524/DF
236 REsp 1091710/PR
237 REsp 1123669/RS
238 REsp 1021263/SP
239 REsp 1001779/DF
240 REsp 58265/SP
241 REsp 962838/BA
242 REsp 1117139/RJ
243 REsp 956943/PR, REsp 1112648/DF e REsp 773643/DF
244 REsp 1133696/PE
245 REsp 1133710/GO
246 REsp 973827/RS, REsp 1046768/RS e REsp 1003530/RS
247 REsp 973827/RS e REsp 1046768/RS
248 REsp 1114780/SC
249 REsp 1115501/SP
250 REsp 1116620/BA
251 REsp 1117903/RS
252 REsp 1117903/RS
253 REsp 1117903/RS
254 REsp 1117903/RS
255 REsp 1123539/RS
256 REsp 1123557/RS
257 REsp 1124420/MG
258 REsp 1124537/SP

259 REsp 1125133/SP
260 REsp 1127815/SP
261 REsp 1135489/AL
262 REsp 1136144/RJ
263 REsp 1136210/PR
264 REsp 1137497/CE
265 REsp 1137738/SP
266 REsp 1138159/SP
267 REsp 1138159/SP
268 REsp 1138202/ES
269 REsp 1138206/RS
270 REsp 1138206/RS
271 REsp 1140956/SP
272 REsp 1148444/MG
273 REsp 1123306/SP
274 REsp 1131718/SP
275 REsp 1134665/SP
276 REsp 1134903/SP
277 REsp 1134903/SP
278 REsp 1135534/PE
279 REsp 1141065/SC e REsp 1140042/SP
284 REsp 1008667/PR
285 REsp 1131805/SC
286 REsp 1131805/SC
287 REsp 1114767/RS
288 REsp 1116287/SP
289 REsp 1143471/PR
291 REsp 1143677/RS
292 REsp 1143677/RS
293 REsp 976836/RS e REsp 1008533/RJ
294 REsp 1008343/SP
295 REsp 1133815/SP
297 REsp 1133863/RN
303 REsp 1147595/RS
303 REsp 1062648/RJ e REsp 1090399/SC
304 REsp 1147595/RS, REsp 1062648/RJ e REsp 1090399/SC
305 REsp 1034255/RS e REsp 1112474/RS
306 REsp 1034255/RS, REsp 1112474/RS e REsp 1044990/RS
307 REsp 1034255/RS e REsp 1112474/RS
308 REsp 1112474/RS
309 REsp 1112474/RS
310 REsp 1063661/RS
311 REsp 1063661/RS
312 REsp 1119300/RS
313 REsp 1144469/PR
314 REsp 1120097/SP
315 REsp 1145146/RS
316 REsp 1144079/SP
317 REsp 1120276/PA
318 REsp 1110321/DF
319 REsp 1110321/DF
320 REsp 1129938/PE
321 REsp 1133689/PE, REsp 1162185/SE e REsp 1149496/PE
322 REsp 1101015/BA
323 REsp 1133769/RN e REsp 1063974/RS
324 REsp 1115078/RS
325 REsp 1115078/RS
326 REsp 1115078/RS
327 REsp 1115078/RS
328 REsp 1115078/RS
329 REsp 1115078/RS
330 REsp 1115078/RS
331 REsp 1115078/RS

332 REsp 1165276/PE
333 REsp 959338/SP
334 REsp 1153119/MG
335 REsp 1131047/MA
336 REsp 1157847/PE
337 REsp 1121023/SP
338 REsp 1146772/DF
339 REsp 1144810/MG
340 REsp 1118893/MG
341 REsp 1124507/MG
342 REsp 1127610/MG
343 REsp 1151364/PE
344 REsp 1163643/SP
345 REsp 1164452/MG
346 REsp 1167039/DF
347 REsp 1155125/MG
348 REsp 1164017/PI
349 REsp 1155684/RN e REsp 1150328/PE
350 REsp 1155684/RN
351 REsp 1118429/SP e REsp 1150470/RJ
352 REsp 1160435/PE
353 REsp 1160435/PE
354 REsp 1060210/SC e REsp 841577/SC
355 REsp 1060210/SC
356 REsp 1086382/RS
358 REsp 1042585/RJ e REsp 1100059/MG
359 REsp 1136733/PR
360 REsp 1142177/RS
361 REsp 1142177/RS
362 REsp 1162307/RJ
364 REsp 826428/MG
365 REsp 957509/RS
366 REsp 1086492/PR
367 REsp 1116792/PB
370 REsp 1152764/CE
371 REsp 1122387/DF
372 REsp 1127564/PR
373 REsp 1146194/SC e REsp 1187500/BA
374 REsp 1149424/BA
375 REsp 1133027/SP
376 REsp 1148296/SP
377 REsp 1148296/SP
378 REsp 1156668/DF
379 REsp 1632777/SP, REsp 1150159/SP, REsp 1632508/SP e REsp 1632497/SP
380 REsp 1147191/RS
381 REsp 960239/SC e REsp 1157131/RS
382 REsp 923012/MG
383 REsp 1120295/SP
384 REsp 1122959/SP
385 REsp 1149022/SP
387 REsp 1130545/RJ
388 REsp 1129335/SP
389 REsp 1129430/SP
391 REsp 1150356/SP
392 REsp 1158766/RJ
393 REsp 957836/SP
394 REsp 1168038/SP
395 REsp 1168625/MG
396 REsp 1144687/RS, REsp 1175900/RS e REsp 1117982/RS
397 REsp 1116460/SP
398 REsp 1131476/RS
399 REsp 1131872/SC
400 REsp 1143320/RS
401 REsp 1143216/RS

402 REsp 1143094/SP
403 REsp 1138205/PR
404 REsp 1138205/PR
405 REsp 1133965/BA
406 REsp 1133662/PE e REsp 1201804/PE
407 REsp 1134186/RS
408 REsp 1134186/RS
409 REsp 1134186/RS
410 REsp 1134186/RS
411 REsp 1133872/PB
412 REsp 1127713/SP
413 REsp 1122064/DF
414 REsp 1166561/RJ
415 REsp 1141300/MG
416 REsp 1109591/SC
417 REsp 1186513/RS
418 REsp 1186513/RS
419 REsp 1183546/ES
420 REsp 1189619/PE
421 REsp 1185036/PE
422 REsp 1151363/MG
423 REsp 1151363/MG
424 REsp 1192556/PE
425 REsp 1184765/PA, REsp 1176633/BA e REsp 1022330/SC
426 REsp 1194402/RS
427 REsp 1176753/RJ e REsp 816512/PI
430 REsp 1119872/RJ
431 REsp 1196777/RS e REsp 1196778/RS
432 REsp 993164/MG e REsp 1111372/MG
433 REsp 1199715/RJ e REsp 1102459/RJ
434 REsp 1198108/RJ
435 REsp 1201850/PE
436 REsp 1114398/PR
437 REsp 1114398/PR
438 REsp 1114398/PR
439 REsp 1114398/PR
440 REsp 1114398/PR
441 REsp 1114398/PR
442 REsp 1110903/PR e REsp 1110897/PR
443 REsp 1145353/PR e REsp 1145358/PR
446 REsp 1111566/DF
447 REsp 1111566/DF
449 REsp 1117614/PR
450 REsp 1218508/MG
451 REsp 1150579/SC
452 REsp 1217076/SP
453 REsp 1114406/SP
454 EREsp 1200492/RS
455 REsp 1104184/RS
456 REsp 1208935/AM
457 REsp 1208935/AM
459 REsp 1102479/RJ
462 REsp 1102467/RJ
463 REsp 1063474/RS
464 REsp 1063474/RS
465 REsp 1213256/RS
466 REsp 1197929/PR e REsp 1199782/PR
467 REsp 1120620/RJ
468 REsp 1120620/RJ
469 REsp 925130/SP 470 REsp 1227133/RS
471 REsp 962230/RS
472 REsp 1185583/SP
473 REsp 1211676/RN

474 REsp 1154730/PE, REsp 1112411/PE e REsp 1133972/PE
475 REsp 1235513/AL
476 REsp 1235513/AL
477 REsp 1244632/CE
480 REsp 1243887/PR
481 REsp 1243887/PR e REsp 1247150/PR
482 REsp 1247150/PR
483 REsp 1110906/SP
484 REsp 1213082/PR
485 REsp 1251513/PR
486 REsp 1251513/PR
487 REsp 1251513/PR
488 REsp 1251513/PR
489 REsp 1251513/PR
490 REsp 1251513/PR
493 REsp 1179057/AL
494 REsp 1179057/AL
495 REsp 1179057/AL
496 REsp 1255433/SE
499 REsp 1114604/PR, REsp 1114606/PR e REsp 1114602/PR
500 REsp 1099212/RJ
501 REsp 1239203/PR
502 REsp 1258303/PB
506 REsp 1252412/RN
507 REsp 1250739/PA
508 REsp 1268324/PA
509 REsp 1261888/RS
510 REsp 1253844/SC
511 REsp 1177973/DF e REsp 1183474/DF
512 REsp 1177973/DF e REsp 1183474/DF
513 REsp 1177973/DF
514 REsp 1183474/DF
515 REsp 1273643/PR
516 REsp 1254456/PE
517 REsp 1210064/SP
518 REsp 1172421/SP
519 REsp 1103224/MG e REsp 1103769/MG
520 REsp 1150429/CE
521 REsp 1150429/CE
522 REsp 1150429/CE
523 REsp 1150429/CE e REsp 1157331/PE
524 REsp 1267995/PB
525 REsp 1291736/PR e REsp 1293605/PR
526 REsp 1272827/PE
527 REsp 1298407/DF
528 REsp 1293558/PR e REsp 1293689/PR
530 REsp 1184570/MG
531 REsp 1244182/PB
532 REsp 1304479/SP
533 REsp 1304479/SP
534 REsp 1306113/SC
535 REsp 1306393/DF
536 REsp 1262933/RJ e REsp 1100694/RJ
537 REsp 1299303/SC
538 REsp 1257665/CE
539 REsp 1207071/RJ, REsp 1153829/SP e REsp 1346506/PR
540 REsp 1207071/RJ
541 REsp 1201635/MG e REsp 842270/RS
542 REsp 1246432/RS
544 REsp 1309529/PR e REsp 1326114/SC
545 REsp 1205277/PB
546 REsp 1310034/PR

547 REsp 1318315/AL e REsp 1285398/AL
548 REsp 1318315/AL
549 REsp 1318315/AL
550 REsp 1318315/AL e REsp 1285398/AL
551 REsp 1322624/SC
552 REsp 1112864/MG
553 REsp 1251993/PR
554 REsp 1321493/PR
555 REsp 1296673/MG, REsp 1111828/SP e REsp 1158893/SP
556 REsp 1296673/MG
558 REsp 1161522/AL
560 REsp 1249321/RS e REsp 1197564/SC
561 REsp 1193194/MG, REsp 1193932/MG, REsp 1193558/MG e REsp 1193554/MG
564 REsp 1094571/SP
565 REsp 1339313/RJ
572 REsp 1124552/RS
574 REsp 1220934/RS e REsp 1225166/RS
575 REsp 1243646/PR
576 REsp 1291575/PR
577 REsp 1300418/SC
578 REsp 1337790/PR
580 REsp 1330473/SP e REsp 1159153/CE
581 REsp 1110520/SP
582 REsp 1343065/PR e REsp 1343844/RS
584 REsp 1344771/PR
585 REsp 1341370/MT
586 REsp 1114605/PR e REsp 1135563/PR
588 REsp 1348679/MG e REsp 1351329/MG
589 REsp 1353801/RS
590 REsp 1349363/SP e REsp 1367874/SP
591 REsp 1353016/AL
592 REsp 1559965/RS, REsp 1353384/RS e REsp 1353026/RS
593 REsp 1193196/MG
594 REsp 1339767/SP
595 REsp 1354506/SP
596 REsp 1311408/RN
598 REsp 1350804/PR
599 REsp 1349445/SP
601 REsp 1352882/MS
602 REsp 1336213/RS e REsp 1357699/RS
603 REsp 1357700/RJ e REsp 1357740/RJ
604 REsp 1355947/SP
606 REsp 1357813/RJ
608 REsp 1347736/RS
610 REsp 1360969/RS e REsp 1361182/RS
610 REsp 1361182/RS
611 REsp 1356120/RS
612 REsp 1363163/SP
614 REsp 1355812/RS
615 REsp 1215550/PE
618 REsp 1251331/RS e REsp 1255573/RS
619 REsp 1251331/RS e REsp 1255573/RS
620 REsp 1251331/RS e REsp 1255573/RS
621 REsp 1251331/RS e REsp 1255573/RS
622 REsp 1111270/PR
623 REsp 1360212/SP e REsp 1359988/SP
624 REsp 1353111/RS
625 REsp 1338247/RS
626 REsp 1369165/SP e REsp 1104826/SP
627 REsp 1361410/RS
628 REsp 1101412/SP
629 REsp 1352721/SP e REsp 1352875/SP

630 REsp 1371128/RS
631 REsp 1343128/SC
633 REsp 1353826/SP
634 REsp 1330737/SP
636 REsp 1343591/MA
637 REsp 1152218/RS
638 REsp 1348633/SP, REsp 1348130/SP e REsp 1348382/SP
639 REsp 1373292/PE
640 REsp 1355052/SP
641 REsp 1262056/SP
642 REsp 1354908/SP
643 REsp 1369832/SP e REsp 1111220/PB
644 REsp 1352791/SP
645 REsp 1348301/SC
646 REsp 1362524/MG
647 REsp 1361900/SP e REsp 1381809/SP
648 REsp 1349453/MS
649 REsp 1347627/SP
650 REsp 1331168/RJ
651 REsp 1383500/SP e REsp 1376656/SP
652 REsp 1378557/RS, REsp 1379049/RS e REsp 1378593/RS
654 REsp 1333977/MT
655 REsp 1336561/RS e REsp 1365801/RS
657 REsp 1301989/RS
658 REsp 1301989/RS
659 REsp 1301989/RS
660 REsp 1369834/SP e REsp 1302307/TO
662 REsp 1303038/RS, REsp 1314426/MS e REsp 1316509/RS
666 REsp 1391089/RS, REsp 1387245/MS e REsp 1390917/RS
667 REsp 1387249/SC e REsp 1390904/SC
668 REsp 1388030/MG
669 REsp 1373438/RS e REsp 1388094/RS
670 REsp 1373438/RS e REsp 1388094/RS
671 REsp 1274466/SC e REsp 1292166/SC
672 REsp 1274466/SC e REsp 1292166/SC
673 REsp 1387248/SC
674 REsp 1361811/RS, REsp 1388096/RS e REsp 1389036/RS
675 REsp 1361811/RS, REsp 1388096/RS e REsp 1389036/RS
676 REsp 1361811/RS, REsp 1388096/RS e REsp 1389036/RS
677 REsp 1348640/RS e REsp 1388095/RS
678 REsp 1361191/RS e REsp 1221226/CE
680 REsp 1354536/SE
681 REsp 1354536/SE
683 REsp 1354536/SE
686 REsp 1203244/SC e REsp 1396300/SC
687 REsp 1358281/SP
688 REsp 1358281/SP
689 REsp 1358281/SP
690 REsp 1386229/PE
692 REsp 1401560/MT
693 REsp 1183604/MG e REsp 1187776/MG
694 REsp 1398260/PR e REsp 1401619/RS
696 REsp 1404796/SP
697 REsp 1409357/SC
698 REsp 1410839/SC
702 REsp 1372243/SE
703 REsp 1372243/SE
704 REsp 1410433/MG, REsp 1114423/MG e REsp 1114562/MG
705 REsp 1333988/SP

706 REsp 1333988/SP
707 REsp 1374284/MG
708 REsp 1363368/MS
709 REsp 1364192/RS e REsp 1104164/SP
710 REsp 1419697/RS e REsp 1457199/RS
711 REsp 1349059/SP e REsp 1349056/SP
714 REsp 1377507/SP
715 REsp 1382751/MG
717 REsp 1327471/MT e REsp 1265821/BA
720 REsp 1419112/SP
721 REsp 1406296/RS e REsp 1410525/RS
722 REsp 1418593/MS
723 REsp 1391198/RS
724 REsp 1391198/RS
725 REsp 1339436/SP
728 REsp 1400287/RS
729 REsp 1391092/SC
735 REsp 1424792/BA
736 REsp 1425326/RS
741 REsp 1301989/RS
742 Rcl 12062/GO
743 REsp 1200856/RS
766 REsp 1682836/SP, REsp 1110552/CE e REsp 1681690/SP
793 REsp 1344352/SP
794 CC 133244/RJ
804 REsp 1371750/PE, REsp 1201198/RN e REsp 1166677/PE
806 REsp 1444469/DF
834 REsp 1354536/SE
835 REsp 1443870/PE, REsp 1447108/CE e REsp 1314394/AL
869 REsp 1091539/AP
870 REsp 1091539/AP
871 REsp 1274466/SC
872 REsp 1452840/SP
873 REsp 1373438/RS
874 REsp 1354590/RS
875 REsp 1388030/MG
876 REsp 1455091/AM e REsp 1450819/AM
877 REsp 1388000/PR
879 REsp 1389750/RS e REsp 1389471/RS
881 REsp 1459779/MA
883 REsp 1418347/MG
885 REsp 1333349/SP
886 REsp 1345331/RS
889 REsp 1324152/SP
890 REsp 1372688/SP
891 REsp 1314478/RS
892 REsp 1478439/RS
893 REsp 1102460/RJ
894 REsp 1470720/RS
896 REsp 1485417/MS e REsp 1485416/SP
898 REsp 1483620/SC, REsp 1459475/AC e REsp 1459115/RJ
901 REsp 1485830/MG
902 REsp 1340236/SP
903 REsp 1320825/RJ
904 REsp 1546680/RS e REsp 1353063/SP
908 REsp 1497831/PR
913 REsp 1388642/SP, REsp 1388640/SP e REsp 1388638/SP
915 REsp 1304736/RS
916 REsp 1499050/RJ e REsp 1483810/RJ
917 REsp 1381315/RJ

918 REsp 1480881/PI

919 REsp 1361730/RS

920 REsp 1498034/RS e REsp 1406624/RJ

921 REsp 1398356/MG

922 REsp 1386424/MG

924 REsp 1385621/MG

926 REsp 1456239/MG e REsp 1485832/MG

928 REsp 1487139/PR, REsp 1517748/PR e REsp 1498719/PR

930 REsp 1498034/RS

931 REsp 1519777/SP

933 REsp 1378053/PR

934 REsp 1524450/RJ

938 REsp 1599511/SP, REsp 1551956/SP, REsp 1599510/SP, 1599618/SC e REsp REsp 1602800/DF

939 REsp 1551951/SP e REsp 1551968/SP

941 REsp 1564070/MG

942 REsp 1556834/SP

943 REsp 1551488/MS

944 REsp 1433544/SE

945 REsp 1423464/SC

949 REsp 1483930/DF

950 REsp 1527232/SP

952 REsp 1568244/RJ

953 REsp 1388972/SC e REsp 1593858/PR

959 REsp 1349935/SE

976 REsp 1643856/SP e REsp 1643873/SP

983 REsp 1643051/MS, REsp 1683324/DF e REsp 1675874/MS

992 REsp 1705149/RJ e REsp 1717022/RJ

ANEXO II – TABELA DE RECURSOS REPETITIVOS

TEMA	REsp Nº	TESE FIRMADA	TEMA DE SETOR REGULADO?	QUAL SETOR REGULADO ?	PARTICIPAÇÃO DO REGULADOR	AUDIÊNC IA PÚBLICA	AGÊNCIA PARTICIPOU DA AUDIÊNCIA?	GRAU DE CONSIDERAÇÃO DA REGULAÇÃO NA FUNDAMNETAÇÃO
24	1.061.530/RS	As instituições financeiras não se sujeitam à limitação dos juros remuneratórios estipulada na Lei de Usura (Decreto 22.626/33), Súmula 596/STF.	Sim	Instituições financeiras	Sim	Não	N/A	Considerou fortemente
25	1.061.530/RS	A estipulação de juros remuneratórios superiores a 12% ao ano, por si só, não indica abusividade.	Sim	Instituições financeiras	Sim	Não	N/A	Considerou fortemente
26	1.061.530/RS	São inaplicáveis aos juros remuneratórios dos contratos de mútuo bancário as disposições do art. 591 c/c o art. 406 do CC/02.	Sim	Instituições financeiras	Sim	Não	N/A	Considerou fortemente
27	1.061.530/RS	É admitida a revisão das taxas de juros remuneratórios em situações excepcionais, desde que caracterizada a relação de consumo e que a abusividade (capaz de colocar o consumidor em desvantagem exagerada (art. 51, §1 º, do CDC) fique cabalmente demonstrada, ante às peculiaridades do julgamento em concreto.	Sim	Instituições financeiras	Sim	Não	N/A	Considerou fortemente
28	1.061.530/RS	O reconhecimento da abusividade nos encargos exigidos no período da normalidade contratual (juros remuneratórios e capitalização) descaracteriza a mora.	Sim	Instituições financeiras	Sim	Não	N/A	Considerou fortemente
30	1.061.530/RS	Nos contratos bancários, não-regidos por legislação específica, os juros moratórios poderão ser convencionados até o limite de 1% ao mês.	Sim	Instituições financeiras	Sim	Não	N/A	Considerou fortemente
46	1.033.241/RS	Nos contratos de participação financeira para a aquisição de linha telefônica, o Valor Patrimonial da Ação (VPA) é apurado com base no balancete do mês da integralização.	Sim	Telecomunica ções	Não	Não	N/A	Não mencionou
48	1.070.297/PR	Nos contratos celebrados no âmbito do Sistema Financeiro da Habitação, é vedada a capitalização de juros em qualquer periodicidade, mas não cabe ao STJ, todavia, aferir se há capitalização de juros com a utilização da Tabela Price, por força das Súmulas 5 e 7.	Sim	Instituições financeiras	Não	Não	N/A	Mencionou, mas não se fundamentou nela

TEMA	REsp Nº	TESE FIRMADA	TEMA DE SETOR REGULADO?	QUAL SETOR REGULADO?	PARTICIPAÇÃO DO REGULADOR	AUDIÊNCIA PÚBLICA	AGÊNCIA PARTICIPOU DA AUDIÊNCIA?	GRAU DE CONSIDERAÇÃO DA REGULAÇÃO NA FUNDAMNETAÇÃO
49	1.070.297/PR	O art. 6º, e, da Lei n. 4.380/1964 não estabelece limitação aos juros remuneratórios nos contratos vinculados ao SFH.	Sim	Instituições financeiras	Não	Não	N/A	Mencionou, mas não se fundamentou nela
52	1.058.114/RS e 1.063.343/RS	A cobrança de comissão de permanência - cujo valor não pode ultrapassar a soma dos encargos remuneratórios e moratórios previstos no contrato - exclui a exigibilidade dos juros remuneratórios, moratórios e da multa contratual.	Sim	Instituições financeiras	Sim	Não	N/A	Considerou fortemente
53	969.129/MG	No âmbito do Sistema Financeiro da Habitação, a partir da Lei n. 8.177/1991, é permitida a utilização da Taxa Referencial (TR) como índice de correção monetária do saldo devedor, que também será cabível ainda que o contrato tenha sido firmado antes da Lei n. 8.177/1991, mas desde que haja previsão contratual de correção monetária pela taxa básica de remuneração dos depósitos em poupança, sem nenhum outro índice específico.	Sim	Instituições financeiras	Não	Não	N/A	Não mencionou
54	969.129/MG	O mutuário do SFH não pode ser compelido a contratar o seguro habitacional obrigatório com a instituição financeira mutuante ou com a seguradora por ela indicada.	Sim	Instituições financeiras	Não	Não	N/A	Não mencionou
63	960.476/SC	É indevida a incidência de ICMS sobre a parcela correspondente à demanda de potência elétrica contratada mas não utilizada.	Sim	Energia elétrica	Não	Não	N/A	Considerou fortemente
64	1.003.955/RS e 1.028.592/RS	Quanto à pretensão da incidência de correção monetária sobre os juros remuneratórios de que trata o art. 2º do Decreto-lei 1.512/76 (item 3), a lesão ao direito do consumidor ocorreu, efetivamente, em julho de cada ano vencido, no momento em que a ELETROBRÁS realizou o pagamento da respectiva parcela, mediante compensação dos valores nas contas de energia elétrica.	Sim	Energia elétrica	Não	Não	N/A	Não mencionou

TEMA	REsp Nº	TESE FIRMADA	TEMA DE SETOR REGULADO?	QUAL SETOR REGULADO ?	PARTICIPAÇÃO DO REGULADOR	AUDIÊNC IA PÚBLICA	AGÊNCIA PARTICIPOU DA AUDIÊNCIA?	GRAU DE CONSIDERAÇÃO DA REGULAÇÃO NA FUNDAMNETAÇÃO
65	1.003.955/RS e 1.028.592/RS	Quanto à pretensão de correção monetária incidente sobre o principal (item 2), e dos juros remuneratórios dela decorrentes (item 4), a lesão ao direito do consumidor somente ocorreu no momento da restituição do empréstimo em valor 'a menor'. Considerando que essa restituição se deu em forma de conversão dos créditos em ações da companhia, a prescrição teve início na data em que a Assembleia- Geral Extraordinária homologou a conversão a saber: a) 20/04/1988 - com a 72ª AGE - 1ª conversão; b) 26/04/1990 - com a 82ª AGE - 2ª conversão; e c) 30/06/2005 - com a 143ª AGE - 3ª conversão.	Sim	Energia elétrica	Não	Não	N/A	Não mencionou
66	1.003.955/RS e 1.028.592/RS	Quanto à pretensão de correção monetária incidente sobre o principal (item 2), e dos juros remuneratórios dela decorrentes (item 4), a lesão ao direito do consumidor somente ocorreu no momento da restituição do empréstimo em valor 'a menor'. Considerando que essa restituição se deu em forma de conversão dos créditos em ações da companhia, a prescrição teve início na data em que a Assembleia- Geral Extraordinária homologou a conversão a saber: a) 20/04/1988 - com a 72ª AGE - 1ª conversão; b) 26/04/1990 - com a 82ª AGE - 2ª conversão; e c) 30/06/2005 - com a 143ª AGE - 3ª conversão.	Sim	Energia elétrica	Não	Não	N/A	Não mencionou

TEMA	REsp Nº	TESE FIRMADA	TEMA DE SETOR REGULADO?	QUAL SETOR REGULADO ?	PARTICIPAÇÃO DO REGULADOR	AUDIÊNC IA PÚBLICA	AGÊNCIA PARTICIPOU DA AUDIÊNCIA?	GRAU DE CONSIDERAÇÃO DA REGULAÇÃO NA FUNDAMNETAÇÃO
67	1.003.955/RS e 1.028.592/RS	Quanto à pretensão de correção monetária incidente sobre o principal (item 2), e dos juros remuneratórios dela decorrentes (item 4), a lesão ao direito do consumidor somente ocorreu no momento da restituição do empréstimo em valor 'a menor'. Considerando que essa restituição se deu em forma de conversão dos créditos em ações da companhia, a prescrição teve início na data em que a Assembleia- Geral Extraordinária homologou a conversão a saber: a) 20/04/1988 - com a 72ª AGE - 1ª conversão; b) 26/04/1990 - com a 82ª AGE - 2ª conversão; e c) 30/06/2005 - com a 143ª AGE - 3ª conversão.	Sim	Energia elétrica	Não	Não	N/A	Não mencionou
68	1.003.955/RS e 1.028.592/RS	Os valores compulsoriamente recolhidos devem ser devolvidos com correção monetária plena (integral), não havendo motivo para a supressão da atualização no período decorrido entre a data do recolhimento e o 1° dia do ano subsequente, que deve obedecer à regra do art. 7°, § 1°, da Lei 4.357/64 e, a partir daí, o critério anual previsto no art. 3° da mesma lei. Devem ser computados, ainda, os expurgos inflacionários, conforme pacificado na jurisprudência do STJ, o que não importa em ofensa ao art. 3° da Lei 4.357/64. Entretanto, descabida a incidência de correção monetária em relação ao período compreendido entre 31/12 do ano anterior à conversão e a data da assembleia de homologação.	Sim	Energia elétrica	Não	Não	N/A	Não mencionou
69	1.003.955/RS e 1.028.592/RS	Devida, em tese, a atualização monetária sobre juros remuneratórios em razão da ilegalidade do pagamento em julho de cada ano, sem incidência de atualização entre a data da constituição do crédito em 31/12 do ano anterior e o efetivo pagamento, observada a prescrição quinquenal.	Sim	Energia elétrica	Não	Não	N/A	Não mencionou

TEMA	REsp Nº	TESE FIRMADA	TEMA DE SETOR REGULADO?	QUAL SETOR REGULADO ?	PARTICIPAÇÃO DO REGULADOR	AUDIÊNC IA PÚBLICA	AGÊNCIA PARTICIPOU DA AUDIÊNCIA?	GRAU DE CONSIDERAÇÃO DA REGULAÇÃO NA FUNDAMNETAÇÃO
70	1.003.955/RS e 1.028.592/RS	São devidos juros remuneratórios de 6% ao ano (art. 2º do Decreto-lei 1.512/76) sobre a diferença de correção monetária (incluindo-se os expurgos inflacionários) incidente sobre o principal (apurada da data do recolhimento até 31/12 do mesmo ano). Cabível o pagamento dessas diferenças à parte autora em dinheiro ou na forma de participação acionária (ações preferenciais nominativas), a critério da ELETROBRÁS, tal qual ocorreu em relação ao principal, nos termos do Decreto-lei 1.512/76.	Sim	Energia elétrica	Não	Não	N/A	Não mencionou
71	1.003.955/RS e 1.028.592/RS	Os valores objeto da condenação judicial ficam sujeitos a correção monetária, a contar da data em que deveriam ter sido pagos: a) quanto à condenação referente às diferenças de correção monetária paga a menor sobre empréstimo compulsório, e os juros remuneratórios dela decorrentes (itens 2 e 4 supra), o débito judicial deve ser corrigido a partir da data da correspondente assembleia-geral de homologação da conversão em ações.	Sim	Energia elétrica	Não	Não	N/A	Não mencionou
72	1.003.955/RS e 1.028.592/RS	Os valores objeto da condenação judicial ficam sujeitos a correção monetária, a contar da data em que deveriam ter sido pagos: b) quanto à diferença de juros remuneratórios (item 4 supra), o débito judicial deve ser corrigido a partir do mês de julho do ano em que os juros deveriam ter sido pagos.	Sim	Energia elétrica	Não	Não	N/A	Não mencionou

TEMA	REsp Nº	TESE FIRMADA	TEMA DE SETOR REGULADO?	QUAL SETOR REGULADO ?	PARTICIPAÇÃO DO REGULADOR	AUDIÊNC IA PÚBLICA	AGÊNCIA PARTICIPOU DA AUDIÊNCIA?	GRAU DE CONSIDERAÇÃO DA REGULAÇÃO NA FUNDAMNETAÇÃO
73	1.003.955/RS e 1.028.592/RS	ÍNDICES: observado o Manual de Cálculos da Justiça Federal e a jurisprudência do STJ, cabível o cômputo dos seguintes expurgos inflacionários em substituição aos índices oficiais já aplicados: 14,36% (fevereiro/86), 26,06% (junho/87), 42,72% (janeiro/89), 10,14% (fevereiro/89), 84,32% (março/90), 44,80% (abril/90), 7,87% (maio/90), 9,55% (junho/90), 12,92% (julho/90), 12,03% (agosto/90), 12,76% (setembro/90), 14,20% (outubro/90), 15,58% (novembro/90), 18,30% (dezembro/90), 19,91% (janeiro/91), 21,87% (fevereiro/91) e 1,79% (março/91).	Sim	Energia elétrica	Não	Não	N/A	Não mencionou
74	1.003.955/RS e 1.028.592/RS	Sobre os valores apurados em liquidação de sentença devem incidir, até o efetivo pagamento, correção monetária e juros moratórios a partir da citação: a) de 6% ao ano, até 11/01/2003 (quando entrou em vigor o novo Código Civil) - arts. 1.062 e 1.063 do CC/1916; b) a partir da vigência do CC/2002, deve incidir a taxa que estiver em vigor para a mora do pagamento de impostos devidos à Fazenda Nacional. Segundo a jurisprudência desta Corte, o índice a que se refere o dispositivo é a taxa SELIC.	Sim	Energia elétrica	Não	Não	N/A	Não mencionou
75	1.003.955/RS e 1.028.592/RS	Considerando que a taxa SELIC, em sua essência, já compreende juros de mora e atualização monetária, a partir de sua incidência não há cumulação desse índice com juros de mora.	Sim	Energia elétrica	Não	Não	N/A	Não mencionou
76	1.068.944/PB	Em demandas sobre a legitimidade da cobrança de tarifas por serviço de telefonia, movidas por usuário contra a concessionária, não se configura hipótese de litisconsórcio passivo necessário da ANATEL.	Sim	Telecomunicações	Não	Não	N/A	Mencionou, mas não se fundamentou nela
77	1.068.944/PB e REsp 1072939/PB	É legítima a cobrança de tarifa básica pelo uso dos serviços de telefonia fixa.	Sim	Telecomunicações	Não	Não	N/A	Mencionou, mas não se fundamentou nela

TEMA	REsp Nº	TESE FIRMADA	TEMA DE SETOR REGULADO?	QUAL SETOR REGULADO ?	PARTICIPAÇÃO DO REGULADOR	AUDIÊNC IA PÚBLICA	AGÊNCIA PARTICIPOU DA AUDIÊNCIA?	GRAU DE CONSIDERAÇÃO DA REGULAÇÃO NA FUNDAMNETAÇÃO
78	1.028.592/RS	Cabível a conversão dos créditos em ações pelo valor patrimonial e não pelo valor de mercado, por expressa disposição legal (art. 4º da Lei 7.181/83).	Sim	Energia elétrica	Não	Não	N/A	Não mencionou
87	1074799/MG	A partir de 01 de Agosto de 2007, data da implementação total do sistema, passou a ser exigido das concessionárias o detalhamento de todas as ligações na modalidade local, independentemente de ser dentro ou fora da franquia contratada, por inexistir qualquer restrição a respeito, conforme se observa do constante do artigo 83 do anexo à Resolução 426/2005, que regulamentou o sistema de telefonia fixa.	Sim	Telecomunicações	Sim	Não	N/A	Considerou fortemente
92	1050199/RJ	As OBRIGAÇÕES AO PORTADOR emitidas pela ELETROBRÁS em razão do empréstimo compulsório instituído pela Lei 4.156/62 não se confundem com as DEBÊNTURES e, portanto, não se aplica a regra do art. 442 do CCom, segundo o qual prescrevem em 20 anos as ações fundadas em obrigações comerciais contraídas por escritura pública ou particular. Não se trata de obrigação de natureza comercial, mas de relação de direito administrativo a estabelecida entre a ELETROBRÁS (delegada da União) e o titular do crédito, aplicando-se, em tese, a regra do Decreto 20.910/32.	Sim	Energia elétrica	Não	Não	N/A	Não mencionou
93	1050199/RJ	O direito ao resgate configura-se direito potestativo e, portanto, a regra do art. 4º, § 11, da Lei 4.156/62, que estabelece o prazo de 5 anos, tanto para o consumidor efetuar a troca das contas de energia por OBRIGAÇÕES AO PORTADOR, quanto para, posteriormente, efetuar o resgate, fixa prazo decadencial e não prescricional.	Sim	Energia elétrica	Não	Não	N/A	Não mencionou

TEMA	REsp Nº	TESE FIRMADA	TEMA DE SETOR REGULADO?	QUAL SETOR REGULADO ?	PARTICIPAÇÃO DO REGULADOR	AUDIÊNCIA PÚBLICA	AGÊNCIA PARTICIPOU DA AUDIÊNCIA?	GRAU DE CONSIDERAÇÃO DA REGULAÇÃO NA FUNDAMNETAÇÃO
94	1050199/RJ	Como o art. 4º, § 10, da Lei 4.156/62 (acrescido pelo DL 644/69) conferiu à ELETROBRÁS a faculdade de proceder à troca das obrigações por ações preferenciais, não exercida essa faculdade, o titular do crédito somente teria direito, em tese, à devolução em dinheiro.	Sim	Energia elétrica	Não	Não	N/A	Não mencionou
95	1070252/SP e REsp 1054847/RJ	Os bancos depositários são responsáveis pela correção monetária dos ativos retidos até o momento em que esses foram transferidos ao Banco Central do Brasil. Consequentemente, os bancos depositários são legitimados passivos quanto à pretensão de reajuste dos saldos referente ao mês de março de 1990, bem como ao pertinente ao mês de abril do mesmo ano, referente às contas de poupança cujas datas de aniversário ou creditamento foram anteriores à transferência dos ativos.	Sim	Instituições financeiras	Não	Não	N/A	Não mencionou
99	1102552/CE	Relativamente aos juros moratórios a que está sujeita a CEF - por não ter efetuado, no devido tempo e pelo índice correto, os créditos de correção monetária das contas vinculadas do FGTS -, seu cálculo deve observar, à falta de norma específica, a taxa legal, antes prevista no art. 1062 do Código Civil de 1916 e agora no art. 406 do Código Civil de 2002. (...) "atualmente, a taxa dos juros moratórios a que se refere o referido dispositivo [art. 406 do CC/2002] é a taxa referencial do Sistema Especial de Liquidação e Custódia - SELIC", que "não pode ser cumulada com a aplicação de outros índices de atualização monetária.	Sim	Instituições financeiras	Não	Não	N/A	Não mencionou

TEMA	REsp Nº	TESE FIRMADA	TEMA DE SETOR REGULADO?	QUAL SETOR REGULADO ?	PARTICIPAÇÃO DO REGULADOR	AUDIÊNC IA PÚBLICA	AGÊNCIA PARTICIPOU DA AUDIÊNCIA?	GRAU DE CONSIDERAÇÃO DA REGULAÇÃO NA FUNDAMNETAÇÃO
127	1108034/RN	A responsabilidade pela apresentação dos extratos analíticos das contas vinculadas do FGTS é exclusiva da Caixa Econômica Federal, inclusive com relação aos extratos anteriores à migração das contas que não tenham sido transferidas à CEF.	Sim	Instituições financeiras	Não	Não	N/A	Não mencionou
153	1113403/RJ	É legítima a cobrança da tarifa de água fixada de acordo com as categorias de usuários e as faixas de consumo.	Sim	Recursos Hídricos	Não	Não	N/A	Não mencionou
170	977.090/ES	Sob a égide do Convênio ICMS 66/88 (antes, portanto, da entrada em vigor da Lei Complementar 87/96) não havia direito do contribuinte ao crédito de ICMS recolhido quando pago em razão de operações de consumo de energia elétrica.	Sim	Energia elétrica	Não	Não	N/A	Não mencionou
172	1.117.139/RJ	Demanda envolvendo questões referentes ao empréstimo compulsório sobre energia elétrica proposta unicamente contra a Eletrobrás, perante a justiça estadual. (...) O pedido de intervenção da União realizado após a prolação da sentença enseja tão somente o deslocamento do processo para o Tribunal Regional Federal, para que examine o requerimento de ingresso na lide e prossiga (se for o caso) seu julgamento, sem a automática anulação da sentença proferida pelo juízo estadual.	Sim	Energia elétrica	Não	Não	N/A	Não mencionou
181	1.112.884/MG	O farmacêutico pode acumular a responsabilidade técnica por unidade farmacêutica e por unidade de drogaria, bem como a responsabilidade por duas drogarias, espécies do gênero 'farmácia'.	Sim	Saúde	Não	Não	N/A	Não mencionou

TEMA	REsp Nº	TESE FIRMADA	TEMA DE SETOR REGULADO?	QUAL SETOR REGULADO ?	PARTICIPAÇÃO DO REGULADOR	AUDIÊNCIA PÚBLICA	AGÊNCIA PARTICIPOU DA AUDIÊNCIA?	GRAU DE CONSIDERAÇÃO DA REGULAÇÃO NA FUNDAMNETAÇÃO
203	1.111.201/PE	No tocante à correção monetária incidente no mês de fevereiro de 1989, o Superior Tribunal de Justiça firmou entendimento de que deve ser calculada com base na variação do IPC, ou seja, no percentual de 10,14%. [...] Em relação aos demais índices postulados, firmou-se a jurisprudência desta Corte no sentido de que a correção dos saldos deve ser de 9,61% em junho/90 (BTN), 10,79% em julho/90 (BTN), 13,69% em janeiro/91 (IPC) e 8,5% em março/91 (TR).	Sim	Instituições financeiras	Não	Não	N/A	Não mencionou
208	1.112.520/PE	Os acréscimos monetários nas contas vinculadas ao Fundo de Garantia do Tempo de Serviço, nos meses de junho/87, janeiro/89, abril e maio/90 e fevereiro/91 são, respectivamente, 18,02% (LBC), 42,72%, 44,80% (IPC), 5,38 (BTN) e 7% (TR). Enunciado da Súmula 252/STJ.	Sim	Instituições financeiras	Não	Não	N/A	Não mencionou
233	1.112.879/PR e 1.112.880/PR	Nos contratos de mútuo em que a disponibilização do capital é imediata, o montante dos juros remuneratórios praticados deve ser consignado no respectivo instrumento. Ausente a fixação da taxa no contrato o juiz deve limitar os juros à média de mercado nas operações da espécie, divulgada pelo Bacen, salvo se a taxa cobrada for mais vantajosa para o cliente.	Sim	Instituições financeiras	Sim	Não	N/A	Considerou fortemente
234	1.112.879/PR e 1.112.880/PR	Nos contratos de mútuo em que a disponibilização do capital é imediata, o montante dos juros remuneratórios praticados deve ser consignado no respectivo instrumento. Ausente a fixação da taxa no contrato o juiz deve limitar os juros à média de mercado nas operações da espécie, divulgada pelo Bacen, salvo se a taxa cobrada for mais vantajosa para o cliente. Em qualquer hipótese, é possível a correção para a taxa média se for verificada abusividade nos juros remuneratórios praticados.	Sim	Instituições financeiras	Sim	Não	N/A	Considerou fortemente

TEMA	REsp Nº	TESE FIRMADA	TEMA DE SETOR REGULADO?	QUAL SETOR REGULADO ?	PARTICIPAÇÃO DO REGULADOR	AUDIÊNC IA PÚBLICA	AGÊNCIA PARTICIPOU DA AUDIÊNCIA?	GRAU DE CONSIDERAÇÃO DA REGULAÇÃO NA FUNDAMNETAÇÃO
235	1.112.524/DF	A correção monetária é matéria de ordem pública, integrando o pedido de forma implícita, razão pela qual sua inclusão ex officio, pelo juiz ou tribunal, não caracteriza julgamento extra ou ultra petita, hipótese em que prescindível o princípio da congruência entre o pedido e a decisão judicial.	Sim	Instituições financeiras	Não	Não	N/A	Não mencionou
242	1.117.139/RJ	As atividades de panificação e de congelamento de produtos perecíveis", 'rotisseria e restaurante', 'açougue e peixaria' e 'frios e laticínios' (...) por supermercado não configuram processo de industrialização de alimentos, (...) razão pela qual inexiste direito ao creditamento do ICMS pago na entrada da energia elétrica consumida no estabelecimento comercial.	Sim	Energia elétrica	Não	Não	N/A	Não mencionou
246	973.827/RS	É permitida a capitalização de juros com periodicidade inferior a um ano em contratos celebrados após 31.3.2000, data da publicação da Medida Provisória n. 1.963-17/2000 (em vigor como MP 2.170-36/2001), desde que expressamente pactuada.	Sim	Instituições financeiras	Sim	Não	N/A	Considerou fortemente
247	973.827/RS	A capitalização dos juros em periodicidade inferior à anual deve vir pactuada de forma expressa e clara. A previsão no contrato bancário de taxa de juros anual superior ao duodécuplo da mensal é suficiente para permitir a cobrança da taxa efetiva anual contratada.	Sim	Instituições financeiras	Sim	Não	N/A	Considerou fortemente
255	1.123.539/RS	Os créditos rurais originários de operações financeiras alongadas ou renegociadas (cf. Lei n. 9.138/95), cedidos à União por força da Medida Provisória 2.196-3/2001, estão abarcados no conceito de Dívida Ativa da União para efeitos de execução fiscal - não importando a natureza pública ou privada dos créditos em si.	Sim	Instituições financeiras	Não	Não	N/A	Não mencionou

TEMA	REsp Nº	TESE FIRMADA	TEMA DE SETOR REGULADO?	QUAL SETOR REGULADO ?	PARTICIPAÇÃO DO REGULADOR	AUDIÊNC IA PÚBLICA	AGÊNCIA PARTICIPOU DA AUDIÊNCIA?	GRAU DE CONSIDERAÇÃO DA REGULAÇÃO NA FUNDAMNETAÇÃO
293	976836/RS	O repasse econômico do PIS e da COFINS realizados pelas empresas concessionárias de serviços de telecomunicação é legal e condiz com as regras de economia e de mercado.	Sim	Telecomunica ções	Sim	Não	N/A	Considerou fortemente
303	1.147.595/RS	Quanto ao Plano Collor I (março/1990), é de 84,32% fixado com base no índice de Preços ao Consumidor (IPC), conforme disposto nos arts. 10 e 17, III, da Lei 7.730/89, o índice a ser aplicado no mês de março de 1990 aos ativos financeiros retidos até o momento do respectivo aniversário da conta; ressalva-se, contudo, que devem ser atualizados pelo BTN Fiscal os valores excedentes ao limite estabelecido em NCz$ 50.000,00, que constituíram conta individualizada junto ao BACEN, assim como os valores que não foram transferidos para o BACEN, para as cadernetas de poupança que tiveram os períodos aquisitivos iniciados após a vigência da Medida Provisória 168/90 e nos meses subsequentes ao seu advento (abril, maio e junho de 1990).	Sim	Instituições financeiras	Sim	Não	N/A	Considerou fortemente
304	1.147.595/RS	Quanto ao Plano Collor II, é de 20,21%* o índice de correção monetária a ser aplicado no mês de março de 1991, nas hipóteses em que já iniciado o período mensal aquisitivo da caderneta de poupança quando do advento do Plano, pois o poupador adquiriu o direito de ter o valor aplicado remunerado de acordo com o disposto na Lei n. 8.088/90, não podendo ser aplicado o novo critério de remuneração previsto na Medida Provisória n. 294, de 31.1.1991, convertida na Lei n. 8.177/91.	Sim	Instituições financeiras	Sim	Não	N/A	Considerou fortemente

TEMA	REsp Nº	TESE FIRMADA	TEMA DE SETOR REGULADO?	QUAL SETOR REGULADO ?	PARTICIPAÇÃO DO REGULADOR	AUDIÊNC IA PÚBLICA	AGÊNCIA PARTICIPOU DA AUDIÊNCIA?	GRAU DE CONSIDERAÇÃO DA REGULAÇÃO NA FUNDAMNETAÇÃO
305	1.034.255/RS e 1.112.474/RS	A Brasil Telecom S/A, como sucessora por incorporação da Companhia Riograndense de Telecomunicações (CRT), tem legitimidade passiva para responder pela complementação acionária decorrente de contrato de participação financeira, celebrado entre adquirente de linha telefônica e a incorporada.	Sim	Telecomunica ções	Não	Não	N/A	Não mencionou
306	1.034.255/RS e 1.112.474/RS	A legitimidade da Brasil Telecom S/A para responder pela chamada 'dobra acionária', relativa às ações da Celular CRT Participações S/A, decorre do protocolo e da justificativa de cisão parcial da Companhia Riograndense de Telecomunicações (CRT), premissa fática infensa à análise do STJ por força das Súmulas 5 e 7.	Sim	Telecomunica ções	Não	Não	N/A	Não mencionou
307	1.034.255/RS	É devida indenização a título de dividendos ao adquirente de linha telefônica, como decorrência lógica da procedência do pedido de complementação das ações da CRT/Celular CRT, a contar do ano da integralização do capital.	Sim	Telecomunica ções	Não	Não	N/A	Não mencionou
308	1.112.474/RS	A pretensão de cobrança de indenização decorrente de dividendos relativos à subscrição complementar das ações da CRT/Celular CRT prescreve em três anos, nos termos do art. 206, § 3º, inciso III, do Código Civil de 2002, somente começando a correr tal prazo após o reconhecimento do direito à complementação acionária.	Sim	Telecomunica ções	Não	Não	N/A	Não mencionou
309	1.112.474/RS	A pretensão de cobrança de indenização decorrente de dividendos relativos à subscrição complementar das ações da CRT/Celular CRT prescreve em três anos, nos termos do art. 206, § 3º, inciso III, do Código Civil de 2002, somente começando a correr tal prazo após o reconhecimento do direito à complementação acionária.	Sim	Telecomunica ções	Não	Não	N/A	Não mencionou

TEMA	REsp Nº	TESE FIRMADA	TEMA DE SETOR REGULADO?	QUAL SETOR REGULADO ?	PARTICIPAÇÃO DO REGULADOR	AUDIÊNC IA PÚBLICA	AGÊNCIA PARTICIPOU DA AUDIÊNCIA?	GRAU DE CONSIDERAÇÃO DA REGULAÇÃO NA FUNDAMNETAÇÃO
318	1.110.321/DF	O prazo prescricional para ação ajuizada para reaver o quantum pago a maior, em decorrência da majoração da tarifa de energia elétrica pelas Portarias 38/86 e 45/86, é de 20 anos.	Sim	Energia elétrica	Não	Não	N/A	Considerou fortemente
319	1.110.321/DF	A majoração da tarifa de energia elétrica estabelecida pelas Portarias do DNAEE 38/86 e 45/86 é ilegítima, por terem desrespeitado o congelamento de preços instituído pelo cognominado 'Plano Cruzado'. Ressalta- se, todavia, a legalidade dos reajustes das tarifas ocorridos a partir da vigência da Portaria 153/86, de 27.11.86, editada quando não mais vigiam os referidos diplomas legais. (...) A ilegalidade da majoração da tarifa de energia elétrica estabelecida pelas Portarias 38/86 e 45/86 deve ser aferida da seguinte forma: a) aos consumidores industriais atingidos pelo congelamento, devesse-lhes reconhecer o direito à repetição da tarifa majorada, e; b) aos consumidores residenciais não assiste o direito à repetição.	Sim	Energia elétrica	Não	Não	N/A	Considerou fortemente
323	1.133.769/RN	O Fundo de Compensação de Variações Salariais - FCVS é responsável pela quitação do saldo residual de segundo financiamento nos contratos celebrados até 05.12.1990, ante a ratio essendi do art. 3º da Lei 8.100/90, com o redação conferida pela Lei n 10.150, de 21.12.2001.	Sim	Instituições financeiras	Não	Não	N/A	Não mencionou
388	1.129.335/SP	A Contribuição Provisória sobre Movimentação ou Transmissão de Valores de Créditos e Direitos de Natureza Financeira - CPMF, enquanto vigente, incidia sobre a conversão de crédito decorrente de empréstimo em investimento externo direto (contrato de câmbio simbólico), uma vez que a tributação aperfeiçoava-se mesmo diante de operação unicamente escritural.	Sim	Instituições financeiras	Não	Não	N/A	Mencionou, mas não se fundamentou nela

TEMA	REsp Nº	TESE FIRMADA	TEMA DE SETOR REGULADO?	QUAL SETOR REGULADO ?	PARTICIPAÇÃO DO REGULADOR	AUDIÊNC IA PÚBLICA	AGÊNCIA PARTICIPOU DA AUDIÊNCIA?	GRAU DE CONSIDERAÇÃO DA REGULAÇÃO NA FUNDAMNETAÇÃO
414	1.166.561/RJ	Não é lícita a cobrança de tarifa de água no valor do consumo mínimo multiplicado pelo número de economias existentes no imóvel, quando houver único hidrômetro no local. A cobrança pelo fornecimento de água aos condomínios em que o consumo total de água é medido por único hidrômetro deve se dar pelo consumo real aferido.	Sim	Recursos Hídricos	Não	Não	N/A	Não mencionou
426	1.194.402/RS	Salvo disposição contratual em sentido diferente, aplica-se aos contratos celebrados no âmbito do Sistema Financeiro da Habitação a regra de imputação prevista no art. 354 do Código Civil de 2002, que reproduz o art. 993 do Código Civil de 1916 e foi adotada pela RD BNH 81/1969.	Sim	Instituições financeiras	Não	Não	N/A	Não mencionou
427	1.176.753/RJ	A incidência do ICMS, no que se refere à prestação dos serviços de comunicação, deve ser extraída da Constituição Federal e da LC 87/96, incidindo o tributo sobre os serviços de comunicação prestados de forma onerosa, através de qualquer meio, inclusive a geração, a emissão, a recepção, a transmissão, a retransmissão, a repetição e a ampliação de comunicação de qualquer natureza (art. 2º, III, da LC 87/96). A prestação de serviços conexos ao de comunicação por meio da telefonia móvel (que são preparatórios, acessórios ou intermediários da comunicação) não se confunde com a prestação da atividade fim processo de transmissão (emissão ou recepção) de informações de qualquer natureza, esta sim, passível de incidência pelo ICMS. Desse modo, a despeito de alguns deles serem essenciais à efetiva prestação do serviço de comunicação e admitirem a cobrança de tarifa pela prestadora do serviço (concessionária de serviço público), por assumirem o caráter de atividade meio, não constituem, efetivamente, serviços de comunicação, razão pela qual não é possível a incidência do ICMS.	Sim	Telecomunica ções	Não	Não	N/A	Mencionou, mas não se fundamentou nela

TEMA	REsp Nº	TESE FIRMADA	TEMA DE SETOR REGULADO?	QUAL SETOR REGULADO ?	PARTICIPAÇÃO DO REGULADOR	AUDIÊNC IA PÚBLICA	AGÊNCIA PARTICIPOU DA AUDIÊNCIA?	GRAU DE CONSIDERAÇÃO DA REGULAÇÃO NA FUNDAMNETAÇÃO
463	1.063.474/RS	Só responde por danos materiais e morais o endossatário que recebe título de crédito por endosso- mandato e o leva a protesto se extrapola os poderes de mandatário ou em razão de ato culposo próprio, como no caso de apontamento depois da ciência acerca do pagamento anterior ou da falta de higidez da cártula	Sim	Instituições financeiras	Não	Não	N/A	Não mencionou
464	1.063.474/RS	Só responde por danos materiais e morais o endossatário que recebe título de crédito por endosso- mandato e o leva a protesto se extrapola os poderes de mandatário ou em razão de ato culposo próprio, como no caso de apontamento depois da ciência acerca do pagamento anterior ou da falta de higidez da cártula.	Sim	Instituições financeiras	Não	Não	N/A	Não mencionou
465	1.213.256/RS	Responde pelos danos decorrentes de protesto indevido o endossatário que recebe por endosso translativo título de crédito contendo vício formal extrínseco ou intrínseco, ficando ressalvado seu direito de regresso contra os endossantes e avalistas.	Sim	Instituições financeiras	Não	Não	N/A	Não mencionou
466	1.197.929/PR e 1.119.782/PR	As instituições financeiras respondem objetivamente pelos danos gerados por fortuito interno relativo a fraudes e delitos praticados por terceiros no âmbito de operações bancárias.	Sim	Instituições financeiras	Não	Não	N/A	Não mencionou
467	1.120.620/RJ	A concessão da exploração do serviço de transporte ferroviário de passageiros em favor da SUPERVIA mediante prévio procedimento licitatório, não implicou sucessão empresarial entre esta e a FLUMITRENS.	Sim	Transportes	Não	Não	N/A	Não mencionou
468	1.120.620/RJ	A SUPERVIA não tem legitimidade para responder por ilícitos praticados pela FLUMITRENS à época em que operava o serviço de transporte ferroviário de passageiros.	Sim	Transportes	Não	Não	N/A	Não mencionou
483	1.110.906/SP	Não é obrigatória a presença de farmacêutico em dispensário de medicamentos.	Sim	Vigilância Sanitária	Não	Não	N/A	Mencionou, mas não se fundamentou nela

TEMA	REsp Nº	TESE FIRMADA	TEMA DE SETOR REGULADO?	QUAL SETOR REGULADO ?	PARTICIPAÇÃO DO REGULADOR	AUDIÊNC IA PÚBLICA	AGÊNCIA PARTICIPOU DA AUDIÊNCIA?	GRAU DE CONSIDERAÇÃO DA REGULAÇÃO NA FUNDAMNETAÇÃO
499	1.114.604/PR e 1.114.606/PR	As administradoras de consórcio têm liberdade para fixar a respectiva taxa de administração, nos termos do art. 33 da Lei nº 8.177/91 e da Circular nº 2.766/97 do Banco Central, não havendo falar em ilegalidade ou abusividade da taxa contratada superior a 10% (dez por cento).	Sim	Instituições financeiras	Sim	Não	N/A	Considerou fortemente
511	1.117.973/DF e 1.183.474/DF	É devida a restituição da denominada reserva de poupança a ex-participantes de plano de benefícios de previdência privada, devendo ser corrigida monetariamente conforme os índices que reflitam a real inflação ocorrida no período, mesmo que o estatuto da entidade preveja critério de correção diverso, devendo ser incluídos os expurgos inflacionários (Súmula 289/STJ).	Sim	Previdência Privada	Não	Não	N/A	Não mencionou
512	1.117.973/DF e 1.183.474/DF	A atualização monetária das contribuições devolvidas pela entidade de previdência privada ao associado deve ser calculada pelo IPC, por ser o índice que melhor traduz a perda do poder aquisitivo da moeda."	Sim	Instituições financeiras	Não	Não	N/A	Não mencionou
514	1183474/DF	A quitação relativa à restituição, por instrumento de transação, somente alcança as parcelas efetivamente quitadas, não tendo eficácia em relação às verbas por ele não abrangidas. Portanto, se os expurgos inflacionários não foram pagos aos participantes que faziam jus à devolução das parcelas da contribuição, não se pode considerá-los saldados por recibo de quitação passado de forma geral.	Sim	Previdência Privada	Não	Não	N/A	Não mencionou

TEMA	REsp Nº	TESE FIRMADA	TEMA DE SETOR REGULADO?	QUAL SETOR REGULADO ?	PARTICIPAÇÃO DO REGULADOR	AUDIÊNC IA PÚBLICA	AGÊNCIA PARTICIPOU DA AUDIÊNCIA?	GRAU DE CONSIDERAÇÃO DA REGULAÇÃO NA FUNDAMNETAÇÃO
517	1.210.064/SP	A despeito de situações fáticas variadas no tocante ao descumprimento do dever de segurança e vigilância contínua das vias férreas, a responsabilização da concessionária é uma constante, passível de ser elidida tão somente quando cabalmente comprovada a culpa exclusiva da vítima. Para os fins da sistemática prevista no art. 543-C do CPC, citam-se algumas situações: (i) existência de cercas ao longo da via, mas caracterizadas pela sua vulnerabilidade, insuscetíveis de impedir a abertura de passagens clandestinas, ainda quando existente passarela nas imediações do local do sinistro; (ii) a própria inexistência de cercadura ao longo de toda a ferrovia; (iii) a falta de vigilância constante e de manutenção da incolumidade dos muros destinados à vedação do acesso à linha férrea pelos pedestres; (iv) a ausência parcial cu total de sinalização adequada a indicar o perigo representado pelo tráfego das composições.	Sim	Transportes	Não	Não	N/A	Mencionou, mas não se fundamentou nela

TEMA	REsp Nº	TESE FIRMADA	TEMA DE SETOR REGULADO?	QUAL SETOR REGULADO ?	PARTICIPAÇÃO DO REGULADOR	AUDIÊNC IA PÚBLICA	AGÊNCIA PARTICIPOU DA AUDIÊNCIA?	GRAU DE CONSIDERAÇÃO DA REGULAÇÃO NA FUNDAMNETAÇÃO
518	1.172.421/SP	A despeito de situações fáticas variadas no tocante ao descumprimento do dever de segurança e vigilância contínua das vias férreas, a responsabilização da concessionária é uma constante, passível de ser elidida tão somente quando cabalmente comprovada a culpa exclusiva da vítima. No caso de atropelamento de pedestre em via férrea, configura-se a concorrência de causas, impondo a redução da indenização por dano moral pela metade, quando: (i) a concessionária do transporte ferroviário descumpre o dever de cercar e fiscalizar os limites da linha férrea, mormente em locais urbanos e populosos, adotando conduta negligente no tocante às necessárias práticas de cuidado e vigilância tendentes a evitar a ocorrência de sinistros; e (ii) a vítima adota conduta imprudente, atravessando a via férrea em local inapropriado.	Sim	Transportes	Não	Não	N/A	Mencionou, mas não se fundamentou nela
537	1.299.303/SC	Diante do que dispõe a legislação que disciplina as concessões de serviço público e da peculiar relação envolvendo o Estado-concedente, a concessionária e o consumidor, esse último tem legitimidade para propor ação declaratória c/c repetição de indébito na qual se busca afastar, no tocante ao fornecimento de energia elétrica, a incidência do ICMS sobre a demanda contratada e não utilizada.	Sim	Energia elétrica	Não	Não	N/A	Não mencionou
541	1.201.635/MG	O ICMS incidente sobre a energia elétrica consumida pelas empresas de telefonia, que promovem processo industrial por equiparação, pode ser creditado para abatimento do imposto devido quando da prestação de serviços.	Sim	Energia elétrica	Não	Não	N/A	Mencionou, mas não se fundamentou nela

TEMA	REsp Nº	TESE FIRMADA	TEMA DE SETOR REGULADO?	QUAL SETOR REGULADO ?	PARTICIPAÇÃO DO REGULADOR	AUDIÊNC IA PÚBLICA	AGÊNCIA PARTICIPOU DA AUDIÊNCIA?	GRAU DE CONSIDERAÇÃO DA REGULAÇÃO NA FUNDAMNETAÇÃO
551	1.322.624/SC	Legitimidade passiva da Brasil Telecom S/A para responder pelos atos praticados pela Telesc, quanto a credores cujo título não tiver sido constituído até o ato de incorporação, independentemente de se referir a obrigações anteriores, ante a sucessão empresarial.	Sim	Telecomunicações	Não	Não	N/A	Mencionou, mas não se fundamentou nela
558	1.161.522/AL	Prescreve o art. 38 da Lei nº 10.150/2000 que as instituições financeiras captadoras de depósitos à vista e que operem crédito imobiliário estão autorizadas, e não obrigadas, a promover contrato de Arrendamento Imobiliário Especial com Opção de Compra, dos imóveis que tenham arrematado, adjudicado ou recebido em dação em pagamento por força de financiamentos habitacionais por elas concedidos.	Sim	Instituições financeiras	Não	Não	N/A	Não mencionou

TEMA	REsp Nº	TESE FIRMADA	TEMA DE SETOR REGULADO?	QUAL SETOR REGULADO ?	PARTICIPAÇÃO DO REGULADOR	AUDIÊNC IA PÚBLICA	AGÊNCIA PARTICIPOU DA AUDIÊNCIA?	GRAU DE CONSIDERAÇÃO DA REGULAÇÃO NA FUNDAMNETAÇÃO
572	1.124.552/RS	A análise acerca da legalidade da utilização da Tabela Price - mesmo que em abstrato - passa, necessariamente, pela constatação da eventual capitalização de juros (ou incidência de juros compostos, juros sobre juros ou anatocismo), que é questão de fato e não de direito, motivo pelo qual não cabe ao Superior Tribunal de Justiça tal apreciação, em razão dos óbices contidos nas Súmulas 5 e 7 do STJ.É exatamente por isso que, em contratos cuja capitalização de juros seja vedada, é necessária a interpretação de cláusulas contratuais e a produção de prova técnica para aferir a existência da cobrança de juros não lineares, incompatíveis, portanto, com financiamentos celebrados no âmbito do Sistema Financeiro da Habitação antes da vigência da Lei n. 11.977/2009, que acrescentou o art. 15-A à Lei n. 4.380/1964. Em se verificando que matérias de fato ou eminentemente técnicas foram tratadas como exclusivamente de direito, reconhece-se o cerceamento, para que seja realizada a prova pericial.	Sim	Instituições financeiras	Não	Não	N/A	Não mencionou
574	1.220.934/RS e 1.225.166/RS	A pretensão de ressarcimento do valor pago pelo custeio de Plantas Comunitárias de Telefonia (PCTs), não existindo previsão contratual de reembolso pecuniário ou por ações da companhia, submete-se ao prazo de prescrição de 20 (vinte) anos, na vigência do Código Civil de 1916 (art. 177), e de 3 (três) anos, na vigência do Código Civil de 2002, por se tratar de demanda fundada em enriquecimento sem causa (art. 206, § 3º, inc. IV), observada a fórmula de transição prevista no art. 2.028 do mesmo diploma legal.	Sim	Telecomunica ções	Sim	Não	N/A	Não mencionou

TEMA	REsp Nº	TESE FIRMADA	TEMA DE SETOR REGULADO?	QUAL SETOR REGULADO ?	PARTICIPAÇÃO DO REGULADOR	AUDIÊNC IA PÚBLICA	AGÊNCIA PARTICIPOU DA AUDIÊNCIA?	GRAU DE CONSIDERAÇÃO DA REGULAÇÃO NA FUNDAMNETAÇÃO
575	1.243.646/PR	1. A participação financeira do consumidor no custeio de construção de rede elétrica não é, por si só, ilegal, uma vez que, na vigência do Decreto n. 41.019/57, havia previsão normativa de obras que deviam ser custeadas pela concessionária (art. 141), pelo consumidor (art. 142), ou por ambos (art.138 e art. 140).2. Em contratos regidos pelo Decreto n. 41.019/57, o consumidor que solicitara a extensão da rede de eletrificação rural não tem direito à restituição dos valores aportados, salvo na hipótese de (i) ter adiantado parcela que cabia à concessionária - em caso de responsabilidade conjunta (arts. 138 e 140) - ou (ii) ter custeado obra cuja responsabilidade era exclusiva da concessionária (art. 141). Leva-se em consideração, em ambos os casos, a normatização editada pelo Departamento Nacional de Águas e Energia Elétrica - DNAEE, que definia os encargos de responsabilidade da concessionária e do consumidor, relativos a pedidos de extensão de redes de eletrificação, com base na natureza de cada obra.3. À míngua de comprovação de que os valores cuja restituição se pleiteia eram de responsabilidade da concessionária, não sendo o caso de inversão do ônus da prova e não existindo previsão contratual para o reembolso, o pedido de devolução deve ser julgado improcedente.	Sim	Energia elétrica	Sim	Não	N/A	Considerou fortemente
576	1.291.575/PR	A Cédula de Crédito Bancário é título executivo extrajudicial, representativo de operações de crédito de qualquer natureza, circunstância que autoriza sua emissão para documentar a abertura de crédito em conta-corrente, nas modalidades de crédito rotativo ou cheque especial.	Sim	Instituições financeiras	Não	Não	N/A	

TEMA	REsp Nº	TESE FIRMADA	TEMA DE SETOR REGULADO?	QUAL SETOR REGULADO ?	PARTICIPAÇÃO DO REGULADOR	AUDIÊNC IA PÚBLICA	AGÊNCIA PARTICIPOU DA AUDIÊNCIA?	GRAU DE CONSIDERAÇÃO DA REGULAÇÃO NA FUNDAMNETAÇÃO
610	1.360.969/RS	Na vigência dos contratos de plano ou de seguro de assistência à saúde, a pretensão condenatória decorrente da declaração de nulidade de cláusula de reajuste nele prevista prescreve em 20 anos (art. 177 do CC/1916) ou em 3 anos (art. 206, § 3º, IV, do CC/2002), observada a regra de transição do art. 2.028 do CC/2002.	Sim	Saúde	Não	Não	N/A	Mencionou, mas não se fundamentou nela
618	1251331/RS	Nos contratos bancários celebrados até 30/04/2008 (fim da vigência da Resolução CMN 2.303/96) era válida a pactuação das Tarifas de Abertura de Crédito (TAC) e de Emissão de Carnê (TEC), ou outra denominação para o mesmo fato gerador, ressalvado o exame de abusividade em cada caso concreto.	Sim	Instituições financeiras	Sim	Não	N/A	Considerou fortemente
619	1251331/RS	Com a vigência da Resolução CMN 3.518/2007, em 30/04/2008, a cobrança por serviços bancários prioritários para pessoas físicas ficou limitada às hipóteses taxativamente previstas em norma padronizadora expedida pela autoridade monetária. Desde então, não tem respaldo legal a contratação da Tarifa de Emissão de Carnê (TEC) e da Tarifa de Abertura de Crédito (TAC), ou outra denominação para o mesmo fato gerador.	Sim	Instituições financeiras	Sim	Não	N/A	Considerou fortemente
620	1251331/RS	Permanece válida a tarifa de cadastro expressamente tipificada em ato normativo padronizador da autoridade monetária, a qual somente pode ser cobranda do início do relacionamento entre o consumidor e a instituição financeira.	Sim	Instituições financeiras	Sim	Não	N/A	Considerou fortemente
621	1255573/RS	Podem as partes convencionar o pagamento do Imposto sobre Operações Financeiras e de Crédito (IOF) por meio de financiamento acessório ao mútuo principal, sujeitando-o aos mesmos encargos contratuais.	Sim	Instituições financeiras	Sim	Não	N/A	Considerou fortemente

TEMA	REsp Nº	TESE FIRMADA	TEMA DE SETOR REGULADO?	QUAL SETOR REGULADO ?	PARTICIPAÇÃO DO REGULADOR	AUDIÊNC IA PÚBLICA	AGÊNCIA PARTICIPOU DA AUDIÊNCIA?	GRAU DE CONSIDERAÇÃO DA REGULAÇÃO NA FUNDAMNETAÇÃO
650	1.331.168/RJ	O benefício especial de renda certa, instituído pela Caixa de Previdência dos Funcionários do Banco do Brasil - PREVI, é devido exclusivamente aos assistidos que, no período de atividade, contribuíram por mais de 360 meses (30 anos) para o plano de benefícios.	Sim	Instituições financeiras	Não	Não	N/A	Não mencionou
666	1.391.089/RS	É válida, no sistema de planta comunitária de telefonia - PCT, a previsão contratual ou regulamentar que desobrigue a companhia de subscrever ações em nome do consumidor ou de lhe restituir o valor investido.	Sim	Telecomunica ções	Não	Não	N/A	Não mencionou
669	1.373.438/RS	Cabimento da cumulação de dividendos e juros sobre capital próprio nas demandas por complementação de ações de empresas de telefonia.	Sim	Telecomunica ções	Não	Não	N/A	Não mencionou
670	1.373.438/RS	Descabimento da inclusão dos dividendos ou dos juros sobre capital próprio no cumprimento da sentença condenatória à complementação de ações sem expressa previsão no título executivo.	Sim	Telecomunica ções	Não	Não	N/A	Não mencionou

TEMA	REsp Nº	TESE FIRMADA	TEMA DE SETOR REGULADO?	QUAL SETOR REGULADO ?	PARTICIPAÇÃO DO REGULADOR	AUDIÊNC IA PÚBLICA	AGÊNCIA PARTICIPOU DA AUDIÊNCIA?	GRAU DE CONSIDERAÇÃO DA REGULAÇÃO NA FUNDAMNETAÇÃO
710	1.419.697/RS e 1.457.199/RS	I - O sistema "credit scoring" é um método desenvolvido para avaliação do risco de concessão de crédito, a partir de modelos estatísticos, considerando diversas variáveis, com atribuição de uma pontuação ao consumidor avaliado (nota do risco de crédito). II - Essa prática comercial é lícita, estando autorizada pelo art. 5º, IV, e pelo art. 7º, I, da Lei n. 12.414/2011 (lei do cadastro positivo). III - Na avaliação do risco de crédito, devem ser respeitados os limites estabelecidos pelo sistema de proteção do consumidor no sentido da tutela da privacidade e da máxima transparência nas relações negociais, conforme previsão do CDC e da Lei n. 12.414/2011.IV - Apesar de desnecessário o consentimento do consumidor consultado, devem ser a ele fornecidos esclarecimentos, caso solicitados, acerca das fontes dos dados considerados (histórico de crédito), bem como as informações pessoais valoradas.V - O desrespeito aos limites legais na utilização do sistema "credit scoring", configurando abuso no exercício desse direito (art. 187 do CC), pode ensejar a responsabilidade objetiva e solidária do fornecedor do serviço, do responsável pelo banco de dados, da fonte e do consulente (art. 16 da Lei n. 12.414/2011) pela ocorrência de danos morais nas hipóteses de utilização de informações excessivas ou sensíveis (art. 3º, § 3º, I e II, da Lei n. 12.414/2011), bem como nos casos de comprovada recusa indevida de crédito pelo uso de dados incorretos ou desatualizados.	Sim	Instituições financeiras	Sim	Sim	Sim	Não mencionou

TEMA	REsp Nº	TESE FIRMADA	TEMA DE SETOR REGULADO?	QUAL SETOR REGULADO ?	PARTICIPAÇÃO DO REGULADOR	AUDIÊNCIA PÚBLICA	AGÊNCIA PARTICIPOU DA AUDIÊNCIA?	GRAU DE CONSIDERAÇÃO DA REGULAÇÃO NA FUNDAMNETAÇÃO
715	1382751/MG	Os Conselhos Regionais de Farmácia possuem competência para fiscalização e autuação das farmácias e drogarias, quanto ao cumprimento da exigência de manterem profissional legalmente habilitado (farmacêutico) durante todo o período de funcionamento dos respectivos estabelecimentos, sob pena de incorrerem em infração passível de multa. Inteligência do art. 24 da Lei n. 3.820/60, c/c o art. 15 da Lei n. 5.991/73.	Sim	Saúde	Não	Não	N/A	Não mencionou
728	1400287 / RS	As 'sociedades corretoras de seguros' estão fora do rol de entidades constantes do art. 22, §1º, da Lei n. 8.212/91.	Sim	Previdência Privada	Não	Não	N/A	Mencionou, mas não se fundamentou nela
729	1391092 / SC	Não cabe confundir as "sociedades corretoras de seguros" com as "sociedades corretoras de valores mobiliários" (regidas pela Resolução BACEN n. 1.655/89) ou com os "agentes autônomos de seguros privados" (representantes das seguradoras por contrato de agência). As "sociedades corretoras de seguros" estão fora do rol de entidades constantes do art. 22, §1º, da Lei n. 8.212/91.	Sim	Previdência Privada	Não	Não	N/A	Mencionou, mas não se fundamentou nela
736	1425326/RS	Nos planos de benefícios de previdência privada fechada, patrocinados pelos entes federados - inclusive suas autarquias, fundações, sociedades de economia mista e empresas controladas direta ou indiretamente -, é vedado o repasse de abono e vantagens de qualquer natureza para os benefícios em manutenção, sobretudo a partir da vigência da Lei Complementar n. 108/2001, independentemente das disposições estatutárias e regulamentares.	Sim	Instituições financeiras	Sim	Não	N/A	Mencionou, mas não se fundamentou nela
835	1314394/AL	Nos contratos de financiamento celebrados no âmbito do SFH, sem cláusula de garantia de cobertura do FCVS, o saldo devedor residual deverá ser suportado pelo mutuário.	Sim	Instituições financeiras	Não	Não	N/A	Não mencionou

TEMA	REsp Nº	TESE FIRMADA	TEMA DE SETOR REGULADO?	QUAL SETOR REGULADO ?	PARTICIPAÇÃO DO REGULADOR	AUDIÊNC IA PÚBLICA	AGÊNCIA PARTICIPOU DA AUDIÊNCIA?	GRAU DE CONSIDERAÇÃO DA REGULAÇÃO NA FUNDAMNETAÇÃO
873	1.373.438/RS	Nas demandas por complementação de ações de empresas de telefonia, admite-se a condenação ao pagamento de dividendos e juros sobre capital próprio independentemente de pedido expresso.	Sim	Telecomunica ções	Não	Não	N/A	Não mencionou
874	1.354.590/RS	O Banco do Brasil, na condição de mero operador e gestor do Cadastro de Emitentes de Cheques sem Fundos - CCF, não detém legitimidade passiva para responder por danos resultantes da ausência de notificação prévia do correntista acerca de sua inscrição no referido cadastro, obrigação que incumbe ao banco sacado, junto ao qual o correntista mantém relação contratual.	Sim	Instituições financeiras	Não	Não	N/A	Considerou fortemente
944	1.433.544/SE	Nos planos de benefícios de previdência privada patrocinados pelos entes federados - inclusive suas autarquias, fundações, sociedades de economia mista e empresas controladas direta ou indiretamente -, para se tornar elegível a um benefício de prestação que seja programada e continuada, é necessário que o participante previamente cesse o vínculo laboral com o patrocinador, sobretudo a partir da vigência da Lei Complementar nº 108/2001, independentemente das disposições estatutárias e regulamentares.	Sim	Instituições financeiras	Não	Não	N/A	Mencionou, mas não se fundamentou nela
945	1423464/SC	a) a pactuação da pós-datação de cheque, para que seja hábil a ampliar o prazo de apresentação à instituição financeira sacada, deve espelhar a data de emissão estampada no campo específico da cártula;b) sempre será possível, no prazo para a execução cambial, o protesto cambiário de cheque, com a indicação do emitente como devedor.	Sim	Instituições financeiras	Não	Não	N/A	Não mencionou

TEMA	REsp Nº	TESE FIRMADA	TEMA DE SETOR REGULADO?	QUAL SETOR REGULADO ?	PARTICIPAÇÃO DO REGULADOR	AUDIÊNC IA PÚBLICA	AGÊNCIA PARTICIPOU DA AUDIÊNCIA?	GRAU DE CONSIDERAÇÃO DA REGULAÇÃO NA FUNDAMNETAÇÃO
952	1568244 / RJ	O reajuste de mensalidade de plano de saúde individual ou familiar fundado na mudança de faixa etária do beneficiário é válido desde que (i) haja previsão contratual, (ii) sejam observadas as normas expedidas pelos órgãos governamentais reguladores e (iii) não sejam aplicados percentuais desarrazoados ou aleatórios que, concretamente e sem base atuarial idônea, onerem excessivamente o consumidor ou discriminem o idoso.	Sim	Saúde	Sim	Não	N/A	Considerou fortemente

ANEXO III – LISTA DE IRDRS ANALISADOS

1. TJAC 1000892-29.2016.8.01.0000
2. TJAL 0011032-85.2011.8.02.0001
3. TJAL 0801408-06.2016.8.02.0000/50000
4. TJAM 0000142-26.2017.8.04.0000
5. TJAM 0001772-54.2016.8.04.0000
6. TJAM 0005477-60.2017.8.04.000
7. TJAM 4002464-48.2017.8.04.0000
8. TJAP 0000560-25.2016.8.03.0000
9. TJAP 0000586-86.2017.8.03.0000
10. TJAP 0000895-44.2016.8.03.0000
11. TJAP 0000901-51.2016.8.03.0000
12. TJAP 0000982-63.2017.8.03.0000
13. TJAP 0001179-52.2016.8.03.0000
14. TJAP 0001274-82.2016.8.03.0000
15. TJAP 0001560-60.2016.8.03.0000
16. TJAP 0002065-17.2017.8.03.0000
17. TJAP 0002213-62.2016.8.03.0000
18. TJBA 0005646-20.2016.8.05.0000
19. TJBA 0006410-06.2016.8.05.0000
20. TJBA 0006411-88.2016.8.05.0000
21. TJBA 0006792- 96.2016.8.05.0000
22. TJBA 0007725-69.2016.8.05.0000
23. TJBA 0015779-24.2016.8.05.0000
24. TJBA 0016338-78.2016.8.05.0000
25. TJBA 0109284-42.2011.8.05.0001
26. TJCE 0625593-47.2017.8.06.0000
27. TJCE 8515565-07.2016.8.06.0000
28. TJDFT 0000407-44.2017.8.07.0000
29. TJDFT 0001954-85.2018.8.07.0000
30. TJDFT 0006738-42.2017.8.07.0000
31. TJDFT 0011745-15.2017.8.07.0000
32. TJDFT 0011976-42.2017.8.07.0000
33. TJDFT 0012825-14.2017.8.07.0000
34. TJDFT 0013329-54.2016.8.07.0000
35. TJDFT 0013347-75.2016.8.07.0000
36. TJDFT 0013594-56.2016.8.07.0000
37. TJDFT 0013657-81.2016.8.07.0000
38. TJDFT 0013828-38.2016.8.07.0000
39. TJDFT 0014394-50.2017.8.07.0000
40. TJDFT 0014857-26.2016.8.07.0000
41. TJDFT 0017566-97.2017.8.07.0000
42. TJDFT 0018917-08.2017.8.07.0000
43. TJDFT 0019724-62.2016.8.07.0000
44. TJDFT 0022013-65.2016.8.07.0000
45. TJDFT 0022666-33.2017.8.07.0000
46. TJDFT 0023697-25.2016.8.07.0000
47. TJDFT 0024054-68.2017.8.07.0000
48. TJDFT 0026387-27.2016.8.07.0000
49. TJDFT 0033107-10.2016.8.07.0000
50. TJDFT 0037189-84.2016.8.07.0000
51. TJDFT 0041704-65.2016.8.07.0000
52. TJDFT 0041850-09.2016.8.07.0000
53. TJDFT 0042561-14.2016.8.07.0000
54. TJDFT 0042638-23.2016.8.07.0000
55. TJDFT 0043918-29.2016.8.07.0000
56. TJDFT 0046805-83.2016.8.07.0000
57. TJDFT 0047548-93.2016.8.07.0000
58. TJDFT 0051558-83.2016.8.07.0000
59. TJDFT 0051566-60.2016.8.07.0000
60. TJDFT 0051570-97.2016.8.07.0000
61. TJES 0000792-62.2017.8.08.0000
62. TJES 0011416-73.2017.8.08.0000
63. TJES 0013719- 60.2017.8.08.0000
64. TJES 0016938-18.2016.8.08.0000
65. TJES 0016940-85.2016.8.08.0000
66. TJES 0018378- 15.2017.8.08.0000
67. TJES 0019611-81.2016.8.08.0000
68. TJES 0021527-53.2016.8.08.0000
69. TJES 0021530-08.2016.8.08.0000
70. TJES 0026069-17.2016.8.08.0000

71. TJES 0026834-85.2016.8.08.0000
72. TJES 0027917-39.2016.8.08.0000
73. TJES 0028072-42.2016.8.08.0000
74. TJES 0028123-53.2016.8.08.0000
75. TJES 0028135-67.2016.8.08.0000
76. TJES 0033532-10.2016.8.08.0000
77. TJES 0033536-47.2016.8.08.0000
78. TJES 0037928-30.2016.8.08.0000
79. TJES 0038064-27.2016.8.08.0000
80. TJES 0038578-77.2016.8.08.0000
81. TJES 0039689-96.2016.8.08.0000
82. TJES 0039742-77.2016.8.08.0000
83. TJGO 110797-61.2016.8.09.0000
84. TJGO 181433-52.2016.8.09.0000
85. TJGO 185931- 94.2016.8.09.0000
86. TJGO 5011503-14.2017.8.09.0000
87. TJGO 5101640.08.2018.8.09.0000
88. TJGO 5145872.42.2017.8.09.0000
89. TJGO 5190824.43.2016.8.09.0000
90. TJGO 5191712.12.2016.8.09.0000
91. TJGO 5204904.12.2016.8.09.0000
92. TJGO 5244169.21.2016.8.09.0000
93. TJGO 5301793-91.2017.8.09.0000
94. TJGO 5308545.79.2017.8.09.0000
95. TJGO 5404114.10.2017.8.09.0000
96. TJGO 5417043.75.2017.8.09.0000
97. TJGO 97851-57.2016.8.09.0000
98. TJMA 0000340-95.2017.8.10.0000
99. TJMA 0001689-69.2015.8.10.0044
100. TJMA 0003342-10.2016.8.10.0000
101. TJMA 000396-33.2016.8.10.0000
102. TJMA 0008260-57.2016.8.10.0000
103. TJMA 0008932-65.2016.8.10.0000
104. TJMA 0803095-59.2017.8.10.0000
105. TJMA 8456-27.2016.8.10.0000
106. TJMG 0002201-34.2014.8.13.0002
107. TJMG 0005599-83.2013.8.13.0467
108. TJMG 0032089-12.2014.8.13.0693
109. TJMG 0036949-59.2018.8.13.0000
110. TJMG 0040455-77.2017.8.13.0000
111. TJMG 0057858-55.2013.8.13.0079
112. TJMG 0062466-71.2012.8.13.0713
113. TJMG 0080855-41.2014.8.13.0194
114. TJMG 0091268-11.2017.8.13.0000
115. TJMG 0107379-70.2017.8.13.0000
116. TJMG 0110183-11.2017.8.13.0000
117. TJMG 0124879-52.2017.8.13.0000
118. TJMG 0127203-15.2017.8.13.0000
119. TJMG 0152654-08.2018.8.13.0000
120. TJMG 0169124-85.2016.8.13.0000
121. TJMG 0185169-33.2017.8.13.0000
122. TJMG 0186151-81.2016.8.13.0000
123. TJMG 0207732-21.2017.8.13.0000
124. TJMG 0225883-36.2012.8.13.0024
125. TJMG 0266508-48.2016.8.13.0000
126. TJMG 0307052-44.2017.8.13.0000
127. TJMG 0326773-16.2016.8.13.0000
128. TJMG 0327953-67.2016.8.13.0000
129. TJMG 0327979-65.2016.8.13.0000
130. TJMG 0328324-31.2016.8.13.0000
131. TJMG 0333985-88.2016.8.13.0000
132. TJMG 0357115-73.2017.8.13.0000
133. TJMG 0359479-86.2015.8.13.0000
134. TJMG 0365995-88.2016.8.13.0000
135. TJMG 0371332-58.2016.8.13.0000
136. TJMG 0378360-77.2016.8.13.0000
137. TJMG 0378378-98.2016.8.13.0000
138. TJMG 0380028-83.2016.8.13.0000
139. TJMG 0381925-15.2017.8.13.0000
140. TJMG 0401855-19.2017.8.13.0000
141. TJMG 0417620-30.2017.8.13.0000
142. TJMG 0440853-56.2017.8.13.0000
143. TJMG 0443162-50.2017.8.13.0000
144. TJMG 0467476-60.2017.8.13.0000
145. TJMG 0483119-58.2017.8.13.0000
146. TJMG 0495198-06.2016.8.13.0000
147. TJMG 0499792-29.2017.8.13.0000
148. TJMG 0513701-75.2016.8.13.0000
149. TJMG 0521629-43.2017.8.13.0000
150. TJMG 0521835-57.2017.8.13.0000
151. TJMG 0534921-32.2016.8.13.0000
152. TJMG 0536148-23.2017.8.13.0000

153. TJMG 0549705-14.2016.8.13.0000
154. TJMG 0549762-32.2016.8.13.0000
155. TJMG 0551840-62.2017.8.13.0000
156. TJMG 0557161-15.2016.8.13.0000
157. TJMG 0565339-50.2016.8.13.0000
158. TJMG 0570305-56.2016.8.13.0000
159. TJMG 0586533-09.2016.8.13.0000
160. TJMG 0622500-81.2017.8.13.0000
161. TJMG 0622775-64.2016.8.13.0000
162. TJMG 0647036-59.2017.8.13.0000
163. TJMG 0648002-56.2016.8.13.0000
164. TJMG 0679270-31.2016.8.13.0000
165. TJMG 0691034-77.2017.8.13.0000
166. TJMG 0697934-13.2016.8.13.0000
167. TJMG 0725824-87.2017.8.13.0000
168. TJMG 0731006-88.2016.8.13.0000
169. TJMG 0732978-59.2017.8.13.0000
170. TJMG 0776024-65.2013.8.13.0024
171. TJMG 0814422-51.2016.8.13.0000
172. TJMG 0815948-19.2017.8.13.0000
173. TJMG 0831442-55.2016.8.13.0000
174. TJMG 0872123-67.2016.8.13.0000
175. TJMG 0901930-35.2016.8.13.0000
176. TJMG 0935920-17.2016.8.13.0000
177. TJMG 0940292-09.2016.8.13.0000
178. TJMG 0941415-42.2016.8.13.0000
179. TJMG 1432813-40.2010.8.13.0024
180. TJMS 0801079-11.2015.8.12.0045
181. TJMS 0801593-61.2015.8.12.0045
182. TJMS 0802320-38.2014.8.12.0018
183. TJMS 0818673-73.2015.8.12.0001
184. TJMS 1401943-67.2017.8.12.0000
185. TJMS 1600149-27.2017.8.12.0000
186. TJMS 1600322-17.2018.8.12.0000
187. TJMS 1600924-76.2016.8.12.0000
188. TJMS 1601022-61.2016.8.12.0000
189. TJMS 1603407-45.2017.8.12.0000
190. TJMT 0085560-68.2016.8.11.0000
191. TJMT 0108406-79.2016.8.11.0000
192. TJMT 0126391-61.2016.8.11.0000
193. TJMT 0141674-27.2016.8.11.0000
194. TJMT 1007117-52.2017.8.11.0000
195. TJMT 1009292-19.2017.8.11.0000
196. TJMT 1009332-98.2017.8.11.0000
197. TJMT 1012269-81.2017.8.11.0000
198. TJPA 0005713-96.2017.8.14.0000
199. TJPA 0006579-41.2016.8.14.0000
200. TJPA 0006691-10.2016.8.14.0000
201. TJPA 0007514-47.2017.8.14.0000
202. TJPA 0009932-55.2017.8.14.0000
203. TJPA 0010765-10.2016.8.14.0000
204. TJPA 0012177-73.2016.8.14.0000
205. TJPA 0800485-10.2017.8.14.0000
206. TJPB 0000166- 48.2017.815.0000
207. TJPB 0018835-68.2014.8.15.2001
208. TJPE 0000859-41.2018.8.17.0000
209. TJPE 0002351-05.2017.8.17.0000
210. TJPE 0011342-04.2016.8.17.0000
211. TJPE 0012855-07.2016.8.17.0000
212. TJPE 0015298-39.2016.8.17.2001
213. TJPE 0025375-98.2013.8.17.0001
214. TJPR 0002451 50.2018.8 16.0000
215. TJPR 0004178-15.2016.8.16.0000
216. TJPR 0005717-38.2015.8.16.0004
217. TJPR 0011476-56.2010.8.16.0004
218. TJPR 0011523-95.2017.8.16.0000
219. TJPR 0015679-63.2016.8.16.0000
220. TJPR 0016464-25.2016.8.16.0000
221. TJPR 0017280-33.2014.8.16.0014
222. TJPR 0017861-51.2018.8.16.0000
223. TJPR 0019302-38.2016.8.16.0000
224. TJPR 0020806-79.2016.8.16.0000
225. TJPR 0023285-45.2016.8.16.0000
226. TJPR 0023721-67.2017.8.16.0000
227. TJPR 0023844-10.2017.8.16.0000
228. TJPR 0024098-72.2016.8.16.0000
229. TJPR 0024483-20.2016.8.16.0000
230. TJPR 0024611-40.2016.8.16.0000
231. TJPR 0025164-87.2016.8.16.0000
232. TJPR 0027220-93.2016.8.16.0000
233. TJPR 0029867-61.2016.8.16.0000
234. TJPR 0031024-69.2016.8.16.0000

235. TJPR 0032268-33.2016.8.16.0000
236. TJPR 0035071-86.2016.8.16.0000
237. TJPR 0036293-89.2016.8.16.0000
238. TJPR 0037177-47.2014.8.16.0014
239. TJPR 0037784-34.2016.8.16.0014
240. TJPR 0038472-59.2017.8.16.0000
241. TJPR 0039706-76.2017.8.16.0000
242. TJPR 0042228-49.2016.8.16.0182
243. TJPR 0042848-25.2016.8.16.0000
244. TJPR 0042849-10.2016.8.16.0000
245. TJPR 0044628-97.2016.8.16.0000
246. TJPR 0044973-29.2017.8.16.0000
247. TJPR 0067937-76.2014.8.16.0014
248. TJRJ 0001399-69.2017.8.19.0000
249. TJRJ 0002387-90.2017.8.19.0000
250. TJRJ 0008112-60.2017.8.19.0000
251. TJRJ 0013701-96.2018.8.19.0000
252. TJRJ 0014050-36.2017.8.19.0000
253. TJRJ 0014128-64.2016.8.19.0000
254. TJRJ 0016329-29.2016.8.19.0000
255. TJRJ 0017256-92.2016.8.19.0000
256. TJRJ 0017329-64.2016.8.19.0000
257. TJRJ 0017850-09.2016.8.19.0000
258. TJRJ 0018554-22.2016.8.19.0000
259. TJRJ 0018608-85.2016.8.19.0000
260. TJRJ 0023205-97.2016.8.19.0000
261. TJRJ 0023484-83.2016.8.19.0000
262. TJRJ 0023485-68.2016.8.19.0000
263. TJRJ 0023519-43.2016.8.19.0000
264. TJRJ 0023750-70.2016.8.19.0000
265. TJRJ 0025701-02.2016.8.19.0000
266. TJRJ 0026454-22.2017.8.19.0000
267. TJRJ 0026631-20.2016.8.19.0000
268. TJRJ 0028516-69.2016.8.19.0000
269. TJRJ 0028540-97.2016.8.19.0000
270. TJRJ 0028548-74.2016.8.19.0000
271. TJRJ 0028557-36.2016.8.19.0000
272. TJRJ 0028564-28.2016.8.19.0000
273. TJRJ 0028579-94.2016.8.19.0000
274. TJRJ 0029202-27.2017.8.19.0000
275. TJRJ 0029283-73.2017.8.19.0000
276. TJRJ 0029554-19.2016.8.19.0000
277. TJRJ 0029562-93.2016.8.19.0000
278. TJRJ 0029565-48.2016.8.19.0000
279. TJRJ 0029568-03.2016.8.19.0000
280. TJRJ 0029580-17.2016.8.19.0000
281. TJRJ 0029586-24.2016.8.19.0000
282. TJRJ 0030019-91.2017.8.19.0000
283. TJRJ 0030387-03.2017.8.19.0000
284. TJRJ 0030494-47.2017.8.19.0000
285. TJRJ 0030581-37.2016.8.19.0000
286. TJRJ 0031476-95.2016.8.19.0000
287. TJRJ 0032321-30.2016.8.19.0000
288. TJRJ 0033332-60.2017.8.19.0000
289. TJRJ 0035047-40.2017.8.19.0000
290. TJRJ 0038420-16.2016.8.19.0000
291. TJRJ 0043423-15.2017.8.19.0000
292. TJRJ 0044193-08.2017.8.19.0000
293. TJRJ 0044882-86.2016.8.19.0000
294. TJRJ 0045980-72.2017.8.19.0000
295. TJRJ 0046959-34.2017.8.19.0000
296. TJRJ 0049089-31.2016.8.19.0000
297. TJRJ 0049825-49.2016.8.19.0000
298. TJRJ 0051057-62.2017.8.19.0000
299. TJRJ 0052809-69.2017.8.19.0000
300. TJRJ 0053010-95.2016.8.19.0000
301. TJRJ 0053455-79.2017.8.19.0000
302. TJRJ 0056634-21.2017.8.19.0000
303. TJRJ 0056701-83.2017.8.19.0000
304. TJRJ 0059296-89.2016.8.19.0000
305. TJRJ 0059983-66.2016.8.19.0000
306. TJRJ 0060020-93.2016.8.19.0000
307. TJRJ 0062689-85.2017.8.19.0000
308. TJRJ 0063205-42.2016.8.19.0000
309. TJRJ 0063861-62.2017.8.19.0000
310. TJRJ 0065694-18.2017.8.19.0000
311. TJRJ 0068984-41.2017.8.19.0000
312. TJRN 0004235-85.2017.8.20.0000
313. TJRN 0005047-64.2016.8.20.0000
314. TJRO 0803446-33.2016.822.0000
315. TJRO 0803460-17.2016.8.22.0000
316. TJRR 0000689-72.2016.8.23.0000

317. TJRR 0001514-79.2017.8.23.0000
318. TJRR 0002448-37.2017.8.23.0000
319. TJRR 0002674-42.2017.8.23.0000
320. TJRS 0001712-88.2018.8.21.7000
321. TJRS 0021254-29.2017.8.21.7000
322. TJRS 0035044-46.2018.8.21.7000
323. TJRS 0036300-24.2018.8.21.7000
324. TJRS 0039308-43.2017.8.21.7000
325. TJRS 0041865-03.2017.8.21.7000
326. TJRS 0044949-75.2018.8.21.7000
327. TJRS 0052033-64.2017.8.21.7000
328. TJRS 0053511-73.2018.8.21.7000
329. TJRS 0056200-27.2017.8.21.7000
330. TJRS 0077327-84.2018.8.21.7000
331. TJRS 0082568-39.2018.8.21.7000
332. TJRS 0092373-16.2018.8.21.7000
333. TJRS 0100387-23.2017.8.21.7000
334. TJRS 0101320-93.2017.8.21.7000
335. TJRS 0112962-29.2018.8.21.7000
336. TJRS 0143698-64.2017.8.21.7000
337. TJRS 0147554-36.2017.8.21.7000
338. TJRS 0164345-80.2017.8.21.7000
339. TJRS 0186819-79.2016.8.21.7000
340. TJRS 0197579-87.2016.8.21.7000
341. TJRS 0202532-94.2016.8.21.7000
342. TJRS 0204478-04.2016.8.21.7000
343. TJRS 0212340-26.2016.8.21.7000
344. TJRS 0214209-24.2016.8.21.7000
345. TJRS 0228061-18.2016.8.21.7000
346. TJRS 0240033-82.2016.8.21.7000
347. TJRS 0251696-28.2016.8.21.7000
348. TJRS 0252253-78.2017.8.21.7000
349. TJRS 0254874-82.2016.8.21.7000
350. TJRS 0255001-83.2017.8.21.7000
351. TJRS 0266590-72.2017.8.21.7000
352. TJRS 0277400-09.2017.8.21.7000
353. TJRS 0279105-76.2016.8.21.7000
354. TJRS 0285876-70.2016.8.21.7000
355. TJRS 0291415-80.2017.8.21.7000
356. TJRS 0301253-81.2016.8.21.7000
357. TJRS 0301300-55.2016.8.21.7000
358. TJRS 0301313-54.2016.8.21.7000
359. TJRS 0301320-46.2016.8.21.7000
360. TJRS 0301325-68.2016.8.21.7000
361. TJRS 0318574-95.2017.8.21.7000
362. TJRS 0322843-17.2016.8.21.7000
363. TJRS 0330182-90.2017.8.21.7000
364. TJRS 0330305-25.2016.8.21.7000
365. TJRS 0332181-78.2017.8.21.7000
366. TJRS 0341560-77.2016.8.21.7000
367. TJRS 0344358-11.2016.8.21.7000
368. TJRS 0344463-51.2017.8.21.7000
369. TJRS 0349019-33.2016.8.21.7000
370. TJRS 0378785-97.2017.8.21.7000
371. TJRS 0386690-56.2017.8.21.7000
372. TJSC 0001624-56.2013.8.24.0076
373. TJSC 0001986-53.2013.8.24.0013
374. TJSC 0004151-04.2013.8.24.0036
375. TJSC 0004992-13.2014.8.24.0020
376. TJSC 0009063-50.2016.8.24.0000
377. TJSC 0009946-64.2012.8.24.0023
378. TJSC 0012709-69.2012.8.24.0045
379. TJSC 0020933-43.2013.8.24.0018
380. TJSC 0025410-61.2016.8.24.0000
381. TJSC 0026959-47.2010.8.24.0023
382. TJSC 0045417-78.2011.8.24.0023
383. TJSC 0307939-93.2016.8.24.0020
384. TJSC 0309449-80.2016.8.24.0008
385. TJSC 0313534-64.2016.8.24.0023
386. TJSC 0323339-12.2014.8.24.0023
387. TJSC 0329745-15.2015.8.24.0023
388. TJSC 0501835-45.2013.8.24.0008
389. TJSC 1000576- 74.2016.8.24.0000
390. TJSC 1001312-92.2016.8.24.0000
391. TJSC 1002102-76.2016.8.24.0000
392. TJSC 4004542-57.2017.8.24.0000
393. TJSC 4008598-70.2016.8.24.0000
394. TJSC 4009584-87.2017.8.24.0000
395. TJSC 4025040-77.2017.8.24.0000
396. TJSE 0001268-29.2017.8.25.0000
397. TJSE 0001872-87.2017.8.25.0000
398. TJSE 0003340-23.2016.8.25.0000

399. TJSE 0004225-37.2016.8.25.0000
400. TJSE 0004260-94.2016.8.25.0000
401. TJSE 0004275-63.2016.8.25.0000
402. TJSE 0005732-96.2017.8.25.0000
403. TJSE 0006472-88.2016.8.25.0000
404. TJSE 0007164-87.2016.8.25.0000
405. TJSE 0009311-52.2017.8.25.0000
406. TJSE 0009580-91.2017.8.25.0000
407. TJSP 0010768-58.2018.8.26.0000
408. TJSP 0015448-23.2017.8.26.0000
409. TJSP 0018797-34.2017.8.26.0000
410. TJSP 0020147-57.2017.8.26.0000
411. TJSP 0021966-29.2017.8.26.0000
412. TJSP 0023203-35.2016.8.26.0000
413. TJSP 0025690-41.2017.8.26.0000
414. TJSP 0026150-28.2017.8.26.0000
415. TJSP 0026601-53.2017.8.26.0000
416. TJSP 0027305-03.2016.8.26.0000
417. TJSP 0027729-11.2017.8.26.0000
418. TJSP 0034345-02.2017.8.26.0000
419. TJSP 0036350-94.2017.8.26.0000
420. TJSP 0036675-69.2017.8.26.0000
421. TJSP 0036686-98.2017.8.26.0000
422. TJSP 0037860-45.2017.8.26.0000
423. TJSP 0038758-92.2016.8.26.0000
424. TJSP 0040050-78.2017.8.26.0000
425. TJSP 0042180-41.2017.8.26.0000
426. TJSP 0042437-03.2016.8.26.0000
427. TJSP 0043917-79.2017.8.26.0000
428. TJSP 0043940-25.2017.8.26.0000
429. TJSP 0044755-56.2016.8.26.0000
430. TJSP 0044798-90.2016.8.26.0000
431. TJSP 0045065-62.2016.8.26.0000
432. TJSP 0046891-26.2016.8.26.0000
433. TJSP 0054174-66.2017.8.26.0000
434. TJSP 0055880-21.2016.8.26.0000
435. TJSP 0056153-63.2017.8.26.0000
436. TJSP 0056808-69.2016.8.26.0000
437. TJSP 0057997-48.2017.8.26.0000
438. TJSP 0059511-70.2016.8.26.0000
439. TJSP 0063044-37.2016.8.26.0000
440. TJSP 0068113-50.2016.8.26.0000
441. TJSP 0068335-18.2016.8.26.0000
442. TJSP 2001012-25.2017.8.26.0000
443. TJSP 2001477-34.2017.8.26.0000
444. TJSP 2003450-87.2018.8.26.0000
445. TJSP 2005059-42.2017.8.26.0000
446. TJSP 2008279-14.2018.8.26.0000
447. TJSP 2008386-92.2017.8.26.0000
448. TJSP 2009084-64.2018.8.26.0000
449. TJSP 2011287-33.2017.8.26.0000
450. TJSP 2012072-92.2017.8.26.0000
451. TJSP 2012920-79.2017.8.26.0000
452. TJSP 2014424-86.2018.8.26.0000
453. TJSP 2017005-11.2017.8.26.0000
454. TJSP 2017495-33.2017.8.26.0000
455. TJSP 2018727-80.2017.8.26.0000
456. TJSP 2020215-70.2017.8.26.0000
457. TJSP 2023123-66.2018.8.26.0000
458. TJSP 2023979-64.2017.8.26.0000
459. TJSP 2025063-03.2017.8.26.0000
460. TJSP 2033490-52.2018.8.26.0000
461. TJSP 2035161-13.2018.8.26.0000
462. TJSP 2035230-79.2017.8.26.0000
463. TJSP 2038304-10.2018.8.26.0000
464. TJSP 2040744-76.2018.8.26.0000
465. TJSP 2042957-55.2018.8.26.0000
466. TJSP 2045976-06.2017.8.26.0000
467. TJSP 2049506-18.2017.8.26.0000
468. TJSP 2049654-92.2018.8.26.0000
469. TJSP 2052404-67.2018.8.26.0000
470. TJSP 2055153-91.2017.8.26.0000
471. TJSP 2056126-46.2017.8.26.0000
472. TJSP 2057550-89.2018.8.26.0000
473. TJSP 2059547-44.2017.8.26.0000
474. TJSP 2059683-75.2016.8.26.0000
475. TJSP 2061535-66.2018.8.26.0000
476. TJSP 2062037-39.2017.8.26.0000
477. TJSP 2062656-66.2017.8.26.0000
478. TJSP 2063941-31.2016.8.26.0000
479. TJSP 2065868-32.2016.8.26.0000
480. TJSP 2068428-73.2018.8.26.0000

481. TJSP 2074239-14.2018.8.26.0000
482. TJSP 2074455-09.2017.8.26.0000
483. TJSP 2079340-66.2017.8.26.0000
484. TJSP 2079349-91.2018.8.26.0000
485. TJSP 2081663-44.2017.8.26.0000
486. TJSP 2084075-79.2016.8.26.0000
487. TJSP 2084143-92.2017.8.26.0000
488. TJSP 2084920-14.2016.8.26.0000
489. TJSP 2087602-05.2017.8.26.0000
490. TJSP 2087625 82.2016.8.26.0000
491. TJSP 2089108-50.2016.8.26.0000
492. TJSP 2089667-70.2017.8.26.0000
493. TJSP 2090054-85.2017.8.26.0000
494. TJSP 2095249-85.2016.8.26.0000
495. TJSP 2095985-06.2016.8.26.0000
496. TJSP 2096352-30.2016.8.26.0000
497. TJSP 2096792-89.2017.8.26.0000
498. TJSP 2105727-55.2016.8.26.0000
499. TJSP 2106049-41.2017.8.26.0000
500. TJSP 2111283-38.2016.8.26.0000
501. TJSP 2111458-95.2017.8.26.0000
502. TJSP 2112125-18.2016.8.26.0000
503. TJSP 2116110-58.2017.8.26.0000
504. TJSP 2118488-21.2016.8.26.0000
505. TJSP 2118980-76.2017.8.26.0000
506. TJSP 2120349-42.2016.8.26.0000
507. TJSP 2121567-08.2016.8.26.0000
508. TJSP 2126392-58.2017.8.26.0000
509. TJSP 2126774-85.2016.8.26.0000
510. TJSP 2127009-18.2017.8.26.0000
511. TJSP 2127137-72.2016.8.26.0000
512. TJSP 2127738-78.2016.8.26.0000
513. TJSP 2127883-37.2016.8.26.0000
514. TJSP 2128866-36.2016.8.26.0000
515. TJSP 2128882-53.2017.8.26.0000
516. TJSP 2129927-29.2016.8.26.0000
517. TJSP 2131947-56.2017.8.26.0000
518. TJSP 2133700-48.2017.8.26.0000
519. TJSP 2138039-84.2016.8.26.0000
520. TJSP 2138791-56.2016.8.26.0000
521. TJSP 2141541-94.2017.8.26.0000
522. TJSP 2144465-78.2017.8.26.0000
523. TJSP 2146366-81.2017.8.26.0000
524. TJSP 2147431-14.2017.8.26.0000
525. TJSP 2147934-69.2016.8.26.0000
526. TJSP 2151118-33.2016.8.26.0000
527. TJSP 2151535-83.2016.8.26.0000
528. TJSP 2156897-32.2017.8.26.0000
529. TJSP 2157092-51.2016.8.26.0000
530. TJSP 2157228-48.2016.8.26.0000
531. TJSP 2158481-37.2017.8.26.0000
532. TJSP 2163299-66.2016.8.26.0000
533. TJSP 2166669-19.2017.8.26.0000
534. TJSP 2172012-30.2016.8.26.0000
535. TJSP 2175577-02.2016.8.26.0000,
536. TJSP 2175993-33.2017.8.26.0000
537. TJSP 2177524-57.2017.8.26.0000
538. TJSP 2178192-62.2016.8.26.0000
539. TJSP 2178592-42.2017.8.26.0000
540. TJSP 2180999-21.2017.8.26.0000
541. TJSP 2182100-30.2016.8.26.0000
542. TJSP 2183961-17.2017.8.26.0000
543. TJSP 2184669-67.2017.8.26.0000
544. TJSP 2187472-23.2017.8.26.0000
545. TJSP 2194134-37.2016.8.26.0000
546. TJSP 2195391-63.2017.8.26.0000
547. TJSP 2195897-73.2016.8.26.0000
548. TJSP 2199824-13.2017. 8.26.000
549. TJSP 2204974-72.2017.8.26.0000
550. TJSP 2207800-08.2016.8.26.0000
551. TJSP 2210470-82.2017.8.26.0000
552. TJSP 2210494-47.2016.8.26.0000
553. TJSP 2210494-47.2016.8.26.0000
554. TJSP 2211086-91.2016.8.26.0000
555. TJSP 2211271-32.2016.8.26.0000
556. TJSP 2212122-71.2016.8.26.0000
557. TJSP 2214006-38.2016.8.26.0000
558. TJSP 2217014-23.2016.8.26.0000
559. TJSP 2217622-84.2017.8.26.0000
560. TJSP 2218193-89.2016.8.26.0000
561. TJSP 2219617-69.2016.8.26.0000
562. TJSP 2220525-29.2016.8.26.0000

563. TJSP 2220771-88.2017.8.26.0000
564. TJSP 2222143-09.2016.8.26.0000
565. TJSP 2223237-89.2016.8.26.0000
566. TJSP 2224375-91.2016.8.26.0000
567. TJSP 2225307-45.2017.8.26.0000
568. TJSP 2226206-43.2017.8.26.0000
569. TJSP 2231954-90.2016.8.26.0000
570. TJSP 2237404-77.2017.8.26.0000
571. TJSP 2241316-19.2016.8.26.0000
572. TJSP 2243516-62.2017.8.26.0000
573. TJSP 2246363-71.2016.8.26.0000
574. TJSP 2246948-26.2016.8.26.0000
575. TJSP 2247301-32.2017.8.26.0000
576. TJSP 2249020-83.2016.8.26.0000
577. TJSP 2250571-98.2016.8.26.0000
578. TJSP 2256477-69.2016.8.26.0000
579. TJTO 0009560-46.2017.827.0000
580. TJTO 0020822-27.2016.8.27.0000
581. TRF 1 0008087-81.2017.4.01.0000
582. TRF 1 0045947-19.2017.4.01.0000
583. TRF 2 0003070-71.2016.4.02.0000
584. TRF 2 0003081-03.2016.4.02.0000
585. TRF 2 0003096-69.2016.4.02.0000
586. TRF 2 0003096-69.2016.4.02.0000
587. TRF 2 0003430-06.2016.4.02.0000
588. TRF 2 0003550-49.2016.4.02.0000
589. TRF 2 0003551-34.2016.4.02.0000
590. TRF 2 0003552-19.2016.4.02.0000
591. TRF 2 0003645-79.2016.4.02.0000
592. TRF 2 0004147-18.2016.4.02.0000
593. TRF 2 0004491-96.2016.4.02.0000
594. TRF 2 0004851-31.2016.4.02.0000
595. TRF 2 0005035-84.2016.4.02.0000
596. TRF 2 0005105-04.2016.4.02.0000
597. TRF 2 0005341-53.2016.4.02.0000
598. TRF 2 0005387-42.2016.4.02.0000
599. TRF 2 0005503-14.2017.4.02.0000
600. TRF 2 0005781-49.2016.4.02.0000
601. TRF 2 0005816-09.2016.4.02.0000
602. TRF 2 0009422-11.2017.4.02.0000
603. TRF 2 0009835-24.2017.4.02.0000
604. TRF 2 0014410-75.2017.4.02.0000
605. TRF 2 0100070-37.2017.4.02.0000
606. TRF 2 0100174-29.2017.4.02.0000
607. TRF 2 0100263-52.2017.4.02.0000
608. TRF 3 0003361-10.2017.4.03.0000
609. TRF 3 0013662-50.2016.4.03.0000
610. TRF 3 0016124-77.2016.4.03.0000
611. TRF 3 0017610-97.2016.4.03.0000
612. TRF 4 5002811-97.2017.4.04.0000
613. TRF 4 5008835-44.2017.4.04.0000
614. TRF 4 5011693-48.2017.4.04.0000
615. TRF 4 5012947-56.2017.4.04.0000
616. TRF 4 5016985-48.2016.4.04.0000
617. TRF 4 5017896-60.2016.4.04.0000
618. TRF 4 5023872-14.2017.4.04.0000
619. TRF 4 5024326-28.2016.4.04.0000
620. TRF 4 5026813-68.2016.4.04.0000
621. TRF 4 5032523-69.2016.4.04.0000
622. TRF 4 5041015-50.2016.4.04.0000
623. TRF 4 5044361-72.2017.4.04.0000
624. TRF 4 5045252-93.2017.4.04.0000
625. TRF 4 5045418-62.2016.4.04.0000
626. TRF 4 5048697-22.2017.4.04.0000
627. TRF 4 5049073-08.2017.4.04.0000
628. TRF 4 5052192-11.2016.4.04.0000
629. TRF 4 5052713-53.2016.4.04.0000
630. TRF 4 5054321-86.2016.4.04.0000
631. TRF 4 5055415-35.2017.4.04.0000
632. TRF 4 5065659-23.2017.4.04.0000
633. TRF 5 0801209-33.2016.4.05.0000
634. TRF 5 0802886-98.2016.4.05.0000
635. TRF 5 0803341-63.2016.4.05.0000
636. TRF 5 0804575-80.2016.4.05.000
637. TRF 5 0804985-07.2015.4.05.8300
638. TRF 5 0808695-69.2016.4.05.0000

ANEXO IV – TABELA DE IRDR

IRDRs EM MATÉRIA REGULADA

TRIBUNAL	N. PROCESSO	TEMA DE SETOR REGULADO?	QUAL SETOR REGULADO?	TESE FIRMADA	PARTICIPAÇÃ O DO REGULADOR	AUDIÊNCIA PÚBLICA	GRAU DE CONSIDERAÇÃ O DA REGULAÇÃO NA
TJMG	0378378-98.2016.8.13.0000	Sim	Instituições Financeiras	Inexiste interesse de agir da parte que ajuíza ação de exibição de documentos em desfavor dos órgãos de proteção ao crédito para obtenção de documentos referentes à negativação. É cabível o habeas data para obtenção de informações constantes em banco de dados e cadastros restritivos de crédito de consumidores, desde que, conforme expressa previsão legal, exista prova da recusa ao acesso às informações ou do decurso de mais de dez dias sem decisão. (artigo 8º, §único, inciso I, da Lei nº 9.507/1997)	Não	Não	Não mencionou
TJMG	0327953-67.2016.8.13.0000	Sim	Instituições Financeiras	A teoria do adimplemento substancial é inaplicável em sede de contrato de mútuo bancário garantido por alienação fiduciária para aquisição de bem móvel fungível.	Não	Não	Não mencionou
TJSP	2121567-08.2016.8.26.0000	Sim	Instituições Financeiras	Impossibilidade de ajuizamento de ação de exigir contas por correntista de forma vaga e genérica.Necessidade de se apontar na inicial o indicativo doslançamentos reputados indevidos e/ou duvidosos e o período exato em que ocorreram, com exposição de motivos consistentes que justifiquem a provocação do Poder Judiciário	Sim	Não	Mencionou, mas não se fundamentou nela

TRIBUNAL	N. PROCESSO	TEMA DE SETOR REGULADO?	QUAL SETOR REGULADO?	TESE FIRMADA	PARTICIPAÇÃ O DO REGULADOR	AUDIÊNCIA PÚBLICA	GRAU DE CONSIDERAÇÃ O DA REGULAÇÃO NA
TJSP	2059683-75.2016.8.26.0000	Sim	Instituições Financeiras	Observância da resolução do CMN vigente à época da intervenção na instituição financeira pelo Banco Central. Data da efetiva privação do ativo financeiro. Pretensão de recebimento da diferença em razão de nova resolução vigente à época da liquidação extrajudicial. Impossibilidade.	Sim	Não	Considerou fortemente a regulação
TJMA	0000340-95.2017.8.10.0000	Sim	Instituições Financeiras	É ilícita a cobrança de tarifas bancárias para o recebimento de proventos e/ou benefícios previdenciarios, por meio de cartão magnético do INSS e através da conta de depósito com pacote essencial, sendo possível a cobrança de tarifas bancárias na contratação de pacote remunerado de serviços ou quando excedidos os limites de gratuidade previstos na Res. 3.919/2010 do BACEN, desde que o aposentado seja prévia e efetivamente informado pela instituição financeira.	Não	Não	Considerou fortemente a regulação
TRF 4	5045252-93.2017.4.04.0000	Sim	Saúde	A Portaria GM/MS n.º 2.048/02, ao definir que a tripulação das Ambulâncias Tipo B (item 2.1) prescinde da presença de profissional da enfermagem (item 5.2), e a Portaria GM/MS n.º 1.010/12, que dispõe o mesmo sobre a tripulação da Unidade de Suporte Básico de Vida Terrestre (art. 6º, I), não incorrem em ilegalidade frente ao que dispõe a Lei n.º 7.498/86, que regulamenta o exercício da enfermagem	Não	Não	Não mencionou